KB092687

고종시대의 재조명

문화의 창 1

고종시대의 재조명

초판 제1쇄 발행 2000년 8월 15일 초판 제7쇄 발행 2019년 1월 14일
지은이 이태진
펴낸이 지현구 **펴낸곳** 태학사 **등록** 제406-2006-00008호
주소 경기도 파주시 광인사길 223
전화 마케팅부 (031) 955-7580~2 편집부 (031) 955-7584~90 **전송** (031) 955-0910
홈페이지 www.thaehaksa.com **전자우편** thaehak4@chol.com

ⓒ 이태진, 2000
값은 뒤표지에 있습니다.

ISBN 978-89-7626-546-3 04910
ISBN 978-89-7626-545-6 (세트)

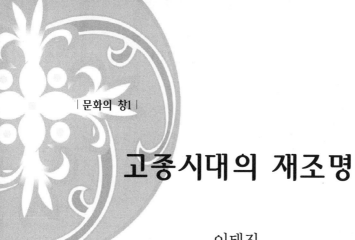

| 문화의 창 1 |

고종시대의 재조명

이태진

태학사

서문

본래 전근대의 정치사·사회사를 전공하던 저자가 근대사에 손을 대기 시작한 것은 8년여 전부터였다. 1988년부터 4년간 서울대학교 규장각도서 관리실장의 보직을 맡은 것이 그 계기였다. 임기 마지막 연도인 1992년에 이 장서 속에 포함된 한말 정부문서들을 영인 보급하는 사업을 진행하던 중, 작업팀이 고종(高宗)·순종(純宗) 두 황제의 명령서인 조칙(詔勅) 묶음에서 순종 황제의 이름자 서명이 위조된 문건 수십 점을 발견하였다. 이 문건들은 일본의 통감부(統監府)가 '정미조약'(1907)을 강제한 다음 이에 근거해 대한제국 정부를 그 예하로 집어넣기 위해 제정한 법령들이었다. 이런 중요한 법령들이 최종 결재과정에서 황제서명을 위조해 처리된 놀라운 사실이 발견된 것이다. 일본이 1905년 '을사조약'을 강제하여 외교권을 박탈한 것은 널리 알려진 사실이지만, 내정권까지 이렇게 범죄적 행위로 앗아갔다는 것은 충격적인 일이 아닐 수 없었다. 나는 이 사실을 1992년 5월에 언론을 통해 발표한 다음, 일본의 한국병합 과정에 대한 연구와 고종시대사에 대한 기존의 견해들을 재점검하는 작업을 병행하였다. 1995년에 출판된 『일본의 대한제국 강점』은 전자의 중간 보고였고, 이번에 내는 이 책은 후자의 성과를 모은 것이다.

고종시대사를 연구하면서 나는 자주 착잡한 심경에 빠져들었다. 이 시대의 역사가 딱해서가 아니라 이 시대에 대한 우리들의 이해와 인식이 너무나 안이하고 무책임한 것으로 느껴졌기 때문이다. 지금 우리들에게 한말의 역사는 반면교사로만 의미가 부여되고 있다. 즉 이 시대는 우리 민족사에서 국왕을 비롯한 정치지도자들의 무능과 무력이 가장 심하게 드러난 때로서, 지도층이 그런 지경이었으니 나라가 망할 수밖에 없었다는 인식이 일반화되어 있다. 이런 역사야말로 민족이 다시는 되풀이하지 말아야 할 대상이라고 강조하고 있다. 그런데 이 시대에 관한 나의 늦게 시작한 공부가 이런 부정적 역사상이 일본 침략주의에 의해 조장된 것이라는 사실을 발견하는 데는 긴 시간이 걸리지 않았다.

일본이 침략을 정당화하기 위해 한국사를 왜곡했다는 것은 이미 잘 알려진 사실이다. 그러나 그런 역사 왜곡이 침략 당시의 고종시대사에 대해서부터 시작되었다는 것을 아는 이는 많지 않다. 전공자들 사이에서도 그렇다. 일본은 고종황제와 대한제국 정부의 무능과 무력을 강조하여 망국의 원인을 전적으로 한국의 내적 결함에로 돌려 그들의 통치를 정당화하려 했던 것이다. 고종시대사에 대한 왜곡은 곧 일본의 침략주의 정당화의 출발점이었다. 해방 후 일제 식민주의사관에 대한 비판 작업이 많은 왜곡들을 걷어냈지만, 정작 그 출발점인 고종시대는 등잔 밑이 어두운 꼴로 무풍지대로 남아 있었던 것이다.

근대사에 대해 가해진 왜곡은 한둘의 저서로 해소되기 어려울 정도로 질량면에서 심대하다. 해방 후 근대사 연구의 중심을 이루어온 항일독립운동사나 민중저항사에 관한 연구성과들이 왜곡의 벽을 허무는 데 적지 않은 기여를 한 것은 사실이다. 그러나 지금까지 국가적(정부적) 차원의 자력 근대화 성과는 거의 거론되지 않았다. 나는 오래 전부터 이 상태로는 일본의 침략주의(식민주의) 사관을 극복하기는 어렵다고 생각해 왔다. 몸통이 아무리 발버둥을 쳐도 머리가 움직이지 않았다면 그것은 처음부터 실패할 수밖에 없는 것이 되기 때문이다. 일본의 침략주의는 한국근대사 왜곡 작업에서 국가 차원의 성과를 부정하는 데 역점이 두어졌고, 우리는 지금까지 그것을 깨닫지 못한 상태에서 그들이 만들어 놓은 길 따라 이 시대에 대한 비난과 매도를 서슴지 않았던 것이다. 나는 이 책에서 우리의 이런 약점을 극복하기 위해 왜곡에서 생긴 편견과 오류에 대한 비판, 그리고 국가적 차원에서 거두었던 자력 근대화의 성과 등을 제시하여 이른바 식민지 근대화론 등의 침략주의 사관을 극복하는 기초를 다지고자 하였다. 나는 저자로서 이 책이 왜곡 허물기의 새로운 삽질이 되기를 바라마지 않는다.

독자들은 이 책에서 기존의 지식과는 정반대되는 내용들을 많이 접하게 될 것이다. 근대 한국의 일반화 된 이미지로는 무엇보다도 개항, 개화를 거부하다가 근대화의 기회를 놓친 '은둔국'이란 것을 들어야 할 것이다. 이 책은 그런 인식이 한 서양 아마추어 역사가의 심한 편견과 일본 침략주의의 책략이 만들어 놓은 합작품이란 것을 찾아 밝혔다. 군주와 그 조정이 개방과 개화를 위해 기울인 노력의 실례도 여럿 제시하였다. 이런 사실들에 의하면, 근대 한국은 무능 무력 때문에 망했다는 설명이 의심되지 않을 수 없다. 그 반대가 역사의 진실인 것으로 밝혀졌다. 일본은 대한제국이 광무개혁을 통해 자력 근대화의 가능성을 강하게 보이자 이를 방치할 경우 한반도 장악이란 그들의 오랜 꿈이 무산되고 말 것이란 위구심에서 서둘러 러일전쟁을 일으켜 그 군사력으로 대한제국의 국권을 강제로 침탈하기 시작했던 것이다.

이 책의 서장으로 실은 글은 새로운 시각에서 고종시대사의 흐름 전체를 조망한 것이다. 이 시대에 대한 나의 공부의 초기작에 해당하는 것이다. 이 글에서 특히 구체적으로 밝혀진 것으로 주목되는 것은 민권운동의 효시로 알려진 독립협회의 관민공동회·만민공동회가 일본공사관이 새로 출범한 대한제국 황제권을 교란할 목적으로 협회 지도부의 일부 친일분자들을 사주하여 일으킨 소요의 성격을 가지고 있는 점이다. 나로서도 무척 당황스런 연구결과였지만, 우리의 근대사는 이처럼 왜곡의 마수가 깊이 박혀 있는 실정인 것이다.

제1부에 실린 네 편의 글에서는 다음과 같은 역사바로잡기가 이루어졌다. 고종은 유약한 군주가 아니라 동도서기론(東道西器論)의 개화를 추구한 개명군주(開明君主)로 평가되어야 하며, 근대 한국이 은둔국으로 잘못 규정된 내력과 친정에 나선 고종이 일본과의 새로운 국교 수립에서 일본 측이 놀랄 정도로 능동성을 보인 점(그러한 능동성이 강화도 조약에서도 마찬가지로 나타난 것에 대해서는 추후 근대한일관계사 전반에 관한 저술에서 밝히고자 함), 갑신정변의 주동자들은 개화의 선각자일지 모르나 정변 자체는 너무나 무모하게 추진되어 결과적으로 국제관계상 국가에 큰 짐을 지운 해프닝에 불과하다는 점, 1894년 6월의 청군 출병(淸軍出兵)은 동학농민군의 봉기를 보고 겁을 집어먹은 국왕이 자진 요청한 것이 아니라 위안스카이(袁世凱)가 반청(反淸) 감정이 날로 높아가고 있는 조선 민중을 다시 한 번 무력으로 제압하여 내정간섭체제를 재강화하기 위해 강요한 것이란 사실 등이 각각 논증되었다. 이 시대에 대한 주요한 편견과 오류들을 구체적으로 비판하는 글들이 여기에 모아진 셈이다.

제2부에는 개명 군주 고종과 그 조정의 근대화의 치적에 관한 글 5편이 실렸다. 1882~1883년 사이에 있었던 국기(태극기) 제정과정에서 고종이 자신이 계승하고자 애쓰고 있는 정조대왕(재위 ; 1776~1800)의 군민일체(君民一體) 정치사상을 그 도안에 담기 위해 이 과제를 주도한 사실, 1880년대 중반 청의 속국화 정책으로 여러 가지 어려움이 계속되는 가운데서도 왕실에

서 근대화 사업에 필요한 지식과 정보 수집을 목적으로 중국 상하이의 여러 서점들로부터 3만여 권의 서적을 구입한 사실, 1896년 아관파천 후 대한제국 출범을 앞두고 황성(皇城) 만들기로 서울의 근대적 도시개조사업이 처음으로 계획되어 추진된 사실, 그리고 이 사업을 초대 주미공사(박정양) 팀이 추진하면서 미국의 '워싱턴 디 씨'를 모델로 삼아 방사상 도로체계와 여러 공원 및 기념물들이 서울에 처음 세워진 사실, 대한제국 정부를 약화시키기 위해 끊임없이 계속되는 일본공사관 밀정들의 공작활동을 차단하기 위해 황제가 '익문사(益聞社)'란 통신사를 가장하여 비밀 정보기관을 창설 운영한 사실 등을 밝혔다.

근대사에 대한 종래의 부정적 인식에 비추어 이 논제들은 결코 가볍게 볼 수 없는 것들이다. 그런데도 이런 중요한 사실들이 지금껏 알려지지 않은 것은 그 자체가 우리가 일본 침략주의의 왜곡의 덫에 단단히 걸려들어 있었다는 반증이다. 그들은 대한제국의 국권을 빼앗는 과정에서 벌써 '시정개선(施政改善)'의 슬로건을 내세워 고종시대의 근대화 성과를 매장하기 시작했으며, 그렇게 해서도 가려지지 않는 것들은 친일적인 '개화 선각자들' 개인의 업적으로 돌렸다. 분명한 군주정의 업적이 개인 몫으로 둔갑하는 순간들이 점철했다. 고종황제가 무능한 유약한 군주라는 이미지는 실상이 과정에서 조작된 것이었다. 일본의 대한제국 지배는 대한제국이 자력으로 근대화할 수 없는 '미개한' '야만'의 나라라는 전제 아래 정당화될 수 있는 것이었다. 한국 황제나 그 정부가 조금이라도 유능하다고 해서는 통치의 명분이 서지 않기 때문에 무능설을 만들어내게 되었던 것이다. 1907년 헤이그특사사건을 구실로 고종황제를 강제로 퇴위시키면서 고종황제는 암군(暗君)이란 설이 등장하더니 1910년 강제 병합 후부터는 암군일 뿐 아니라 유약하다는 이미지까지 덧붙이는 왜곡작업이 시작되었다. 그 결과

1945년 해방이 된 시점에서 고종황제는 아버지 대원군과 왕비 사이에서 우왕좌왕하다가 나라를 잃은 바보스런 군주가 되어 있었으며, 이 왜곡이 해방 후 지금까지 반세기가 지나도록 방치되어 있었던 것이다.

고종황제의 치적으로 이 책에 제시된 것들은 나의 손길이 닿아 빛을 보게 된 것들일 뿐이다. 더 많은, 더 중요한 논제들이 연구자의 손길을 기다리고 있다. 앞으로 많은 연구자들이 참여하여 이 시대의 역사의 진실이 남김없이 밝혀지기를 바랄 따름이다. 고종시대 재조명에 관한 나의 작업성과가 조금씩 발표되었을 때, 망국의 모든 책임을 고종의 무능에 돌리던 과거의 시각으로부터 크고 작은 비판과 반발이 나왔다. 그러나 나의 작업은 그런 시각에 대한 총체적인 비판을 담은 것이기 때문에 개별적으로 일일이 답할 입장은 아니라고 생각했다. 나의 작업 결과 자체가 그에 대한 답일 수 있기도 하였다. 나의 주장은 이 시대의 역사상을 객관적으로 보아 역사의 진실을 드러내자는 것이지 고종황제를 추숭하거나 그 치적을 미화하려는 것은 결코 아니다.

이 책을 통해 저자가 궁극적으로 원하는 것은 이 시대를 파악하는 틀을 새로 마련해보자는 것이다. 본문에서 지적했듯이, 양요·쇄국·개항·임오군란·갑신정변·갑오경장·청일전쟁·삼국간섭·왕후시해·아관파천·독립협회·러일전쟁·보호조약·병합 등 사건으로 이어지는 이 시대 역사 서술체계는 일본인들이 침략주의를 정당화하기 위해 시혜론의 관점에서 처음 세운 것에 불과하다. 물론 내용 채우기에서는 많은 변화가 있었지만, 그렇더라도 아직도 우리가 이 틀에서 근본적으로 벗어나고 있지 못하고 있다는 것은 수치일지 모른다. 개화파·수구파·독립당·사대당 하는 식의 분류가 저들의 정탐 보고서에서 시작된 용어란 사실도 직시할 필요가 있다. 이 시대의 인물들과 정치적 변동을 아직도 이런 용어 개념으로 파악하고 있는 한 그들의 덫에서 벗어날 수가 없다. 이보다는 닥치는 위기를 극복하기 위해 기울인 우리의 진정한 노력을 드러내는 새로운 이해 서술체계가 하루속히 마련되어야 할 것이다. 기존의 인식에 대해 많은 문제를 제기한 이 책이 바로 그런 새로운 체계 획득에로 나아가는 데 하나의 초석이 될 수 있다면 저자로서는 더 바랄 것이 없다.

나의 작업에 대해 소리 없는 성원을 보내준 분들이 많은 줄로 안다. 내가 고종에 대한 새로운 시각의 연구가 필요하다는 것을 이야기하기 시작할 무렵, 은사 이기백 선생께서 보여주신 은근한 독려는 잊혀지지 않는다. 선생께서는 젊은 시절 근·현대사 연구에 뜻을 두고 관련 자료들을 수집할 때 거의 비슷한 느낌을 가지셨다는 얘기를 들려주시면서 내가 직접 그 연구에 뛰어들기를 은근히 종용해마지 않았다. 이 책으로 이에 대한 작은 답을 표하고자 한다. 일본근대사를 전공하는 외우 김용덕 교수로부터의 도움도 컸다. 그는 일본근대사에 관한 나의 그 많은 질문들을 하나도 귀찮아하지 않았을 뿐더러 나의 작업 결과가 하나씩 나올 때마다 나보다도 더 반기는 기색을 보일 때가 한두 번이 아니었다. 일본근대사에 대한 그의 균형 잡힌 설명이 나의 작업을 수월하게 풀어준 때가 많았다.

이 책도 학술서적인 성격이 강하기 때문에 출판사로서는 수지타산이 맞는 것이 될 수 없다. 그런데도 선뜻 출판을 맡아준 태학사 지현구 사장에게 감사한다. 그리고 오랜 지우 사이가 된 변선웅 편집장의 열의에 대해 특별히 고마움을 표하고 싶다. 그는 나의 글들을 모두 읽고 문장을 다듬어 주었을 뿐더러 글의 내용에 대해 열렬한 지지를 보내주었다. 어지러운 원고와 교정지를 꼼꼼하게 처리하고 사진 게재에 정성을 다해준 편집부 여러분에게도 고마움을 표한다.

아침 저녁 식탁에서 언제나 나의 '신학설'을 즐겁게 경청해준 처와 딸과 함께 출판의 기쁨을 나누고 싶다.

2000년 7월 25일
저 자

차례

12

13

14

15

서장 : 고종시대사 흐름의 재조명

-개항에서 광무개혁까지-

1. 머리말

지금으로부터 30여 년 전 1964년에 사회학자 이만갑(李萬甲)은 「역사학과 사회과학의 협조를 위하여」란 글의 결론 부분에서 한국의 역사학자와 사회과학자들에게 다음과 같은 진지한 당부를 남겼다.

역사학이 역사적 사실의 서술에만 치우치고 사회과학의 도움을 크게 빌리지 않더라도 용이하게 다룰 수 있는 분야만 탐구하려고 하고, 또 한편으로 사회과학자들이 외국의 이론을 이해하는 데에만 급급하고 우리의 역사에 대한 깊은 고려가 없이 오늘의 한국사회를 보려는 태도를 취한다면, 그것은 역사학·사회과학 쌍방에 큰 손실이 될 것이며, 우리의 역사도 사회도 옳게 파악할 수 없으리라고 믿기 때문에 단지 그 양자간의 긴밀한 협조를 촉구하고 싶은 생각에서 이 소론을 제시해 본 것이다(『이상백회갑기념논총』, 1964).

이만갑이 지적한 한국의 역사학과 사회과학의 실태는 30여 년이 지난 오늘의 시점에서도 별로 개선된 것이 없다. 그간 역사학자들은 새로운 사실들을 많이 '발굴'해 냈지만 한국사의 체계화를 위해 사회과학적 연구방법이나 이론을 적극적으로 활용하고 있지 않으며, 대부분의 사회과학자들은 오늘의 사회과학적 주제들을 우리의 역사를 통해 보려는 시각을 거의 갖고 있지 않다. 사회과학자들 가운데 직접 역사 영역에 뛰어들어 연구성과를 내고 있는 경우도 있지만, 그들의 작업도 사회과학적 이론 적용이나 개발이라기보다 역사학자들과 마찬가지로 사실 탐구에 열중하고 있는 느낌을 주는 경우가 많다. 상황이 이렇게 답보상태인 것에 대한 책임은 쌍방 모두에게 있을 것이지만, 역사학자인 필자에게는 사회과학쪽에 거는 기대가 큰 탓인지 사회과학자들이 역사를 외면하는 이유에 대한 궁금증이 앞선다.

현대 한국 사회과학자들이 우리 나라 역사에 대한 관심이 적거나 외면하는 이유는 두 가지 측면에서 생각해 볼 수 있다. 하나는 사회과학자들이 우리 전통사회에 대한 부정적 편견이 심해 역사 또는 전통에 대한 관심을 처음부터 가지지 않는 경우, 다른 하나는 사회과학자들이 한문으로 된 사료에 직접 접근하기 어려운 여건에서 역사학자들이 그들의 이론 개발에 도움이 될 만큼 양질의 사실들(facts)을 제공하지 못하고 있는 상황 등을 가정해 볼 수 있다. 둘 가운데 후자가 차지하는 비중도 적지 않다고 생각되지만, 전자가 역시 더 일차적이라고 생각된다.

우리 역사에 대한 부정적 인식은 1910년의 '병합'의 충격에서 비롯하는 것이 대부분이다. 이 사건으로 우리는 근대적인 사회를 스스로 만들 힘이 없었던 민족으로 생각하는 식자들이 많게 되었다. 이러한 패배주의적 역사인식은 특히 우리를 지배했던 일본 역사와의 대비를 통해 더욱 조장되어왔다. 36년간의 '식민지' 시대를 거치면서 뿌리가 깊어진 이러한 부정적 인식은 8·15해방 이후에도 쉽게 고쳐지지 않았다. 우리 역사에 대한 사회과학자들의 외면이 이러한 부정적 인식으로부터 영향을 받았다는 것은 쉬이 상정할 수 있다. 해방 이후에는 새로운 상황이 하나 더 첨가되었다. 우리에게 새로 다가온 미·소 강대국 중심의 냉전체제는 '식민지 시대'의 일본의 위세보다도 더 강하게 우리의 존재를 왜소한 것으로 느끼게 했다. 뿐더러 미국이 공산세력 저지의 보루로 삼기 위해 패전국 일본을 공업국으로 발전시킴에 따라 일본과의 대비 속에 형성된 과거의 패배주의적 역사인식은 더 커지는 감이 없지 않았다. 우리의 역사가 이처럼 부정의 수렁 속에 빠져 있는 상태에서 현실문제를 다루는 사회과학자들에게 우리의 과거는 결코 의미 있는 것이 될 수 없었다. 사회과학자들에게는 오히려 선진국에서 개발된 최신의 이론들을 하루빨리 수용하여 낙후한 우리를 발전시키는 것이 더 중요한 과제라고 여겨질 수밖에 없었다.

앞선 이론을 받아들이는 것 자체가 잘못된 것이라고 말할 수는 없다. 그러나 다른 조건의 사회에서 개발된 이론과 연구 방법을 그대로 도입해 적용할 때는 문제가 생길 수 있다. 오늘날 우리 사회가 '개발'의 성과를 많이 거두면서도 한편으로 사회 내적 혼미가 날이 갈수록 심해지고 있는 것은 이와 무관하지 않다는 지적이 많다. 그러므로 우리에게 맞는, 필요한 이론은 당연히 우리의 경험을 통해 얻어져야 하며, 따라서 사회과학의 발전을 위해서도 우리의 경험의 축적인 우리 역사를 외면할 수는 없다. 이런 관점에서 반성한다면 현대 한국 사회과학이 한국사를 외면하고 있는 사실은 중대한 결함이라고 하지 않을 수 없다.[1]

이 글은 사회과학측이 가지고 있는 이러한 결함의 원인을 탐색하는 작업의 하나로 우리의 전통과 역사를 부정적으로 인식하는 경향이 언제부터 어떤 형태로 시작되었는지를 고찰해하는 데 목적이 있다. 탐색작업의 영역은 대단히 넓게 잡히지만, 여기서는 편의적으로 서양 사회과학 및 정치사상 수용 초기에 해당하는 시기, 즉 개항 이후 광무개혁까지의 기간에 한정시키려고 한다.

개항 이후 서양문명의 충격 속에 사회과학적 대응은 주로 정치체제를 어떻게 끌어갈 것인가 하는 문제를 중심으로 전개되었다. 대체로 이 시기에는 독립국가를 유지하려면 기존의 군주제를 유지, 발전시켜 군주를 중심으로 대응해야 한다는 생각과 의회제도를 도입하여 군주독재를 막는 것이 진정한 발전을 가져올 수 있다는 생각이 서로 대립하고 있었다. 전통과 역사에 대해서는 전자가 대체로 긍정적이고 후자가 부정적이었다. 이러한 문제들을 자세하게 고찰하는 일은 오늘의 역사와 전통에 대한 부정적인 인식의 유래를 파악하는 데 도움을 주리라 여겨진다.

2. 개화 초기 서양 정치체제론과 개명 전제군주제의 시련

한국 역사에 서양의 학술과 문물이 처음 소개되기 시작한 것은 17세기 초반이다. 중국 베이징의 서양 선교사들의 저술들이 서학(西學) 또는 서학서란 이름으로 유입되었다. 한문으로 번역된 서학서들은 천주교 교리에 관한 것 외에 수학·수리(水利)·천문학·기하학·지도 등에 관한 것들이었다. 이 서적들에 접한 조선의 유학자들은 적지 않은 자극을 받기는 했지만, 근본적으로 자신들이 오래 동안 성학(聖學)으로 치부해 온 유학보다 더 낫다고 인식한 사람은 많지 않았다. 동양사회는 18세기까지 나름대로 경제적 안정과 문화적 번영을 누리고 있었으므로 기존의 학문과 사상에 대한 불신도는 그다지 높지 않았다. 조선의 경우, 18세기 후반 정조대에 규장각이란 왕립 학술기구를 중심으로 역대의 학문적 업적들을 점검하면서 새로운 전진을 모색할 정도로 전통적인 사회운영 방식에 대한 자신감이 높았다.

서양문명은 19세기 중반에 접어들면서 동양사회에 전혀 다른 반응을 불러 일으켰다. 산업혁명을 거치면서 정치·경제·군사 등 모든 부면에서 면모를 일신한 서양문명은 동양의 정치 지배자들과 지식인들을 놀라게 했다. 서양인들이 몰고 온 증기선과 거기에 비치된 대포는 위협적인 것이었다. 19세기 조선사회는 18세기와는 달리 격심한 내적 동요까지 겹쳐 이를 감당하기 어려운 상황에 있었다. 18세기 조선사회는 영조·정조 등의 현군들이 성군절대주의(聖君絶對主義)를 표방한 가운데 신하들의 붕당 대립을 억제하면서 민의 보호를 최우선시하는 정치 곧 민국(民國) 정치 이념의 실현을 추구하면서 왕정을 안정시키고 있었다. 그러나 19세기에 들어와서는 군주들이 계속 어린 나이에 즉위하게 된 것을 틈타 수구세력이 집단적으로 국가권력을 장악하여 왕권을 무력화시킨 가운데 모든 공기를 사익 추구에 남용하였다. 흔히 세도정치로 불리는 이 정치행태는 민에 대한 일방적 수탈로 민란의 광범한 저항을 불러일으켜 사회적 혼란을 극도로 심화시켰다. 이런 상황에서 새로 다가온 서양문명에 대한 대응은 결코 체계적인 것이 될 수 없었다.

역사의 흐름에 반동하는 세도정치는 1863년 고종이 즉위하고 그 부친이 대원군의 직함으로 권력을 장악함으로써 비로소 마감되었다. 대원군의 정치는 국가권력을 공기로 되돌리는 데 일단 성공하였다. 그러나 그는 내적 정비를 우선한 나머지 대외적으로 폐쇄적인 정책을 폄으로써 서양세력에 대해 두터운 벽을 쌓았다. 이 상황은 1873년 국왕이 친정을 선언할 때까지 계속되었다. 친정에 나선 고종은 개항·개화가 불가피하다는 판단 아래 1876년 개항을 단행한 다음 1880년부터 개화정책을 펴기 시작하였다.

1880년 수신사 파견을 통해 일본의 개화 실상을 확인한 다음, 개화를 주도할 관서로 통리기무아문을 신설하고(12월), 1881년에는 일본에 신사유람단, 중국에 영선사를 각각 파견하여 신문물 수용을 위한 대책을 적극적으로 강구하기 시작하였다. 이 무렵 국왕은 중국으로부터 한문으로 번역된 서양문물 소개서들을 포함해 3천여 종 4만여 책의 중국서적들을 사들였다.[2] 그것은 시시각각 변하고 있는 바깥 세계에 대응하기 위한 일종의 정보 수집 행위였다. 새로 구입하여 왕의 집무실과 그 인근 건물들에 비치했던 서적들 가운데 서양 문물에 관한 것들은 천문·역서, 지구·지리, 항해기술, 외국사정[각국지, 견문기, 통감·휘편, 정표(政表), 풍속·풍토기, 부국책, 역사 등], 어학, 공법·외교조약·무역, 군사학·전술학·무기제조학, 수학, 의학, 농업·식물학, 물리학, 화학, 전기·증기학, 광업기술, 음악 등 다방면에 걸친 것이었다. 심지어 각국 간에 체결된 조약들, 영국·일본 등이 한반도 연안을 측량한 지도들까지도 이에 포함되어 있었다.

국왕은 원활한 개화정책의 수행을 위해 1883년부터 정부기관지로서『한성순보(漢城旬報)』『한성주보(漢城周報)』를 간행하기도 하였다. 두 신문은 종래 '온건 개화파' 또는 '민씨척족정권'의 개화정책의 산물로 간주되었다. 그러나 이러한 이해는 지금까지 이 시대의 역사상에 대한 잘못된 인식의 결과였다. 일본 식민주의자들은 '병합' 전후부터 대한제국의 근대화사업의 성과를 부정하기 위해 의도적으로 이 시대사를 대원군과 민왕후 사이의 대립으로 정리하였다. 이러한 역사 정리 방식은 정치의 중심이던 국왕 고종의 존재와 역할을 몰각시키면서 파벌주의의 폐단을 부각시키는 것이었다.[3] 한국 역사에 대한 일본 측의 식민주의적 왜곡은 이처럼 당대사에 대한 것에서부터 시작되었지만, 일제의 식민주의 사관에 대한 우리의 비판의 눈길은 지금까지 불행하게도 이 등잔 밑의 어두운 그늘에까지 미치지 못하였다.

1880년 통리기무아문의 설치를 출발점으로 한 개화정책이 국왕에 의해 주도되었다는 것이 부정될 수 없는 한 그 산하기관인 박문국에서 관보(官報) 형태로 발행한 『한성순보』 『한성주보』가 정부기관지로서 국왕의 개화정책의 일환으로 역할했다는 것은 너무나 자명하다. 개화정책을 새로 펴나갈 마당에서 주도자인 국왕이 이를 직접 수행해 줄 대소의 관리들과 함께 정보와 의견을 함께 나눌 매체가 필요했다는 것은 너무도 당연한 일이다. 1883년 10월 31일자의 『한성순보』 제1호의 서문은 분명히 "우리 조정에서도 박문국을 설치하고 관리를 두어 외보(外報)를 폭넓게 번역하고 아울러 내사(內事)까지 기재하여 국중에 알리는 동시에 열국에까지 반포하기로 하고 이름을 순보(旬報)라 하였다"고 밝혔다.

　　『한성순보』는 1884년 갑신정변 실패 직후 박문국이 수구세력에 의해 크게 파괴됨으로써 발행이 중단되었다. 그러나 통리기무아문 독판 김윤식(金允植)의 주관 아래 건물을 새로 장만하여 1886년 1월 25일부터 『한성주보』로 복간되었다. 주보는 한문 전용에서 국한문 혼용으로 바꾸어 일반 독자도 염두에 두면서 새로운 출발을 하였으나 2년 반 뒤인 1888년 7월 7일에 폐간되었다. 박문국의 재정난이 폐간 사유로 알려지나 그 시점으로 볼 때 국왕의 자주적 개화정책에 대한 청나라의 압박이 주된 원인이었던 것으로 보인다. 후술하듯이 청나라 리훙장과 위안스카이는 조선의 세관을 중국 세관체제 아래 예속시켜 조선정부의 개화사업 자체를 재정적으로 몹시 어렵게 만들었다.

　　『한성순보』와 『한성주보』는 그 설립 취지에 걸맞게 초기의 개화정책의 사명과 방향을 알리는 정부기관지로서의 역할을 다하였다. 두 신문의 논조와 기사는 거의 대부분 국왕과 정부의 공식적인 개화정책을 뒷받침하였다. 두 신문은 대외론에서 1880년대 조선정부가 실제로 그랬듯이 국제주의적 입장에서 열강들과의 적극적인 통상조약의 체결을 국가 존속의 필수적인 길로 인식하고 이의 중요성을 크게 강조하였다. 개항 이후 개화의 불가피성을 인식한 국왕은 왕후의 지원 아래 후술하듯이 열강국들과의 적극적인 수교를 자주 개화의 길로 인식하여 외교정책 수립에 특별한 노력을 경주하였으며, 두 신문은 국왕의 이러한 뜻과 거의 일치하는 논조로 일관하였다. 『순보』는 세계의 만국공법 체제를 강조하면서 소국의 '보국책(保國策)'으로 균세법(均勢法 : 세력균형론)·국외권(局外權 : 중립국 선언) 등을 소개하기도 하였다.[4]

두 신문은 부강론에서 관부(官富) 증진론(增進論)의 관점에서 국가 주도의 개화정책을 추구하였다. 구체적으로 자원개발과 통상의 촉진을 부국책의 요체로 거론하였다. 자원개발에서는 기계공업화가 당면과제라고 볼 때, 탄광과 철광의 개발을 앞세워야 하며 이를 실현하기 위해서는 서양기술의 도입을 서둘든지 개발권을 주어 이익을 나누든지 해야 한다고 주장하였다. 통상을 일으키기 위해서는 윤선(輪船)·윤차(輪車)의 보급, 육로 정비 등 교통의 발달과 함께 관·상 합동에 의한 자본 집중의 대상회사(大商會社) 설립을 우선적인 정책으로 거론하였다. 외국과의 통상은 곧 외침을 막는 길이기도 하려니와 관세수입은 국가재정의 새로운 중요 재원이 될 수 있다는 것을 주지시키기도 하였다. 세정 부문에서는, 과거에는 부세의 경감이 민을 위하는 길이었으나 이제는 국민이 산업진흥과 부강의 실현을 바란다면 이의 실현을 위한 중과세가 나라를 위한 길이 된다는 것을 역설하기도 하였다. 이런 재정적 토대 위에 군사제도는 당연히 의무병제로 전환하고 군비를 일신시켜야 한다는 것을 진로로 밝혔다. 두 신문이 공시하는 이러한 개화의 구체적인 대책들은 1880년대에 바로 시행된 것도 있지만 대한제국의 광무개혁 때 비로소 시행기반을 얻게 되는 것이 많다. 어떻든 이러한 연속성은 그 대책들이 어느 계파의 것이 아니라 국왕의 왕정 차원에서 추구되던 것이란 점을 입증한다.

두 신문의 정치사회에 관한 논지는 국왕 중심의 개화정책에 대한 지지도를 더욱 뚜렷하게 보여준다. 두 신문은 입헌정체를 소개하기는 하였으나 실현을 유보하는 입장이었다. 민주제와 군주제의 차이를 공거(公擧)된 군주와 세습군주 사이의 차이 정도로 인식하여 대통령제를 신군주제로 파악하였다. 정당정치제도에 대해서는 대단히 부정적이었다. 여러 정당의 분립은 개화·부강의 추진을 어렵게 할 뿐이라는 논조였다. 천하 문명의 운수는 오직 군주나 재상들이 교화를 어떻게 하는가에 달려 있다고 하면서 러시아의 허무당, 영국 아일랜드의 변란당(變亂黨), 프러시아와 프랑스의 사회당등은 다 국법을 문란시키고 생민을 해독시키는 단체들이라고 비판하였다(『순보』 제1호). 이런 논설은 1880년대 개화주의가 개명군주제에서 한 걸음도 더 나가지 않았던 것을 말해준다.

18세기의 사회경제적 변동은 여러 가지 새로운 부를 창출하였고, 이를 둘러싼 기존의 양반 사대부층 내의 대립·갈등뿐만 아니라 비양반층과의 마찰도 심하게 일어났다. 비양반층 가운데는 경제적 상승으로 사회적 역할이 높아진 부류가 늘어나 군주들은 이제 양반 사대부들만을 지지하고 있을 수 없게 되었다. 군주로서는 왕조를 계속 유지하기 위해서는 오히려 다수인 민의 편이 되거나 적어도 그들을 부당한 피해로부터 보호하는 공정성을 보장해 주어야 했다. 새로운 정치를 모색한 탕평군주(蕩平君主)들의 이러한 소민(小民) 보호주의의 민국론은 분명히 사대부보다 민을 더 앞세우고 있었다. 그들은 그것이 곧 요·순 시대의 탕평의 경지를 실현하는 길이라고 믿었다. 탕평군주들은 민과 직접 접촉하기 위해 자주 성밖으로 나와 평민들이 억울한 사정을 상언(上言)할 수 있는 기회를 많이 제공하였다. 민에 대한 이러한 새로운 인식은 하나의 군주 아래 만민은 평등해야 한다는 인식을

가져와 정조 말년에는 공·사 노비제도의 전면 혁파라는 대결단이 내려지기도 하였다.[5]

18세기 탕평군주들의 민국론은 19세기 세도정치 아래서 전면적인 반발을 받아 반세기 이상 공백기를 거쳐 고종의 친정 선언으로 부활되었다. 고종의 개화정책은 완전개방적인 서양화를 지향하는 것은 아니었다. 그는 동도서기(東道西器) 또는 구본신참(舊本新參)의 개화주의자라고 평가하는 것이 더 적절하다. 동도에 대한 고종의 신념은 전통적 지배이념인 유학 전반에 대한 것이라기보다도 영조·정조 등 선왕들이 수립해 물려준 민국 정치이념으로, 국(國)과 군(君)을 일치시킨 상태에서 "국은 민에 의지하고, 민은 국에 의존"하는 정치체제의 실현을 의미하는 것이었다. 내정체제에서는 이것만 제대로 실현된다면 굳이 서양의 정치사상과 정치제도를 직접 도입할 필요가 없다는 것이 그의 생각이었다. 고종은 재위 중에 줄곧 '민국의 위기'란 용어로 시국을 진단하면서, 과거 수구세력의 반발로 불발에 그친 사노비 세습제의 혁파를 1886년에 자신이 재선언하기도 하였다.

이러한 고종의 개화정책은 주무관서의 편성과 운영에서도 국왕 중심적인 성향을 강하게 보였다. 1880년 12월에 주무관서로 통리기무아문을 설치하였지만, 이듬해 1월 27일에 내아문(內衙門) 제도를 도입하여 국왕이 통리기무아문을 통솔하는 체제를 만들었다. 이 체제는 임오군란 직후 대원군이 통리기무아문을 혁파함으로써 흔들렸으나 난이 평정된 뒤 고종은 대궐 내에 기무처(機務處)를 별도로 설치하여 전체를 총괄할 수 있게 한 다음(1882년 7월 25일) 집행관부를 통리아문과 통리내아문 양 기구로 분립시켜 전자가 외교 통상, 후자가 국내 관련 업무를 관장토록 하였다. 양 아문제도는 1882년 12월 4일에 통리교섭사무아문과 통리군국사무아문으로 명칭이 바뀌었고, 1884년 11월 30일 갑신정변으로 후자가 없어졌으나, 1885년 5월 25

일 그 후신으로 내무부(內務府)를 대궐 안에 설치하였다. 주무관서의 이와 같은 변천은 초창기에는 개화정책을 국왕이 직접 주도한다는 적극성을 띠고 있었으나, 갑신정변 이후 내무부 설치 단계에서는 청나라의 내정간섭이 날로 심해지는 데 대한 대응이 더 강했을 가능성이 높다. 통리아문 계열이 위축된 가운데 내무부가 설치된 것은 개화를 위한 정사를 최소한이나마 유지하려는 안간힘과 같은 것이었다. 이런 추세 속에 1888년에 정부 기관지 『한성주보』의 발행도 다시 중단되고 말았다.

1880년대 개화정책은 새로운 국제질서에의 편입을 가장 중요한 요소로 삼았지만, 사실은 이의 실현 단계에서 상당한 저항으로 난항을 거듭했다. 개화정책의 주도자 국왕 고종은 신뢰할 만한 열강이라고 판단한 미국과 국제공법에 입각한 공정한 수호통상조약을 체결함으로써 조선을 새로운 국제질서에 편입시키고자 하였다. 그렇게 하는 것이 종래의 중국 중심의 질서를 청산하는 길이라고 판단하였던 것이다.[6] 미국과의 수호통상조약 체결은 당초 청나라가 권유하던 것이기도 하였다. 주일청국 참사관 황준헌(黃遵憲)이 조선수신사 일행의 요청에 따라 제공한 『사의조선책략(私擬朝鮮策略)』은 러시아의 남하를 막기 위해 '중국과 친교하고, 일본과 결속하고, 미국과 연대하는(親中國, 結日本, 聯美邦)' 정책을 권유하고 있었으며, 그것은 당시 중국의 실력자였던 리홍장의 뜻과도 일치하는 것이었다. 그러나 중국 측의 권유는 결코 조선이 미국과 통교를 수립한 후 조선에 대한 기존의 우위권을 포기하는 것을 의미하지 않았다. 『책략』에도 중국과 친교하는 것을 명시했지만, 리홍장은 조·미수호통상조약의 조약문에 중국이 조선의 종주국인 것을 표시하기를 원하고 있었다.[7] 그러나 조선은 바로 그 중국 중심의 질서에서 이탈하려는 것이 미국과 통상조약을 체결하는 근본 의도였으므로 양국은 갈등과 알력을 피할 수 없었다. 조선은 중국과의 관계 자체도 새로운 대등한 국제관계로 전환시킬 뜻으로 공사 교환과 동시에 조공무역이 아닌 대등한 무역관계 수립에 대한 의사를 타진하기도 하였다.[8]

1882년 4월에 체결된 조·미수호통상조약에는 중국이 요구한 것과 같은 중국과의 기존의 종속관계를 밝히는 문구는 없었다. 관세에 관한 규정을 비롯한 모든 약조들은 오히려 아시아 여러 나라가 서양 열강과 체결한 조약 중에는 유례가 없을 정도로 쌍방의 평등성을 최대로 보장하는 내용으로 채워져 있었다. 조약문대로라면 조선은 이제 완전한 독립국으로서 중국 중심의 구질서를 의식할 필요가 없게 되었다. 1881년 윤7월에 새로운 외교문서들에 사용할 국새로 '대조선국보(大朝鮮國寶)'를 새로 주조한 사실도 이러한 새로운 국제질서 확립에 대한 열망을 반영하는 것이었다. 조선은 바로 뒤이어 영국·독일과도 유사한 수호통상조약을 체결하였다. 그러나 청나라는 이러한 조선의 외교행위를 좌시하지 않았다.

청나라는 2개월 뒤 조선에서 임오군란이 일어나자 이를 조선의 내정에 개입할 수 있는 기회로 삼았다. 청은 사태의 진상 파악에서 이 사건이 왕의 의사와는 전혀 반대되는 것이란 사실을 확인한 다음, 조선 국왕의 책봉국으로서 군란의 주동자인 대원군에 대한 응징을 강구하겠다는 이유를 내세워 군대를 파견해 왔다.[9] 오장경(吳長慶) 등이 이끄는 청군은 7월에 도착하여 곧 대원군을 청나라로 압송하였다. 그러나 청군은 그대로 주둔하여 조선에 대한 강압을 늦추지 않았다. 청나라는 9월에 중국 상인들이 조선 각지에서 마음대로 활동하는 것을 보장하는 「조·청상민수륙무역장정」을 체결한 다음 주둔군에게 상인 보호의 임무를 부여하기도 하였다. 청나라는 이른바 속방화정책을 펴고 있었던 것이다. 국왕 고종은 이에 크게 반발하였지만 중국측은 이에 아랑곳하지 않았다. 1884년 일부 개화파 인사들에 의해 주동된 갑신정변은 일본의 힘을 빌려 이 형세를 타개해 보려는 것이었으나 오히려 청나라의 속방화정책을 강화하는 결과를 가져왔다. 중국은 이 정변 진압 후 위안스카이를 주차조선총리교섭통상사의(駐箚朝鮮總理交涉通商事宜)로 임명하여(1885년 10월) 조선의 내외정을 모두 간섭하고 들었다. 1887년 9월 청나라는 조선의 미국 주재 공사 파견에 즈음하여 조선에 대해 해외공사 파견에 청나라 속방으로서의 절차를 취할 것을 요구하기까지 하였다. 그러나 조선은 청나라의 이러한 요구를 기술적으로 피해 나갔지만, 국왕이 주도한 개화정책은 여러 가지로 방해를 받았다.

개화정책을 수행하는 데는 재원 확보가 가장 중요하였다. 『순보』에서 지적되었듯이 아직 국내자본의 축적이 제대로 되어 있지 않은 상태에서 관세가 가지는 효용성과 중요성은 대단히 컸다. 청나라는 이 점을 놓치지 않았다. 리훙장은 조선의 해관(海關) 업무를 맡을 외국인 고문을 스스로 추천하여 조선에 대한 영향력을 계속 행사하고자 하였다. 그러나 그의 추천을 받고 최초로 조선정부의 총세무사가 된 묄렌도르프는 조선 국왕의 환대 속에 조선을 위한 외교 및 재무에 힘써 주었다. 그는 한국이 되도록 많은 나라와 수교를 하는 것이 일본·중국의 영향으로부터 벗어나는 길이라고 생각하여 영국·독일과의 수호조약 수립에 직접 참여하기도 하였고, 나중에는 러시아·이탈리아와도 조약을 체결하도록 힘썼다.[10] 그러나 그의 이러한 태도는 청으로부터 제동을 받기 마련이었다. 1885년 9월 리훙장은 그를 중국으로 소환하였다. 리훙장은 1885년 10월 그의 후임으로 미국인 청년 메릴(Henry F. Merill)을 보내왔으며, 그가 리훙장의 뜻에 따라 영국인 중국 총세무사 하트(Robert Hart)의 지시 아래 한국의 세관조직을 청의 지배 아래 두는 체제로 바꾸어 운영함으로써 조선정부는 세관수입을 차단당하여 재정적으로 큰 어려움을 겪게 되었다. 정부기관지 『한성주보』가 1888년에 발행을 중단하고 만 것은 바로 이러한 청의 강압정책으로 재정이 어려워졌기 때문이었을 것이다.

국왕에 의해 주도된 초기의 개화정책은 결국 과거의 중국 중심의 질서로부터 벗어나는 문제에서 큰 제동이 걸려 소기의 성과를 거두기 어려웠다. 청나라의 직접적인 강압 속에 육영공원(育英公院) 등 교육기관의 설치, 우편제도의 실시, 전선의 가설, 전환국·기기국의 설치 등과 같은 기초분야의 성과는 어느 정도 거둘 수 있었다고 하더라도 군대 양성, 무기제조 공장, 교통시설의 확충 등 부국강병을 위한 본격적인 정책은 거의 진전을 볼수 없었다. 그러나 이런 제약 속에서도 군주는 과거 세도정치 때와는 달리선대왕들의 탕평군주론을 매개로 군주의 위상을 바꾸어 놓는 성과는 거두고 있었다.

중국으로부터의 반발에 따른 개화정책의 이러한 한계는 결국 개화정책의 환경적 요건으로서 새로운 국제질서로의 편입이 얼마나 어려운 것이었던가를 보여준다. 그러나 국제적 장애는 비단 중국만이 아니었다. 임오군란으로 청나라 세력에 밀린 일본이 대동합방론(大東合邦論), 아시아 연대론(連帶論), 탈아론(脫亞論) 등의 침략주의적 조선관을 고취하면서 조선의 내정에 간여할 수 있는 기회를 기다리고 있었다.

3. 청일전쟁─광무개혁 기간의 의회주의와 군주전제주의

1) 청일전쟁─대한제국 출범기 동안의 정국 변전

조선에 대한 청나라의 강압은 청일전쟁으로 끝났다. 이 전쟁에서 일본이 승리함으로써 청나라의 조선에 대한 영향력은 완전히 소멸하였다. 그러나 승전국 일본은 중국보다도 더 심하게 조선의 내정을 간섭하려 들었다. 청일전쟁은 동학농민군 진압문제에서 발단하였다. 농민군 진압을 위한 청군 출병은 종래 조선정부가 자발적으로 한 것으로 알려졌으나, 최근 위안스카이의 강요에 의한 것으로 밝혀졌다.[11] 어떻든 청군이 출병하자 텐진조약의 약조에 따라 일본군도 동시에 출병하여 양국의 전면전으로 발전하였다. 전쟁의 승리로 일본은 임오군란 이후 처음으로 조선에 대해 강력한 영향력을 행사할 기회를 잡아 이를 한반도 진출의 호기로 삼으려 하였다.

동학농민군전쟁 이후 급변하는 정세 속에 근대화시책의 주도권은 다음과 같이 세 차례나 바뀌었다.

(1) 조정이 농민군의 개혁 요구를 받아들여 15명의 당상관으로 구성된 교정청(校正廳)을 세워 개혁을 주관토록 함(1894년 6월 11일부터).

(2) 7월 23일 일본군이 경복궁을 포위한 상태에서 군국기무처(軍國機務處)를 세워 김홍집(金弘集)을 총재로 하여 회의원 10여 명이 개혁안들을 수립하여 대원군을 통해 왕에게 알리고 반포하게 함(1894년 7월 27일부터).

(3) 일본이 직접 "개혁"을 적극적으로 주도하기 위해 군국기무처를 혁파하고 의정부를 내각(內閣)으로 바꾸어 국사를 주도하게 함(1894년 10월).

(1)은 1894년 1월에 봉기한 동학농민군이 4월에 전주를 점령하여 개혁요구사항으로 화의(和議) 24조를 제시한 것을 왕이 받아들임으로써 진행된 상황이었다. 고종은 선대의 민국정치이념 실현을 왕정의 중요한 목표로 인식하고 있었으므로 농민군의 요구를 수용할 자세가 되어 있었다. 1886년에 국왕이 스스로 취한 사노비 세습제의 혁파 선언만 보더라도 국왕의 그러한

의지는 충분히 상정할 수 있다. 한편 동학농민군측이 국왕에게 거는 기대
도 적지 않았다. 1893년 2월 동학교도 박광호(朴光浩) 등 40여 명이 교조신
원을 위해 광화문 앞에서 3일간 복합상소를 올렸을 때 조정의 관료들의 다
수는 이들을 잡아 옥에 가두어 벌 줄 것을 왕에게 요청하였다. 이들은 이단
이자 평민의 신분으로 감히 궁문 앞 복합상소를 올린 것 자체가 강상의 윤
리에 위배된다는 것이 그 이유였다. 그러나 왕은 신하들의 말을 따르지 않
고 그들에게 돌아가 소업에 정진하라는 말로서 타일러 돌려보냈다. 동학교
도들은 이후 국왕이 동학의 이념을 현세에 실현시켜 줄 수 있는 성군이 될
수 있다는 기대감을 쉬이 버리지 않았다.[12] 이러한 상하 상응의 기대가 (1)
을 가능하게 했던 것이다.

그러나 전쟁에 승리한 일본은 군주와 백성이 하나가 되는 이러한 조선
의 내적 결속의 성과를 방관할 수 없었다. 그것은 곧 그들이 노리는 침략에
대한 저항의 힘이 그만큼 더 공고해지는 것을 뜻하기 때문이었다. 일본 측
은 그들이 제시한 「내정개혁방안강목」이 계속 거부되자 7월 23일 왕궁 점
령을 단행하고 (2)의 형태의 막을 올렸다.[13] 서울에 입성한 일본군은 처음에
는 대원군과 친일적인 개화파 인사들을 동원하여 군국기무처를 설치, 여기
서 개혁안들을 내게 하였다. 그러나 4개월 만에 일본이 직접 개혁작업을
조종하는 (3)의 체제로 바꾸었다. 모든 의결권을 내각에 돌린 이 체제는 왕
권을 무력화시키는 것을 목적으로 하였다. 국왕은 개혁정책을 비롯한 모든
정사의 중심이었기 때문에 그를 무력화시키는 것이 침략 목적 달성의 첩경
이었던 것이다. 왕의 강력한 후원자가 바로 왕후란 사실을 오래 전부터 간
파하고 있던 그들은 왕후가 다시 일본을 견제하기 위해 러시아·미국 등과
연결을 가지려는 움직임을 보이자 1895년 8월 드디어 왕후를 시해하는 만
행을 저질렀다. 상상조차 하기 어려운 이 참극을 맞아 국왕은 왕권회복을

위한 대결단을 내리지 않을 수 없었다.

1896년 2월 국왕은 러시아공사관으로 거처를 옮겨 극적인 정국의 전환을 꾀했다.[14] 비밀리에 추진된 이 거사는 의도한 대로 친일내각을 붕괴시키는 데 성공하였다. 흔히 '아관파천'으로 불리는 이 사건은 일본의 압박으로부터 벗어나는데 일단 성공한 다음 대한제국으로 국체를 바꾸어 자주국가로서 기틀을 새롭게 다지는 일대 정치적 전환으로 이어졌다. 1882년 미국과의 수호통상조약 체결을 통해 기했던 독립국가로서의 국제적 입지 확보의 염원을 새로 실현시키는 기회를 여기서 창출하고자 하였던 것이다. 청일전쟁의 결과 초기의 방해자였던 청국은 이미 무력해졌고, 전쟁의 승리자로 조선에 대한 침략의 야욕을 드러낸 일본의 강압을 '아관파천'의 극적 조치로 후퇴시켜 독립국가로서의 새로운 출발을 기도하였던 것이다.

임오군란에서 '아관파천'에 이르기까지 약 15년간은 국왕 중심의 개화정책이 외세, 그것도 동아시아의 이웃인 중국·일본으로부터 방해를 받던 '낭비의 세월'이었다. 국제적으로 조선은 서양 열강을 끌어들여 자주국가의 길을 찾으려 했던 반면, 중국과 일본은 모두 서양세력에 대한 자기 방어책으로 조선을 이용하려고 들었던 것이다. 이러한 뜻밖의 도전에 대해 조선은 내적 결속을 더욱 공고히 하여 대응하는 길밖에 없었으며, 이를 위해 그간 취해졌던 군주 주도의 개화정책의 방향 설정은 결코 잘못된 것이 아니었다. 단지 대원군의 도전, 관료들의 분열 등의 내적 취약성으로 돌출하는 상황에 효과적으로 대응할 수 없었던 것이다.

'아관파천' 이후 고종의 왕정은 다시 '정상'을 회복하였다. 국왕이 직접 의정부 회의를 주재하고, 그간 개혁의 이름으로 지방제도를 일본식으로 개편하여 왕도마저 23부의 하나로 만들어버린 '파괴'를 모두 철회시켰다. 왕후시해, 단발령 등에 대한 신민들의 거센 저항이 왕정의 회복을 강력하게

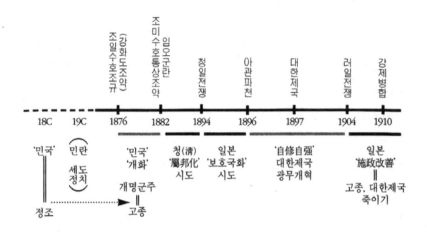

[그림 1] 한말 근대화 정책의 기복

뒷받침해주었다.[15] 이러한 정국의 전환은 1년여 뒤 대한제국의 출범으로 이어졌다. 정국 전환 후 자주국가로서의 모습을 갖추는 것은 회복된 왕정이 이루어야 할 최대과제였다. 이와 관련해 같은 해에 『독닙신문』의 창간과 독립협회의 발족이 잇따라 이루어진 것은 가장 주목할 만한 일들이었다.

『독닙신문』을 창간한 서재필이 귀국한 것은 '아관파천' 전인 1895년 12월 26일이었다.[16] 그가 김홍집내각의 내부대신 유길준과의 사이에 신문 창간을 합의한 것은 '아관파천' 전인 1896년 1월 하순경이었다. 다시 말하면 그것은 왕권 행사를 차단당하고 있던 국왕 고종과는 무관한 상태에서 진행된 일이었다. 『한성주보』가 폐간된 이래 줄곧 신문이 없는 상태였기 때문에 김홍집내각도 정부 홍보 차원이든 국민 계몽 차원이든 신문이 필요했던 것은 의심의 여지가 없다. 당시 서울에는 일본인들이 경영하는 『한성신보(漢城新報)』가 유일하게 발행되고 있었다. 유길준은 내부대신 자격으로 3월

1일자 창간을 목표로 신문사 창설에 필요한 경비를 국고로 지원할 것을 서재필에게 약속하였다. 그러나 이렇게 모든 준비가 완료된 직후인 2월 11일에 '아관파천'이 일어났다. 이 사건으로 김홍집내각이 몰락함으로써 신문발행 계획에 큰 차질이 빚어진 것은 사실이다. 그러나 '파천' 후의 왕정도 신문이 필요하기는 마찬가지였으며, 그리하여 새 정부도 서재필의 계획을 지원하여 1896년 4월 7일에 드디어 『독닙신문』 제1호가 발행되었다.

신문 발행의 주역인 서재필은 귀국 직후 갑신정변의 옛 동료들로부터 직접 정계에 참여할 것을 권유받았다. 그러나 그는 일본이 영향력을 절대적으로 행사하는 가운데 "고종께서 김홍집·유길준 등으로 조직된 새 정부에 불만하시는"[17] 정국 상황을 보고 이에 응하지 않았다. 그는 즉시 미국으로 돌아갈 생각도 했으나 "우리 나라의 독립은 오직 교육, 특히 민중을 계발함에 달렸다"는 확신 아래 민중이 읽을 수 있는 신문을 만들 생각으로 그대로 머물면서 옛 동료들과 접촉하였다. 따라서 그로서는 '아관파천'으로 정국의 상황이 바뀌었어도 신문 발행의 계획을 바꿀 필요는 없었다. 오히려 일본이 물러나고 왕권이 회복된 상태는 그가 염원하는 독립에 더 가까운 것일 수 있었다. 그리고 국왕으로서도 과거 1880년대 개화정책 추진에서 정부기관지로 『한성순보』를 만들었던 경험에 비추면 그가 추진하고 있는 신문 간행은 지원할 만한 일이었다. 의정대신 박정양(朴定陽)이 서재필과 교섭을 벌인 것은 기본적으로 왕의 이러한 뜻을 배경으로 한 것이었다.[18]

『독닙신문』 발행자 서재필은 제1호의 논설에서 "우리는 첫째 편벽되지 아니한 고로 무슨 당에도 상관이 없고 상하귀천을 달리 대접 아니하고 모두 조선사람으로만 알고 조선만 위하며 공평히 인민에게 말할 터인데 우리가 서울 백성만 위할 게 아니라 조선 전국 인민을 위하여 무슨 일이든지 대언하여 주랴 함"이라고 신문의 사명을 밝히면서, "우리는 조선 대군주

폐하와 조선정부와 조선인민을 위하는 사람들인 고로 편당 있는 의논이든
지 한쪽만 생각코 하는 말은 우리 신문상에 없실 터이옴"이라는 약속과 함
께 "논설 끝이기 전에 우리가 대군주 폐하께 송덕하고 만세를 부르나이다"
라고 국왕에 대한 충성을 표시하였다. 이 신문은 5월 하순 경 박정양의 요
청을 받아 민왕후 시해 만행을 폭로하는 국문본 소책자『개국오백사년 팔
월사변보고서(開國五百四年 八月事變報告書)』를 300부 인쇄하여 출판할 계획
을 추진하기도 했는데, 이것은 이 신문의 창간자 서재필까지도 초기에는
왕정을 적극적으로 지지했다는 증거이다.[19]

국왕 고종이『독닙신문』의 역할에 건 기대는 독립협회의 결성에서 좀
더 분명하게 드러났다. 독립협회는 1896년 7월 2일 독립문과 독립공원 창
설을 위한 고급관료 클럽으로 창설되었다. 독립문과 독립공원의 창설은 새
로 출범하는 왕정체제의 정치적 이념과 밀접한 관련을 가지는 사업이었다.
임오군란 후 조선의 개화정책은 새로운 국제질서로의 편입문제와 관련해
중국으로부터 강한 제동을 받았다. 중국은 조선에 대해 열강과의 조약 체
결을 권유하면서도 조공·책봉의 전통적 관계를 구실로 중국의 속방으로
남기를 원하였다. 개화정책으로 자구의 길을 찾던 조선으로서는 과거보다
더 강한 예속관계를 요구하는 중국의 이러한 태도에 대해 배신감 같은 것
을 맛보았다. 그리하여 청일전쟁으로 중국의 압박이 해소되고 전승국 일본
에 대한 삼국간섭의 위력을 직시하면서 균세법(均勢法 ; 세력균형)의 묘를 살
려 일본의 강압도 일단 후퇴시킨 마당에서 조선의 왕정이 '오주(五洲) 평행
(平行)의 권리'로서 독립국으로서의 입지를 하루속히 과시하는 것이 필요하
였다. 이러한 때에 과거 중국 사신을 맞이하던 영은문이 헐린 자리에 독립
문을 세우기로 한 것은 상징적 의미가 매우 컸다.[20]

독립협회는 당초 독립문 건립을 위해 조직된 것으로, 당시『독닙신문』을

만들고 있던 서재필이 주동한 것으로 알려졌다. 그러나 그것은 일반적으로 알려지고 있는 것과 같이 순전히 개화파 인사들의 독립의지의 산물이었던 것은 결코 아니다. 오히려 독립협회에 현직 고위관료들이 다수 참여한 사실이 말하듯이 이에는 정부의 의지가 강하게 작용하고 있었다. 독립협회가 발족과 동시에 독립문 건립을 위한 모금운동을 벌이면서 돌린 윤고문(輪告文)이 이를 가장 분명하게 말해주고 있다.

우리 대조선국이 독립국이 되어 세계만방으로 어깨를 나란히 하니 이는 대군주 폐하의 위덕이 광절(曠絕)하사 백왕(百王)에 탁관(卓冠)하심이오 우리 대조선국의 만고 미증유의 영광이요 우리 동포형제 이천만 인구의 금일에 만난 행복이니 아— 장하도다. 그러나 아직까지 기념할 만한 실적이 없음은 참으로 하나의 결전(缺典)이었다. 이에 공공(公共)한 의논으로 독립협회를 발기하여 전 영은문 유지에 독립문을 신건(新建)하고 … (『大朝鮮獨立協會會報』 제1호, 1896년 11월 30일).

독립협회와 군주의 상호관계는 관민공동회 개최 이후 무성하게 개진된 독립협회에 대한 찬반의 상소문 속에서도 여러 번 확인된다. 1898년 7월 9일 중추원 일등의관 윤치호(尹致昊) 등은 "신등은 모두 부족함이 많은 존재인데 다행이 성명(聖明)을 만나 충애의 정성을 가지고 독립의회를 세워 황실을 보호하며 국권을 유지하옵기를 기도함이 이에 여러 날이 되었다"[21]고 하였고, 10월 4일 반대론으로 전주사 김익로가 "독립협회라는 것은 또한 폐하가 그 창설을 도와서 임금에게 충성하고 나라를 사랑하도록 한 것"[22]이라고 하였다. 그리고 10월 23일 중추원 의관 윤치호 등은 다시 "돌아보건대 아국 협회는 독립으로 기초로 삼으며 충애로 목적을 삼은 바 황태자 전하께옵서 내탕금을 내려 도우시고 액자를 내려 걸었으니(독립관 현판을 의미 ; 인용자) 이는 사설이 아니오 실은 공인이었다"고 술회하였다. 황태자는 이때 기금으로 1천 원(元)을 내고 '독립관(獨立館)'이란 현판을 친필로 써 내렸다.[23)

독립협회의 가장 중요한 임무였던 독립문 건설 자체에도 국왕의 의지가 강하게 작용하고 있었다는 것은 그 건설이 왕도 재건사업과 연계되어 있었다는 사실로서 확인된다. 고종은 '아관파천' 후 러시아공사관에 가까운 경운궁(慶雲宮)을 새로 출범하는 왕정의 본궁으로 삼기로 결정하고 확장공사를 벌였다. 국왕은 이 대역사에 즈음해 왕도 전체의 모습을 일신시키는 계획을 수립하였다. 즉 경운궁을 왕도의 중심으로 삼고 이 궁궐의 대안문(大安門) 앞에서 다섯 방향으로 방사상 도로를 뻗게 하여 기존의 간선 도로인 운종가(종로)와 남대문로에 연결시키고 양 대로에 난립해 있던 가가(假家)들을 모두 철거시키고 상가를 기와집으로 새로 짓도록 하였다. 가가들이 철거된 도로는 노폭 50~80여 척(자)에 달했다. 2년 뒤에는 넓어진 대로에 전차가 달리기 시작한 것은 잘 알려진 사실이다. 본격적인 개화사업이라고 할 수 있는 왕도의 새로운 도시계획사업은 가가 철거에 관한 9월 28일자 내부령(內部令) 제9호를 신호로 본격적으로 착수되었다.[24) 독립협회의 독립문 착공식이 바로 그 직후인 1896년 11월 21일에 있었던 것은 결코 우연이라고 할 수 없을 것이다.[25) 독립문 건립이 왕도의 모습을 크게 바꾸는 도시계획사업과 시기를 같이 한 것은 양자가 하나의 체계 속에서 추진되고 있었다는 것을 의미한다. 수도 개조사업은 총리대신 겸 내부대신 박정양의 총책 아래 한성부윤 이채연(李采淵)이 직접 지휘하고 영국인 총세무사 맥레비 브라운(Mcleavy Brown)이 재정적인 지원을 담당한 것으로 나타난다.[26) 핵심 인물인 이채연이 독립협회 최초위원 8인 중의 하나였던 것이나, 독립문 기회장 공식날 안경수(安駉壽)의 연설에 이어 한성판윤 이채연과 외국인 대표 브라운 두 사람만이 연설, 축사를 한 것도 우연이라고 할 수 없다.[27]

아관파천 후 러시아 공사관에 머물고 있던 고종은 신하들로부터 하루속히 환궁하시라는 재촉을 여러 차례 받았다. 그러나 그는 새로운 출발을 위한 대사업들을 여럿 기획하고 있었으므로 환궁 자체를 그렇게 다급하게 서둘지 않았다. 국왕은 새 본궁 경운궁에 중심 건물들이 완성되어 이곳에서 정사를 볼 수 있을 정도가 되었을 때 환궁했다. 1년여 만인 1897년 2월 20일의 일이었다. 그러나 본궁을 바꾸고 왕도의 모습을 일신하는 것이 국왕이 목표한 모든 것은 결코 아니었다. 국왕이 궁극적으로 이루고자 한 것은 제국(帝國)으로 국체를 바꾸고 국가의 모습을 일신하여 새로운 출발을 다지는 것이었다. 1897년 8월 국왕은 일본의 영향 아래 주어진 연호 건양을 버리고 광무(光武)란 새 연호를 쓰기로 하였다. 그리고 10월에 국체와 국호를 대한제국으로 바꾸고 곧 황제로 즉위하였다.

국체와 국호의 변경에서는 과거의 중국과의 관계를 청산하는 뜻을 특별히 강하게 담고 있었다. 국체를 제국으로 바꾼 것은 새로운 국제사회에서 이제는 중국과의 비교에서도 대등한 관계가 되었다는 것을 표시하는 뜻을 가졌고, 500년간 사용해온 조선이란 국호를 버린 데는 특히 중국과의 조공·책봉 관계의 청산이란 뜻을 강하게 담고 있었다. 국호 조선은 기자(箕子)의 옛 강토의 이름으로 책봉국 명나라가 피책봉국 조선에 부여한 것으로 그 관계가 없어진 지금에서 그 이름을 그대로 쓸 이유가 없다는 것이 변경의 변이었다. 새 국호 대한은 국왕이 스스로 다음과 같은 변으로서 채택하였다.[28]

우리 나라는 삼한(三韓)의 땅으로서 나라의 초기에 하늘의 지시를 받고 한 개의 나라로 통합되었다. 지금 나라의 이름을 '대한(大韓)'이라고 한다고 해서 안될 것이 없고 또한 매번 일찍이 보건대 여러 나라 문헌에는 '조선'이라 하지 않고 '한(韓)'이라고 한 것으로 보아 이전에 이미 '한'으로 될 징표가 있어서 오늘이 있기를 기다린 것이니 세상에 공포하지 않아도 세상에서는 모두 다 '대한'이라는 이름을 알 것이다.

대한제국의 출범 그것은 개항 직후 새로운 국제질서에의 능동적인 편입에서 꾀하던 것을 근 20년의 세월이 흐른 시점에서 비로소 실현을 본 것이었다. 그래서 거의 대부분의 사람들이 대한제국의 신민으로서 제국의 출발을 축하하고 있었다.

2) 1895년 관비 유학생 친목회의 국민·국회론

개항 후 소개된 서양의 정치사상·정치체제 가운데 새로운 것으로 눈을 끈 것은 입헌군주제와 공화제였다. 이 제도들은 조선에서 한번도 경험하지 못한 것이었으므로 당연히 식자들의 관심의 대상이 되기 마련이었다. 그러나 관심이 곧 목표가 되었던 것은 결코 아니다. 『한성순보』 『한성주보』 등이 입헌정체·공화제 및 정당정치제도 등을 모두 소개하면서도 그에 대한 평가는 비판적이었다. 대통령제를 신군주제 정도로 파악하는 한편, 정당의 분립은 개화·부강의 추진을 어렵게 할 뿐이라는 논조였다. "천하 문명의 운수는 오직 군주나 재상들이 교화를 어떻게 하는가에 달려 있다"고 하면서 군주를 중심으로 합력한 개화 추진의 정당성을 역설하였다. 이 점은 1880년대의 서양문물 소개의 대표적 저술로 알려지는 유길준의 『서유견문(西遊見聞)』에서도 마찬가지다.[29]

유길준은 이 책의 제5편 「정부의 종류」에서 (1)군주가 천단하는 정체 (2)군주가 명령하는 정체(또는 압제정체) (3)귀족이 주장하는 정체 (4)군민(君民)이 공치(共治)하는 정체(입헌정체) (5)국인(國人)이 공화(共和)하는 정체(합중정체) 등 다섯 가지를 소개하였다. 이 가운데 (1)과 (3)은 현재 존재하지 않는 것이라고 설명하면서[30] 나머지 (2) (4) (5)를 비교하였다. 그는 조선·중국·일본 등 아세아주의 대부분의 나라들의 정체를 (2)라고 하고 (4)에는 영국·독일·네덜란드·벨기에·오스트리아·이탈리아 등 유럽 여러 나라들을 들고 (5)로는 남북 아메리카 여러 나라들을 들었다. 3자의 비교에서 그는 (4)의 군민이 공치하는 체제가 "가장 좋은 규모"라고 평가하고, 그 중에서도 영국을 가장 대표적인 예로 들었다. 그러나 그는 그렇다고 어느 나라든지 인민의 풍속과 국가의 사정을 불문하고 이 정체를 취해 행할 수 있는 것은 아니라고 지적하였다. 즉 모든 나라의 정체는 오랜 세월 인민의 습관을 이룬 것이니 그 여건을 생각지 않고 갑자기 바꾸기를 주장하는 것은 어린 아이 장난으로 나라에 도움이 되지 않는 것이라고 하였다. 그러나 인민을 교육하여 국정 참여의 지식을 가지도록 한 후에 이 정체를 의론하기 시작할 수 있는 것이라고 한 것으로 보면[31] 조선도 궁극적으로는 이에 도달해야 한다는 생각을 가졌던 듯하다.

유길준의 『서유견문』 이후 정치체제를 논한 글은 1895년 10월에 제1호가 나온 『친목회회보(親睦會會報)』에서 찾을 수 있다. 1889년에 탈고된 『서유견문』이 1895년 4월 29일에 출간되었으므로 양자는 시기를 같이 하여 읽히기 시작한 셈이다. 앞서 언급하였듯이 청일전쟁에 승리한 일본은 1894년 10월 군국기무처를 혁파하고 의정부를 내각으로 고쳐 이에 모든 권한을 집중시켜 왕정을 무력하게 만들면서 내정간섭의 강도를 더욱 높였다. 새로운 체제 확립의 사명을 띠고 부임한 주한공사 이노우에 가오루(井上馨)는 11월

20일 대군주 고종을 알현한 자리에서 개혁 건의 19개 사항의 하나로 '유학생을 일본에 파견할 것'을 제시했다. 그간에도 사적인 유학생은 많았지만 이번에는 정부가 미리 공부할 과목(분야)을 정해 수업케 하여 고문관을 빙용하는 것을 대신할 수 있도록 하자는 것이 제안 사유였다.[32] 요컨대 이 제의는 조선정부가 비용을 들여 일본에 대규모 유학생을 보내게 함으로써 친일관료들을 양산하려는 것이었다.

『친목회회보』 제1호 「친목회일기」에 의하면 유학생 선발은 1895년 3월에 150명 규모로 완료되어 3월 18일에 학부대신 박정양의 훈시를 들은 다음 출발하여 4월 7일에 동경(東京)에 도착한 것으로 되어 있다. 이 유학생들의 교육은 게이오의숙(慶應義塾)의 후쿠자와 유키치(福澤諭吉)가 전담하였으므로 관비 일체가 그에게 전달되었다. 유학생들은 곧 친목회를 결성하여 초대회장에 윤치오(尹致旿), 2대회장에 어윤적(魚允迪)을 각각 뽑았으며, 의화군(義和君 : 堈)을 친목회의 통상찬성위원장, 후쿠자와를 특별찬성위원장으로 정했다. 의화군은 1894년 10월에 일본이 청일전쟁으로 보낸 조선왕실 위문사절에 대한 보빙사로 일본에 와 있었으며, 윤치오·어윤적 등도 보빙사절단으로 따라왔다가 모두 함께 유학생 신분으로 전환하였다. 흥미로운 것은 『서유견문』의 저자 유길준도 사절의 수행원으로 동경에 와서 후쿠자와의 도움을 받아 『서유견문』을 출판한 사실이다.[33] 특별찬성위원장 후쿠자와가 유학생들의 교육상태와 학비 지급을 총괄적으로 위임받고 있었던 사실은 대규모 관비 유학생의 파견이 일본의 의도 아래 추진되었다는 것을 명백하게 말해준다.[34] 이노우에 공사 주도하의 '개혁'은 보호국화를 목표로 하고 있었으므로 당시 조선 보호국화를 선창하다시피 한 후쿠자와가 예비관료군의 양산을 책임졌다는 것은 결코 우연이 아니었다. 이 사업이 바로 이런 목적에서 출발하였기 때문에 '아관파천'으로 그 체제가 붕괴하면서

유학생들이 대부분 귀국하거나 미국으로 흩어졌다. 친목회의 회보도 1895
년 10월에 제1호를 낸 뒤 1896년 3월에 제2호, 1896년 10월에 제3호를 내는
것으로 그쳤다.[35]

『친목회회보』는 이처럼 특수한 사정으로 단명에 그쳤지만, 『서유견문』
이후 서양정치 사상을 구체적으로 논한 글들을 싣고 있기 때문에 주목할
만하다.[36] 제1호에서 제3호까지 회보에 실린 논설류 총 35편은 아래와 같다.

제1호

(1) 본지취론(부회장 신해영) (2) 친목회서설(박정수) (3) 입지여학론(남순희) (4)
지학설(윤방현) (5) 분발론(임병구) (6) 우국론(조병주) (7) 역학설(이희철) (8) 권
학론(여병현) (9) 조선론(김정훈) (10) 학문(이하영) (11) 연설 대조선군주국 형
세여하(평의원 홍석현) (12) 연설(평의원 김용제)

제2호

(13) 한문자와 국문자의 손익여하(신해영) (14) 본회취지(김용제) (15) 조선론
(홍석현) (16) 일가일국에 일인의 관중(어용선) (17) 국민의 희노(신해영) (18)
지학론(장태환) (19) 사물 변천의 연구에 대한 인류학적 방법(고의준) (20) 금
일 대세설(전태홍) (21) 일견과 백문의 우열(농구자)

제3호

(22) 면학의 호시기(신해영) (23) 실행적 불실행적(홍석현) (24) 진보적 퇴보적
(위와 같음) (25) 국민적 대문제(위와 같음) (26) 시무론(권봉수) (27) 學問의 공
효(지승준) (28) 국가 진취의 여하(남순희) (29) 교육론(최상돈) (30) 무본론(장헌
식) (31) 정치의 득실(안명선) (32) 정치가 언행론(윤세용) (33) 학문의 연구(원

응상) (34) 국민의 의무(유창희) (35) 국민지원기 소마 방금 대우환(김용제)

필자는 22명으로 전체 유학생 140~150 중 7분의 1 정도가 집필에 참여하였다. 『회보』는 5개월, 7개월 간격으로 출간되었다. 짧은 기간에 단명으로 그친 잡지이지만, 제1호에 실린 글들과 제3호에 실린 글들 사이에는 내용상 상당한 차이를 보이고 있다. 제1호의 글들이 유학의 취지에 찬동하면서 파견해준 대군주의 은혜에 감사하는 내용이 대부분인 반면, 제3호에 이르면 새로운 서양 정치사상에 입각한 국민론, 국가론, 심지어 국회론에 관한 글들까지 실리고 있다. 여기서는 편의상 2호 이후의 글들을 중심으로 유학생들의 동향을 살피기로 한다.[37]

제2호에는 대군주의 러시아공사관 이어사건을 직접 다룬 논설이 하나 실렸다. 어용선(魚瑢善)의 「일가일국에 일인의 관중」(18)이 그것이다. 그는 대군주 폐하를 원수(元首) 부모로 지칭하면서 하루아침에 대하(大廈 : 왕궁)를 버리시고 타인가에 나섰는데 하루라도 일찍 환어하여 가정을 진정시켜야 한다고 피력하였다. 그의 이러한 당부는 군주 일인의 결단이 곧 일국의 성패를 좌우한다는 견지에서 나온 것이다. 그러나 그것은 결코 군주를 찬양하는 뜻을 담고 있지 않았다. 과거 프랑스의 루이 14세와 프러시아의 프레데릭 2세는 토지척식을 위해 무기를 들고 구주 들판에 나가 있었다는 것을 굳이 지적하고 있는 것으로 보면 이번의 이주는 단순 피신에 불과한 어리석은 짓이라는 비난의 뜻을 실은 감이 없지 않다. 이 글의 필자는 그 사이 이미 백여 명을 이끌고 군주에게 환궁을 촉구하는 상소를 올린 윤효정(尹孝定)을 지사라고 평가하면서 이 세기는 패왕(霸王) 배출의 시대로서 군주 한 개인의 득실로 일가의 성패를 알 수 있게 되며, 일가의 성패가 일국의 안위를 가져오는 것이니 원수부모로서 하루속히 환궁할 것을 촉구하였다. 이러한 논지는 결과적으로 러시아를 견제하는 일본의 이해관계를 대변하는 것이기 때문에 더욱 주의를 요한다. 그 자신도 일본과의 교린을 잘 생각하라는 주문을 하였지만, 윤효정 역시 주한 일본공사관과 연결되어 친일적인 성향을 농후하게 보인다.

제2호에는 청국에 대한 전통적인 의지에 대한 비판과 국민의 자율성을 강조하는 논조의 글들이 많이 실렸다. 아시아 국가가 영국인·프랑스인의 신첩(臣妾)이 될 수 없다는 일본의 연대론적 인식을 거듭 촉구하면서 국문 전용의 조치를 청으로부터 제약을 받던 완미한 관습으로부터의 일탈의 거사로 찬미하는 글이 실렸다. 친목회의 부회장이자 뒷날 독립협회에도 간여하는 신해영의 글이다. 그는 한자는 문명발전을 제약한 것으로 세종이 발명한 국문은 배우기 쉬워 정부 및 경무(警務)에 필요한 율령의 전달에도 유용한 수단이 될 수 있는 장점을 강조하면서 "우리 조선도 독립(청일전쟁으로 청의 간섭에서 벗어난 것을 의미 ; 필자) 후에 국문전용의 훈령을 반포하여 비굴한 보수인 완미한 관습을 벗고 실력 경쟁의 영역으로 나아가게" 되었다고 찬양하였다(13). 조선의 문무의 전통을 논하는 한 글은 처음부터 학문이 청국만 모방하여 교육이 대단히 미흡하고 감격하여 기뻐할 만한 무략(武略)도 없는 지경에 이르렀다고 하면서 새로운 교육을 통한 2천만의 협심만이 거문도사건과 같은 오랑캐의 위협을 극복할 수 있다고 주장하였다(15). 모두가 일본을 통한 신문물의 적극적인 수용이 난국을 헤쳐 나갈 수 있는 유일한 길이라는 논조로 바뀌고 있다. 당시 영국의 거문도점거 사건은 이처럼 일본의 아시아 연대론의 정당성을 제고시켜 주는 결과를 가져오면서 일본의 조선에 대한 간섭을 유리하게 만들어 주고 있었다.

부회장 신해영의 「국민의 희노」(17)는 국민의 능동성을 피력한 최초의 글로서 주목할 점이 많다. 그는 이 글에서 국민은 정부의 잘못에 대해 노할 줄도 알아야 한다는 것을 역설하였다. 그런데 이러한 민주주의를 추구하는 논설들이 일본의 침략주의적인 국제론과 뒤섞여 조국의 군주권 부정의 논리로 출현하고 있다는 것은 크게 주목해야 할 현상이다. 이 글의 중요한 대목을 옮기면 다음과 같다.

> 웃기도 잘하고 울기도 잘하는 국민은 노하기도 잘하는 국민이 아니면 안된다. … 제도를 뒤엎고[飜覆] 관질(官秩)을 바꾸는 것으로 국민을 감화시키는 것이 아니다. 국민 외복은 공적 의론과 여론에 생명이 달렸다. 국민 외복은 당파가 협일하여 회의안에 힘을 합치고[幷力] 내외정을 기탄하는 곳에서 이루어진다. 국민이 감화할 곳은 문명이기로 이목을 새롭게 하고 문명 교육서로 의장(意匠)을 깨닫는 데 있다. 국민이 감화 외복하는 것은 중앙정부가 국민에 대한 책임을 느끼게 하는 것이다. 때문에 이 감화 외복되는 경우는 다만 국민이 노할 수 있을 때 잘 노함으로부터 생기는 결과에 지나지 않는 것이니, 노할 자리에 노할 때는 외구(外寇)도 혹 얼리고(嚇), 노할 자리에 노할 때는 내구(內寇)도 혹 때려눕힌다(撲). 국민에 노함이 없으면 국민의 외복함이 없고, 국민에 외복함이 없으면 국민존재의 실이 없고, 국민존재의 실이 없으면 나라에 법령이 있고 정각(政閣)이 있더라도 유신국이라고 이르기는 어렵다. … 법령과 회의란 것은 국민보호의 장치이다. … 외구와의 충돌과 정각의 전복은 국민에게 노함이 얼마나 두려운 것인가를 보여주는 것이다. … 노할 때 노할 수 있음은 유신국의 방침이다.

국민의 노함의 정치적 중요성에 대한 이 글의 논지는 제1호에서 보여주었던 유학생들의 대군주에 대한 일방적 충성심의 표시와는 판이한 것이다. 이 글은 정치적 민권을 논한 최초의 글이라 해도 좋다. 그리고 회의라고 한 것은 의회를 의미한다. 이 글의 논지는 수년 후 독립협회의 만민공동회의 급진파의 정치의식과 진배없는 것이다. 이 글의 지은이 신해영 자신이 바로 뒷날 독립협회의 중요 청년요원으로 활약하였다. 서양정치사상의 민권론은 이처럼 서양으로부터 직수입된 것이 아니라 일본을 거쳐 들어오고 있었다.

『회보』제3호는 유학생들이 대거 귀국 또는 도미하는 가운데[38] 1896년 10월에 나왔다. 본국에서는 아관파천 후 친일내각이 몰락하고 군주가 중심이 되는 정치체제를 거의 회복한 시점이었다. 제3호에 실린 13편의 글들은 제2호에 나타난 성향이 한층 더 강화되는 경향을 보였다.

일본식 연대론적 관점에서 국제정세를 언급한 글이 둘이었다. 서양인들의 군비증강 목적을 동아를 침탈하기 위한 것이라고 하거나(25), 동방 아세아는 동서 교통 이래로 아프리카 다음으로 구미 여러 나라가 다투는 대상으로 주목하고 있으니 조선은 구주와 아세아가 교차하는 경계에 붙어 있어 (러시아와의 국경관계를 의미 ; 필자) 국세가 융성하더라도 방심할 수 없으며, 동양 유지는 오직 조선에 있고 조선 유지는 혁신진보에 있다는 논지가 제시되었다(35). 후자의 논지는 조선의 주체성을 표방한 듯하나 실상은 그렇지 않다. 동양 유지의 주체가 되기 위해 조선이 획득해야 하는 '혁신진보' 자체가 일본을 통해 이루어지는 것을 전제하고 있었으므로 이 논지를 취하면 그 중심은 자연히 일본이 되고 만다. 이 입장에서의 서양세력에 대한 방어란 목하의 현실로는 아관파천 이후 조선이 러시아와 연대하고 있는 체제에 대한 비판이라고밖에 볼 수 없다. 제3호의 집필자 가운데는 실제로 서양문명의 수용에서 일본국이 먼저 습속을 일변하여 "혁신상 대세가 하룻밤에 병행한 까닭에 한 점 섬나라가 전 지구 육지의 3분의 1이 되는 중국을 파쇄하고 그 토지를 할취하였으니 금일에 이르러 일본국명을 전세계상에 전파할지라도 어찌 장대치 아니하리오"라고 일본에 대한 찬사를 아끼지 않는 사람도 있었다(26).

국민의 우위 즉 민권을 강조하는 글들은 수가 늘고 내용도 더욱 강경해지는 경향이다. 사설로 실린 신해영의 「면학(勉學)의 호시기」는 우리 학생은 내각과 국민의 대희망이니 이에 부응치 않으면 국민에 죄를 짓는 것이라고 역설하여 자신들의 유학 자체가 이제는 군주가 아니라 내각과 국민의 이름으로 이루어진 것으로 바꾸고 있다. 대부분이 국과 국민을 거론하였지 대군주의 은혜를 언급하는 글은 하나도 찾아볼 수 없게 되었다. 굳은 마음[硬心]으로 국가를 위하여 자기를 희생으로 여기는 자로서의 '확고한 실행자'가 되어야 한다든가(23), 나라의 강약도 소수 인재 중심의 교육보다 국민이 모두 생각을 명확히 하고, 맡은 바 임무를 다할 때 더 큰 성과를 거둘수 있다든가(28), 민은 나라의 근본으로 문명국을 세우려면 민을 교육의 길에 들게 해야 한다고 하였다(30). 치국의 급무는 국민이 좋아하는 것을 따르고 싫어하는 것을 제거하는 것이라고 규정하는 논자까지 나오고 있었다(26).

안명선(安明善)의 「정치의 득실」은 대의정치를 직접 찬양하였다. 그는 정체를 입헌정체(즉 대의정치)와 독단정체(즉 군주독재정치)로 나누고, 후자도 그 군주가 영명하여 선량한 정치를 베풀면 인민이 배를 두드리면서 노래를 부르는 행복을 누릴 수 있고 중치(衆治)정부라도 그 나라 국회의원이 주의와 주견이 없으면 그 나라가 필경 망하고 마는 것이지만 원리상 전자(입헌정체)의 우위성은 후자의 비교가 아니라고 하였다. 그는 대의정치의 우수성을 이처럼 강조하면서 바로 이어 동양에서는 일본이 이를 유일하게 실행하여 성공하고 있는 사실, 그리고 일본의 제도가 서양 것과 다른 점이 있는 것은 각국의 풍토와 기후와 종교가 다른 것에서 오는 차이일 뿐이라고 추켰다.

유창희(劉昌熙)의 글도 대의정치를 찬양하는 뜻에서 국민의 의무를 직접

논하였다. 즉 나라[國]는 만인의 공중을 일컫는 것으로, 그것은 한 사람이 가지는 것인 동시에 만인이 가지는 것이라고 하였다. 여기서 국가의 소유자로서의 한 사람이란 물론 군주를 의미하였다. 군주의 존재를 부인하지는 않았으나 만인 즉 국민의 존재를 크게 부상시켰다. 그리고 국민의 공정한 의무는 만인이 각기의 공정한 의무를 수행하여 국세를 공고히 하고 민권을 확장하여 자주독립을 확고하게 세우는 것이라고 규정하였다(34). 정치관이 이렇게 국민 중심의 것으로 바뀌면 자연히 정치가에 대한 인식도 달라지기 마련이다. 위 안명선의 글 외에도 정치가의 언행을 논한 한 글은 나라 인민의 원기 소장과 교화 성쇠는 정치가의 언행에 달렸으며, 정치가는 곧 국가 원기의 대표라고 논급하였다. 집정자의 말과 행동은 항상 국민에게 표준이 될 만한 것이어야 하며 그렇지 못할 때는 아래에 있는 자와 위에 있는 자가 바뀔 수도 있으며 그것은 아랫사람의 반대가 아니라 위에 있는 사람의 불찰이라고 논단하였다(32).

제3호에 실린 위와 같은 글들은 일본의 입헌대의정치의 실현을 중심으로 조선도 정체를 근본적으로 바꾸어야 한다는 주장을 강력하게 펴고 있다. 이것은 정치사상적으로 중대한 변화임에 틀림이 없다. 그러나 이러한 변화가 일본이 강요한 교육 프로그램 속에서 조선 지배를 최대의 과제로 인식하고 있던 일본 지식인들의 영향으로 일어난 것이란 점에서 경계해야 할 부분이 적지 않다. 일본제국의회는 1889년의 헌법에 따라 귀족원(貴族院)과 중의원(衆議院) 양원체제로 발족하였다. 그러나 그것은 서구의 의회제도와는 거리가 먼 것이었다. 진정한 대의기구가 아니라 천황제 전제주의체제를 뒷받침하는 형식적인 것에 불과했다. 중의원 선거권에는 재산상의 조건이 있었을 뿐더러, 양원 모두가 회의를 소집할 권한도 가지고 있지 못했다. 실제로 천황제를 움직이는 권력의 핵심은 번벌(藩閥)세력으로 구성되는 추밀원이었다. 『친목회회보』 기고자들은 그들이 목도한 일본의 '회의체'는 이처럼 천황제로 구심을 얻기 위해 변칙적으로 만들어진 것인데도 조선의 정치체제를 말할 때는 조선의 군주권에 불리한 서구의 대의제도를 반드시 받아들여야 할 과제로 말하였다. 이런 의미에서 그들의 논설은 순수성과 객관성이 의심되는 면이 많다. 기고자들은 수년 뒤에 독립협회 회원으로서 의회개설운동에 앞장서고 있는데 이 운동은 황제권을 약화하여 개명관료 독재를 추구한 것으로 분석된다.

제3호에는 이와 같이 전향적인 정치사상의 글들을 다수 싣고 있지만 친목회 자체는 많은 유학생들의 귀국으로 해체의 위기에 직면하고 있었다. 이 호의 끝에 실린 김용제(金容濟)의 논설 「국민의 원기가 없는 것이 지금의 큰 우환이다(國民之元氣銷磨方今大憂患)」는 유학생들의 중도 귀국의 현실에 대해 "민의 마음은 국가를 위하여 각각 희생(하기)을 잊지 않아야 그 나라가 흥륭하거늘, 하물며 국가에 대해 기초의 책임을 질 선비의 마음이 나태에 빠지면 원기 활발을 양출하지 못하나니, 아쉽다 유학생의 원기 사그라짐[銷磨]이여"라고 개탄하면서, "무릇 우리 국민은 의탁하는 사사로운 마음은 뽑아버리고 확연 자립하는 공심(公心)을 양성하여 원기를 활발히 하며 예기를 진작하여 정치 외교 군비 재정 산업 상권(商權) 학무 기예를 열심히 지휘하여 국권을 확립하고 국세를 확장하여 조선의 형세와 동양의 형세를 만세에 유지할지로다, 아쉽다 국민의 원기 활발함이여(35)"라고 하여 국민의 의식 변환에 기대를 거는 것으로 마무리 지었다.

[별표 1] 친목회 회원 명단
 ―친목회회보 제1~3호에 보이는 이름들을 망라한 것임.
 강 경 강경희 강용갑(향미) 고의준 고희준 권봉수 권정진 김기장 김낙환

김난사 김동완 김명집 김상열(특별) 김세태 김용제 김윤석 김윤구 김익남 김정우 김정훈 김춘흥 김태흥 김헌식(향미) 김홍경 나 호 남순희 노경보 박기준 박정선 박정수 박병헌 박정선 박종한 박희동(향미) 박희병 백철수 백학로 변하진 서병무 신석린(특별) 신해영 심노한(특별) 안명선 안영중 안정식(향미) 안창선 안형중 오재철 어용선 어윤적 엄주일 여병현(향미) 왕훈식 원응상 유문상 유빈겸 유성준(통상찬성) 유승겸 유창희 유치규 윤기주 윤방현 윤세용 윤태범 윤치오 이근상 이규삼 이범수(향미) 이병무 이유석 이용우 이인식 이종화 이중원(특별) 이철우 이하영(향미) 이희철(향미) 이현재 이홍준 임병구(향미) 장명근 장원식 장태환 장헌식 전만기 정운복(특별) 정은모 정인소 정재순 조병교(특별) 조병주 조원규 조제환 지승준 진희성 최규복 최만순 최병태 최상돈 하상기 한영원 현공염 홍석현 홍승복

3) 독립협회 의회개설운동의 대일(對日) 의존성

관비 유학생 『친목회회보』 이후 군주전제권에 반대하면서 민권의 신장이란 명분 아래 의회제도와 내각제 도입을 주장한 것은 독립협회였다. 이 협회는 앞에서 이미 언급했듯이 1896년 7월에 창설되어 1898년 12월말까지 약 2년 5개월간 존속하였다. 이 짧은 기간에 독립협회는 독립문의 건립, 독립관에서의 정기 토론회, 종로 일대에서의 수차에 걸친 관민공동회(官民共同會) 및 만민공동회(萬民共同會) 등 많은 활동을 펼쳐졌다. 의회개설운동은 토론회 · 관민공동회 · 만민공동회 등을 통해 펼쳐졌다. 독립협회의 이러한 활발한 사회적, 정치적 활동에 대해서는 이미 많은 연구가 이루어졌다. 그래서 그 활동의 진행과정을 여기서 다시 구체적으로 살필 필요는 없다. 단지 의회개설과 내각제로의 전환을 골자로 하는 후반기의 정치적 '민권운

동'의 본질을 고찰하는 데 초점을 두기로 한다.

독립협회에 관한 대표적 연구는 20년 전에 이루어진 신용하 교수의 역작 『독립협회연구-독립신문·독립협회·만민공동회의 사상과 운동』(1976, 일조각)과 최근에 이루어진 주진오 교수의 『19세기 후반 개화 개혁론의 구조와 전개-독립협회를 중심으로』(1995, 연세대학교 박사학위청구논문)를 들 수 있다. 독립협회의 정치운동에 관한 아래의 고찰은 주로 이 두 연구의 성과에 의존하면서 앞에서 살핀 관비 유학생 『친목회회보』에 나타난 새로운 경향과의 관계를 중점적으로 고찰해 보고자 한다.

먼저 신용하 교수의 연구에서 밝혀진 것 가운데 이 글의 전개에 직접적으로 도움이 되는 것은 독립협회 활동의 변천에 관한 구분과 각 단계별 임원진 및 주요 활동자의 명단이다. 먼저 협회 활동의 변천에 관한 구분부터 옮기면 다음과 같다.[39]

■ 제1기(1896년 7월~1897년 8월 28일) : 고급관료 주도기

고급관료들이 협회를 주도하면서 독립문·독립공원·독립관 등의 건립 사업에 주력. 정부의 개혁파 관료들을 중심으로 거의 모든 고급관료들이 보조금을 내고 회원이 되었으며, 간부직을 맡았다.

■ 제2기(1897년 8월 29일~1898년 2월 26일) : 민중 진출기

일부 간부들이 민중 계몽에 앞장서 매주 일요일에 토론회를 개최함으로써 자각한 일부 민중들이 적극적으로 이에 참가하여 대중적 기반이 넓어지기 시작하였다.

■ 제3기(1898년 2월 27일~1898년 8월 27일) : 민중 주도기

구국선언 상소를 하고 본격적인 자주민권 자강의 민족운동을 전개하던 시기. 나라의 독립과 발전을 위한 사회정치운동을 본격적으로 전개하고

수구파 정부의 부패와 무능무책을 비판함으로써 고급관료들은 대부분 협회를 떠나고 민중과 민중을 대표하는 지식인들이 협회를 주도하였다.

■ 제4기(1898년 8월 28일~1898년 12월말) : 민중투쟁기

관민공동회를 개최하고 자강개혁을 위한 내각수립과 의회개설 등의 운동을 전개. 관민공동회를 통해 대승리를 거둔 듯하였으나 수구파 관료 및 보부상단체인 황국협회(皇國協會)의 반격을 받고 힘겨운 투쟁을 전개, 11월 4일 해산당하였다가 만민공동회 투쟁으로 11월 26일 복설되어 황국협회의 공격에 대항해 재차 승리를 거두었으나 국왕의 전격적 조치로 해산당함.

신용하 교수의 위와 같은 독립협회 활동에 관한 파악은 독립협회 활동을 전적으로 긍정하는 입장에서 이루어지고 있다. 4단계의 변천은 추이를 잘 요약하고 있지만, 각 활동에 대한 평가는 반드시 동의할 수 있는 것은 아니다. 주진오 교수나 필자의 견해로는 독립협회 안에 서로 다른 입장이 나뉘어 있었으며 의회개설운동을 주도한 측의 경우 친일성이 강하게 나타나고 있어, 지금까지의 획일적인 고찰을 재고해야 할 필요성을 절실하게 느낀다. 어떻든 4단계의 협회 활동에서 가장 중요한 대목은 제2기로의 변화이다. 독립문 건립을 중심으로 한 제1기의 활동상은 주로 고종의 왕정을 뒷받침하는 것이었다. 이에 반해 제2기 이후에서는 오히려 군주권을 견제하고자 정부를 비판하는 것에 주력한 활동이 대부분이었다. 이 변화의 원인을 살피기 위해서는 먼저 임원진 또는 활동별 대표자들의 변동상황부터 살필 필요가 있다. 아래 [표 1]은 창립 당시의 임원진 명단에 기존의 연구에서 밝혀진 각 개인의 중요 이력과 외국과의 관계를 표시한 것이다.

[표 1] 독립협회 창립 당시 임원진

고　문 ; 서재필(徐載弼, 미국)

회　장 ; 안경수(安駉壽, 일본, 春生門事件)

위원장 ; 이완용(李完用, 미국, 정동파, 춘생)

위　원 ; 김가진(金嘉鎭, 일본, 軍國機務處議員) 김종한(金宗漢, 일본, 군기처) 민상
　　　　호(閔商鎬, 미국, 정동, 춘생) 이채연(李采淵, 미국, 정동) 권재형(權在衡,
　　　　일본, 군기처) 현흥택(玄興澤 미국, 정동, 춘생문) 이상재(李商在, 미국)
　　　　이근호(李根浩)

간사원 ; 송헌빈(宋憲斌, 양반, 기기국 전환국, 공무참의) 남궁억(南宮檍, 중인, 同
　　　　文學, 우정국사사, 칠곡부사) 심의석(沈宜碩, 중인, 내부 기사, 독립문공
　　　　사 실무자) 정현철(鄭顯哲, 관료, 통리아문 주사, 원산항 부산항 서기관)
　　　　팽한주(彭翰周, 중인, 통리아문주사, 인천항 서기관, 외부 번역관) 오세창
　　　　(吳世昌, 중인, 통리 주사, 군국기무처 낭청, 통신국장) 현재복(玄濟復, 중
　　　　인, 농상공부 주사) 이계필(李啓弼, 링컨대학, 전운소 주사, 외부주사) 박
　　　　승조(朴承祖, 중인, 동문학, 원산항 서기관, 외부 번역관) 홍우관(洪禹觀,
　　　　중인, 동문학, 학부참사관, 외국어학교장)

　고문·회장·위원장·위원 등에서 미국·일본 등의 외국명 표시는 각기
가 직무상 또는 유학 기회로 다녀온 나라들을 표시한 것이며, 춘생문사건,
군국기무처 의원, 정동파(貞洞派) 등은 주요 이력 및 활동에 해당하는 것들
이다. 간사원들의 경우는 주진오 교수의 조사를 활용한 것으로 대부분의
간사원들이 중인 출신으로 1880년대 국왕 주도의 개화정책에서 실무관료
로 임명되었던 사람들이란 것이 한눈에 드러난다. 다시 정리하면 위원 이
상의 직임들은 춘생문사건 관련자들, 정동파의 친미계 인사, 군국기무처 출

신 등으로, 간사원들은 대외관계 부처에서 활동하는 현직 실무관료들로 각각 구성되어 있다. 이러한 구성은 군주정을 뒷받침하는 데 주력했다는 협회의 초기 활동상과 일치한다.

춘생문사건은 주지하듯이 일본군의 경복궁 포위 이후 갇히다시피한 국왕을 일군의 관료들이 다른 곳(미국공사관)으로 탈출시키기 위해 왕후시해 사건 후인 1895년 10월 11일에 궁 북측의 춘생문으로 잠입해 들어가다가 발각된 사건이다. 시종원경 이재순(李載純)을 비롯해 임최수(林最洙, 시종), 김재풍(金在豊, 탁지부사계국장), 이도철(李道徹, 참령), 이민굉(李民宏, 정위), 이충구(李忠求, 전 議官), 안경수(중추원 의관) 등이 주동하고 이범진(李範晉)·이윤용(李允用)·이완용·윤웅렬(尹雄烈)·윤치호·이하영·민상호·현홍택 등 정동파 관료들이 대거 호응한 것으로 알려졌다. 사건의 성격상 이들은 '아관파천' 이후 군주로부터 높은 신임을 받아 고위 요직에 기용되었고, 이를 배경으로 군주와의 밀월관계가 약속된 독립협회의 임원진을 이루게 되었던 것이다. 그러나 이 관점에서 볼 때 정동파와 대립관계였던 군국기무처 회의원 출신들이 끼어 있는 것은 납득하기 어려운 부분이다. 특히 회장 안경수가 춘생문사건의 주동이면서 군국기무처 의원 출신이란 양면성을 보이고 있는 것은 이례적이다.

군국기무처는 앞서 언급하였듯이 일본군이 동학농민군을 진압하기 위해 조선에 출병한 상태에서 1894년 7월 9일에 「내정개혁방안강령」을 조선정부에 제시하고 이것이 15일에 국왕에 의해 거부되자 7월 23일에 일본군을 동원해 경복궁을 포위한 상태에서 구성되었다. 총재 김홍집(영의정), 부총재 박정양(내무독판) 이하 17명의 의원 가운데 김종한(내무협판) 김가진(외무협판) 안경수(우포장) 권재형(한성부윤) 등의 이름이 확인된다.[40] 그 가운데 안경수·김가진 등은 유길준·조희연 등과 함께 당시 주한일본공사관측이 일본당

(Japanese Party)으로 파악할 정도로 긴밀하게 내통하고 있었다.[41]

독립협회 창립 임원진에 아관파천 이전의 상황에서 서로 입장을 달리하던 부류가 혼재하고 있는 것은 무엇을 의미하는가? 아관파천 후 이범진은 갑오·을미 개화파의 인사들을 적극적으로 응징하고자 했으나 내외의 역학관계로 성공하지 못했다. 안경수·김가진 등의 내통도 물론 드러나지 않은 상태였다. 안경수가 춘생문사건의 주동자의 한 사람이었다는 사실이 그 자신의 군국기무처 의원 이력의 약점을 상쇄시키고 나아가 다른 3인의 추종자도 협회 위원으로 진출할 수 있게 만들었던 것이다. 그가 독립협회의 회장으로 추대된 것도 이 사실에 크게 힘입은 것이 틀림없다.

안경수는 무과 출신으로 개화의 물결을 타고 1883년 일본에 가서 방직기술을 배워 1885년에 귀국하였다. 그는 이 일본 유학의 경력으로 1886년 주일공사로 임명된 민영준(閔泳駿)의 통역관이 되었다. 민영준은 위안스카이가 감조선국사(監朝鮮國事)로서 내정 간섭할 때 끌어들인 카운터 파트너였다.[42] 3개월에 그치기는 하였지만 안경수는 민의 권세에 힘입어 경무사와 군부대신을 역임하기도 했다. 그러나 그는 청일전쟁 전에 일본공사관과 내통하여 군국기무처 회의원이 되고 제2차 김홍집내각에서도 탁지부 협판의 요직을 거쳤다. 일본과의 결탁 속에 안경수는 아관파천 후 조선은행(朝鮮銀行)을 세워 은행장이 되고, 경인철도 건설에 필요한 자재를 조달하는 청부회사와 대조선저마주식회사(大朝鮮苧麻株式會社) 등의 사장이 되었다.[43] 결론적으로 그가 같은 경무사 출신으로 심복노릇을 하는 김재풍·이풍구 등과 함께 도모한 춘생문사건은 일본 측의 사주를 받아 반일의 정동파 인사들을 끌어내 일망타진하려는 음모였을 가능성이 대단히 높다.[44]

'일본파'로서의 안경수의 정체는 독립협회 회장 재임 중이던 1898년 7월에 황제양위 음모사건으로 백일하에 드러났다. 그는 독립협회의 권력장악을 위한 가두투쟁을 주동하면서 아관파천 후 강력한 군주정체제를 구축하려는 고종을 물러나게 하기 위해 양위음모(쿠데타)를 도모하였다. 고종 치하에서는 입헌군주제나 내각제의 실현이 불가능하므로 황제위를 태자나 종실의 다른 누구에게로 바꾸어야 한다는 명분을 내세운 공작이었다. 그는 이 음모에서 다시 춘생문사건 때의 동지 김재풍·이충구 등과 함께 모의하였으며, 이 두 사람들은 독립협회 제1기말의 임원 개편에서 이미 위원으로 들어와 있었다. 양위음모가 발각되자 안은 일본으로 망명했고, 이후 망명정객 박영효 일파와 합세하여 관민 또는 만민공동회의 돌풍을 배경으로 급거 귀국하여 정권을 장악하려고 시도하였던 것이다.[45]

신용하 교수는 독립협회 제1기 말(1897년 7~8월)의 간부구성의 변화를 다음과 같이 정리하였다.[46]

[표 2] 독립협회 제1기 말 간부구성 일람표

회　장 ; 안경수(춘생문사건)

위원장 ; 이완용(정동, 춘생)

위　원 ; 김가진 김종한 민상호(정동, 춘생) 이채연(정동) 권재형 현흥택(정동, 춘생) 이상재(정동) 윤치호(정동, 춘생) 이근호 이정재 유기환 박기양 김승규 이하영(정동, 춘생) 이병무 유정수 김중환 백성기 김재풍(춘생) 민영기 조동윤 심상훈 한규설 이인우 박정양(정동) 조병직 이재순(춘생) 민종묵 고영희 김각현 이충구 송헌빈 이건호 남궁억 심의석 정현철 팽한주 오세창 현제복 이계필 박승조 홍우관 서창보 이근영 문태원 구연조 박용규 안영수 이종하 김유정 신재영 조병교 박세환 조성협 오응익 오영환 이인용 김영준 윤진석 어윤적 박희진 한진창 김규희 (이상 65명)

위 [표 2]에서 고딕체의 9인은 [표 1]의 안경수·김가진·김종한·권재형 등 4인을 포함해 친일분자의 성향이 강한 것으로 조사된 사람들이다. 5인이 더 추가되었다. 춘생문사건과 황제양위 음모사건에 안경수와 함께 참여한 김재풍·이충구 등이 위원에 들었다. 이들과는 별개로 시종원경 이재순, 정동파의 윤치호, 이하영 등 춘생문사건에 관련된 인사들이 3명이나 더 위원으로 위촉되었다. 친미 및 춘생문사건 가담 사실이 협회 중심역이 될 수 있는 요건이었던 것을 여기서 다시 한 번 확인할 수 있다. 춘생문사건에 관계된 정동파로서는 이범진·윤웅렬(윤치호의 부친) 등 2인을 제외하고는 모두 독립협회의 임원이 된 셈이다. 한편 이와는 별개로 친일이 명백한 인사들도 증원 대상에 들어 있었다. 고딕체의 9인 중 나머지 3인 즉 이병무(李秉武)·고영희(高永喜)·어윤적(魚允迪) 등이 바로 그들이다. 이들은 모두 1895년에 파견된 관비유학생 출신 또는 이와 관련된 인물들이다.

어윤적은 유학생 친목회 평의원 및 제2대 회장, 이병무는 평의원, 고영희는 당시 유학생 지도를 총괄한 주일공사였다.[47] 일본 유학생 친목회 임원 및 관리의 직책을 거친 자들이 독립협회 위원으로 활약하고 있는 것은 뜻밖이다. 그러나 회장 안경수의 존재로 보면 일본세력 침투의 다른 한 측면으로 전혀 불가능한 것이 아니다. 일본 유학생 친목회 출신의 참여는 이후 협회의 의회개설운동이 가열되어 갈수록 더 늘어나는 추세였다. 아래 [표 3][48] 은 제2기부터 열리기 시작한 토론회의 대표토론회원 일람표이다.

[표 3] 독립협회 토론회의 대표토론회원(제2기)

권재형 김규희 김락집 김성진 김재풍 김중환 박승봉 박승조 방한덕 백성기 안경수 우항선 유 근 유기환 유영석 유정수 윤치호 윤효정 이건호 이경직 이계필 이병무 이상재 이완용 이윤용 이종하 이충구 이채연 장태환 조민희

조병건 정항모 지석영 한규설 한창수 현재복

위 [표 3]에서 고딕체인 사람들은 안경수 계열의 친일분자 4인(안경수·권재형·김재풍·이충구·윤효정)과 친목회 출신 이병무·장태환 등이다. 장태환도 이병무와 마찬가지로 친목회의 평의원이었다. 윤효정은 중인 출신 관료로 탁지 주사를 역임한 경력을 가지고 1897년 안경수의 양위음모사건에 동참하여 함께 일본으로 망명하였고,[49] 아관파천 때는 국왕의 환궁 요구를 가장 먼저 나서서 상소한 사람으로 유학생 친목회에서 극구 찬양하는 인물이었다. 독립협회가 민중운동으로 전환하는 시기의 대표 토론회원에 친일분자로 확실시되는 인물들이 6명이나 끼어 있었다는 것은 [표 2]의 임원진에 포함된 친일인사들의 수를 함께 고려하면 독립협회에 작용했을 일본의 입김을 결코 가볍게 볼 수 없다.[50] 독립협회 소장인사들의 정치운동이 크게 고조되는 제3기와 제4기의 총대위원 및 그 밖의 다른 대표위원 속에도 친목회 출신은 계속 발견된다.

[표 4] 독립협회 제3기 총대(總代)의원 및 그 밖의 대표의원

강화석 고의준 김구현 김낙집 김두현 김정현 남궁억 나수연 목원근 목원형 박승봉 박언진 박제빈 박치훈 변하진 송석준 신용진 심흥택 안영수 염중모 오진영 유 당 유 맹 유석용 윤기진 윤치호 윤하영 윤효정 이건호 이무영 이병목 이상재 이승두 이승원 이승만 이홍직 임병선 장 붕 정 교 정동명 정항모 조한우 최석민 최정식 최정덕 한명교 한석진 현공염 현덕호 현제창 홍긍섭 홍정후

[표 5] 독립협회 제4기 총대위원 및 그 밖의 대표위원

강 찬 고영근 고의준 김가진 김교헌 김구현 김두현 김덕구 김영수 김정현 김종한 김충섭 김효신 남궁억 민영규 민영기 민형식 박성춘 박승목 박승봉 박언진 방한덕 변하진 신승용 신해영 안영수 양홍묵 염중모 어용선 유 맹 유일한 유학주 윤시병 윤이병 윤치호 윤태흥 윤하영 이건호 이경호 이교헌 이기선 이무영 이상재 이석영 이승만 이유승 임병길 임병응 임상준 장 붕 전규환 정 교 정항모 조한우 최상돈 최정덕 태덕윤 한망용 한석진 한치유 현공염 현제창 홍승하 홍재기 홍정후

위 [표 4][51] [표 5]에서는 친목회 출신으로 고의준·변하진·신해영·어용선·최상돈·현공염 등이 추가되고 있다. 이들 가운데 신해영은 친목회의 부회장, 최상돈은 회보 발행인으로 친목회의 핵심인물들이었다. 이 밖에 회보의 주요 기고자인 안명선·남순희·안창선, 특별회원 정운복(鄭雲復) 등도 독립협회의 주요 주도회원으로 꼽힌다.[52]

주진오 교수는 독립협회 회원들의 동향에 대해 다음과 같은 새로운 견해를 제시했다. 즉 윤치호-남궁억 계열은 남인 실학의 전통을 이어 강력한 전제군주권을 바탕으로 개혁지향적인 민과 결합하여 운영되어 나가는 군주제를 상정하여 관민합동에 의한 개혁의 완수를 추구한 반면, 안경수-정교(鄭喬) 계열은 개화파 개혁론을 추종하면서 군민공치론에 입각하여 군주권을 제한하고 개명 관료 독재를 구상하여 권력장악 운동을 벌인 세력으로 파악하였다.[53] 양자의 성향 차이는 1898년의 활동을 통해 표면화되어 간 것으로 분석하였다.

독립협회는 1898년 봄부터 큰 변화를 겪기 시작했다. 2월 27일 임원진 선출에서 변동이 생겼다. 부회장이던 이완용이 회장으로 선출되고 부회장에 윤치호, 서기에 남궁억, 회계에 이상재·윤효정, 제의(提議)에 정교·양

홍묵·이건호 등이 선출되었다. 안경수의 회장 탈락의 이유는 분명하지 않으며, 새로 선출된 회장 이완용도 3월 11일에 전라도관찰사로 전출되어 이후 지도부는 부회장 윤치호가 이끌었다. 윤치호의 영문일기에 의하면, 1898년 2월 7일부터 구국을 위한 사회정치활동으로 전환하는 협의가 나오기 시작해 2월 20일에 5인위원회가 구성되어 상소문을 작성하여 협회에 제출하고 21일 제1차 상소문을 국왕에게 올려 근일 국세는 대단히 위급해져 백가지 조치가 인민의 요망을 크게 위배하고 재정·병권 등을 타국인에게 넘기고 신하들의 임면도 자유롭지 못한 것을 지적하였다.[54] 임원진의 개편은 바로 이런 새로운 움직임과 관련이 있었을 것이다.

1898년 2월말부터의 독립협회의 새로운 움직임은 반러시아운동 즉 러시아가 한국정부에 미쳐오는 영향력을 막기 위한 것이었다. 아관파천 후 러시아공사 베베르는 불간섭주의를 취해 조선정부가 요청한 군사교관 증파도 수락하지 않으면서 특별한 영향력을 행사하지 않으려고 하였다. 그러나 1897년 9월에 부임한 스페이어 공사는 전임자와는 달랐다. 그는 일본이 내세운 개항장 추가를 반대하는 한편 조선정부의 군사교관 증파 요청을 수락함과 동시에 자신이 작성한 조선정부의 내각 명단을 고종에게 제시하면서 한국정부에 대해서도 직접적인 영향력을 행사하려고 하였다. 한국정부의 재정고문도 러시아인으로 바꾸고 한러은행을 설치하여 경제적인 면에서도 영향력을 높이고자 하였다. 뒤이어 절영도를 조차해 줄 것도 요구했다. 독립협회는 이 일련의 요청을 주권 침해로 간주하여 이를 막기 위한 새로운 움직임을 보였던 것이다.

러시아공사의 새로운 태도에 대한 독립협회의 비판은 새로 출범한 대한제국의 자주성을 지키기 위한 순수한 운동으로 볼 수 없게 하는 측면이 많다. 처음 시작하는 정치운동이기 때문에 당초에는 대부분이 순수하게 자주성을 의식하여 비판활동에 참여했을지도 모른다. 그러나 그 배후에 일본이 러시아세력의 한반도 진출을 막기 위해 독립협회에 영향을 끼친 사실이 명백하게 확인된다. 일본 측이 이전부터 내통하고 있던 안경수 계열을 움직인 것이다.

주진오 교수는 이와 관련해 다음과 같은 사실들을 지적하였다. 첫째, 당시 외부대신 이완용은 스페이어 공사가 요구하는 군사교관 증파에 관한 고빙계약서에 대한 서명을 거부하고 있었는데, 이것은 순전히 일본 측의 정보 제공에 의한 것이었다고 밝혔다. 즉 당시 가토 다카아키(加藤高明) 일본공사는 일본정부가 스페이어 공사의 군사교관 증파건 추진에 대해 로마노프-야마가다 의정서 위반이라고 항의하면서 계약체결을 연기할 것을 요구해 수락받은 최근의 사실을 한국정부에 알려주어 외부대신 이완용이 서명을 거부하면서 버텼고, 『독닙신문』은 이완용을 용기 있는 대신이라고 극찬했다는 것이다.[55] 그리고 러시아측이 한국에 대해 보복할 것이라는 소문이 나돌자 가토 공사는 윤치호에게 사람을 보내 스페이어가 그만한 힘이 없다고 알려주었으며,[56] 심지어 고종에게 일본정부가 한국황실을 보호해 주겠다고 약속하면서 러시아의 지원을 거절할 것을 권고, 러시아공사관에 보낼 회답공문까지 작성해 주었다고 한다.[57] 주진오 교수는 이러한 사실들에 근거해 이전부터 일본공사관과 내통해 있던 안경수 계열이 이 반러시아운동을 주도했을 것으로 추정하였다.

안경수는 이 무렵 일본공사관측과 긴밀한 관계를 맺고 한일제휴론을 정부관료들에게 강조하고 있었다.[58] 그들은 일본 측이 요구한 추가 개항은 지지하면서 러시아의 요구에 대해서는 반대하고 있었으며, 미국·영국의 이권에 대해서도 불문이었다. 일본은 군산·마산·성진 등지의 개항과 평양 개시(開市)를 요구하여 실현을 보고 있었다. 외세에 대한 이러한 편파적 대응은 러시아 저지가 목표였다는 것을 분명하게 보여주며, 이의 주체는 일본 및 이와 연결된 세력 외에 달리 상정할 대상이 없다. 러시아에 대한 경계는 일본의 대동합방론, 아시아 연대론 등이 가장 강조하던 것이다. 관비유학생들의 『친목회회보』의 기고문들에서도 이에 크게 영향받았던 것을 살필 수 있다. 이 무렵 러시아의 시베리아철도 완공일이 가까워지면서 조선뿐만 아니라 중국에서도 아시아 연대론에 공감하는 지식인들이 많이 나타났다. 일본공사관측은 아관파천으로 한국정부에 대한 영향력에 큰 손상을 입었지만 이런 분위기 속에서 친일분자들을 교묘하게 이용하여 독립협회를 동원하여 러시아 견제의 목적을 달성하고 있었던 것이다. 안경수는 비록 회장직에서 물러났을지라도 수하의 인물들과 아시아 연대론에 크게 영향받은 관비유학생 출신들을 동원해 하수인 역할을 수행하게 했던 것이다.

반러시아운동을 성공리에 마친 안경수 계열은 내정상의 문제로 의회개설과 내각제 시행을 주장하는 운동을 벌이기 시작했다. 이 운동은 안경수 등의 친일세력으로서는 일본의 힘을 등에 업고 정권을 장악하려는 것이었으며, 일본 측으로서는 1897년 10월에 제국으로 새로 출범한 한국의 정치체제를 약화시키는 계기로서 그들의 활동을 지원해줄 만했다. 불행하게도 한국근대사에 입헌군주제 실현 시도로 평가받는 독립협회의 중요 정치활동이 이처럼 외세가 개입되어 있는 부정적인 측면을 가지고 있었다.

주진오 교수는 1898년 4월 30일, 6월 20일, 7월 1일에 열린 만민공동회는 지도부(부회장 윤치호)와 상의 없이 진행되었으며 그 주체는 안경수 계열이었을 가능성이 대단히 높은 것으로 분석하였다.[59] 안경수 계열은 6월 29일 특별회를 열어 30일부터 명동에 있는 장악원(掌樂院)에 소청(疏廳)을 설치하여 시폐상소를 올리기로 결정하였는데, 이때 마침 안경수는 지방관 전출의 명을 받았지만 이 일 때문에 이에 응하지 않았다. 7월 3일에 올려진 상소는 황실보호와 국권유지를 강조하면서 의정부대신을 비롯한 국정책임자 전체의 무능을 비난하면서 새 인물로 교체할 것을 강력하게 주장하는 한편, 상·하의원을 개설하여 언로를 넓힐 것을 건의하였다. 7월 12일에 올려진 제2차 상소는 눈앞에 벌어지고 있는 사태의 근원적 책임이 황제에게 있다고 황제를 직접 공격하기까지 하면서 군국기무처 때 공포된 홍범(洪範)의 준수, 의정부 개편, 민의수렴 등을 강조하였다.[60] 주목할 것은 이 상소운동과 동시에 대한청년애국회의 이름으로 황제위를 태자에게 양위해야 한다는 투서사건이 발생한 사실이다. 이 사건의 주동자는 안경수·윤효정·김재풍·이풍구 등으로 드러나 안·윤 등은 일본으로 달아나고 김·이 등은 잡혔다.

고종의 지위를 변동시키려는 움직임은 1895년 일본의 내정간섭체제가 강화된 상태에서 이미 대두하였다. 제2차 김홍집내각에 내부대신으로 참여한 박영효는 1895년 윤5월에 '불궤음도(不軌陰圖)'의 혐의로 다시 일본으로 망명하였다. 박은 이때 왕실을 통제하기 위한 모종의 과격한 조치로 왕후 제거 내지는 고종의 폐위를 음모한 혐의를 받았다. 안경수는 이때도 관련이 되어 있었다. 즉 왕실은 당시의 경무사 이윤용이 박과 친밀한 사이이기 때문에 굳이 안경수를 경무사로 임명하여 그를 체포하게 하였는데 안은 일부러 체포준비를 완만히 하여 박이 니현으로 도망할 수 있게 해주었다.[61]

안경수의 양위음모사건으로 독립협회의 대외활동은 다소 주춤한 가운데 내부적으로 평의원회에서 협회의 방향성에 대한 논쟁이 벌어졌다. 이 토론회에서 윤치호·남궁억 등 13인은 황제의 판단력을 흐리게 하는 대신들을 정리하고 행정쇄신을 통해 황제권을 강화해 보자는 입장을 취한 반면, 안경수 계열의 정교 등 7인은 의정부 대신들을 몰아내고 자신들의 의사를 대변해 줄 수 있는 자들로 정부가 재구성되어야 본질적인 변화가 가능하다고 주장하였다.[62] 양자의 견해차는 조정되지 않았고 후자의 소장회원들은 윤치호 대신 평민 출신으로 황국협회 회장을 지낸 고영근(高永根)을 끌어들여 대표역으로 내세워 10월 17일부터 만민공동회를 열어 정부 대신들을 비난 하면서 의회개설운동을 본격적으로 벌이기 시작했다. 이때 제4기의 총대위 원 및 대표위원으로는 고영근과 함께 12명의 새 인물들이 들어갔는데, 그 가운데 친목회 회원 출신으로 어용선·신해영 등의 이름이 보인다.[63] 그리 고 12월에 중추원에서 정부 대신 추천자 11명을 선출할 때 박영효·서재필 등을 넣을 것을 주동한 의관 4인도 어용선·신해영·변하진·최정덕 등으 로 친목회 출신이 대부분이었다.

안경수 계열의 목표는 의회를 개설하여 여기서 정부대신을 추천함으로 써 황제 전제정치를 억제하려는 것이었다. 고종은 1897년 2월 20일에 환궁 한 뒤 10월에 황제로 즉위하고 국호를 대한제국이라고 고치고 황제 전제체 제를 구축해 갔다. 고종은 강력한 군주 중심의 정치체제가 자주국가로서의 기틀을 확립하고 외세의 압력에 대응해 나갈 수 있다고 판단하고 있었던 것이다. 안경수 계열이 이에 반하는 체제를 추구한 것은 곧 일본이 기대하 는 것 바로 그것이었다. 그런데 1898년 봄 반러시아운동의 여세를 몰아 벌 인 그들의 정치운동에서 추구한 의회제도의 모형은 서구의 그것과는 거리 가 먼 것이었다. 1898년 4월 7일자 『독닙신문』은 「하의원은 급하지 않다」 라는 글을 실었다. 그리고 4월 30일자에는 의회와 정부의 관계에 관한 다 음과 같은 글을 실었다.

(전략) 세계의 개화한 나라들이 정부를 조직할 때 의사와 방책을 생각하는 관원이 있고 그 생각을 시행하는 관원들이 있어 의회원과 내각으로 구분되어 있다. 이는 두뇌와 수족의 구분과 같은 원리이다. 행정관이 의정관의 역할까 지 하기가 어려우니 의정원에 학문이 있고 지혜 있는 이들을 뽑아 의논하고

작정하는 권리만 주자. 그 결과를 황제에게 품하여 재가를 얻은 후에 내각에 옮겨 시행하도록 하자. (하략)

주진오 교수가 이미 지적하였듯이 의회원과 내각(의정부)의 분립체제를 전제로 하는 이러한 의회제도는 결코 인민주권론에 입각한 대의기구가 아니다. 그렇다고 황제자문기구로서의 의회라고 볼 수도 없는 것이다.[64] 의회원(또는 의정원)은 "학문이 있고 지혜 있는 이들을 뽑아 의논하고 작정하는 권리만" 부여하는 것으로 되어 있다. 이런 기구는 어디에서 모형을 얻은 것일까? 서구의 의회보다 일본의 추밀원(樞密院)이 이에 훨씬 더 가까운 것이었다.

일본은 1889년에 발포한 헌법에 따라 귀족원과 중의원을 개설하였다. 그러나 이 제국의회는 서구의 의회제도와는 거리가 먼 것이었다. 중의원 선거제도는 재산상의 조건을 기본으로 삼고 있었으며, 귀족원은 황족, 공·후작, 백·자·남작, 국가에 훈공이 있고 학식이 있는 자로서 칙임된 자, 학사원 회원, 다액의 국세 납세자 등으로 구성되었다. 그리고 양원은 기능면에서도 제출된 법률안을 의결하고, 예산에 협찬하는 것, 긴급칙령과 재정상의 긴급처분을 승인하는 것 등을 수행하는 것에 그치고 독자적인 입법활동을 할 수 없었다. 심지어 스스로 개원하는 권리조차 가지지 못했다.[65] 제국의회가 이런 제약을 가졌던 반면에 헌법 56조에 근거한 추밀원의 권한은 막대했다.

일본 제국헌법은 제정과정에서 준비 기초된 초안을 어떻게 심의하는가가 문제였는데, 이때 이를 주도한 이토 히로부미(伊藤博文)는 제국헌법은 민약(民約)헌법이 아니라 흠정(欽定)헌법이기 때문에 인민의 대표는 그 심의기관에 들어갈 것이 아니라고 하여, '원훈(元勳) 및 연달(練達)의 인'이란 명목으로 번벌(藩閥)의 유력자들을 뽑아 천황 앞에서 심의하는 것으로 하고 이를 추밀원이라고 하였다. 이 과정에서 이토 히로부미는 이 기구를, 천황의 직속 자문을 맡아 중요한 조약·칙령 등의 국사의 자문만이 아니라, 의회·내각의 운명을 지배하는 절대주의적 지배의 아성처럼 만들려 하여 천황의 직속기관으로 헌법에 명문화하고 스스로 초대 의장이 되었다. 이렇게 발족한 추밀원은 국권의 사실상의 최고관부로서 대외침략·대내탄압을 추진하고 중신과 천황제 권력과의 결절점을 이루었다.[66]

『독닙신문』이 제시한 의회원 또는 의정원은 아직 구체화된 것은 아니지만 역할면에서 하의원이 부정된 상태에서 국사의 결정기구를 인체의 두뇌에 비유한 것이라든가, 학문이 있고 지혜 있는 이들을 뽑아 그 구성원으로 한다고 한 것, 정부 대신 추천권을 부여하는 것 등은 추밀원을 모델로 한 느낌을 강하게 준다. 그러나 일본의 추밀원은 천황제 권력을 창출하는 과정에서 천황의 전제권을 뒷받침하는 기능을 수행한 반면, 독립협회가 추진한 것은 황제권 견제에 목적을 둔 점이 근본적으로 달랐다.

일본의 내각제도는 헌법제정을 정점으로 하는 절대주의 체제 완성 도상에서 서구적 형식의 내각제의 정비가 필요하게 되었지만, 메이지(明治) 정부의 지도자들은 처음부터 민주주의적 정당내각제를 배격하고 반정당적 내각제, 대신들이 군주에 대해서 책임을 지는 제도를 실현시켰다. 내각제도는 이토 히로부미 등의 번벌세력이 곧 개설될 의회를 거점으로 하는 정당적 세력에 대항하는 기구로 출발하였으며, 군주가 군주측의 귀족·대관료 중에 신임할 수 있는 소수자로 하여금 내각을 조직케 하고 천황 자신의 부단한 자문 관부로 존재하게 하는 절대주의적 내각원리에 근거하고 있었다.[67] 천황이 내각 구성을 의뢰하는 '신임하는 소수'는 언제나 추밀원의 핵심에 두어진 것이 메이지정부의 권력구조의 실제였다.

안경수 계열은 개명 관료독재를 실현시키는 것이 목표였다. 이를 위해서는 군주권을 제한하는 것이 필수조건이었으며, 군주권 제한은 의회 개설을 통해 비로소 가능한 것이었으나 하의원은 처음부터 고려하지 않고 일본이 취하고 있는 추밀원에 해당하는 기구를 세워, 이를 통해 정부 대신 추천권을 장악하여 군주권을 견제 내지 약화하는 소기의 목적을 달성하고자 했던 것이다.[68]

1898년 여름 이후의 정국은 대단히 혼란스러웠다. 독립협회 회원들이 4월에 의회개설을 요구한 후 7월에 양위(廢王)음모사건이 발각되고 9월에는 친러인사로 알려지는 김홍륙이 황제를 해치고자 한 이른바 독다(毒茶)사건이 발생하였다. 이 사건이 미처 마무리되기도 전인 10월 8일부터 독립협회 회원들은 다시 만민공동회를 열어 정부의 7대신(심순택·윤용선·리재순·심상훈·민영기·신기선·이인우 등)을 규탄, 해임을 촉구하면서 자강개혁 내각의 수립을 요구하였다. 10월 29일부터는 관민공동회를 일방적으로 열고 관료들의 참석을 요구하고 이 자리에서 헌의 육조(獻議六條)를 채택하였다. 헌의는 '외국인에게 의부 아니하고 관민이 동심합력하여 전제황권을 견고케 할 것'이란 조건 아래 중추원 의관의 반(25명)을 독립협회가 뽑아 민선으로 할 것을 요구했다. 이튿날 이 요청은 조칙 5조로서 받아들여졌다. 황제는 독립협회의 운동이 격렬하기도 했지만, '전제황권을 견고케 한다'는 약속을 일단 받아들이기로 했던 듯하다. 독립협회의 일부 회원들이 주장해온 의회 개설은 이 헌의에서 중추원의 기능을 바꾸는 것으로 처음으로 구체화되어 나타났다.

중추원은 1895년 3월 25일 일본이 주도한 개혁에서 군구기무처의 변형으로 신설된 기구였다. 즉 일본 측은 조선의 의정부를 내각으로 고쳐 내각 대신회의에서 모든 국사를 결정하게 하는 한편, 중추원을 신설하여 내각의 문의에 응하여 (1)법률, 칙령 안건 (2)그때그때 내각에서 문의하는 사항을 심사하고 토의 결정하도록 하였다. 그러나 중추원의 의장·부의장·의관 등은 모두 내각회의를 거쳐 내각총리대신의 추천에 의해 직접 선발 임명하는 것으로 규정하였다. 자격은 (가)칙임관의 직책에 있는 사람 (나)나라에 공로가 있는 사람 (다)정치, 법률 및 경제에 관한 지식을 통달한 사람이라고 하였다.[69] 일본 측은 일본의 추밀원과 내각을 모델로 하여 내각과 중추원을 조선의 새로운 통치체제로 제시하였지만, 조선의 군주권을 약화시켜야 하는 특별한 목적 때문에 양자의 비중을 바꾸어 놓았다. 즉 일본은 추밀원이 내각을 지배하는 형태였으나 조선에서는 내각이 중추원을 지배하게 만들고 그 내각을 친일분자들로 채웠던 것이다. 독립협회의 의회 개설운동자들은 아관파천 이후 황제권이 다시 살아났으므로 중추원을 일본의 추밀원과 같은 존재로 부상시켜 황제권을 견제하는 기구로 삼고자 했던 것이다.

고종황제는 독립협회의 헌의 6조를 받아들여 11월 2일 칙령 36호로 중추원 관제를 개정하였다. 중추원은 다음과 같은 역할을 하는 것으로 고쳐졌다.[70]

1. 법률·칙령의 제정과 폐지에서 혹시 고쳐 정하는 것에 관한 사항
2. 의정부에서 토의를 거쳐 임금에게 보고하는 일체 사항
3. 칙령으로 인하여 의정부로서 문의하는 사항
4. 의정부로서 임시 의견을 제기하는 것에 대해 문의하는 사항
5. 중추원에서 임시 의견을 제기하는 사항
6. 백성들이 의견을 올리는 사항

1895년 3월의 중추원 관제에 대한 위 개정사항은 중추원의 기능을 대폭

바꾸어 놓은 것이다. 이전의 중추원이 어디까지나 내각이 문의하는 안건들만 심사하고 토의할 수 있었다면, 위의 규정은 모든 법령의 제정에 직접 개입할 수 있는 것으로 고쳐졌다. 임원은 의장 1, 부의장 1, 의관 50, 참서관 2, 주사 4인으로 하되, 의장은 황제가 직접 임명, 부의장은 중추원에서 추천하여 황제가 임명하는 형식을 밟고, 의관의 반수는 의정부에서 나라에 공로가 있는 사람을 회의에서 의논해 추천하며, 반수는 인민협회(곧 독립협회) 중에서 27세 이상 되는 사람으로 정치와 법률, 학식에 통달한 자를 투표해서 선거한다고 했다.

위 중추원 관제의 개정은 독립협회의 승리를 의미하였다. 그러나 10월 28일 관민공동회의 헌의6조가 정부대신들에 대한 반 강압 속에 이루어졌다는 사실이 드러나고, 궁극적으로는 황제권을 무너뜨리는 결과를 가져올 것이라는 충고가 주위에서 터져 나오자 민중을 선동하고 대신들을 강제로 협력케 한 사실을 이유로 들어 황제는 11월 4일에 독립협회를 비롯해 모든 협회에 대한 혁파령을 내리고 독립협회 지도자 17인을 구속하였다.[71] 황제와 정부의 이러한 조치에 대해 독립협회측은 11월 5일 독립관에서 중추원 의관의 선거를 실시한다는 공고를 내면서 승복하려 들지 않았다. 이에 황제측은 다시 11월 12일에 칙령 37호로 중추원 관제를 개정하였다. 의장뿐만 아니라 부의장도 중추원의 공적인 추천을 거쳐 황제가 임명하며 의관은 독립협회 선출 몫을 없애고 의정부에서 나라에 공로가 있는 자, 정치·법률·학식에 통달한 자들을 추천하는 것으로 고쳤다.[72]

독립협회측은 황제·정부측의 이러한 강압에 대해 만민공동회 개최로 맞섰다. 11월 14일부터 17일간에는 전 승지 윤길병, 중추원 의관 김가진, 종2품 고영근 등이 잇따라 정부 대신들을 비난하면서 협회 복구를 요구하는 상소를 올렸다.[73] 황제는 만민공동회의 시위가 식지 않자 11월 22일에 독립협회를 다시 설치해 줄 뜻을 비쳤다. 그러면서 법률 제2호로 「외국에 의뢰하여 나라의 체면을 훼손시킨 자를 처단하는 것에 대해」를 결재 공포하였다.[74] 외국에 의뢰해 국익과 국권을 손상시키는 행위를 금지하는 규정을 법률로 정했던 것이다.[75] 독립협회의 복설을 앞두고 이런 조치를 내린 것은 이협회의 친일적 경향을 꿰뚫어 본 듯한 느낌을 준다. 11월 26일 황제는 경운궁 인화문(仁化門) 밖에 나가 칙임관 이상 및 각국 공사, 영사들을 배석한 가운데 모든 백성들과 독립협회에 대해 다음과 같은 담화를 발표하였다.[76]

여러분[爾有衆]은 모두 내 말을 들을 것이다. 전후하여 내린 지시에 대해서 여러분은 대부분 따르지 않고 밤새도록 대궐문에서 부르짖었으며, 네거리에 문을 가설하고 제 마음대로 도리에 어긋나게 사나운 짓을 하면서 사람들의 가산을 파괴하는 데까지 이르렀다. 이것이 어찌 500년간 전제정치의 나라에 있을 수 있는 일인가? … 중한 형벌이 마땅하나 … 내가 나라를 다스린 이래로 정사가 뜻대로 되지 않아 점차 소동을 일으키게 되었는데 오직 여러 만백성의 죄는 나 한 사람에게 있다는 것을 오늘 바로 크게 깨닫고 나는 매우 부끄러워한다. … 오늘부터 임금과 신하, 상하 모두가 한결같이 믿음을 가지고 일해 나가며 의리를 서로 지키고 온 나라에서 어질고 능한 사람을 구하여 무식한 자의 의견에서도 좋은 생각을 가려서 받아들이고 근거 없는 말을 여러분은 퍼뜨리지 말며 미덥지 않은 계책을 짐은 쓰지 않을 것이다. 새벽 이전까지의 일에 대해서는 죄가 있건 없건 경중을 가리지 않고 일체 용서해 주며 미심스럽게 여기던 것을 환히 풀어주며 모두 다같이 새롭게 나갈 것이다. 아, 임금은 백성이 아니면 누구에게 의지하며 백성은 임금이 아니면 누구를 받들겠는가. 이제부터 권한의 범위를 넘어서거나 명분을 침범하는 문제는 일체 철저히 없애 버릴 것이다. 이와 같이 타이른 이후에 혹 혼미한 생각을 고집하며 뉘우치지 못하고 독립의 기초를 견고하지 못하게 만들며 전제정치에 손상을 주게 되는 것과 같은 것은 결코 여러분이 임금에게 충성하고 나라를 사랑하는 본래의 뜻이 아닌 것이다. …

지난 협회 해산령에 대한 그간의 불복행위를 모두 불문에 붙이는 대신, 앞으로는 정부를 믿고 권한을 넘어서는 일은 하지 말 것을 당부하면서 이를 어길 경우는 더 이상 용서하지 않을 것이라는 입장과 방침을 밝힌 것이다. 황제측으로서는 큰 양보였다. 이때 독립협회 회원 17명이 다시 중추원 의관으로 임명되었는데 이 숫자는 전체 50명의 1/3선에 해당하는 인원이었다.[77] 그러나 안경수 계열로 보이는 회원들은 황제의 당부를 따르지 않았다. 12월 3일 다시 정기집회를 가지고 토론회를 개최하여 정부를 성토하는 본래의 상황으로 되돌아가려고 하였다. 그러나 이날 참여한 회원수는 총 4,173명 중 참석 271명, 유고불참 112명, 무고불참 3,800명으로 극히 저조하였다. 주진오 교수의 연구에 의하면, 박영효·안경수 등이 이때 독립협회에 자금을 보내면서 배후에서 선동하는 행위를 계속하였으며, 그의 이러한 개입이 오히려 참석자를 크게 감소시키는 결과를 가져왔다.[78]

어떻든 그들은 회장 윤치호의 만류에도 불구하고 12월 6일부터 민회를 재개하고 고영근을 대표로 하여 정교가 지은 상소문을 올렸다.[79] 인화문 담화 이후 정부측에서는 새로운 정령이 하나도 나오지 않았을 뿐더러 독립협회가 그간 규탄한 '5악신들'의 지위에도 아무런 변화가 없고, 보부상의 횡포에 대한 규제도 없다고 공박하였다. 독립협회측은 황제가 이를 군주의 지시에 대한 항거라고 즉각적인 비답을 내렸는데도 8일, 15일, 24일에도 잇따라 같은 내용의 상소를 올렸다.[80] 뿐더러 서울 변두리 지역의 빈민 1,200명을 고용하여 목봉을 휴대하게 하고 무장경비를 시켜 정국을 무정부상태로 몰아가려는

형세를 보였다. 무장은 보부상에 대한 방어를 구실로 한 것이었다.[81]

한편 12월 9일부터는 독립협회를 규탄하는 상소문들이 잇따랐다. 독립협회의 월권이 지나치게 심함으로 다시 혁파해야 한다는 주장이 쏟아졌다.[82] 이런 가운데 12월 15일부터는 중추원 활동이 개시되었다. 중추원 의관들은 이날 부의장으로 윤치호를 선출한 다음, 이튿날에는 임시 회장 이시우(李時宇) 주재 아래 정부 대신에 적합한 인재를 선출하였다. 독립협회 출신 의관인 최정덕이 현재 의정부의 일 중 인재를 등용하는 것보다 더 앞서는 문제는 없으니 오늘 각각 무기명 투표로서 인재를 추천하되 각기 11명씩 쓰는 것이 어떻겠는가라고 제안하였고, 11명의 후보자 제시에 최정덕이 박영효·서재필도 넣을 것을 제안하자 의장을 비롯한 여러 의관들이 반대하였지만 독립협회 출신들로 어용선·신해영·변하진 등이 이구동성으로 좋다고 하여 명단에 올렸다고 한다.[83] 추천자 11인의 득표 상황은 민영준(18) 민영환(15) 이중하(15) 박정양(14) 한규설(13) 윤치호(12) 김종한(11) 박영효(10) 서재필(10) 최익현(10) 윤용구(8) 등으로 나타났는데, 최다 득표자가 18표인 것으로 보면 투표에 적극 참여한 것은 독립협회 출신 의관들만이었던 것을 알 수 있다.[84] 중추원이 정부대신을 선출하는 권한은 중추원 규정에 없었다. 독립협회 출신 의관들의 독단적인 행위는 그간 민회로부터 규탄받은 대신들이 많은데도 전혀 교체되지 않는 데 대한 비판이라고 할 수 있을지 모르나 법적으로는 분명히 허용되지 않은 행위였다.[85]

정부대신 추천자에 박영효가 들어간 것은 명백한 범법이요 황제권에 대한 도전으로 받아들여지지 않을 수 없었다. 황제는 이 사실에 직면해 더 이상 용납하지 않았다. 12월 21일에 "박영효를 등용하는 것에 대한 문제를 가지고 버젓이 상소를 올린 것이 한두 번이 아니라고 하니 너무도 놀랍고 한스러워서 오히려 말이 나오지 않는다"는 탄식과 함께 법부와 경무청에 범인들을 염탐하여 잡아 진상을 파악하여 법조문을 적용하라는 지시를 내리고 군대를 동원하여 민회를 해산시켰다.[86]

독립협회의 의회개설운동은 이상과 같이 무위로 돌아갔다. 전후의 경위로 보건대 민주주의 대의정치에 대한 민중적 기반을 획득하기 전에 정권 장악에 급급했던 것이라고 비판하지 않을 수 없다. 바로 이런 취약점 때문에 일본 측에 철저히 이용되는 꼴이 되었다. 이 운동에 깊이 간여한 인사들의 글을 통해서 보더라도 서양 근대의 민주주의 정치제도나 그 사상에 대한 이해도가 낮았던 것은 결코 아니다. 운동의 마지막 단계에서 중추원 의관으로 활약했던 신해영의 경우, 『친목회회보』에 실린 「국민의 희노」란 글에서 국민이 정치의 주체가 되는 모습을 정확히 그리고 있었다. 즉 그는 "웃기도 잘하고 울기도 잘하는 국민은 노하기도 잘하는 국민이 아니면 안 된다"고 국민의 정치적 정서를 크게 강조하였다. 이는 마치 앞으로 있을 관민공동회·만민공동회의 광경을 미리 그려본 듯한 느낌을 주는 내용이다. 안명선도 「정치의 득실」을 논하면서 지금까지의 군주중심의 정치를 독단정부로 간주하여 이를 "군주 한 사람이 생살여탈의 권을 자임하여 일국을 전제함이니 이는 한 사람이 한 나라를 다스림"이라고 비판하면서 앞으로 이루어야 할 대의정치는 "일국 인민으로 대의사를 선거하여 인민의 이해를 권형(權衡)하여 정사를 참의하는 권한을 줌이니 이는 일국으로 일국을 다스림이다"라고 논변하였다.

그런데 이들의 논설은 서양 민주주의 정치를 원론적으로 소개하고 있지만 일본조차 이를 그대로 실현시키고 있지 못한 현실은 외면하였다. 그들은 이런 원론을 통해 민중을 선동하여 관민공동회·만민공동회를 열었지만 정작 그들이 목표하는 의회란 민주적 대의기구가 아니라 황제권을 제어하는 하나의 권력행사체에 불과한 것이었다. 그리하여 중추원 의관 중 반수(또는 1/3)를 민선하는 주체로서의 독립협회 자체가 과연 인민의 대의체로 인정될 수 있는가에 대한 의문이 당시에 이미 제기되었다. 12월 9일에 올린 전참서관 안태원의 상소문이 바로 이 점을 지적했다. 그는 백성이란 것은 온 천하를 두고 말하는 것이므로 가령 한 고을의 인구가 1만 명이라고 하면 백성들이 말없이 따라 복종할 사람 1~2명을 뽑고 한 개 도의 인구가 100만 명이라고 하면 뭇사람들이 따라 복종하는 사람 100~200명을 뽑게 되어 이들이 모두 수도에 모여 모임을 가지게 하여 조정의 정사를 의논하게 한다면 그것은 민의를 대표하는 것이라고 할 수 있지만, 오늘의 민회란 것은 저자거리의 장사치의 자식들에 지나지 않고 더러는 외국의 종교에 물젖고 더러는 권세 있는 자들의 집에 드나드는 자들로서 서로 모여 패거리를 지은 것에 불과하다고 비판하였다.[87] 그리고 황제가 내린 10월 20일자의 조칙도 협회와 국회의 차이를 다음과 같이 명확하게 지적했다. 즉 협회는 민인이 사설한 것으로 공동 강당의 명칭에 불과하며, 국회는 국가의 공립으로 국민 이해의 결의 장소로서 정령의 평론, 대신 출척의 여론 조성 및 협박 등은 국회도 할 수 없는 것이라고 통박하였다.[88]

독립협회 의회개설운동은 독립협회 자체의 바로 이러한 취약점 때문에 성공할 수 없었다. 독립협회 안에서도 실상은 지나친 월권에 반대하면서 황제권 강화를 목표로 관민협동의 매체 역할을 수행하는 데 협회를 자리매김해야 한다는 소리도 강하게 나오고 있었다.

4) 광무개혁과 황제 전제주의의 성과

독립협회 지도부의 윤치호-남궁억 계열은 안경수-정교 계열의 의회개설운동에 찬성하지 않았다. 그들은 오히려 대신들 가운데 황제의 판단력을 흐리게 하는 자들을 대폭 교체하여 황제를 중심으로 개혁을 추진해 가야한다는 입장이었다. 그래서 부적격 대신들에 대한 비판 부분에서 안경수 계열과 보조를 같이 하였던 것이다.

윤치호는 미국·중국·일본 등 3국에 유학한 당대 최고 수준의 지식인의 하나였다. 그는 미국 유학시절 미국 대통령 선거를 보고 미국식 입헌공화제가 가장 이상적인 정치제도라고 생각하였지만, 이 제도가 한국에서 시행될 수 있다는 생각은 한 번도 한 적이 없다고 술회했다. 그는 오히려 한국에서 시행 가능한 가장 좋은 모델은 일본의 천황제인 것으로 판단하였다. 즉 일본의 천황제 군주권이 근대화와 모순되는 존재가 아니라 오히려 국민적 통합의 구심점이 되고 있는 사실을 중시하여 우리도 군주권 강화를 통해 국민적 결속을 다지는 것이 근대화의 일차적인 요건이라고 생각했던 것이다.[89] 그가 중추원 부의장 자격으로 정부대신의 교체를 진언하면서 "임금은 있는데 신하는 없어 십수 년 간 밤낮으로 근심하고 수고를 했어도 아직 요순 때와 같은 세상은 이룩하지 못하였고 문왕·무왕 때와 같은 성과도 없었다. 이것이 신들이 평소에 분해하고 탄식하던 것"이라고 한 것이 바로 자신의 정치관을 진솔하게 피력한 것이라 할 수 있다.[90] 그는 이런 정치관을 가지고 있었기 때문에 황제권 억제를 목표로 한 의회개설운동에 찬동할 수 없었던 것이다.

남궁억은 외국 유학 또는 방문의 경험이 전혀 없었다. 그는 중인 출신으로 우정국 사사로 출발해 내부 토목국장에까지 이르는 관력을 가진 다음 『황성신문』을 주관하였다. 그는 개혁의 근거를 서양문물 수용에서 일방적으로 구하기보다 실학의 전통에서도 찾으려고 노력하여 『황성신문』에 실학자들 특히 남인계 실학자들의 개혁론을 자주 소개하였다.[91] 남인계 실학자들은 서인계와는 달리 전통적으로 개혁을 위한 군주권 강화를 추구해 왔다. 『황성신문』은 『독닙신문』과는 근대화 방향 인식에서 이와 같이 근본적으로 다른 면을 가지고 있었기 때문에 『독닙신문』 폐간 후에도 그대로 존속하여 고종황제의 광무개혁을 뒷받침했다.

군주로서의 고종의 정치적 지향은 위 두 사람의 것을 합친 형태에 가까웠다. 황현(黃玹)은 『매천야록(梅泉野錄)』에서 고종의 학술적 취향에 대해 다음과 같은 일을 소개하였다. 즉 "지금 임금이 부국강병에 뜻을 두어 분분히 제도를 변경할 즈음 여러 신하들 중에 의지할 만한 자가 없음을 한탄했다. 을유~병술(1885~1886) 연간에 『여유당집(與猶堂集)』을 들여오라는 명을 내렸는 바 개연히 같은 시대 인물이 아님을 탄식했다"고 하였다. 앞 시대 대석학 정약용에 대한 군주의 이러한 특별한 관심이 학부편찬 역사교과서에도 정약용에 관한 서술을 가져오게 했던 듯하다. 고종은 1897년 8월에 바깥에서 사람들이 자신을 두고 옛 것을 좋아하고 새것을 싫어하는 것으로 소문이 나고 있는 것에 대해 다음과 같이 자신의 입장을 천명하였다. "국전(國典)은 본디 완전히 바꿀 수 없으며, 서속(西俗) 또한 하나같이 따르지는 못하더라도 당연히 참작할 바는 있다"고 하였다.[92] 그가 친정에 나서면서 선대왕 정조의 규장각 제도를 부활하고 또 그때 주창된 민국정치의 이념을 강조한 사실과 함께 이런 언급들을 음미하면 그는 전통을 바탕으로 새것으로 나아가는 사고를 가지고 있었던 것이 분명하다. 그것은 곧 앞 시대에 견주면 실학, 당 시대의 조류로는 동도서기론, 구본신참론에 속하는 사고라고 할 수 있다. 그는 서양의 입헌군주제나 입헌공화제에 대해서도 소상한 지식을 가지고 있었지만 섣불리 이를 모방하기보다 선왕들이 추구한 민국정치 이념을 계승해 실현하는 것이 훨씬 더 내실 있는 왕정이 되리라고 믿었던 것이다.

1870년대에 친정에 나선 고종은 민국정치, 즉 군주가 나라의 대표자로서

민이 의지할 수 있는 나라를 만들면 내외정의 어려움을 풀어갈 수 있다고 믿었다. 이 이념이 추구하는 것은 곧 한 군주 아래 만민이 평등한 세계였으므로 부당한 신분적 차별은 있을 수 없었다. 이 세계를 추구하는 가운데서 전통적인 사대부의 존재는 아직 완전히 부정되지 않았지만 그들의 신분적 특권이 군주에 의해 일방적으로 엄호되지도 않았다. 이런 정치이념 아래 민의 세계가 안정되어 간다면 밖으로부터 몰아닥치는 파랑도 이겨낼 수 있으리라는 것이 군주의 믿음이었다. 고종은 바로 이러한 신념 아래 1873년 말에 친정에 나선 후 스스로 개화정책을 주도했다. 그러나 그의 정책은 조미수호통상조약 체결 직후 청으로부터 속국화정책의 반발을 샀고, 청일전쟁 후에는 일본의 깊은 내정간섭에 봉착해 견디기 어려운 굴욕을 당하기까지 하였다. 군주의 신념은 이처럼 많은 시련을 겪었지만 쉽게 포기되지 않았다. 1896년 2월에 아관파천이 성공한 다음 그는 모든 것을 다시 시작하였던 것이다.

아관파천 후 군주는 자주독립국가인 것을 세계에 알리는 것과 군주가 주체가 되는 통치체제를 확립하는 것을 가장 큰 과제로 삼았다. 전자는 1880년대 초에 조미수호통상조약을 통해 실현하려 했다가 청나라의 반발을 사서 파란에 휩싸이고 말았던 것이다. 이제 그 청국도 청일전쟁의 패배로 물러나고 그 뒤를 이은 일본도 아관파천의 성공으로 후퇴한 마당에서 숙원을 풀 채비를 갖추기 시작하였다. 수백 년 간 중국에 대한 사대의 상징이던 영은문이 헐린 자리에 독립의 상징으로 독립문을 세우기 위해 발족한 독립협회를 지원한 것이라든가, 이듬해 1897년 10월에 대한제국으로 국체와 국호를 바꾸고 황제의 위에 오른 것 등이 그 숙원을 풀기 위한 것이었다. 그러나 이 새로운 출발의 초두에 황제는 의회개설운동이란 하나의 심각한 도전을 안으로부터 받았다. 반관반민의 정부 지원단체로 출발한 독립협회 내부에 일본의 침략주의 마수가 끼어들어 민권신장의 미명으로 군주권의 새로운 출발을 가로막고 나섰던 것이다.

황제는 한때 의회개설운동을 민국이념의 실현과 결부시켜 받아들여 보려고도 생각했지만, 그 추진자들이 드러낸 황제권에 대한 직접적인 도전을 목격하고 전면적인 배격으로 종결지웠다. 고종황제는 독립협회 의회개설추진자들과의 대립에서 "임금은 백성이 아니면 누구에게 의지하며 백성은 임금이 아니면 누구를 받들겠는가"라고 민국이념의 기초를 재확인하면서, 권한의 범위를 넘어서거나 명분을 침범하는 행위는 곧 "독립의 기초를 견고하지 못하게 만들며 전제정치에 손상을 주게 되는 것"으로 간주한다고 언명하였다.[93] 다시 말하면 그는 외세의 위협을 받고 있는 당시의 상황에서는 황제 중심의 전제정치가 곧 독립의 기초를 견고하게 다질 수 있는 유일한 길이라고 인식하였던 것이다.

독립협회 문제가 종결된 뒤, 황제는 대한제국의 정치체제를 입법화하는 작업을 서둘렀다. 법규교정소(法規校正所)가 황제의 명을 받고 준비한 「대한국국제(大韓國國制)」가 1899년 8월 17일 반포되었다.[94] 국제는 오늘날의 헌법에 해당하는 것으로 이에 명시된 정치체제는 대한제국 황제의 정치적 지향을 가장 극명하게 보여주는 것이었다. 제1조는 "대한국(大韓國)은 세계만국이 공인한바 자주독립한 제국(帝國)이다"라고 규정하여 조미수호통상조약 체결에서 의도했던 새로운 국제질서로의 능동적인 편입을 다시 한 번 천명했다. 제2조는 대한제국의 정치는 이전의 500년 전통을 이어 앞으로도 만세에 불변하는 전제정치라고 하여 정치체제에 대한 황제 자신의 변함없는 신념을 그대로 성문화했다. 이어 제3조는 군권의 무한성, 제4조는 군권을 침손하지 않는 것이 신민의 도리란 것, 제5조 국내 육해군의 통솔·통제권과 계엄권, 제6조 법률 제정권, 제7조 관제의 제정 및 행정상의 명령권,

제8조 인사의 출척 및 포상의 권한, 제9조 국가간의 조약 체결 및 선전 강화조약 체결의 권한 등 황제의 권한을 차례로 명시하였다. 제3조 이하는 국제사회에서 인정하는 공법상의 근거까지 명시하여 법적 정당성과 근거를 명확히 하는 배려까지 보였다.

황제는 이 국제에 따라 정치체제도 일신하였다. 아관파천 후부터의 군주정은 우선 의정부 회의를 중심으로 수행했다. 아관파천이 있었던 그 해 (1896) 9월에 칙령 제1호는 내각을 의정부로 바꾸고 그 의정부 회의를 대군주가 직접 주재한다고 하였다.[95] 이것은 갑오개혁 때 일본이 조선의 군주권을 약화시키기 위해 의정부를 내각으로 고쳐 내각회의에서 모든 정사가 결의되도록 했던 것을 다시 원상으로 되돌리면서 의정부 대신회의를 군주가 직접 주재할 수 있도록 한 것이었다. 이 체제는 대한제국 출범 후 1898년 6월 10일에 「의정부차대규칙」으로 더욱 보완되었다.[96] 이 규칙은 황제와 모든 의정대신들의 회동을 매주 1회로 정례화하는 한편, 이와 별도로 매일 2명씩 돌아가면서 입대(入對)를 함께 하도록 규정하였다. 이것은 황제가 직접 내각을 주도하는 형식에 가까운 것으로 내각 운영의 효율성을 높이기 위한 것이었다.

국제 반포 이후 황제는 궁내부를 강화하여 의정부를 정책결정기구, 궁내부를 집행부로 하는 양부 체제를 갖추었다. 궁내부는 앞서 언급했듯이 1894년 6월 28일 일본 측이 군국기무처가 건의하는 형식을 빌려 궁중(宮中)과 부중(府中)의 분리라는 명분 아래 궁중의 일을 전담하는 관부로 처음 대두시켰다.[97] 궁내대신 1인 아래 15개 관서가 배치되었다. 이때는 승선원·경연청·규장각·시강원 등 비서 역할의 기구와 통례원·장악원·내수사·사옹원·상의원·대복시·전각사·회계사·명부사·내시사 등 시중 기능 관서들만이 배치되었다. 내각의 비중을 크게 높이면서 군주를 무력화시키는 정책의 일환이었다. 국제 제정 이후 황제는 궁내부의 기능을 대폭 확대하여 1902년까지 6개 특별과, 26개 원(院)·국(局)·사(司)를 거느리는 대관부로 발전시켰다.[98] 내장원(內藏院 : 산하 9개과)을 비롯해 근대화사업과 관련되는 새로운 기구들을 모두 이 궁내부에 배속시켰던 것이다. 의정부 산하의 각부들은 기존의 임무를 수행하는 데 그치게 하고 근대화의 새로운 사업을 수행하는 데 필요한 관서는 모두 궁내부로 소속시켜 황제가 직접 통제할 수 있게 만들었던 것이다. 이것은 부국강병의 근대화 사업을 황제가 가능한 한 직접 주관한다는 의지의 소산이었다. 흔히 광무개혁이라고 하는 황제 주도의 개혁정책이 추진될 채비가 이로써 갖추어졌다.

궁중과 부중의 관계 재정립은 일본이 메이지유신을 통해 이미 경험한 것이었다. 1867년 왕정복고 후 1885년에 내각제도가 창설되기까지 왕정은 궁중의 태정관(太政官)·좌우대신(左右大臣) 등의 보좌를 받으면서 이루어졌다. 궁중이란 이 직책들 외에 황족, 궁중파로 불린 천황 측근, 궁내성(宮內省) 관계자 등을 총칭하는 것으로 토막(討幕)의 번벌세력의 대표들도 이 계열의 상당한 직임에서 유신의 임무를 수행하였다. 재야의 자유민권파 등이 입헌군주제·내각책임제 등을 부르짖었으나 번벌세력은 천황을 중심으로 한 권력체계에 의지하여 궁중을 실세화하고 있었으며, 화족제도(華族制度)의 도입 등 궁중 자체의 제도화도 1883년에 이토 히로부미가 궁내경(宮內卿)이 되면서 이루어졌다. 부중의 내각제도는 그 뒤 1885년에서야 이루어졌다. 내각제도의 창설은 전혀 새로운 것이었으나 그렇다고 궁중에 의존도가 높은 천황제 권력을 부정하는 의미로 등장한 것은 아니었다. 내각제도의 창설은 어디까지나 천황의 군주정의 효율을 높이기 위한 것으로 천황의 '입헌군주화'를 지향하는 것은 결코 아니었다. 양자의 절충·융합이 제도 성립의 본의였던 것은 추진의 주역이던 이토 히로부미가 내각총리대신 겸 궁내대신이 된 사실에서 잘 드러난다.[99] 내각제도 창설 이래 이토는 천황의 의향을 내각에 전하고 천황의 입장을 옹호하는 행동으로 일관하면서 천황과 내각의 일체화를 촉진시켰다.[100] 그리하여 1889년 제국헌법 제정 단계에서 이토는 흠정헌법으로서의 제국헌법을 심사한 번벌의 유력자들을 추밀원의 이름으로 국가의 최고 자문역을 부과하여 내각·의회와 천황제 권력 3자의 마찰을 피하면서 천황제를 축으로 한 국민적 결속체제를 만들었다.

일본의 궁중과 부중의 문제는 '내각의 천황'[101]이란 절충적 형태로 귀결 지워지면서 궁중의 궁내성(宮內省) 같은 기구가 국사를 주관하는 형태로 발전하지는 않았다. 그들의 이런 경험에 비추면 1894년 갑오개혁에서 일본이 조선에 대해 궁중과 부중의 분리를 강요한 것은 내각을 중심으로 국사의 운영체제를 제시한 것이라고 볼 수 있다. 그러나 그 내각을 움직이는 주체로서의 천황과 추밀원에 비견되는 것을 조선에 대해서는 인정하지 않았다. 그들의 경험에 비추면 그것은 마땅히 조선의 군주를 일본의 '내각의 천황'과 같은 존재로 자리매김하여야 할 것이나 그들은 일본정부가 그 자리에 들어설 것을 기도하여 조선의 군주권을 무력화시키는 작업을 벌였던 것이다. 따라서 그들이 조선에 대해 근대적인 정치체제 확립의 기준으로 궁중과 부중의 분리 원칙을 제시한 것은 허구에 지나지 않는 것이었다.

고종황제의 황제권 강화의 목적은 일본 메이지유신(明治維新)의 경험과 상통하는 면이 있었지만 그 수단 확보의 결과는 전혀 달랐다. 일본의 경우 번벌세력의 추밀원을 매개로 천황제와 내각제도가 '일체화'되는 틀 아래 내각이 정사 집행의 주체가 되었던 반면, 한국은 의정부—6조의 대신들은 의정의 주체가 되면서도 행정권은 이미 주어진 것에 한정하고 새로운 자수자강(自修自强)의 시책은 궁내부의 신설 관서들이 전적으로 담당하는 형태를 취했다. 한국 측이 신·구 제도의 이원성을 면치 못한 것은 관료집단 및 관료제도의 미혁신성과 무관하지 않지만 군주권의 범위와 절대성은 일본에 비해 훨씬 더 넓고 컸던 것으로 간주된다. 이러한 차이는 한국의 중앙집권 관료제의 오랜 전통과 경험에서 오는 것이었다.

대한제국 출범 전후부터 시작한 이른바 광무개혁의 개혁정책은 1904년 2월 러일전쟁이 일어나면서 일본의 침략으로 사실상 중단상태에 빠지게 된다. 그간의 개혁정치는 비록 기간은 짧지만 한국 근대사상에서 자주적 근대화의 가능성을 판단하게 하는 시금석과 같은 것으로 특별한 의미를 가진다. 6년여 동안에 궁내부 산하 관서들이 주도한 각종 근대화사업에 대해서는 앞으로 별도의 치밀한 연구가 이루어져야 할 대상으로, 여기서는 단지 대표적인 예들을 몇 가지 드는 것으로 그치고자 한다.

1896년 9월부터 착수된 서울 황성(皇城) 만들기는 도로를 넓히고 주위 상가를 새로 단정한 뒤 1899년 5월에 드디어 문명의 새로운 이기인 전차가 서대문-청량리간 노선을 처음 달렸다. 1898년 1월에 미국인 콜브란-보스트윅사와 고종황제 공동투자로 만든 한성전기회사가 서울의 전차·전등·전화·수도사업을 맡기로 해 첫 결실이 나타났던 것이다. 한성전기회사는 동대문과 용산 방면에 발전소를 세우고 전등과 전화도 가설하여 서울의 모습을 바꾸어 놓았다. 대한제국은 1898년 6월에 서울-목포간 철도 부설문제를 검토하고[102] 1899년 7월부터 서북철도 부설을 계획하기 시작했다. 경인선·경부선 부설권을 미국·일본 등 외국에 내주었지만, 서울-목포간, 서울-의주간의 철도만은 자력으로 건설할 의지를 표했다. 그리하여 후자의 사업은 곧 대한철도회사(사장 ; 朴淇宗)에 주었으나 1900년 9월에 궁내부 산하 내장원에 서북철도국을 두고 서울-원산 선까지 함께 직영토록 하였다. 개성의 인삼·홍삼 판매수익을 모태로 추진된 철도부설사업은 프랑스 용동회사(龍東會社)로부터 각종 철도 건설기재를 구입해 1902년 3월에 드디어 마포-개성 첫 구간의 기공식을 거행하였다.

대한제국의 산업화정책은 앞으로 좀 더 정밀한 연구가 필요하다. 내장원 등 궁내부 산하기구들이 중심이 된 산업화정책은 산업을 일으키려면 먼저 교통을 발달시켜야 하고, 교통을 발달시키려면 동력개발이 우선해야 한다는 인식을 분명히 가지고 있었다. 당초 각종 광산개발권은 외국인들에게 허용 하고 사용료를 세금으로 받는 형식을 취하였으나 장차는 직접적인 개발의 비중을 높이고자 1900년 9월에 광무(鑛務)학교를 개설했다. 금융제도의 개선 을 위해서도 1901년 2월 신식화폐조례를 공포하여 금본위제를 채택하면서 중앙은행 개설을 준비하였다. 1898년에서 1903년 사이에 궁내부 산하 각 관 서들이 경영하는 각종 산업시설로 전환국(1898) · 인쇄국(1900) · 평식원 · 도량 형제작소(1902) · 양잠소(1902) · 한성전기회사 발전소(1903) · 궁내부 소속 정미 소(1903) · 군부 총기제조소(1903) · 연와제조소 · 초자제조소 등이 용산 일대 에 들어섰다.

광무연간의 부국강병 정책은 이처럼 짧은 기간에 비교적 빠른 속도로 진행되고 있었다. 예의 주시하던 일본은 이를 방치할 경우, 한반도 장악은 더 힘들어지거나 때를 놓치고 말지도 모른다는 판단을 하기 시작하였다. 1900년에 외무대신으로 새로 부임한 고무라 쥬타로(小村壽太郎)는 한국에 대한 모든 정책은 서북철도부설권 탈취에 둔다는 이른바 고무라노선(小村 路線)을 세웠다.[103] 일본은 결국 1904년 2월에 대한제국이 일본 견제를 위해 배경세력으로 활용하고 있는 러시아와 정면 승부를 거는 형태로 국면 전환 을 시도하였다. 이 전쟁을 도발하면서 일본은 한국임시파견대를 서울에 직 접 파견하고 정로군(征露軍)도 대거 한반도를 지나가게 하여 그 무력 위협 아래 한국의 국권탈취 작업을 펼쳤다.[104] 전쟁의 도발과 동시에 서북철도부 설권을 탈취해 갔듯이 각종 경제시책의 주도권도 시정개선(施政改善)이란

[사진 1] 대한제국의 장성과 장교들. C. 로제티, *Corea e Coreani*, 1904. 건물은 경복궁 앞 옛 중추원(현 정부종합청사 자리)으로 보인다.

미명 아래 하나씩 접수했다.

고종황제는 국제 제5조의 육해군 통솔권에 근거해 원수부(元帥府)를 신설하였다. 국제 반포 5일 뒤인 1899년 6월 22일 '원수부 관제'의 조칙을 내려 황제가 대원수, 황태자가 원수가 되어 육해군 통령권을 수행하며 이를 위해 황궁내에 원수부를 설치한다고 했다.[105] 고종은 친정에 나선 직후부터 국방력 강화를 위한 육해군 창설의 꿈을 가지고 있었다. 개항으로 새로운 국제질서로 편입되는 것이 불가피해진 마당에서 자주독립국가로서의 입지를 확보하려면 국방력의 확립은 필수적인 것이었다. 별기군(別技軍) 이래 신식군대 양성을 위한 노력이 거듭되었지만, 청과 일본의 방해로 그때마다 소기의 성과를 거두지 못하고 이때서야 비로소 실현이 가능하게 되었다. 원수부 설치는 바로 군비강화의 새로운 시발점이었으며, 이후 곧 궁성과 황성 수비병력으로 시위대를 중점적으로 양성하였다. 시위대는 1900년 12월에 포병 2개 대대를 두고 1902년 8월에는 혼성여단 편성제도도 도입되었다. 시위대가 이렇게 정예화됨과 동시에 병력 자체가 16,000명 선을 육박한[106] 시점인 1903년 5월에 황제는 육해군 창설을 위해 징병제를 곧 시행할 뜻을 비추고 이를 위한 관련자들의 협습을 촉구하는 조칙을 내렸다.[107] 1903년에 용산에 총기제조소를 설립한 것도 물론 그 준비의 일환이었다.

대한제국의 각종 부국강병정책의 성과는 황제전제주의의 역사적 정당성에 대한 평가 문제와 관련된다. 독립협회 일각의 의회개설을 통한 입헌군주제 운동에 대해 황제는 군주권을 중심으로 한 결속이 자주독립국가의 기반 확보에 더 유리하다는 입장을 지켰다. 의회개설운동 세력을 누르고 추진한 위와 같은 각종 정책이 기간이 짧았던 것에 비해 기대할 만한 것으로 평가된다면 황제와 그를 지지한 세력의 입장은 역사적 정당성을 획득할 수 있다. 지금까지의 연구에서는 한말 대군주로서, 황제로서 고종이 수행한 역할에 대해서는 긍정적인 시각으로 접근한 예가 거의 없다. 긍정적인 시각이 없었기 때문에 이러한 사업의 성과에 대한 평가가 나올 수 없었다. 긍정적인 평가를 한 경우도 군주가 한 것이 아니라 '개화파'의 업적으로 돌리기 일쑤였다.

황제권은 부국강병 정책뿐만 아니라 민권의 보호 측면에서도 중요한 성과를 거두고 있었다. 법치국가로서의 기반을 새로이 하기 위해 법률 중 형법을 새로이 정리하여 『형법대전(刑法大全)』을 편찬하여 1905년 4월 29일에 반포한 사실이 바로 그것이다. 그 반포 조칙에는 주목할 만한 점이 있다.

형법은 정치를 하기 위한 필수요 유국(有國)의 선무이다. 우리 나라의 전헌(典憲)은 처음부터 갖추었으나 고금에 제도가 달라져 그 존폐가 무상하였다.

민생의 범과(犯科)가 많아지면서 유사(有司)의 의문과 현혹됨이 무성하고 깊어져 짐이 이를 심히 개탄하였다. 이에 선왕의 성헌을 본으로 삼고 외국의 규례를 참고하여, 여기에 일왕(一王)의 전(典)을 편하여 형법대전이라 명명하고 중외에 반시하여 영원히 무궁토록 서민들이 외피(畏避)할 바를 알게 하고 유사가 준봉을 쉽게 하도록 한다.

위 인용문에서 주목되는 것은 형법대전의 편찬도 구본신참의 정신으로 이루어졌다고 강조하고 있는 점이다. 형법을 새로 정비하려는 움직임은 일본의 영향 아래 추진된 갑오·을미개혁에서 이미 나타났다. 1894년 군국기무처 개혁안건 가운데 「신식법률반포(新式法律頒布)」에서 한 차례 예고되고, 이듬해 2월 17일 고종이 국민들에게 선포한 홍범 14조 가운데에 '민법·형법의 제정을 엄명한다'고 한 것에서 그 의지가 좀 더 구체적으로 표현되었다. 그러나 법률 정비 작업은 한두 해로 단락 지을 수 있는 일이 아니었다. 고종은 왕조를 대한제국으로 출범시키기 전인 1897년 3월 15일에 신구 전식(典式)과 제반법령을 정비할 기구의 설치와 이에 참가할 의정(議定) 인원을 선발하여 보고하도록 의정부에 조칙으로 명령하였다.[108] 그러나 비슷한 시기에 독립협회의 의회개설운동이 시작됨으로써 이 일은 거의 중단상태가 되었던 듯하다. 황제는 1899년 6월 23일에 이르러 "전장(典章) 법도(法度)가 아직도 득중(得中)하지 못하니 정부가 교정소(校正所)를 권설해서 법률에 밝고 사리에 달통한 자를 뽑아 일정한 규무를 의논해 세우도록 하라"는 조칙을 내렸고, 7월에 접어들어 법규교정소가 개설되었다.[109] 이 해 8월 17일에 반포된 국제도 물론 이 교정소에서 준비한 것이며, 『형법대전』도 여기서 편찬한 것이다.[110]

『대전』은 법례(法例), 죄례(罪例), 형례(刑例), 율례(律例) 상·하의 5편 880

개조에 달하는 방대한 규모로 국문으로 서술되었다.[111] 5편의 구성도 근대 법리론상의 편찬 형식을 취한 것으로 평가되고 있다. 즉 한 법전 중에 범죄의 성립 및 형벌의 종류에 대한 총칙적 규정을 먼저 든 다음에 이를 토대로 하여 각 범죄에 대한 형벌 규정을 전개하는 형식을 취하였다. 위 반포조칙에서는 선왕의 성헌을 본으로 삼는다고 하였으나 신·구법의 규범을 동일 법전 중에 병기하여 혼재시키는 형식적 성헌 존중주의를 취하지 않고 근대적 법체계의 형식을 온전히 갖춘 것으로 평가되고 있다. 그리고 내용면에서도 이미 시대가 용납하지 않는 것을 과감히 고쳐 근대적인 일대 진보를 보이고 있는 점도 주목된다. 강제 결혼[强娶]을 형벌의 대상으로 삼고, 신분적인 통혼제한을 답습치 않았으며, 혼인 연령에 대한 규정을 두지 않았으며, 과부의 개가 및 그 소생자의 등관(登官) 제한 규정 또한 두지 않고, 연좌제나 참형·능지형 등을 답습치 않았다. 그리고 민사소송사안의 본래의 소멸시기가 5년이었던 것을 20년으로 연장하는 조항(16조)을 둔 점도 인권 신장면에서 획기적인 것으로 평가된다.

1904년 2월의 러일전쟁 후 일본군이 한반도에 진주한 상황은 대한제국의 부국강병 정책과 근대화를 위한 제반 제도적 정비작업을 사실상 중단시키고 있었다. 각 부면에서 일본은 사실상의 보호국화 상태를 만들기 위해 고문관을 투입해 한국 내정을 장악하기 시작했다. 법규교정소의 일도 예외가 아니었다. 『형법대전』을 1905년 4월 29일에 반포한 것은 일본의 간섭이 조금이라도 덜 심해지기 전에 서둘러 행해진 것이라고 한다. 반포 조직은 한 달 뒤인 5월 29일에 관보(官報)에 게재되었는데, 이 날은 러일전쟁에서 일본의 승리를 결정지은 이른바 일본해 전쟁(27·28일)이 치러진 바로 그 다음날이었다.[112] 이후 한국 내정에 대한 간섭의 정도를 높여간 일본은 1906년 2월 2일에 법률 1호로 제1차 개정을 가하고, 1908년 7월 23일에 법률 19

호로 제2차 개정을 가했다. 제2차 개정에서 일본인 용빙관의 손으로 100개조를 개정하고 252개조를 삭제해 모습을 거의 바꾸다시피 했다. 이것이 곧 1910년에 편찬된 『한국법전(韓國法典)』에 형법으로 개명 삽입된 것으로 분석되었다.[113] 형법의 형태는 한국에 대한 완전 지배를 추진하던 통감부 통치자들에게 절대적으로 중대한 의미를 가지고 있었기 때문에 대한제국이 미리 달성한 민권 신장의 성과는 도리어 삭제대상이 되고 말았다.

4. 맺음말

지금까지 많은 지면을 할애하여 1876년 2월 개항에서부터 1904년 2월 러일전쟁이 일어나기 전까지 28년간 '개화'를 추구하는 과정에서 우리가 서양 근대정치제도 및 정치사상에 대해 어떤 반응을 보였던가에 대해 살펴보았다. 그 결과로 파악된 다음과 같은 사실들은 특별히 유의할 점들이다.

1) 서양의 정치제도·정치사상에 대한 정보는 1880년대 초반 『한성순보』 때 이미 대부분 입수되고 있었다. 순보를 통해 입헌군주제, 입헌공화제, 정당정치, 심지어 사회주의운동까지 자세하게 알고 있는 상황이었다. 이렇게 수집된 정보에 대한 반응은 긍정적이기보다 대단히 비판적이었다. 군주권을 제약하는 입법조치나 정당정치는 군주정을 약화시키는 결과를 가져올 것이므로 군주를 중심으로 힘을 합쳐 나가야 할 우리에게는 도움이 되지 않는 것이라는 판단을 내리고 있었다. 서양 정치 제도를 받아들이기보다 지금까지의 군주정체제를 유지하면서 필요한 기술문명을 받아들여 개화를 해나가는 것이 바른 길이라는 결론을 얻고 있었다. 이른바 동도서기론의

대응이 정론으로 자리 잡았다.

2) 동도서기론적 개화정책은 당초 국왕 고종에 의해 주도되었다. 개화정책을 국왕이 주도하면서 서양 정치제도를 외면했다면 그것은 군주의 독선에 따른 것으로 비칠 우려가 없지 않다. 그러나 당시 군주가 고수하고자 한 것은 단순한 유교정치 이념이 아니라 18세기 이래 탕평군주들이 시대 변화에 조응하여 갱신한 왕정관인 민국정치 이념이었다. 영조·정조가 수립한 이 정치이념은 종래의 민본사상에서 한 걸음 더 나아가 군민일체의 인식 아래 신분적 불평등을 배제하는 세계를 구현하려는 것으로 그 자체에 근대적 지향성을 뚜렷이 보이고 있었다. 고종은 이 정치이념의 유산을 실현시키면 개화를 위한 내외적 과제의 실현 기반도 저절로 확보될 것으로 믿었던 것이다. 이를 버리고 서양의 입헌군주제나 입헌공화제를 도입하면 정치의 주체가 흐트러져 혼란만 초래될 것으로 인식하였다.

3) 완전한 서양화 즉 서도서기론(西道西器論) 입장에서 입헌군주제를 지향하려는 대응도 있었다. 갑신정변을 주도한 친일 개화파가 선두주자였다. 김옥균 등의 친일 개화파는 주지하듯이 일본에서는 재야세력이던 자유민권파로부터 사상적 영향을 많이 받았다. 자유민권파는 서구의 정치제도로서 의회제도를 받아들여 민의를 대변하는 정치체제의 확립을 추구하였다. 후쿠자와 유키치(福澤諭吉) 등의 자유민권파의 지식인들로부터 직접적인 영향을 받은 조선의 친일개화파 인사들은 조선도 입헌군주제 아래 의회내각제를 시행하는 것이 "미개의 상태"에서 벗어나는 길이라고 인식하였다. 그러나 자유민권파의 주장과 일본의 정치 현실은 달랐다. 메이지유신을 주도한 번벌세력의 대표인 이토 히로부미가 주도해 만들어간 천황제하의 국가체제는 민권의 대의제도와는 거리가 멀었고, 1889년의 제국헌법에 따라 귀족원과 중의원으로 구성된 제국의회도 대의제도와는 거리가 먼 것이었다.

1885년에 발족한 내각제도는 번벌세력의 아성인 추밀원이 좌우하고 추밀원은 천황을 지지하여 메이지(明治) 국가의 실체는 곧 천황과 번벌세력의 규합체제로 귀결되었다. 그런데 중요한 것은 자유민권파도·이러한 결과에 대해 불만하지 않았다는 사실이다. 그들은 그것이 일본의 생존과 팽창을 위해 불리하지 않다고 판단하였기 때문이다. 그런데도 조선의 친일개화파는 조선이 문명화의 길에 들어서기 위해서는 입헌군주제로 전환하고 궁중(宮中)과 부중(府中)도 분리되어야 한다는 주장을 굽히지 않았다. 이 주장에 따르면 조선의 정치현실은 곧 군주권이 약화됨으로써 국가적 구심을 잃어 일본의 침략주의자들이 바라는 바로 그 상황이 초래될 것이 불 보듯 했다. 그들이 일본의 실제의 정치현실을 직시하지 않고 이상론만 고집한 것은 지나친 이상주의자였기 때문이었든지, 아니면 일본의 침략주의의 마수에 잡혀 있었기 때문이라고 판단하지 않을 수 없다.

4) 서양 정치제도에 대한 위와 같은 두 가지 대응은 개화정책의 전반에 대해서도 관통하는 것으로, 군주 중심의 동도서기론적 대응은 자연히 자기 역사와 전통적 기반을 버리지 않는 입장이었던 반면 친일개화파의 문명론적 대응은 과거로부터의 완전한 일탈을 대전제로 삼고 있었다. 오늘날의 한국 사회과학자들이 보이고 있는 역사 외면 현상은 완전한 서구화를 지향하는 점까지 이 친일 개화파의 논리와 일치한다. 바꾸어 말하면 이러한 뜻밖의 일치는 우리가 오늘에 이르도록 친일 개화파의 근대화논리를 한 번도 제대로 비판해 본 적이 없이 그대로 정당한 것으로 받아들여 왔다는 것을 의미한다. 이에 대한 정당한 비판은 대한제국의 역사에 대한 재인식이 불가피하다는 사실을 논증적으로 명백하게 드러내는 것이다.

5) 대한제국의 역사에 대해서는 역사학자들도 지금까지 일본 침략주의의 마수가 그 역사의 진실을 철저하게 왜곡한 사실을 깨닫지 못하는 우를 범

하고 있었던 것을 부인할 수 없을 것 같다. 대한제국기에 있었던 역사적 사실로서 독립협회 활동과 광무개혁에 대한 이해와 평가가 바르게 이루어지지 못한 점이 많았다. 한국 근대사에서 독립협회가 가지는 중요성은 의심할 것이 아니지만, 일부 회원들이 주도한 의회개설운동은, 그 진상에 대한 구명이 최근까지도 제대로 이루어지지 못함으로써 지나치게 긍정적으로 평가되는 과오를 저질렀다. 일본으로서는 이 운동이 대한제국의 황제권을 중심으로 한 발전을 와해시켜 놓을 것을 기대하였고, 친일분자들은 일본의 힘을 배경으로 집권을 노렸던 것이다. 한편 광무개혁의 부국강병정책은 8년에 불과한 짧은 기간(러일전쟁 전까지)에 근대화의 기초를 닦는 성과를 올렸는데도 지금까지 황제전제주의란 외양에 대한 부정적 인식 때문에 긍정적 평가에 인색했다. 그러나 비록 미완성에 그치기는 했으나 짧은 기간에 괄목할 만한 성과가 나타난 것은 황제전제주의에 대한 폭넓은 공감대가 있었기 때문이었다. 광무개혁의 기본 입장은 1880년대의 군주중심의 동도서기론적 개화정책을 재현시킨 것이다. 독립협회 의회개설운동의 대일의존성과 그 실패, 그리고 이와 대조를 이루는 광무개혁의 성공은 곧 이 시대의 개화, 근대화의 진정한 길이 무엇이었던가를 바로 말해주고 있다. 대한제국은 무능, 무력해서 망한 것이 아니라 광무개혁이 뜻밖의 성과를 올리자 이를 경계한 일본이 러일전쟁이란 비상수단을 동원해 국권을 강제로 탈점함으로 말미암은 것이었다. 광무개혁의 성과는 일본으로 하여금 이를 더 이상 방치하면 한반도 장악의 기회를 영원히 잃고 말 것이라는 우려를 가지게 할 정도였다.

본 연구의 결과는 대개 이상과 같이 다섯 가지로 요약된다. 이 결과가 우리의 역사와 전통을 외면하고 있는 현대 한국의 학문적 풍토를 반성하기에 충분한 것이라고 생각지는 않는다. 그러나 우리는 지금 밖으로부터 가해진 근현대사의 단절로 인한 피해를 제대로 극복하지 못하고 있는 것이 사실이며, 여기에서 빚어진 잘못된 역사적 성찰이 많은 것은 분명하다. 이의 극복을 위해 우리의 전통과 역사를 직접 대상으로 하는 학문 영역에서는 배전의 노력을 기해야 할 것이지만 사회과학·자연과학 등 다른 기초과학 분야에서도 관심과 지원을 보내지 않는다면 진정한 극복의 길을 얻지 못할 것이다.

실상 본 연구에서 다룬 역사 왜곡은 1904년 2월의 러일전쟁 이후 일본의 대한제국 국권 탈취작업이 노골화되는 시기에서 한층 극명한 모습을 보인다. 일본의 친일세력 양성정책의 일환으로 나타난 『친목회회보』『대조선독립협회회보』와 같은 잡지들은 독립협회 해산 후 황제 중심의 개혁정책 추진 속에서는 자취를 감추었다. 그러다가 1904년 8월의 『일진회회보(一進會會報)』를 시발로 1910년 8월 '병합조약' 때까지 무려 40종의 잡지들이 부침한다. 각 잡지들의 색깔을 구별하는 것은 쉬운 작업이 아니다. 어떤 것은 친일성을 그대로 표방하기도 했지만 어떤 것은 서로 다른 입장의 글을 함께 싣기도 했다. 그러나 전반적으로는 동도서기론에 입각한 자주적 근대화를 추구하는 글보다 완전한 서양화를 지향하는 논조의 글들이 더 많은 것으로 나타난다. 이러한 경향 또한 자발적 성찰보다는 대한제국의 자주성을 꺾거나 희석시키려는 일본 측의 의도가 강하게 작용해 나타난 결과로 보인다. 이에 대한 변별은 앞으로 각 잡지들에 실린 글들의 내용분석을 통해 이루어져야 할 것이지만, 1907년 7월에 드디어 진정한 자주독립국가 유지의 보루였던 고종황제가 강제 퇴위당하듯이 지식계의 지향도 일본의 공작에 의해 왜곡되어 가고 있었다. 이에 대한 후속적 연구는 오늘날의 대부분의 지식인들의 우리 역사에 대한 무지 내지 외면의 뿌리를 좀 더 선명하게 드러내 보여줄 것이다.

제1부 편견과 오류 비판

고종황제 암약설(暗弱說) 비판

1. 머리말

1876년 개항에서 1910년 일본이 강제로 병합할 때까지 30여 년 간은 한국 역사에서 가장 힘들고 중요한 시기였다. 고종황제는 바로 이 시기의 대부분을 군주로서 보냈다. 대부분의 한국사 개설 책들이 그를 대원군과 왕비 사이에서 우왕좌왕한, 무능한 군주로 소개하고 있듯이 그에 대한 평가는 대부분이 부정적이다. 8·15해방 직후에 가장 많이 읽힌 국사 개설 책가운데서 예를 하나 들면 다음과 같다.[1]

대원군은 정권을 독점하고자 종래로 김씨가에서 왕비를 드리던 예를 타파하고 아무 이름난 일가가 없는 여흥민씨의 딸을 택하여 고종의 왕비로 하였다. … 민비는 학문도 있고 현명한 여자였다. 그러나 고종은 暗弱한 인물이었다 (고딕 ; 필자). 고종이 이미 장성하여 섭정이 필요하지 않다는 이유로 민씨는 대원군을 배척하고 민씨일족을 조정에 배립하여 정권을 좌우하였다. …

고종을 "암약한 인물"이라고 한 것과 같은 부정적인 평가는 한 개인에 대한 것으로 끝나는 것이 아니다. 군주에 대한 부정적 평가는 곧 그 시대 나라 전체에 대한 것으로 직결된다. 이웃한 일본은 서둘러 서양화를 이룩하여 부강한 제국주의 국가로 발전하였는데, 우리는 쇄국 끝에 개국은 하였으나 대원군과 민왕후 일족, 수구당과 개화당이 계속 대립하는 가운데 황제마저 무능하여 밀어닥치는 외세에 제대로 대응하지 못하고 결국 국권을 일본에게 내주고 말았다는 것이 이 시대에 대한 우리의 일반적인 이해 체계이다. 고종황제 암약설의 핵심은 이러한 부정적인 인식체계에서 나온 것이다.

고종 또는 그의 시대에 대한 역사적 평가는 한국 근현대사의 아킬레스 건과 같다. 그럼에도 이에 대한 부정적인 평가의 유래에 대한 정리는 거의 찾아볼 수 없다. 이 글은 어떻게 해서 그러한 부정적인 이해체계가 나왔는지를 고찰하고, 나아가서 우리 근대사를 좀 더 냉철하게 정리할 수 있는 길을 모색하기 위해 쓰여졌다.

2. 서양인들 간의 엇갈린 평가

지금까지 고종에 대한 평가는 기이하게도 서양인들을 중심으로 이루어졌다. 이를 종합해 정리하면[2] (가)당대 사료에 근거한 평가 (나)고종의 고문 또는 외교관으로 당시 활약한 사람들의 기록에 근거한 평가 등 두 가지로 대별된다.

먼저 (가)에 속하는 것부터 보면, 마르티나 도이힐러(Martina Deuchler)는 조선 측 관련자료를 섭렵한 끝에 "고종이 주변에서 벌어지는 사건들에 대해 수동적으로 대처한 것이 아니라 당시의 극심한 정치문제를 해결하기 위해 진지한 노력을 기울여 왔다"고 평가하였다. 이것은 고종이 민왕후 일족에게 피동적으로 끌려갔다는 부정적인 평가에 대한 반증의 의미를 지닌다.[3] 도이힐러의 견해가 고종에 대해 비교적 긍정적 평가를 내리고 있다면, 이보다 훨씬 앞서 발표된 데넷 타일러(Dennett Tyler)의 견해는 반대로 부정적이었다. 그는 1905년 을사늑약에 대한 고종황제 및 그의 관료들의 무효화운동 때, 1905년 11월 25일자로 데오도어 루스벨트 미국 대통령이 루트(Root) 국무장관에게 보낸 서신과 12월 19일 루트가 민영찬 공사에게 보낸 회신 등을 근거로, 루스벨트나 루트는 "한 점 잘못 없이" 객관적 사실에 의거하여 합당한 외교조치를 취하였다고 평가하면서, 잘못은 오히려 고종 측에 있다고 단정하였다. 그는 심지어 "대한제국이 당시 미국의 대통령이던 루스벨트에 의해 배신당한 것이 아니라 자신의 황제에 의해 배신당했다"고 극언하기까지 하였다.[4] 데넷 타일러의 견해는 고종황제의 인물평이라기보다도 업무상의 능력에 관한 것이라고 할 수도 있지만, 1920년대에 제시되어 그 이후의 부정적 견해 형성에 상당한 영향을 끼쳤다.

(나)에 속하는 견해로는 해링턴(Harrington)과 스워터트(Robert R. Swartout) 등 두 사람에 의해 개진된 것이 가장 대표적이다. 첫째, 해링턴의 고종황제에 대한 부정적인 평가는 고종시대에 주한미국공사를 지낸 알렌(Horace N. Allen)이 쓴 일기에 나오는 "유약한(weak)"의 표현을 그대로 무비판적으로 사용했으며, 이후 이것이 널리 많은 학자들 사이에 답습되었다고 한다.[5] 고종황제를 "유약한" 사람이라고 한 문제의 표현은 알렌이 1903년 10월 14일 톨레도(Toledo)에서 쓴 일기에 보인다.

나는 황제가―마음이 약하므로―나에게 해가 되는 일을 승낙하리라고는 믿지 않지만, 그러나 나는 오래 전부터 황제가 모든 일을 다 책임을 지고 처리한다고 생각하고 있지 않다. …

(I can scarcely believe that the Emperor—weak as he is—would consent to a thing that would harm me, but I have long given him up as liable to do most anything. …)

이 구절은, 알렌이 톨레도란 곳에서 그가 서울을 떠난 후에 일어난 중요한 한 가지 일을 알려주는 서울에 있는 켈훈의 편지, 즉 자신과 대립관계에 있던 크럼(Raymond Krumm ; 한국정부가 고빙한 양지아문 주임기사)이 이용익(李容翊, 당시 內藏院卿)에게 자신을 공식적으로 워싱턴에 파견해주면 콜브란 보스트위크의 상환청구가 불법행위라는 것을 국무성에 알릴 것이며, 뿐더러 이 일을 주선한 알렌을 해임시키도록 미 국무성을 설득할 수 있다고 했다는 편지를 받고, 황제가 결코 자신을 해치는 일을 승낙할 인물이 아니라는 뜻으로 쓴 구절이다. 따라서 이것으로는 결코 고종황제가 모든 일에서 "유약"했다고 확대 해석할 수 없다.

알렌이 일기에 쓴 고종에 대한 논평이라 할 만한 표현들은 여러 가지로 나타나며 모두가 부정적인 의미를 담고 있는 것도 아니다. 알렌은 1885년 2월 3일(화요일) 일기에서, 고종이 갑신정변 가담자 또는 도망한 자의 부인·어머니·딸·하인까지 효시해야 한다는 어느 신하의 건의를 받아들이지 않은 것은 "대단히 진보적인 조치(This is a very advanced step)"라고 논평하였다. 1886년 9월 11일(토요일) 일기에서는 감리교측의 국왕 알현 노력을 비판하는 대목에서 "국왕은 어리석은 바보가 아니다(The King is no fool)"라고 하였다.[6]

스워터트는 1886년 5월부터 1890년 2월에 협판내무부사(協辦內務府事) 겸 외아문 장교사(掌交司) 당상으로 고종을 도운 미국인 데니(O. Denny)가 남긴 평가, 즉 "고종은 위대한 국가의 지배자다운 강건, 낙관 및 인내를 보였다"

는 평가를 지지하면서, 위 해링턴의 연구의 잘못을 지적하였다.[7] 데니는 본래 청나라 리훙장(李鴻章)이 자신의 조선 속방화정책을 조력해 줄 것을 기대하면서 조선정부에 추천했던 사람이다. 그러나 고종의 고문이 된 데니는 자신의 나라를 독립국으로 보존하려는 대군주의 노력에 감동하여 오히려 청나라에 대해 조선을 변호하는 것을 임무로 삼아 최선을 다했다. 그의 이러한 특별한 이력은 고종에 대한 그의 평가 자체에 대한 신뢰성을 그만큼 높여준다. 그리고 고종에게 고빙된 서양인 고문으로서 고종에 대한 부정적인 평가를 강하게 부인한 사람으로 헐버트(Homer Hulbert)를 들지 않을 수 없다. 그는 황제가 "유약하다는 사람들은 틀렸다"고 하면서 주권 수호에 대한 확고한 의지 아래 사생결단의 조치를 단행했던 것들을 열거해 놓고 있다.[8]

고종황제에 대한 서양인들의 평가는 1896년 10월에 간행된 『코리안 레퍼지터리』[9] 3권 11책에 실린 「한국의 국왕 폐하(His Majesty, The King of Korea)」의 글이 가장 구체적이다. 이 글은 국왕이 '아관파천'을 단행하여 일본의 강압에서 벗어난 후, 제국으로의 새로운 출범을 내다보면서 개혁을 단행하기 시작한 시점에, 그것도 서양인들(잡지의 편집인들)에 의해 쓰여진 것이기 때문에 객관성이 인정된다. 그들이 특별히 한국 국왕에게 아첨을 떨 이유가 없기 때문이다.

이 글은 고종의 교육 수준에 대해 폐하는 한문과 언문에 숙달하여 있다고 하고, "그의 방(suite)에는 그에게 책을 읽어주고 의논을 함께 하는 학자들과 사관(史官)들을 두는 관습을 지키고 있다"고 하였다. 이것은 경연(經筵), 사관 등의 제도가 행해지고 있는 것을 가리키는 것으로 보인다. 그리고 국왕 자신이 "자기 나라의 역사, 근대와 고대의 역사에 대해 나라 안의 어느 누구보다도 더 많이 알고 있으며", 한국 관리들로부터 듣기로는, "대신들

[사진 2] 『코리안 레퍼지터리』 1896년 10월호에 실린 명성황후 국상중
상복 차림의 고종황제. 이 잡지 기자는 황제로부터 사진촬
영과 게재를 허락받았다고 하였다.

제1부 편견과 오류 비판

사이에 옛 관습과 과거에 대해 알지 못하는 것이 생겼을 때, 폐하에게 물어보면, 어떤 역사적 사건이 일어난 시기와 특별한 점을 정확하게 지적해 준다"고 했다(428면). 이어 국왕의 집무에 대해 다음과 같이 언급했다.

폐하는 많은 시간과 보살핌을 공무 수행에 쏟으며, 정부의 모든 부서들을 감독, 감찰하면서 아주 부지런하게 일한다. 참으로 어떤 때는 너무 세세한 것들까지 주의를 기울이며, 그리고 모든 일을 살펴 누구보다도 더 많은 것을 해낸다는 비평을 듣기도 한다. 그는 대부분의 공무를 밤에 수행한다. 그리하여 대신들, 고문들과 다른 관리들과의 회의는 종종 새벽까지 또는 그 뒤까지 계속된다(429면).

그의 정치적 성향에 대해서도 호평이다.

폐하는 진보적(progressive)이며, 그리고 분명히 - 우리가 편견이라고 말해도 좋은 -, 동양의 대부분의 나라에서 우세한, 서양의 사람들, 제도들과 관습들에 적대적인 생각에 젖어 있지 않다. 그는 교육적인 일에 아주 관심이 많으며, 그리고 최근 수 년 안에 이런 (진보적) 방향에서 물질적인 진보들이 이루어졌다(429면).

종교적인 면에서는 대원군 섭정 때와는 반대로 관용으로 일관하여 이를 그의 통치의 특징으로 규정하기도 했다. 종교문제에서 누구도 간섭받지 않았을 뿐 아니라 왕은 선교사들에게 여러 번 분명하고도 직접적인 격려의 말을 주고 심지어 그들을 "선생님들"이라고 부른 사실을 소개하였다. 감리교 감독과 교회의 닌드(Ninde) 주교에 베풀어진 알현에서 폐하는 선교사들이 좋은 일을 한 것을 칭찬하고 감사를 표하였을 뿐 아니라, 그들에게 교회로서는 잊을래야 잊을 수 없는, 잊지 못할 말 "선생님들을 더 보내 달라"는 말을 들었다고 하였다(430면).

왕의 성격이 친절하고 상냥한 것은 누구나 다 인증하는 것이라고 하면서 "그는 분명히 자비로운 통치자이며, 그리고 진실로 그의 나라의 복지와 진보를 열망한다"고 평했다. 한국인들은 아시아의 다른 어떤 나라들에서처럼, 종교적인 관계에서 통치자를 숭앙하는 것이 없는데도, 그는 널리 백성들로부터 사랑을 받고 있는 것은 의심 없는 사실이라고 하였다. 그리고 대신들과 관리들에 대한 불평은 종종 듣지만, 백성들은 좋은 말들과 애정 어린 존경으로 그들의 왕을 받드는 것 외에 아무것도 가지고 있지 않다고 하였다(430면).

「한국의 국왕 폐하」의 고종 소개는 현전하는 것 중 가장 자세하면서도 가장 호의적이다. 이를 부정할 특별한 이유가 없는 한, 고종에 대한 부정적 평가는 재고되어야 마땅하다.

서양인들 사이의 부정적인 평가는 데닛 타일러의 논평, 알렌의 일기의 구절과 이에 근거한 해링턴의 책의 논평 두 가지로 좁혀진다. 전자의 경우 다분히 당시의 미국정부를 변호하는 의도를 지녀 객관적이라 보기 어려우며, 후자는 알렌 일기의 문제의 구절이 고종의 정치 전체에 대한 평가의 근거가 되기 어려운 점이 많은 것이므로 이에 근거한 부정적인 평가도 객관적으로 옳다고 보기 어렵다. 결국 서양인들 사이에서 제기된 부정적 논평은 하나도 유효한 것이 없는 셈이다.

3. 기원으로서의 암군설(暗君說)의 실체

고종황제에 대한 평가로서 "암약하다"는 표현은 곧 "유약하다"와 "암우하다"는 말의 합성이다. 앞에서 살핀 알렌 일기의 "유약하다"는 그 가운데 한쪽에 해당하는 것이지만, 그의 일기의 표현은 1940년대에 문제가 되었으므로 암약설 형성의 직접적인 근거가 되기에는 합당한 조건이 아니다. 그러면 편의상 암우하다는 평가가 나온 경위를 먼저 살펴보기로 한다.

고종이 "암우한" 인물이라는 비평은 1907년 헤이그 만국평화회의 특사 파견 사건을 구실로 일본 측이 고종황제를 강제 퇴위시킬 때 처음 나온 것으로 확인된다. 이 사실은 당시 오사카(大阪) 마이니치신문사(每日新聞社) 경성 지국의 기자로 활동한 나라사키(楢崎桂園)가 그 해 12월에 출판한『한국정미정변사(韓國丁未政變史)』(1907. 12, 京城 日韓書房)를 통해 확인된다.

나라사키는 고종을 영명한 자질을 물려받은 군주라고 하였다. 그는 제1장 총론에서 이조(李朝) 26대 이경(李曔) 전하의 어우(御宇 : 치세)는 참으로 드물게 다난다사(多難多事)한 시대였다고 하면서, 굳이 존호(統天隆運肇極敦倫正聖光義明功大德堯峻舜徽禹謨 … 英毅弘休)를 나열한 다음, 그는 영명한 자질을 물려받은 군주라고 하였다(12면). 그러나 그는 이 단어를 전적으로 긍정적인 뜻으로만 사용하지 않았다. 그는 고종이 군주로서 특별한 경험을 가졌고, 그것이 그의 군주상에도 큰 영향을 끼친 것으로 파악하였다. 그는 고종 당시의 "한반도 궁정사(宮廷史)"를 음모를 날줄[緯]로 하고 술책을 씨줄[經]로 한 것이라고 혹평하면서 고종은 그 히어로(영웅)로서 44년간 재위하면서 어떤 때는 대원군의 압박, 어떤 때는 민비의 전횡, 어떤 때는 외척의 발호, 그리고 또 열강세력의 각축장의 뒤[裏]에 서서 전후 여러 차례의 정변을 당하면서 일기일복(一起一伏), 정쟁의 모든 어려움과 쓴맛을 맛본 인물이라고 소개하였다. 이런 경력 때문에 세계 제왕(帝王) 중에 특별한 이채를 띨 수도 있었다고 하면서, 그러한 특이한 면을 보여주는 예로서 다음과 같은 일화를 소개하였다. 즉 "한제(韓帝) 하루는 시신(侍臣)을 보고 말하기를 지금 지구상에 제왕이 많아도 진정한 제왕의 주권을 쥐고 스스로 전제의 정치를 하고 있는 자는 서쪽에는 빌헬름 2세, 동쪽에는 짐뿐이라(13면)"고 한 것을 들었다. 고종의 이러한 자부심에 대해 저자 나라사키는 그 교만한 태도는 (앞날의) 심상치 않음과 함께 천하의 대세에 어두운 것[暗]을 상상해 보기[想見]에 족한 것이라고 비꼬았다. 그가 지적하는 것은 고종이 자만에 빠져 천하의 대세를 제대로 보지 못하고 있는 군주라는 것이었다. 이런 뜻으로 그는 아래에서 보듯이 암군(暗君)이란 표현을 썼다.

좀 더 소개하면, 그는 폐하(일본인들은 당시 한국의 황제에 대해 그들이 공격하는 대상인데도 폐하라는 존칭을 사용하였다)와 같은 경우는 "자기 자신을 믿지 못하는 염려가 강해 항상 자홀심(自惚心, 자만심)을 더 키우게 된다"고 하면서, 고종이 평상시 스스로 일컬어 나는 제왕의 대학교를 졸업했다고 한 것이 바로 그러한 자만심이 발로된 좋은 예라고 하였다. 나아가 더 극단적인 면이라고 하면서, 고종이 자기의 수완 모략에 빠져들어 복심고굉(腹心股肱)의 신하들을 따로 두고 묘당(廟堂, 내각)의 대신·대장 이하 백관을 의심해 믿지 못하는 눈으로 보아, 수족이 되어야 할 현 내각조차 일본당(日本黨) 냄새가 난다고 하여 절대적으로 불신임하여, 늘 한 대신에게 3~4인의 밀정을 부쳐 모든 기밀을 탐지하게 하고, 많은 일들이 이 밀정에 의해 결정된다고 하였다. 그러므로 "한제의 이른바 전제정치란 것은 실상은 밀정정치·잡배정치(雜輩政治)의 폐단에 빠진 것이며, 따라서 음모·밀책·이간·중상 등이 속출하여 끝내 나라의 대사를 그르치기에 이르렀음을 알지 못하고 오직 한제는 밀정의 보고에 의해 소지소계(小智小計)를 도모하여 일지일

탄(一指一彈)으로 대관·권신을 번농하는 것으로서 교묘한 조종을 극도로 하였다고 깎아내렸다.

이어서, 정치를 이렇게 함에 따라 점차 군주와 신하가 이반하여 충량한 현신은 모두 조정을 떠나고 간사하고 아첨하는 잡배 혹은 완고하고 어둡고 정성이 없는 사이비 충군자(忠君者)들만이 많았으며, 궁중이 완명(頑冥)한 무리와 간신들의 소굴이 되어 문란이 점차 절정에 달했다. 이는 마치 물이 부패하여 나쁜 벌레들이 생기듯 하고, 한둘의 무뢰한 외국인들에게 속임을 당하여, 1907년 6월 네덜란드 헤이그에서 개최된 만국평화회의에 비밀 사절을 보내 열국 환시리에 공공연히 "종주권국(일본을 가리킴 ; 필자)의 면목을 유린하는" 반일본의 맹동을 연출하였고, 이것이 곧 사직을 위태롭게 하여 끝내 황제위의 선양(禪讓), 신협약(정미조약을 가리킴)의 체결을 가져오기에 이르렀다고 장황하게 풀었다.

저자 나라사키는 고종황제의 정치에 대한 문제점을 지적하기에 앞서 통감 이토 히로부미의 치적을 소개하였다. 즉 이토 통감의 한국에 대한 정책은 온건 중정하여 외국으로부터는 칭찬을 받아도 국내적으로는 지나치게 완화우유하다는 비판을 받을 정도로 한국을 위하는 면이 많은 것이라고 평가하였다. 그런데도 한국의 황제가 위와 같이 다른 짓을 일삼아 퇴위당하는 지경에 이르렀다는 것이다. 이것은 물론 침략자의 자기 합리화의 논법으로, 이들에 의해 지탄을 받는 고종의 행위는 곧 침략에 대한 저항을 의미한다. 저들의 지탄의 강도가 높아져 퇴위를 강요당했다는 것은 그 저항이 그만큼 강렬했다는 것을 의미한다. 고종황제는 궁정 안까지 깊숙이 파고드는 일본의 정보 탐지와 한국 대신 매수 등의 공작정치가 극도로 심하게 자행되자, 이를 방지하기 위해 1902년 6월 황제 직속의 정보기구로 익문사(益聞社)를 창설해 비밀리에 운영하였다.[10] 위 저자가 고종이 내각의 대신들을 믿지 못하여 밀정을 붙여 감시했다고 한 것은 바로 이 익문사 요원들의 감시활동을 두고 한 말로서 날조된 표현은 아니다.[11] 익문사의 설치는 곧 고종황제의 정치가 침략자로부터 주권을 지키기 위해 그만큼 조직화되어 가고 있었다는 증거이며, 그들이 헤이그특사사건을 계기로 고종의 강제 퇴위를 서두른 것도 한국 황제정이 갈수록 체계화되어 가는 것을 방치할 수 없었기 때문이었다.

저자 나라사키는 총론의 끝머리에서 고종황제에 대한 평가를 다음과 같이 마무리하면서 암주(暗主)·암우라는 표현을 직접 사용하였다.

요컨대 한제(韓帝)는 일본이 성의성심으로 동양의 평화를 유지하고 일한 양국의 행복 번영을 희도(希圖)한 것에 대해 무의의(無義意)한 의심, 불합리한 원차(怨嗟)에서 오는 배일병(排日病)에 빠져, 이미 체결 조인된 보호조약을 무시하고 종주권국의 정책에 반한 결과, 이 정변을 초래하게 되었다는 것은 자업자득으로 누구를 원망할 것도 없는 오직 당연한 결과란 평 외에 없다. 그렇지만 또 한편으로 한국 쇠망의 원인을 궁극적으로 살필 때는 오직 책임을 이경(李㷤 : 고종) 전하 한 몸에만 돌릴 수는 없다. 하나는 고래부터의 군주전제의 적폐에 근원을 발하고 있는 것임에 의심의 여지가 없다. 대개 군주전제의 통폐로서, 영매한 군주가 자리를 채울 때는 국정을 크게 떨칠지라도, 한 번 위로 위복(威福, 威服?)을 천단하는 암주(暗主)를 받들[戴] 때는 아래로 권세를 다투는 아첨하는 신하를 낳고, 묘당의 대신, 지방의 목민관과 서로 결탁하여 가정포학(苛政暴虐)을 능사로 함으로써 기강이 어지러워지고 도탄에 빠진 백성들의 고통의 소리가 높아져 국세가 점차 쇠운으로 향하게 되니, 한국 근세사는 바로 이 군주전제정치의 극폐에 빠진 시대로서, 문물전장(文物典章)이 찬연한 이조의 성대(盛代)도 26세 이경 전하의 어우(御宇)에 들어와서는 국력이 곤비의 극에 달하여 내치가 제대로 되지 않고 밖으로부터의 모멸을 불러오게 되었다. 그러나 이번의 일은 반드시 이경 전하 1인의 실정에 있지 않고, 우연히 폐하의 망동은 그 망국의 최후(의 순간)에 색채를 드리운 것에 지나지 않는다. 한국 쇠운이 유래한 바는 실로 전제정체의 적폐에 무게를 두지 않을 수 없으니, 국법학자(國法學者)의 정체론(政體論)에 산 증거를 제공하는 것이다. 그리고 이번의 정변에 대한 일본의 조치에 이르러서는 공명정대하여 조금도 비난할 점이 없다는 것은 세계열강이 인식하는 바로서, 공평 명식(明識)한 천하의 평론은 일본의 요구를 정당한 것이라 하고, 한제의 경거 스스로 이 화기(禍機)를 만든 것의 암우(暗愚)를 조(弔)할 뿐이다(15~17면).

나라사키의 『한국정미정변사』 총론의 위와 같은 논설은 고종황제 암군설(暗君說)의 시원에 해당하는 글이다. 그 내용으로 볼 때 고종황제가 일본의 대한정책을 따르지 않았다는 것이 암군으로 지목된 가장 중요한 이유이다. 그의 고종황제정에 대한 해부에 따르면 고종황제는 상당한 조직적 저항을 벌이고 있었기 때문에 일본에게 큰 부담이 되었으며 그 때문에 강제 퇴위의 조치를 강행하게 되었던 것이다. 저자는 1906년 1월 통감부가 설치된 후 "한제의 악희(惡戱)가 거듭하여 정무의 진척을 방해하고 통감의 방침에 배반한 것 적지 않았다"고 하여 황제와 통감부 간의 대립을 지적하고, 또 같은 해 5월(양력) 홍주에서 민종식(閔宗植)이 창의대장(倡義大將)을 자칭하면서 일본 경관·인민을 살해한 것도 고종황제의 밀칙과 군자금을 내려받아 일으킨 증거가 뚜렷하다고 언급하였다(9~10면). 그렇다면 고종황제 암군설은 우리 입장에서는 국권수호를 위한 반일의 강경노선을 내용으로 하는 것으로서, 결코 황제에 대한 부정적인 평가의 근거가 될 수가 없는 것이다.

4. 암약설로의 전화과정

암군설은 언젠가부터 암약설로 바뀌게 된다. 암우설에 유약설(柔弱說)이 겹쳐 암약(暗弱)이란 전혀 다른 제삼의 뜻으로 전화된 것이다. 그러면 유약설이 어디에서 나온 것인가가 문제가 되는데, 이에 대한 뚜렷한 근거가 될 만한 것은 쉽게 찾을 수 없다. 현재 알려진 것으로는 앞에서 살핀 알렌 일기의 "유약"이란 문구가 가장 구체적인 것이지만, 이 문구가 처음 문제된 것은 1943년에 간행된 해링턴의 저서에서이다. 이를 암약설의 시원으로 삼기에는 그 시기가 너무 늦다. 이 경우는 오히려 해링턴이 암약설의 영향을 받아 알렌의 문구를 주목한 것이라고 판단하는 것이 더 설득력이 있다.

암군설과 마찬가지로 암약설의 시원에 대한 고찰을 위해서는 위 『한국정미정변사』 이후 일본인들이 낸 한국근대사 관련 역사서들의 고종황제에 대한 서술을 축차적으로 살펴볼 필요가 있다.

일본인들이 쓴 한국근대사는 1910년 강제병합을 계기로 나오기 시작하였다. 강제병합이 이루어진 바로 그 해에 (가)이케다(池田常太郎, 秋旻) 편, 『일한합방소사』(1910년 9월 20일 발행, 東京 讀賣新聞日就社)와, (나)일본역사지리학회 편, 『한국의 병합과 국사(國史)』(1910년 10월) 등이 출간되었다.

(가)는 편자의 서문이 강제병합이 공포된 바로 그 날짜(8월 29일)로 되어 있는 것이 특이하다. 당시 병합 예정일은 비밀에 붙여져 있었는데, 편자가 이 날을 미리 알고 있었다는 것은 정부와 밀접한 관계를 가지고 책 출간을 추진하고 있었다는 것을 의미한다. 이 책의 큰 목차는 다음과 같다.

(가) 池田常太郎(秋旻) 편, 『日韓合邦小史』
    제1기 朝貢及鎖國時代

위 목차는 일본의 한반도 진출을 단계적으로 표시하는 것을 기준으로 삼았다. 이 책은 에도(江戶)시대 국학자들의 영향을 받아 일선동조론(日鮮同調論)의 견지에서 고대 임나(任那)의 일본 조공을 전사(前史)로 삼아 쇄국의 조선을 일본이 다시 문을 열어 독립국으로 만든 다음, 청국·러시아의 방해를 물리치고 마침내 병합에 이름으로써 원상을 되찾게 되었다는 관점에서 위와 같은 목차를 설정하였다. 이러한 특별한 목적 아래서는, 한국인들은 어디까지나 수동적인 존재이거나 스스로의 역사를 그르친 존재로밖에 그려질 수 없다. 당시의 왕정체제 아래서 모든 정사의 주역인 국왕조차도 이 책에서는 겨우 두 차례 정도 언급되었다. 제1기 중 '운양함 포격문제' 부분에서 박규수·오경석 등이 개항의 불가피성을 민규호(閔奎鎬)·이최응(李最應) 등을 통해 국왕 및 왕비에게 절실하게 간하여 「일한수호조약(日韓修好條約)」이 이루어지게 되었다고 한 것과, 1907년 헤이그특사사건으로 황제가 강제 퇴위당하게 된 것을 서술한 부분 등이다. 이런 식의 서술방식에서 조선 국왕은 결국 아무것도 하지 않은 존재로 곡해될 소지가 대단히 높다고 하지 않을 수 없다.

위 『소사』는 이와 같이 한국근대사라기보다도 한국을 병합시킨 일본의 영광의 역사를 서술한 책이다. 그런데 위에 제시한 것과 같은 큰 목차 아래 제시된 작은 목차를 보면, 오늘날 우리가 널리 사용하고 있는 근대사 체계의 줄기가 이에 시원하고 있는 감을 주는 데 놀라지 않을 수 없다. 물론 해방 후 새로 밝혀진 우리의 역사로 많은 부분이 대치되었지만, 뼈대의 근사성에 놀라움을 금할 수 없는 것이다. 엄밀히 말하면, 해방 후에 나온 역사책들이 택하고 있는 우리 근대사에 관한 서술체계가 기본적으로 강제병합 후에 일본 측이 제시한 것을 무의식적으로 그대로 사용하고 있는 것이다. 이에 대한 앞으로의 정밀한 고찰을 위해 다소 장황하나마 절 항목들을 제시하고자 한다.

■제1기 朝貢 및 鎖國시대
一千九百여 년래의 관계, 교만한 조선, 我國書의 거절, 征韓論의 발흥, 廟堂(일본정부 ; 필자)의 대격론, 雲揚艦 포격문제(明治 9년 수호조약), 수구파의 폭동(명치 15년의 조약), 三黨분립시대, 청국과 安南사건, 김옥균의 난(명치 17년 甲申의 變), 京城事變의 담판(명치 18년의 조약), 天津條約, 袁世凱의 득의(附 방곡사건), 김옥균의 암살

■제2기 日淸戰役時代
동학당의 봉기, 日淸 양국의 출병, 我國출병의 知照, 공동개혁의 제의, 開戰전의 日韓교섭, 日淸양국의 開戰, 日韓攻守동맹, 井上公使의 내정개혁, 閔妃 살해사건, 我國 외교의 一頓挫

■제3기 日露折衝時代
日露協商, 第二 日露協商, 日英同盟, 露國의 對韓策 변경, 露國의 龍巖浦 경영

■제4기 日露戰役時代
絶東問題 교섭시말(일본의 협상 제안), 露國의 대안, 일본의 확정수정안,

露國 제이의 대안, 日露 교섭단절, 日露開戰, 적대행위에 관한 露國의 불평, 日露講和

■ 제5기 顧問政治時代

우리의 朝鮮關係의 개조, 통신기관 위탁과 항해에 관한 約定, 日英 同盟 확정

■ 제6기 保護政治時代

통감정치의 개시(日韓協約), 해아평화회의 밀사사건(韓皇 양위), 新協約 성립, 한국 황태자 來學, 韓皇 巡幸, 간도 협약, 自餘의 약관 및 取極書

■ 제7기 韓國倂合

寺內統監의 부임, 경찰 위임과 헌병, 新日露協約, 한국병합 발표, 한국병합의 전말, 병합관계 諸法令, 병합과 정치가의 의견, 병합 후의 상태

(나)일본역사지리학회 편,『한국의 병합과 국사』도 일본의 한국병합을 찬양할 목적으로 편찬된 책이다. 이 책의 서문에 따르면, 일본역사지리학회는 1910년 강제병합 직후, 일선 교육자들에게 병합된 한국에 대한 지식을 넓힐 수 있는 기회를 제공하고자 동경제국대 기다 나다키치(喜田貞吉) 박사를 초빙해 '한국병합과 국사의 교육'이란 강연회를 연 다음, 같은 내용을 일반국민들에게도 알릴 필요가 있다고 판단해 그에게 원고 집필을 의뢰하게 되었다고 한다. 그의 원고와 함께 학회 요원들이 준비한「조선연혁사략」과「명치일한교섭사」 등을 합쳐 책을 꾸미게 되었다고 한다.[12] 여기서 한국근대사에 해당하는「명치일한교섭사」의 목차를 소개하면 다음과 같다.

(나)「明治日韓交渉史」

제1장 明治 초년 征韓論의 전말

위 목차는 (가)에 비하면, 외양적으로 일본 중심의 표현이 상대적으로 약화된 느낌을 주나 내용적으로는 거의 비슷한 체계이다. 이 점은 당시 일본 측이 한반도 진출사 서술의 기준을 따로 세우고 있었던 것이 아닌가 하는 짐작을 하게 한다. 위의 각 장들은 각각 수 개의 사항들로 구성되어 있는데, 그 가운데 한국 측의 내정에 해당하는 것들만 골라 옮기면 다음과 같다 (괄호 안의 숫자는 전체 항목들과의 비율을 표시한 것이다).

제1장 : 大院君의 쇄국정책 (1/12)

제2장 : 대원군권력의 소장과 對日방침의 변이 (1/6)

제3장 : 守舊 開化 양파의 爭, 수구당의 폭거(임오군란 ; 인용자) (2/6)

제4장 : 事大黨과 開進黨, 朴泳孝 사대당 領袖를 쓰러트리다, 개진당의 一日內閣 (3/8)

제5장 : 放穀令의 규정, 불법적인 방곡령의 발포, 김옥균의 암살 (3/6)

제6장 : 지방관의 虐政과 인민의 怨嗟, 東學黨의 봉기, 閔妃의 隱謀와 親日黨의 폭거, 친일당의 세력의 실추 (4/16)

제7장 : 朝鮮王 還宮, 朝鮮 獨立國의 體面을 갖추다. (2/10)

제8장 : 一進會의 조직, 海牙 密使事件, 韓國軍隊解散 (3/10)

제9장 : 一進會 合邦의 議를 獻하다, 舊韓國皇帝의 告諭 (2/11)

위의 정리에 의하면, 한국 내정에 관한 항목들은 총 85항 가운데 21항이다. 그러나 이것들도 순수히 한국 자체의 발전과 관련되는 것이 아니라 일본의 한국 진출과 관련이 깊은 것들이 대부분이다. 정치적인 면에서는 대원군 권력의 부침, 사대당과 개진당(開進黨 ; 개화파)의 대립, 민비의 동향 등에 많은 배려가 가해지고 있는 반면, 국왕에 관한 것은 거의 찾아볼 수 없다. 대원군과 민비, 사대당과 개진당의 대립을 이 시기 정치의 기본구도로 잡는 것은 이후 어느 책에서나 답습하는 것이 되는데, 이것이 되풀이되면 될수록 국왕은 무력한 존재로 전락할 수밖에 없다.

제7장에서 국왕의 러시아공사관으로부터의 환궁과 대한제국의 출범을 설정한 것은 앞 책에서 보지 못하던 것이다. 그러나 그 내용은 거의 형식적인 서술에 불과하다. 제8, 9장의 것들은 헤이그밀사사건 하나를 제외하고는 그들 자신이 단행한 것(군대해산), 사주해서 만든 것(일진회), 합방에 이르는 절차 등에 관한 것들이다. (가)에 비해 한국 내정에 관한 사항들은 더 늘었지만, 내정의 책임자인 조선 국왕에 대한 인식은 더 부정적인 것으로 만들었다.

1912년에는 두 종의 책이 더 출판되었다. (다)하야시(林泰輔)의 『조선통사』(東京 富山山房), (라)아오야기(靑柳綱太郎)의 『이조오백년사』(조선연구회) 등이 바로 그것들이다. (다)의 저자는 1892년에 중고기(中古期 ; 고려시대)까지 다룬 『조선사』(漢籍 장정 5책), 1902년에 『조선근세사』(2책)를 저술한 적이 있다. 그런 그에게 출판사에서 1910년 병합 공포 직후에 통사를 쓸 것을 종용해 이를 수정, 보충하여 이 책을 내게 되었다고 한다(自序). 이 중 고종시

대에 해당하는 것을 중심으로 목차를 소개하면 다음과 같다(제1장~제12장
까지는 章名만 옮김).

제2절 日韓協約 및 통감부 설치

제3절 韓皇의 양위 및 日韓의 병합

위 목차에서 보듯이 이 책은 한국역사 전체를 대상으로 하였다. 전부터 한국역사를 공부한 사람이기 때문에 통사 서술이 가능했다. 그러나 조선 내정의 역사에 대한 이해와 설명의 기본구도는 앞의 책들과 다름이 없다. 외척의 발호를 고질적인 정치전통의 배경으로 삼는 한편, 고종 당대에서는 대원군과 왕후의 대립관계를 부각시키고, 일본을 통한 개화·독립을 추구한 김옥균의 희생을 강조하였다. 구체적인 서술에서 국왕의 능동성을 인정하는 듯한 대목으로 1881년 근위병제도로 무위영·장어영 등 2영을 두고, 일본 육군중위 호리모토(堀本禮造)를 초빙하고, 김옥균·서광범 등을 일본에 보내 "크게 문물제도의 개혁을 행하였다"고 한 부분이 고작인데, 이에 대한 배경 설명에서는 "전적으로 일본 배척의 두령 대원군이 민씨와의 알력에 의해 그 세력을 실추했기 때문이었다"고만 설명하였다. 이 책은 1891년 청나라의 리홍장이 조선국왕에게 세자에게 양위를 강권하는 서신을 보낸 사실을 특별히 언급하기도 했는데, 이것은 청나라가 조선에 대해 속방화정책을 강요한 것에 대해 조선 국왕이 계속 거부, 저항하자 이에 대한 압력으로 행사된 것에 불과하다. 그런데도 저자는 조일수호조규 이래 조선의 독립을 인정하는 뜻을 표명해온 일본의 "선의(善意)"와 대비시키는 대상으로만 이용하였다(563면).

임오군란에 대해서는, 왕비의 "교사(驕奢) 음일(淫泆 ; 마음껏 음탕하게 노는 것)"과 민씨일족의 탐학으로 많은 사람들이 다시 대원군을 갈망하여 일어난 것이라고 서술하는 한편, 조정의 신하들은 은연중에 분열하여 외척 왕족 혹은 벌열을 막론하고 모두 사대당·독립당의 둘로 나누어졌다고 하여

정치의 분쟁적 양상을 크게 부각시켰다. 그러면서도 친일적인 독립당을 적
극 두둔하였다. 한국 정치사에 대한 이러한 지나친 대립적 파악은 김옥균
의 피살과 "동학당 내란"이 동시적으로 일어난 것이 우연이 아니라는 설명
까지 자아냈다. 즉 양자는 본래 관계가 없는 것이지만, 김옥균은 민씨가 싫
어해 살해되고, 동학당은 민씨의 전횡에 분개하여 일어난 것이므로 그 유
래가 우연이 아닐 것이라고 하였다(565면).

일본인들의 한국근대사 서술태도는 위의 몇 예에서 볼 때 서로 합의를
본 듯한 느낌이 들 정도로 강조하는 것이 서로 일치한다. 어느 책이든, 정
치적으로 왕의 역할·존재는 거의 사라지고 대원군과 민비, 사대당과 독립
당의 대립·갈등이 부각되었다. 국왕에 관한 서술의 부재는 그것으로 끝나
는 것이 아니라, 그 빈자리를 왕비의 교만·방자로 채워졌다. 심지어 교만
방자한 왕비는 마치 김옥균 살해의 사주자처럼 그려지기도 하였다. 그들의
이러한 서술구도는 뒷날 왕후 자신이 시해된 것도 이유가 없지 않다는 인
식을 심어주려는 의도를 가지고 있는 듯한 느낌을 강하게 준다.

저자는 제15장 중 「한황(韓皇)의 양위 및 일한의 병합」 부분에서 고종황
제를 최종적으로 다음과 같이 평가하였다.

대저 태황제는 재위 43년의 오랜 기간에 걸쳤음에도, 국가 다난의 때에 당
하여, 안으로는 국정을 다스리고 밖으로는 강린(強隣)과 교류함에, 모두 성실
로써 할 줄을 모르고, 헛되이 술책만 부려 요행으로 그때그때를 넘어가려고
하였다. 이 때문에 국세는 점점 위축 부진하여 끝내 덕수궁에 은퇴하지 않을
수 없게 되었으니 어찌 슬프지 않으랴(598면).

여기서 고종황제가 정치를 성실로써 하지 못하고 술책으로만 하려 했다

는 것은 곧 1907년『한국정미정변사』의 암군설의 자취를 느끼게 하는 표현이다. 그러나 이제는 "암군" "암우" 등의 표현은 직접 쓰지 않고 그의 정치행위의 결점만을 강조하는 것으로 바뀌었다. 이런 가운데 대원군·민비의 비중만 강조한다면 그는 결국 무능한 군주로 비칠 수밖에 없다.

아오야기의 『이조오백년사』는 조선시대사만을 전적으로 다룬 책이다. 말하자면 이것은 서양식 역사서술의 최초의 조선시대사인 셈이다. 서문과 그 다음에 게재된 세평(世評)에 따르면 저자는 오사카『매일신문(每日新聞)』 통신원으로 한국에 온 뒤, 1909년에 통감부 재무관을 거쳐 궁내부 도서기록 사무에 종사하면서 '이조사(李朝史) 편찬의 업'에 종사하고 병합 후는 조선연구회를 만들어 저술에 종사하였다고 한다. 그리고 1912년부터는 서울의 『경성신문(京城新聞)』 사장으로 활약하였다. 이 책은 조선 26대 왕들의 역사 각 한 편씩과 고종 두 편, 총 27편으로 목차를 구성하여 정치사 중심으로 비교적 많은 내용을 다루었다. 제26편, 제27편의 「이태왕(전한국황제)의 조(朝)」도 무려 142쪽이나 된다. 그의 조선시대사 관점은 기본적으로 당파성론에 입각하고 있다. 서양이 18세기에 큰 발전을 보아 동점(東漸)의 기세를 보였다면, 조선은 "극단적인 붕당의 알력과 왕위쟁탈로서 세월을 보냈다(406면)"고 논급하고, 고종시대는 편년체인데도 국왕 고종에 대한 서술은 거의 없고 다음과 같이 민비와 대원군, 특히 전자에 크게 비중을 두고 파악하고 있다.

민비는 재조(才調) 풍려기략(豐麗機略)하여 처변이 종횡하고 외교의 수완이 진실로 고금의 군주에 탁월한지라, 그런즉 섭정왕의 정책과 민비의 정책과는 매사에 빙탄이 서로 불용하여 마침내 10여 년에 대원군이 창조한 성곽이 붕괴되고 대원군이 건립한 세력은 박멸되었다. 그리하여 민비의 일족은 외척으로서 궁정 내에 이미 뇌고(牢固)한 권세를 수립하였다. 최근의 반도사는 실로 이 두 영웅의 전기로서 허다한 사변, 허다한 사업은 두 영웅의 야심 발동에 따른 혈투사이다(409면).

1910년대에 나온 위와 같은 몇 개의 역사서들로서도 고종 암군설은 암약설로 쉽게 바뀔 수 있었다고 여겨진다. 한국근대사에 대한 일본인들의 편술 태도는 그 후에도 그대로 유지되었다. 오다(小田省吾)의 『조선소사』(1931, 재단법인 魯庵記念財團 간행)는 저자의 지위로 보아 이후 대중적 영향력이 가장 큰 것 가운데 하나가 되었을 것으로 짐작된다. 저자는 3·1운동 후 일본이 문화정치를 표방하는 가운데 경성제국대학 설립 추진과 관련해 조선총독부 학무국의 시학관(施學官)으로 부임하였다가 경성제국대학 교수로 취임하였다. 그의 『조선소사』는 곧 경성제국대학 조선사 전공 교수로서 낸 한국사 개설 책인 셈이다. 이 책은 상세(上世 ; 1. 古朝鮮과 四郡~6. 新羅의 쇠망), 중세(中世 ; 1. 高麗의 創業과 盛時~4. 高麗의 末路), 근세(近世 ; 1. 朝鮮의 창업~7. 文武 復興과 世道政治)에 이어 최근세(最近世)의 편목에서 고종시대를 다루었다. 그러나 그 내용은 다음과 같은 목차 아래 9면에 그치는 대단히 소략한 것이었다.

1. 大院君의 정치(대원군, 내정의 개혁, 쇄국, 개화파와 수구파, 갑오의 혁신)
2. 日韓의 倂合(大韓帝國의 건설, 통감부의 설치, 일한병합조약)
3. 總督政治(총독부의 설치, 총독정치의 발전)

『소사』의 최근세사 서술은 대단히 소략하지만 그들이 고종시대를 보는 기본관점이 부각된 점은 주목할 필요가 있다. 이 책은 민비와 그 세력에 관해 대원군과의 대립을 강조하는 것에서 한 걸음 더 나아가 민씨일족의 세도 시대(世道時代)라는 용어를 사용하는 새로운 변화를 보이고 있다(98면). 다른 한편 대한제국에 대해서는 별도의 항목을 설정했지만 그 내용은 삼국간섭, 을미정변, 아관파천, 경운궁 환궁, 제국으로의 출범 등 경위를 간단히 밝히는 것에 그쳤다. 민비의 비중을 높이려는 편술 태도가 한층 두드러진다.

오다의 『소사』는 1937년에 증정판으로 재판되었다(『增訂朝鮮小史』, 京城 大阪屋號書店). 각 시대별로 한두 절씩의 증보 및 내용 개정이 가해졌다. 최근세 이후 부분의 달라진 목차를 표시하면 다음과 같다(고딕 부분이 새로 된 것).

■ 最近世

  1. 大院君의 정치(대원군, 내정의 개혁, 쇄국, 대원군 은퇴)

  2. 민씨의 世道(일본과의 國交 一變, 개화파와 수구파, 壬午의 政變, 甲申의 政變, 日淸戰役과 형세 一變)

  3. 事大主義의 몰락(甲午革新, 日鮮盟約, 洪範宣言)

  4. 露國의 활약(露國의 야심, 일본당과 러시아당, 정변후의 諸政, 國王의 귀환과 대한제국의 건설, 노국의 동아정책 일변)

  5. 日韓關係의 進展(日韓議定書, 統監府의 설치, 兩皇室의 친선, 新政)

  6. 日韓의 併合(日韓併合條約, 王公家의 예우, 귀족령 및 恩賜救恤)

■ 現代의 朝鮮

  1. 朝鮮總督府 및 地方制度(朝鮮總督府의 설치, 총독부의 조직, 지방제도, 지방 자치제도)

  2. 총독정치의 발전 其一(개설, 구분)

  3. 총독정치의 발전 其二(第一期 寺內총독시대, 第二期 長谷川총독시대)

증보판에 따르면 최근세·현대 부분은 대폭적으로 달라졌다. 원본의 최근세 부분이 9면에 불과한 취약점을 만회하려 한 것이다. 증보된 내용은 대부분 일본의 조선 진출을 합리화하는 데 유리한 것, 진출 및 병합의 과정, 통치의 성과 등을 선전하는 데 목적을 둔 것들이다. 조선 내정에 관해서는 「민씨의 세도」를 절로 신설한 것이 가장 큰 변화이다.

오다의 『소사』는 그의 지위로 보아 당시 조선사 개설의 기준적인 역할을 했으리라고 짐작된다. 이 책이 취한 긴요한 내용 정리방식은 앞의 다른 책들이 기했던 한국근대사의 명암을 더욱 부각시키는 결과를 가져왔을 것이다. 어떻든 이런 형태로 지식인·대중들에게 전달된 고종시대의 조선 내정은 대원군과 민왕후가 정사를 좌지우지하고 왕은 아무것도 하지 못한 무능한 존재로 비쳐질 수밖에 없었다. 1907년 『한국정미정변사』 당시 일본에게 버거운 존재였던 고종황제는 그 역할의 매장으로 무능한 존재로 바뀌어져 가고 있었다.

한국근대사에서의 군주 고종의 실종은 그의 시대에 대한 전문적이고 구체적인 연구가 진행되기 시작하면서 다른 국면에 접어들었다. 전후관계를 분명히 밝혀야 하는 전문적인 연구서에서 군주의 존재를 이유 없이 오랫동안 빼놓을 수는 없었다. 국왕의 무능은 이제 구체적으로 언급되어야 하는 상황이 되었다. 1940년에 나온 다보하시(田保橋潔)의 『근대일선관계의 연구』상·하(조선총독부 중추원)가 그 대표적인 예이다. 조선의 개항 전후에서부터 청일전쟁까지를 다룬 이 책은 전례 없이 많은 사료들을 동원하여 총 2,000여 면에 달하는 방대한 저술로 출간되어 당시로서는 어느 책도 누리지 못한 권위를 획득했다. 그러나 그 내용이 상세한 만큼 한국근대사의 왜곡을 더욱 심화시켜 놓았다.

저자는 국왕 고종에 대한 평가를 책의 머리(제1장 근대조선의 政情, 제1 척족 세도정치의 발달)에서 미리 분명히 했다. 저자는 조선의 당론을 고유한 사회제도라고 전제하면서 이를 배경으로 19세기 초 이래 왕이 일찍 죽으면서 척족정치 곧 세도정치가 발달하게 되었다고 하면서 고종시대도 그 연장으로 보았다. 고종이 12세에 즉위하여 시작된 대원군 정치도 일종의 세도정치로서 척족 세도정치에 못지 않은 폐단을 낳은 것으로 파악하였고, 대원군이 실각한 뒤에는 왕비가 나서서 민씨 척족 세도정치가 계속되어 고종은 이전의 왕들과 마찬가지로 무력한 존재일 수밖에 없었다는 이해체계를 제시했다. 고종시대 정치에 대한 이러한 그의 설명 틀은 1910년 이래의 개설서들의 주장을 계승, 강화한 것으로서, 전문서로서 그 합당한 근거를 제시하려고 애썼다. 맥락상 민왕후가 대원군에 이어 집정자가 될 만한 능력의 소지자란 것을 입증하는 것은 가장 중요한 문제였다. 그래서 저자는 왕후 간택 부분에서 민왕후를 "이후 30년간 국왕을 대신해 조선의 내치·외교를 지도하여 세계적으로 이름을 드날린 명성왕후 민씨 그 사람이다(26면)"라는 과장적 표현을 쓰기까지 하였다. 그리고 대원군의 실권 과정에 대해서도 왕후가 의도적으로 최익현(崔益鉉)을 매수해 대원군 탄핵상소를 올리게 한 것으로 설명하였다. 나아가 민씨에게 정권이 돌아간 상태의 국정에 대해서도 "정무는 판서 민승호(閔升鎬)가 이를 섭행하여, 왕비 민씨가 안에서 민승호를 지시하고, 국왕은 공수(拱手 ; 손을 맞잡고 아무것도 하지 않음−필자)하여 처분만 기다려 대원군 집정 당시와 큰 차이가 없었다"고 설명하였다(29면). 그는 고종시대의 정치운영의 실상을 이런 식으로 정립한 다음 이 시대의 정치의 주체를 표시할 때는 "국왕·왕비·척족"이라는 복합어를 줄곧 사용했다.

다보하시의 책은 일본의 한국 강점 말기에 늦게 나온 것이지만, 전문서란 특성 때문에 이전의 개설서류에 나타났던 규격화된 설명 틀에 대해 전거를 구체적으로 밝히는, 때늦은 해명성 임무를 수행해야 했다. 저자는 이를 위해 고종시대를 앞 시기와 마찬가지로 세도정치로 규정하는 범주 설정을 통해 이를 처리하고자 하였다. 이러한 처리 방향에서는 대원군이 안동김씨 세도정치를 타파한 역사적 사실은 가장 큰 장애였는데, 그는 이 난제를 대원군의 집정마저 세도정치와 다를 바 없는 것으로 왜곡하면서 넘어갔다. 그리고 대원군이 실각하는 과정에서 국왕이 실제로 취했던 능동적인 처사도 모두 왕비의 능란한 수완을 표출시킴으로써 묻어버렸다. 이러한 설명 틀은 국왕의 무능뿐만 아니라 왕비의 방자함을 인식시키는 일석이조의 효과를 노린 것이다. 이 설명체계에 따르면 국왕도 자격이 없을 뿐만 아니라 왕비도 국정을 그르친 원죄인의 하나가 된다. 이 책에서 왕비의 부정적 소행에 대한 지나친 강조는 그들이 저지른 왕비 시해가 이유 없지 않다는 것을 주지시키려는 의도가 있었다는 의심을 지울 수 없게 한다.

고종 암약설은 이상과 같이 1910년 8월 이후 일본인들이 낸 한국근대사 관련 책자들을 통해 조장된 것이다. 고종시대사와 고종에 대한 일본인들의 설명 구도는 8·15해방 후 한국인들이 쓴 역사책에 거의 그대로 답습되고 있다[13]는 데서 우리는 놀라움을 금할 수 없다. 고종시대사에 해당하는 부분에서는 한국인의 저항 부분이 삽입되었지만, 고종의 왕정이 대원군과 민비의 대립에 불과한 것이었다는 서술은 거의 모든 책들이 그대로 답습하였다. 서언에서 예시한 손진태의 『국사대요』뿐만 아니라 대부분의 개설 책들이 그렇다. 몇 가지 예를 더 들어보면 아래와 같다.

> (가) … 그러나 이 왕비 민씨가 비상히 정치에 흥미를 가진 분이어서 여러
> 가지 음모를 꾸며서 그 시아버님되는 대원군이 정권을 잡은 지 십 년
> 만에 마침내 이를 내놓지 않을 수 없게 만들고 남편 고종에게로 돌아온

정권을 자기가 대신 휘둘러서 민씨일파의 세력을 늘리매 이로부터 대원군과 그 며느님 민비와의 갈등이 여러 가지 변란을 자아냈다(김성칠, 『고쳐 쓴 조선역사』, 1948, 232면).

(나) 민후 이에 정부를 대개혁하여 대소 관원을 다 민후의 일파로 하고 모든 정사를 민후의 마음대로 하여 관직 선임도 대개 민후의 親批로 하여 大王은 尸位(옛날 제사 때 神位 대신으로 쓰던 童子의 자리)에 있을 뿐이오 閔族이 정권을 전집한지라. 대원군은 그를 심히 분히 녀기니라(장도빈, 『國史講義』, 國史院, 1955, 398면).

(다) 대원군이 물너가니 대왕은 柔弱한 중에 민후는 權變이 만혼지라 그럼으로 정권은 고만 민후에게 도라갔다. 민후 이에 정부를 대개혁하여 대소관원을 다 민후의 일파로 하고 모든 정사를 민후의 마음대로 하여 관직 선임도 대개 민후의 親批로 하여 大王은 尸位에 있을 뿐이오 閔族이 정권을 전집한지라. 대원군은 그를 심히 분히 녀기니라(장도빈, 「大韓歷史」, 『제7권 한국근세사』, 1960, 80면).

이상은 어디까지나 예로서, 다른 책들도 표현을 다소 달리 했어도 거의 비슷하였다. 해방 후 우리의 역사교육에서 고종시대사는 결국 일본의 침략주의의 역사 왜곡이 시정되지 않은 채 그대로 오늘에 이르고 있다. 고종황제 무능설은 곧 일본의 침략주의가 저지른 한국사 왜곡 작업 가운데 가장 핵심적인 것이었다.

5. 재평가의 길

고종황제와 그의 시대에 대한 일본 침략주의의 왜곡을 바로 잡는 길은 말할 것도 없이 사실(史實)대로 밝혀주는 것이다. 당시의 문헌자료가 전하는 고종과 그의 시대의 역사상이 알려진 것과는 다르다는 것은 당시의 신문들의 논조를 통해서도 쉽게 확인할 수 있다. 여기 그 한 예로 1896년 6월 20일자 『독닙신문』의 논설을 보기로 한다.

조선 인민이 독립이라 하는 것을 모르는 까닭에 외국 사람들이 조선을 업수이 여겨도 분한 줄을 모르고 조선 대군주 폐하께서 청국 님군(임금 ; 필자)에게 해마다 사신을 보내서 책력을 타오시며 공문에 청국 연호를 쓰고 조선 인민은 청국에 속한 사람들로 알면서도 몇백 년을 원수 갚을 생각은 아니하고 있었으니 그 약한 마음을 생각하면 엇지 불쌍한 인생들이 아니리요. 백성이 높아지랴면 나라히 높아져야 하는 법이요 나라와 백성이 높으려면 그 나라 님군이 남의 나라 님군과 동등이 되셔야 하난대, 조선 신민들은 말로는 님군께 충성이 있어야 한다고 하되 실상은 님군과 나라 사랑하는 마음이 자기의 몸 사랑하는 것만 못한 까닭에 몇백 년을 조선 대군주 폐하께서 청국 님군보다 낮은 위에 계셨으되 (중략) 삼 년 전까지 끌어오다가 하느님이 조선을 불쌍히 여기셔서 일본과 청국이 싸움이 된 까닭에 조선이 독립국이 되어 지금은 조선 대군주 폐하께서 세계 각국 제왕들과 동등이 되시고 그런 까닭에 조선 인민도 세계 각국 인민들과 동등이 되었는지라. 이 일을 비교하여 볼진대 (중략) 오백 년에 제일 되는 경사라 조선 대군주 폐하께서 즉위하신 이후로 애국애민하시는 성의가 열성조에 제일이시고 나라히 독립이 되어 남의 제왕과 동등이 되시려는 것은 곧 폐하의 직위만 높이시려는 것이 아니시라. 폐하의 직위를 높이셔야 신민들이 높아지는 것을 생각하심이라. 조선 인민이 되어 이러하신 성의를 아는 자는 그 님군을 위하여 목숨을 버려도 한이 없을 터이요 그 성을 받들어 점점 나라히 튼튼하여질 터이니 독립된 그 권리를 잃지 말고 권리가 더 늘어가고 견고하게 대군주 폐하를 도와 말씀을 하며 전국에 잇는 동포 형제들을 사랑하여 일을 행하는 것이 신민의 도리요 또 나라히 보존할터이라(고딕 ; 인용자). 근일에 들으니 모화관에 이왕 연주문(영은문 : 인용자) 있던 자리에다가 새로 문을 세우되 그 문 이름은 독립문이라 하고, 새로 문을 그 자리에다 세우는 뜻은 세계 만국에 조선이 아주 독립국이란 표를 보이자는 뜻이요 (중략) 만일 독립문이 필역이 되거드면 그날 조선 신민들이 외국 인민을 청하여 독립문 앞에서 크게 연설을 하고 세계에 조선이 독립국이요 조선인민들도 자기들의 나라를 사랑하고 대군주 폐하를 위하여 죽을 일이 잇으면 죽기를 두려워 아니 하는 것을 세계에 광고함이 좋을 듯하더라.

이 논설은 당시 신민들이 군주에 대해 많은 존숭심을 가지고 있었다는 것을 그대로 전해주고 있다. 군주가 암약, 무능하다면 결코 표시될 수 없는 충성심의 표현으로 가득하다. 2년 전인 1894년 일본이 동학농민군 진압을 구실로 조선에 출병한 후 국왕은 일본군에 의해 경복궁에 갇힌 상태에서 이른바 내정개혁안을 강요받았다. 왕실은 이러한 강압적 위기 상황을 타개하고자 러시아·미국 등과 접촉하였으나 일본은 왕비를 시해하는 극단적인 방법으로 보복을 가해 왔다. 국왕은 1896년 2월 러시아공사관측과 사전 협의를 거쳐 극적으로 러시아공사관으로 거처를 옮겼다. 일본의 강압을 벗어나는 길은 그것밖에 없었다. 1880년대에 조선의 자주성을 위협한 청국은 청일전쟁의 패배로 물러났고, 이제 삼국간섭을 배경으로 한 '아관파천'의 단행은 일본을 후퇴시킬 수 있었다. 국왕은 이를 계기로 나라를 명실상부한 독립국으로 출범시킬 준비를 갖추기 시작했다. 6월 20일자 논설은 그러한 새로운 출범을 앞에 두고 영은문 자리에 독립문을 세우기로 한 결정을 주제로 한 것이다. 독립문의 건립은 흔히 독립협회의 서재필이 주도한 것으로 알려지고 있으나 서재필 자신이 『독닙신문』 논설에서는 정부가 하는 일이라고 밝혔다.[14] 그것은 국왕 주도하에 진행된 제국(帝國)으로의 출범을 위한 황성(皇城) 만들기의 서울 도시개조사업의 일환이었던 것이다.[15] 이러한 명백한 사실도 1910년 이후의 개설서들이 개화당(독립당)과 독립협회의 활동을 강조하는 속에 묻혀져 버렸다.

고종황제와 그 시대의 역사의 진면목을 말해 줄 자료들은 많이 남아 있다. 당시의 신문들을 비롯해 『고종태황제실록』『일성록』『승정원일기』 등의 연대기들과 각종 관청문서들이 남아 있다. 『고종태황제실록』은 1925년부터 일본인들이 주도해 이루어진 것이지만, 일본의 침략과 직접 관계되는 부분 외에는 자료로서의 가치가 살아 남아 있다. 이를 『일성록』『승정원일기』 등과 함께 활용한다면 고종시대사의 원상회복이 불가능하지 않다. 사료에 근거한 재조명이 전혀 다른 역사상을 가져올 수 있다는 것은 『고종태황제실록』 편찬에 참가한 한 일본인의 경우를 통해서도 구체적으로 확인할 수 있다.

1895년 한성신문(『漢城新聞』) 기자로 왕후시해에도 가담한 적이 있는 기쿠치(菊池謙讓)란 이름의 한 일본 지식인은 『근대조선사』 상·하(1936, 1939, 鷄鳴社, 京城)를 통해 앞에서 살핀 일본인 저자들과는 상당히 다른 고종·고종시대사 인식을 보여주었다. 이 책의 '자서'에 따르면, 그는 1925년 경에 이미 근대조선사 편술의 뜻을 가지고 사이토(齋藤) 총독, 이마니시(今西龍) 박사 등에게 도움을 청한 바 있었는데, 이것이 이루어지기 전에 이왕직(李王職)으로부터 고종황제·순종황제 실록편찬위원을 위촉받아 1930년부터 1935년까지 사료수집의 임무를 수행하였고, 1935년 3월에 이 일을 끝내고 서재로 돌아와 자신이 당초에 뜻했던 근대사 편술의 작업으로 돌아가 2

년 만에 위 책 상권을 내고, 질병으로 수개월 쉰 다음에 다시 하권 집필에 들어가 3년 뒤에 완성하였다. 시간적으로 앞에서 살핀 다보하시의 『근대일선관계의 연구』에 바로 앞서는 성과로서, 그 분량도 상권 669면, 하권 584면, 도합 1253면에 달하여 당시로서는 방대한 것이었다. 『고종태황제실록』 편찬사업을 통해 많은 사료를 섭렵한 것이 이를 가능하게 했던 것으로 짐작된다. 단지 다보하시 책에 비해 참고한 사료들을 각주로 표시하지 않은 단점이 있었다. 서술의 형식은 어떻든 고종시대에 관한 광범한 사료의 섭렵 끝에 얻어진 그의 고종황제에 대한 인식은 앞의 다른 책들과는 전혀 다르다. 상권 「국왕의 친정」 중에서 그는 고종에 대해 다음과 같이 구체적이면서도 긍정적인 평가를 내렸다.

총명한 청년 국왕은 강의(剛毅) 과단에서는 그 아버지 대원군에 미치지 못하고, 관화중후(寬和重厚)는 그 형 이재면(李載冕)만 못하고, 仁慈純情은 그 할아버지 純祖에 떨어질지라도, 신하를 조종하고, 인심을 수람하고, 응대 접우에 관해서는 일찍이 청년시대부터 절묘를 극했으며, 제도문물의 고찰에 이르러서는 이씨왕조 26대 중 고종으로 제1등으로 한다. 이를 先考大王의 열에 대해서 그 비교를 구하면 世祖의 氣宇와 英祖의 性情을 겸한 역대에 드물게 보는 명군이었다. 불행히도 강대국이 포위한 사이에 처해 외교를 오로지 하여 내정의 통제는 잘 정하지 못하여, 그 치세 50년 간 몇 번이나 국제 당화에 휩쓸려 국세 점차 끝내 세울 수가 없게 되었음은 애석하다. 그 왕년 정권을 장악하여 스스로 국정을 행한 초기 3년간의 정치 성적을 연월에 따라 편술하여 친정의 일단을 얘기한다(상권, 485~486면).

인용문에서 고종황제가 총명한 자질을 타고났다고 한 것은 이전의 다른

[사진 3] 편복 차림의 고종, 익선관을 쓰고 있다. 한국사진사연구소 편, 『한국사진역사전』, 1998.

제1부 편견과 오류 비판

책에서 영매한 자질을 가지고 있었다는 것과 일치한다. 그리고 고종이 군주로서 신하를 조종하고 인심을 수렴하고, 새로운 제도 문물을 살피는 데서는 역대 어느 왕보다 뛰어났다고 한 것은 앞의 『코리안 레퍼지터리』의 논평과 비슷하다. 그는 군이 고종황제의 자질과 기국을 비교한다면 세조의 기국과 영조의 성정을 겸한 역대에 드물게 보는 명군(名君)이었다고 표현하기까지 하였다. 암군이 아니라 명군이라고 하였다. 단지 강대국들에게 포위된 시대 조건으로 내정의 통제보다 외교를 주로 하던 끝에 국제적인 당화에 휩쓸려 국세를 끝내 세우지 못하는 불운을 당하고 말았다는 것이다.

기쿠치의 평가는 1930년대 당시로서는 전혀 새로운 것이다. 오히려 이러한 평가가 당시 일본의 위정자·지식인들에게 어떻게 받아들여졌을까가 궁금할 정도이다. 이 책에도 한계가 없는 것은 아니지만, 이만한 내용으로 고종과 그 시대를 전달하고 있다는 것은 기대 이상이라고 하지 않을 수 없다. 1940년 다보하시의 『근대일선관계의 연구』가 조선총독부의 지원 아래 서둘러 출판된 것도 이 책을 의식한 조치는 아니었을까? 다보하시의 책은 앞에서 살폈듯이 일본인들의 전통적인 부정적 해석을 더 체계화하려는 성격이 두드러졌다. 기쿠치는 하권의 말미 부분의 '평양이궁조영(平壤離宮造營)'에 관해 다음과 같은 주목할 만한 사실을 『일성록』에 근거해 소개하고 있다. 즉 고종황제는 1902년 3월 한 신하의 건의를 받아들여 평양을 서경(西京)으로 선포하고 이궁을 조성하는 사업을 내탕금 50만 냥을 내려 추진하였는데, 이것은 러시아와 일본의 대립이 전쟁으로 발전할 경우에 대비한 시책이라고 설명하였다. 1903년 러·일의 대립이 더욱 격화되자 고종황제는 서경행궁의 완공을 독촉하여 그해 12월에 태극전(太極殿)과 중화전(重華殿)에 황제의 어진과 황태자의 예진(睿眞)을 봉안하는 식까지 올림으로써 일단락을 지웠다. 고종황제는 1903년 8월 15일에 러시아황제에게 비밀리에

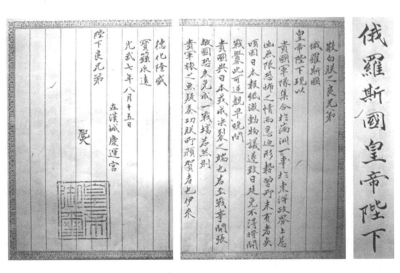

[그림 2] 고종황제가 1903년 8월 15일에 러시아 황제에게 비밀리에 보낸 친서. 오른쪽부터 제목과 첫 장, 끝 장.

친서를 보내 양국의 전쟁은 불가피한 것으로 보이며 전쟁이 일어났을 때 일본은 필시 경성을 기습 점령하여 아무런 조치도 취할 수 없는 상황이 될 것이므로 한국은 러시아와 미리 동맹국 관계를 수립해 둘 것을 희망한다는 뜻을 표시했다.[16] 황제의 서경 경영은 러일전쟁의 풍운에 대비해 유사시 황제가 서경으로 옮겨가서 여순·대련의 러시아군과 한국군이 공동전선을 펴는 전략 아래 이루어졌을 가능성이 대단히 높다. 이에 대해서는 앞으로 자세한 연구가 필요하지만, 1903년 10월 22일 어진·예진 봉안을 마치고 돌아온 의정 이근명(李根命) 일행의 다음과 같은 보고는 당시 대부분의 신민들이 황제의 정책에 대해 적극적인 성원을 보내고 있었던 것을 그대로 느끼게 한다.

제1부 편견과 오류 비판

저들은 태극전·중화전에 어진·예진을 봉안했습니다. 그때 모인 남북의 진신(縉紳) 유생 모두 배종한 자 수천, 사녀(士女) 운집하여 연도에 무리지어 와서 구경하는 자는 기만인으로 그 성대한 것이 서경에 전에 없던 광경이었습니다. 수 년 전에 이곳에 부임했을 때는 전쟁(청일전쟁을 가리킴 ; 인용자) 후 얼마 되지 않았기 때문에 방리촌려가 매우 쓸쓸하고 황량한 풍물이었는데 지금은 번다히 묘란, 융성한 사민(士民)들의 성한 기운이 아주 그럴듯하게 펼쳐졌습니다. 평양의 외성은 돌로 쌓았고 기자의 유적은 토성입니다(『일성록』, 광무 7년 10월 22일).

기쿠치는 하권의 마지막 절을 「한말의 문화」라고 하여 광무연간의 황제정이 근대화의 씨앗을 뿌린 것도 인정하여 다음과 같이 파격적으로 소개하였다.

한말 정부는 그 몇 년 간에 근대적 기구를 설정했다. 가령 철도행정청으로서 철도원(鐵道院)을 두고 교통행정에 신기관을 세우고, 개간·수리·창름 등의 신사업에 관해서는 수륜원(水輪院)을 두고, 방역과 일반위생에 대해서는 위생원(衛生院)을 설치하고, 사회사업으로서 혜민원(惠民院)을 설치하여 구휼을 담당하게 하고, 도량형을 통제하여 근대식으로 개량하기 위해 평식원(平式院)을 세워 도량형기를 제작하고, 불란서국으로부터 도기 기술자 레오볼드, 르미옹을 초빙해 궁내부 안에 그 제조소를 두는 등 한말 문화의 흔적은 많은 것이 결실을 보지 못하고 산멸했다.

일본의 강점하에서 일본인 학자가 대한제국 광무개혁기의 근대화사업을 인정했다는 것은 획기적인 것이다. 이것이 인정된다면 일본의 한국 강점하의 모든 "시정개선"은 명분을 잃는 부담을 안게 된다. 그러나 기쿠치의 소개는 여기서 더 나가지 않았으며, 다보하시의 저술로 그마저 비전문가의 견해로 더 이상 주목을 받지 못했다.

6. 맺음말

한국사에서 고종시대는 근대화가 시작되어야 하는 시점이었다. 따라서 이 시대를 어떻게 보느냐에 따라 한국 근현대사에 대한 인식의 방향은 아주 달라질 수 있다. 이 시대의 군주정에서 근대화의 가능성이 있거나 진행되었으면 일본의 36년간의 한국지배는 그것을 꺾은 불법강점이 되고, 그 반대라면 일본의 한국통치는 한국을 위한 것이었다는 주장이 설득력을 얻게 된다. 고종 암군설·암약설 등은 바로 후자의 논리를 세우기 위해 침략주의자들이 고의적으로 세운 것으로 확인되었다. 고종 암군설·암약설은 이처럼 일본 침략주의자들이 의도적으로 만든 것인데도 그간 한국근대사의 일반론으로 널리 퍼져 있었다. 그래서 일본 측의 식민지 근대화론을 반대하는 입장에서도 군주정을 중심으로 한 가능성은 구하기 어렵다는 선입견 때문에 민중·사회 단체에서 그 가능성을 찾는 경향이 강하였다. 이 제3의 관점은 그 나름으로 이 시대 연구에 기여한 것이 없지 않았지만, 근대화란 것은 본래 정부 측의 역할이 결여된 상태에서는 실현되기 어려운 것이므로 침략주의자들의 논리에 대항하기에는 불충분하다. 최근 식민지 근대화론이 새롭게 강화되고 있는 것도 반대 측의 이러한 틈새를 탄 것이라 하지 않을 수 없다.

고종황제 암군설·암약설에 대한 비판은 군주가 모든 가능성을 보여주었다거나, 그의 정부가 전체적으로 근대화에 매진하고 있었다는 것을 주장하려는 것은 아니다. 군주로서의 고종이 근대화에 큰 뜻을 가지고 있었던 것은 분명하다. 그러나 그는 이를 실현시키기 위해 필요한 관료제도를 장악하는 데 성공하지 못하였다. 특히 문벌의 배경을 가진 고급관료들을 장악하는 데 실패하였다. 여기에는 두 가지 원인이 상정될 수 있다. 하나는 노론 계통의 오랜 왕권 견제의 전통, 다른 하나는 청국·일본 등 외세의 작용이 조장한 관료집단의 분열이다. 후자가 전자의 약점을 파고든 경우도 많았을 것으로 예상된다. 어떻든 1880년대 청국의 속방화정책 아래서 문지(門地)가 있는 대신들은 쉽게 청국의 압력에 휩쓸렸는데, 대군주 고종은 청국의 압력을 거부하다 왕위까지 위협받는 상황에까지 처하여, 당초 근대화의 큰 뜻은 좌절되었다. 1890년대 중반 이후 일본이 진출한 이후에는 상황이 더 어려워졌다. 일본은 친일분자들로 내각을 구성하여 왕권을 무력화하고, 이에 저항하는 왕실에 대한 위협으로 왕비를 시해하는 만행을 저질렀다.

대군주 고종은 왕비가 시해되는 상황에까지 이른 위기를 러시아공사관으로 이주함으로써 간신히 벗어났다. 여기서 명실상부한 자주독립 국가로서의 대한제국을 출범시키면서 그는 새로운 황제정을 수행할 중심관부로서 궁내부와 원수부(元帥府)를 세웠다. 궁내부는 그 산하에 26개의 관서를 거느림으로써 단순한 황실 비서실의 규모를 훨씬 넘어섰다. 그 예하 관서들은 내장원·철도원·수륜원 등 각종 근대화사업을 담당하는 기구들이었다. 그것은 기존의 왕정수행기구였던 의정부·육조와는 전혀 다른 체계에서 세워진 관부들로서, 이러한 변통은 당시 황제의 뜻을 구체적으로 반영하는 것이었다. 황제는 근대화사업 수행에 기존의 관료조직과 관료군에 많은 문제가 있다는 것을 잘 알고 있었다. 당시 관료들은 신분적으로 신·구의 요소가 혼재하고 있었고 또 외세의 앞잡이가 된 자들과 그렇지 않은 자들이 섞여 있었다. 황제는 관료제 전체의 대개혁이 손쉽게 이루어질 수 없는 문제라는 인식 아래 기존의 의정부·육조를 그대로 두어 관료제가 기본적으로 돌아가게 하는 한편, 자수자강의 근대화사업에 필요한 인원들을 궁내부 소속 각사들에 모았던 것이다. 그리고 황성(皇城) 수비병력으로서 시위대를 먼저 정예화한 다음 징병제에 의한 육해군 창설을 목표로 원수부를 창설하여 황제가 태원수, 황태자가 원수가 되어 산하에 많은 장군·장교를 두었다.[17] 광무개혁은 바로 이러한 새로운 통치조직을 기반으로 성과를 올리고 있었다. 그러나 이러한 조직은 러일전쟁에서 승리를 거둔 일본에 의해 완전히 파괴되었다. 1904년 2월 개전과 함께 한반도를 군사적으로 강점한 일본은 전황이 그들에게 유리하게 전개되자 먼저 원수부 해체작업을 벌였고, 이어 궁내부를 축소시키면서 의정부를 내각으로 승격하여 친일분자들을 이에 배치하였다. 이러한 통치부 개편작업은 황제권을 약화시켜 일본의 개입을 용이하게 하는 것을 목적으로 하였던 것은 말할 것도 없다. 비슷한 방식은 청일전쟁 직후의 친일내각 구성에서 이미 한 차례 구사되었던 것이지만, 이번은 훨씬 더 강화된 상황이었다. 원수부·궁내부의 해체 그 다음 순서가 바로 황제의 강제 퇴위였고, 여기서 암군설이 처음 나왔던 것이다.

고종황제 암약설의 기원인 암군설은 이상과 같이 단순한 개인 인물평이 아니라 한 나라의 주권 해체의 명분으로 내세워진 것으로, 그 이면에 고종시대의 통치제도와 그 정치적 목표에 대한 파괴작업이 숨겨져 있다. 여기에 뒤늦게나마 고종시대사에 대한 전면적인 재점검을 서둘러야 할 이유가 있다.

『東北亞』 제5집(동북아문제연구소, 1997)

근대 한국은 과연 '은둔국'이었던가?

1. 머리말

근대 한국은 흔히 '은둔국(hermit nation)'으로 규정된다. 대원군 집권기(1863~1873)에 병인양요·신미양요 등 외세와 충돌한 사건들이 발생했으므로 이 기간에 한해서는 이 규정이 적절할 수 있다. 그러나 이 시기를 벗어나서도 은둔국이란 딱지는 떨어지지 않는다. 1876년 조일수호조규(朝日修好條規), 1882년 조미수호통상조약, 1883년 조영수호통상조약 등 각국과의 수교 통상이 시작된 후에도 은둔국이란 규정은 철회되지 않는다. 1910년에 일본에게 나라가 병합되었을 때는 은둔과 쇄국 때문에 이렇게 병합되는 지경에 이를 수밖에 없었다는 해석이 붙기까지 하였다. 이런 인식 아래 한국근대사는 곧 자력 근대화에 실패한 역사로 평가되었다.

한국인들은 지금도 국제적으로 어떤 큰 시련을 겪게 되면 '실패한 근대'를 들먹인다. 누군가의 잘못을 탓하거나 또는 경각심을 불러일으키는 뜻에서 이 시기의 역사를 거론한다. 이번 IMF사태 초기에도 예외가 아니었다.

잘못된 역사를 반성하는 것은 결코 잘못된 행위가 아니다. 그러나 사실을 잘못 안 것에서 교훈을 구한다면, 그것은 자해행위에 가까운 것이 될 수 있다. 현대 한국인들은 수없이 '실패한 근대'의 역사를 반성이란 이름으로 도마 위에 올렸지만, 반성의 효과를 별로 얻은 것 같지 않고, 국제적 대응력이나 외교적 감각이 조금도 나아진 것 같지 않다. 한국이 IMF사태를 맞은 것도 궁극적으로는 국제사회에 대한 무지, 국제적 대응력의 부족이 원인이었다고 해도 좋은 면이 많다.

근대 한국의 역사는 패망으로 귀결되었다. 그러나 그 패망이 전적으로 한국인들의 무능에서 비롯되었는지는 엄밀하게 따져볼 필요가 있다. 무능이 원인으로 규정되는 역사는 사실 진정한 반성의 대상은 아니다. 어디까지나 그것은 버려야 할 대상이다. 반성의 대상이 되려면 최소한 이렇게 노력했는데 무엇이 부족했다는 것과 같은 분석이 가능해야 한다. 그러나 은둔론은 당시 한국인들의 어떤 노력이나 성과도 인정하려 하지 않는다. 현대 한국인들의 국제적 대응력이 신장되지 않는 것은 이런 부정적 역사인식에서 비롯하는 것은 아닐까? 이 글은 '실패한 근대'라는 인식을 가져온 '은둔국 한국'이란 규정이 어떻게 생성된 것인지를 검토하기 위하여 쓰여졌으며, 그 목적은 물론 미래 한국인들의 국제적 대응력을 신장하는 데 있다.

2. 윌리엄 그리피스의 『한국, 그 은둔의 나라』

한국이 은둔국이었다는 인식에 가장 큰 영향을 미친 것으로 윌리엄 엘리엇 그리피스(William Elliot Griffis)의 『한국, 그 은둔의 나라(Corea The Hermit Nation)』를 들지 않을 수 없다. 은둔국이란 단어를 책 이름으로 직접 썼으므로 이보다 더 직접적인 것이 있을 수 없다. 이 책은 1882년 10월 미국 뉴욕시의 에이엠에스 출판사(AMS Press)에서 초판이 나왔고, 1906년 8쇄, 1911년 9쇄로 증보판을 냈을 정도로 많은 독자를 가졌다. 저자는 제8쇄 서문에서 그 사이 책이 팔린 상황에 대해 다음과 같이 말했다. 즉 "지난 24년간, 이 책은 대중적인 인기를 누렸을 뿐만 아니라, 유럽과 아메리카에서 많은 작가와 학생들에게 활용되었고, 한국에서까지 선교사들과 새로운 방문자들이 읽을 수 있는 최초의 일반적인 지식(general information)을 제공하는 책으로 역할하였다"라고 하였다. 그러나 이 책이 과연 얼마나 한국의 사정을 알고 썼는가는 아직 한 번도 검증되지 않았다.

저자 윌리엄 엘리엇 그리피스(1843~1928)는 필라델피아 출생으로 1869년 미국 루처스(Rutgers)대학 이학과(理學科)를 졸업한 후 1870년 12월 미국 개혁파 교회의 선교사로 일본 후쿠이의 번교(藩校) 명신관(明新館)에 와서 교사가 되었다.[1] 번주 마쓰다이라 슌아쿠(松平春岳)의 스승이었던 요코이 슈난(橫井小楠)의 조카들(左平太·太平 형제)이 루처스대학에 유학한 인연으로 후쿠이 번교에 오게 된 것이다.[2] 이곳에서 그는 이학·화학·생물학 등을 가르쳤다. 그러나 이곳 생활은 폐번치현(廢藩置縣 ; 1871년 7월 18일)으로 끝내고 1872년 메이지 유신정부에 고용되어 후쿠이를 떠나 도쿄로 가서 도쿄大學의 전신인 난코(南校)에서 이학·화학을 가르쳤다. 1874년 2~7월간에는 가이세이(開成)학교 화학교수로서 화학학과 창설에 노력하였고, 이 무렵 메이지 천황을 몇 차례 배알하였다고 한다. 그는 1874년 7월, 4년간의 일본생활을 끝내고 미국으로 돌아가 뉴욕의 유니온신학교에 입학하였다. 이후 그는 교직자로 활동하면서 일본에 관한 많은 글들을 쓰면서 한국에 대한 글도 간간이 출간했다.

그리피스는 『한국, 그 은둔의 나라』의 초판 서문에서 이 책을 쓴 동기를 다음과 같이 밝혔다.

 1871년, 일본 에치현 후쿠이에서 사는 동안에 나는 일본과 한국을 가로지르는 바다가 있는 쓰루가와 미쿠니에서 며칠을 보냈다. 나는 이끼가 긴 중세 성벽 안-역사가 오래되었으나 당시 서양 과학과 어학 학교에 새로 기부되었다-에서 산보를 하면서 이런 생각이 들었다. 일본은 한때 은둔했지만 나라의 문을 열고 세계의 시장 속에 뚫고 들어왔는데 왜 한국은 봉쇄를 하고 의문 속에 싸여 있는가? 언제 한국은 깨어날 것인가? 한 다이아몬드가 다른 다이아몬드를 자르듯이 일본이 조선을 개방시켜도 좋지 않은가?

 위 인용문에 의하면, 그는 1871년 후쿠이에 있을 때 이미 한국에 대해 관심을 가지게 되었다. 그는 이때 한국과 바다를 격해 있는 지방인 쓰루가와 미쿠니에서 며칠을 보내면서 그 바닷가에서 "왜 한국은 봉쇄를 하고 의문 속에 싸여 있는가? 언제 한국은 깨어날 것인가?"를 스스로 묻고 있었다. 그가 한국에 관한 최초의 책으로 이 책을 출판한 것은 그때로부터 11년 뒤였다. 그는 한국을 직접 방문하지 않은 상태에서 520여 면에 달하는 한국에 관한 저술을 냈던 것이다.

 그런데 그의 한국에 관한 관심과 저술은 어디까지나 일본과의 관계 내지 비교에 목적을 둔 것이었다. 초판 서문에서 그는 이 점에 대해 "일본의 역사와 옛문화(antiquities)에 관한 연구에서 기쁨과 매력을 느끼면서 나는 그것이 이웃나라에 빛을 비추고 있는 것을 발견하였다. 나는 고국에 돌아와서 마지막 은둔국의 얘기에 관한 자료를 찾는 일을 계속했다"라고 밝혔다. 그리피스는 1876년에 일본의 역사와 문화에 관한 '대작'『천황의 제국(Mikado's Empire)』을 출판하였다. 이 출판 후 바로『한국, 그 은둔의 나라』의 집필에 들어갔던 것이다. 서문에서 이 책의 대부분이 1877년에서 1880년 사이에 집필되었다고 밝힌 것이 이 과정을 말해준다. 그는 한 번도 가보지 않은 한국에 관한 책을 쓰면서 존 로스(John Ross)의 『한국, 그 역사·풍속·습관(Corea, its History, Manners, and Customes)』(pp.440, Illustrations and maps, Paisley, 1880), 달레(Dallet)의 『한국교회사(Histoire d'Eglise de Corée)』 등으로부터 큰 도움을 받은 것을 서문에서 밝혔다. 특히 민속, 사회생활, 기독교에 관한 부분에서는 후자로부터 절대적인 도움을 받았다고 하였다. 한 번도 가보지 않은 나라에 대한 저술을 내면서 그는 여행자(Traveller)와 편찬자(Compiler)의 차이를 다음과 같이 지적하면서 자신을 변론하였다. 즉 여행자는 그 나라의 한 시점의 모습밖에 보지 못하지만, 편찬자는 일반독자에게 훨씬 더 가치 있는 정보를 제공하는 핸드북을 만들어낼 수 있다고 자부하였다. 문제는 그리피스가 스스로 찬사를 보내고 있는 일본의 '성공'을 설명하기 위해 한 번도 가보지 않은 나라 한국을 비교의 대상으로 삼았다는 점이다.

그리피스의 일본관에 대해서는 그의 다른 한 저술인 『천황, 그 제도와 사람(The Mikado : Institution and Person)』을 일본어로 번역한 가메이 순수케(龜井俊介) 교수의 논평을 빌리는 것이 좋을 듯하다(주 2의 『ミカド』, 344~345면). 그리피스는 일본인이나 그들의 마음을 서양인의 합리주의를 가지고 측량하고 그 서양화 내지 근대화를 기뻐하는 입장이었다고 한다. 그는 일본의 근대화 성공에서 천황주의(Mikadoism)를 가장 중요시하였다. 그것이 곧 일본의 근대화의 중추를 이루었다고까지 평가하였다. 그러나 일본인들이 믿는 천황가에 관한 '만세일계(萬世一系)'의 이론은 정치적 허구이며, 그러한 허구가 아직 통용되고 있는 것은 일본인의 근대화의 놀라운 위업에도 불구하고 그 지적, 윤리적 유치함을 아직 충분히 벗어나지 못한 면이라고 비판하였다. 그가 높이 평가하는 것은 현 메이지 천황에게서 발휘되고 있듯이 전 인

민을 흡수하여 동적으로 발전적인 통일국가를 실현하는 정신의 구현으로서의 미카도이즘이었다.

그리피스는 어디까지나 서양문명에 대한 신뢰 아래 그리스도교의 신앙, 개인적 인격의 존중, 데모크라시에 대한 자신감 등에 입각하여 일본의 근대화에 도움을 준다는, 또 그 근대화를 이룬 일본인을 사랑한다는 입장이었다. 요컨대 그리피스는 당시 서양 지식인들 사이에 팽배한 모더니즘의 철저한 소유자였다. 메이지 유신정부가 서양화에 적극적으로 나서고 있는 것을 보고 모더니즘의 관점에서 일본을 찬미한 것이다. 그에게 서양문명 수용을 거부하거나 지체하고 있는 모든 나라는 은둔자였다. 일본도 본래는 은자의 나라였으나 페리 제독 이후 "문명의 길"로 들어섰으며, 중국과 조선은 아직도 이런 적극성을 보이지 않는 은둔국으로 간주했다.

이 책은 「고대와 중세의 역사(Ancient and Medieval History)」, 「한국의 정치와 사회(Political and Social Corea)」, 「근현대사(Modern and Recent History)」 세 부분으로 구성되었다. 제1부는 지리 1장, 고대사 7장, 고대 한일관계 1장, 고려와 대외관계 1장, 조선의 건국 1장, 일본의 조선 침략 9장, 서양인의 도래 1장 등 총 22장으로 구성되었는데, 대부분이 일본 및 외국과의 관계에 관한 것이다. 내용적으로 중국에 대한 식민지(한사군) 관계, 조공문제가 강조되고 일본인들이 일본 식민지라고 주장하는 임나일본부설을 받아들인 점으로 보아 그가 당시 일본 지식인들의 국수주의 역사관으로부터 많은 영향을 받았던 것을 알 수 있다. 그는 심지어 고구려·백제·신라에 대한 호칭을 일본식 발음으로 고라이·히악사이·시라라고 하였다.

제2부는 8도에 관한 소개 1장, 정치제도 4장, 사회생활과 풍속·종교·교육 11장 등 총 16장으로 구성되었지만, 달레의 『한국교회사』로부터 빌려온 부분이 많으므로 그의 주관에 대한 논평은 면밀한 분석을 기다려야 할

것 같다. 그러나 정치에서 전제주의(despotism)와 당쟁(parties strife)을 주목하거나, 전통문화와 신앙에 대해 "이교(異敎)·완고·미신의 땅(land of paganism, bigotry, and superstition)"이란 견해로 시종하여 철저한 모더니즘을 느끼게 한다. 제3부는 초판에서는 1784년 기독교의 전래에서 시작해 기독교 박해, 이에 대한 프랑스 해군의 원정, 한미관계와 미해군의 원정, 일본에 의한 개항, 그리고 1880년대 초의 서양국가들과의 수교까지를 10개 장에 걸쳐 서술했다.[3]

초판의 마지막 장인 제48장은 1882년에 일어난 일련의 사건들을 서술하고 미래를 예측했다. 이 해 4월의 미국과의 수교, 6월에 일어난 임오군란과 청군의 한반도 진주, 군란 중 일본이 입은 피해에 대한 배상 조약(제물포조약) 등을 다루었다. 그래서 장의 명칭을 "조약의 해(The year of the Treaties)"라고 붙이기까지 했다. 그러나 이처럼 은둔국을 끝내는 여러 가지 계기가 나타난 이 시기의 조선을 보는 그의 눈은 결코 긍정적이지 않았다. 그는 이 시기에 조선이 이제 은둔국을 끝내고 세계의 눈을 집중시키는 상황이 된 것은 인정하지만, 앞으로 이 나라에서 중국·일본·러시아의 쟁패가 벌어질 어두운 그림자를 예견할 뿐이다. 뿐더러 그는 일본의 한국에 대한 침략 의도에 대해서는 전혀 언급하지 않는 편향성을 보이기도 하였다. 그보다 "늙은 제국(the hoary empire ; 중국)"과 "젊은 북방의 거인(the young northern giant ; 러시아)"간의 싸움이 용과 곰의 싸움처럼 한국의 계곡에서 벌어질 것을 예상하였다. 이 싸움의 결과에 대한 언급도 한국 측에서 보면 냉혹하기 짝이 없다. 그는 '작은 왕국' 조선의 원상은 없어지지 않을 것이지만 한국에서의 우상숭배·고집불통·미신 등이 사라지고 예수교·과학·교육 그리고 인류애가 자리 잡을 수 있는 기회가 도래하는 계기가 되기를 기대하였다.[4]

그는 1906년에 제8쇄를 내면서 1882년 이후에 일어난 역사를 서술하기 위해 5개장(The Economic Condition of Corea, Internal Politics : Chinese and Japanese, The War of 1894 : Corea an Empire, Japan and Russia in Conflict, Corea a Japanese Protectorate)을 추가하였다. 1905년 11월에 일본이 한국을 보호국으로 만드는 사건을 계기로 내용 추가가 불가피하였던 것이다. 그는 그 사이의 세계정세 변동을 "세계정치의 중심이 대서양과 지중해에서 한국을 둘러싼 해양으로 옮겨졌다"라는 인식 아래 일본의 부상에 대해 다음과 같이 찬사를 보냈다.

서양과의 직접적인 접촉을 가진 지 반 세기도 안되어 일본이 근대국가로서의 지위를 갖추어 첫 번째로 중국을 굴복시키고 그 다음에 성공적으로 러시아와 맞붙기에 이른 흥기를 보인 것은 한국에 치명적으로 영향을 끼쳤다. 일본은 자신보다 자연자원면에서 엄청나게 큰 강국들과 한국의 독립을 대신해 두 번이나 전쟁을 치렀다. 지금의 제8쇄는 본문과 지도 양쪽에서, 일본이 만주와 일본해에서 군사적, 해양적 성공과 포츠마스에서의 뛰어난 외교적 승리의 신속한 논리적 결과뿐만 아니라 그 이상의 것을 보여줄 것이다. 그것은 한국이 외교관계에서 주권을 잃게 된 이유를 분명히 해 줄 것이다.

그는 일본이 한국을 둘러싸고 중국·러시아와의 경쟁에서 승리한 것은 일본이 은둔을 일찍 버리고 문명화에 나선 결실로 간주하려고 하였다. 반대로 한국이 일본에게 주권을 잃게 된 이유는 한국의 지도자들이 교육 대신에 음모, 국가 복리 대신에 계급 이익을 추구한 것에 있는 것이라고 지적하였다. 한국의 주권 상실은 곧 "음모적인 양반주의의 최종적인 실패"요, 세계 앞에서 도덕적인 심판을 받는 것이라고까지 가혹한 평가를 내렸다.

그리피스는 제9쇄에서 한국이 일본에 병합된 사실을 추가하면서 장의 명칭을 「한국 ; 일본의 섭리」라고 붙였다. 그리고 그는 "나는 이천만 인민의 희망이 새로운 정돈 아래 점차적으로 실현될 것을 조금도 의심하지 않는다"라고 하여 일본의 한국 지배를 완벽하게 합리화했다. 철저한 모더니즘의 소지자로서의 그리피스는 자신의 예상이 적중했다는 쾌감 때문인지 마침내 일본의 침략주의를 찬양하는 선에까지 도달하였다.

그리피스는 1874년 7월에 미국으로 귀국한 후 신학 공부와 교직자(목사) 생활을 계속하였다. 1884년 유니온대학으로부터 D.D(신학박사)학위, 1900년 모교 루처스대학으로부터 L.H.D학위를 받았으며, 1903년 목사직을 사직하였다. 이후에도 문필생활을 계속하여 1928년에 85세로 죽을 때까지 178종의 대소의 글들을 발표했다. 대부분이 일본에 관한 것이고, 한국에 관한 것은 9편이 확인된다.[5]

그는 1908년 일본정부로부터 훈4등욱일장(勳4等旭日章)을 받았다. 일본의 근대화를 긍정적으로 평가하고 스스로 이를 돕는다는 그의 평생의 노력에 대한 사례였다. 그는 1926년 12월에 83세로 일본을 다시 방문하였다. 뉴욕 은행에 근무한 아들의 권유와 시부야 에이찌(澁谷榮一) 등의 초청으로 이루어진 방문이었다. 이때 일본정부는 그에게 훈3등욱일장을 수여하고 6개월간 제국호텔에 체재토록 하는 환대를 베풀었다. 그는 이때 처음으로 한국을 방문하였다(1927). 그리고 그 여행은 "추억"의 후쿠이(4월), 쓰루가를 거쳐 국내를 일주하는 것으로 이어졌다. 1928년 2월 5일 미국 플로리다주 윈터파크 별장에서 85세로 죽었을 때 그는 『메이지천황어전(明治天皇御傳)』『신생일본』을 집필 중이었다고 한다.

그리피스의 『한국, 그 은둔의 나라』에 나타난 한국관은 결코 그만의 것이 아니었다. 이 책의 참고문헌 난에는 같은 시기에 비슷한 제목의 글들이 2개나 보인다. 『한국, 마지막 은둔국(Corea, the Last of the Hermit Nations)』(Sunday

Magazine, New York, May, 1878), 「한국, 은둔국("Corea, the Hermit Nation")」(Bulletin of the American Geographical Society, New York, 1881, No.3)이란 제목의 글들이 있다. 그리피스가 이런 글들에서 자신이 쓰고 있는 책의 제목을 얻었다는 것은 쉽게 추측할 수 있으며, 이는 바꾸어 말하면 한국이 마지막 은둔국이란 인식은 당시 서양인들 사이에 널리 퍼져 있었다는 것을 의미한다. 그의 책은 곧 이 모두를 대변하는 것이었다. 그는 초판 서문에서 여러 사람들로부터 한국은 "조가비(a sea-shell)에 불과하다"라든가, "한국이 어쨌단 말이냐?"든가 "한국이 세계 역사에 무슨 중요성이 있느냐?"란 질문을 받은 것을 소개하기도 했다.

3. 일본인들이 조장한 은둔국 이미지

근대 한국이 은둔국이란 인식은 일본인들에 의해서도 조장되었다. 그리피스의 글이 일본인들에게 얼마나 영향을 끼쳤는지는 검증되지 않았다. 일본에 관한 그의 대표 저술인 『천황의 제국』이 1913년까지 13쇄를 거듭한 사실로 볼 때 그 영향력은 결코 작게 평가할 수 없다. 더욱이 일본정부가 그에게 훈4등욱일장, 훈3등욱일장 등을 수여한 사실은 그의 일본관·동양관에 대해 일본정부가 얼마나 고마워했던가를 단적으로 보여준다. 그리피스의 『한국, 그 은둔의 나라』에 대한 일본인들의 관심의 직접적 산물로 한두 가지가 눈에 띄는 것이 있다.

일본 도쿄의 수이코샤(水交社)란 단체는 1895년 1월자로 『조선개화지기원(朝鮮開化之起源)』을 간행하였는데, 이것은 그리피스 책의 제3부를 초역한 것이다.[6] 그 서문에 의하면, "우리들이 듣지 못한 특이한 일과 진귀한 얘기

[異事珍談]가 아주 많아 조선개화의 기원을 검토하는 데는 근래 실로 얻기 어려운 한 자료라고 믿는다"는 취지에서 특히 사원들의 일독을 위해 간행한다고 하였다. 이보다 6년 뒤에 시노부 준페이(信夫淳平)가 저술한『한반도(韓半島)』(1901, 東京堂書店)에서도 그리피스 책에 대한 언급이 있다. 이 책에 붙인 한 추천의 글이 한국에 관한 서양인들의 대표적 저작의 하나로 그리피스의 책을 들었다. 저자의 서문에서도 "서양인의 반도(한국)에 관한 연구가 왕왕 가까운 이웃나라 사람들(한국인)을 능멸한 것이 있는 듯하다. 나는 본래 자격이 없지만 본편을 짓게 된 취지는 어느 정도 이쪽의 사정에 저촉된 것이 없지 않다"고 하여 그리피스 책을 참조한 것을 시사하였다. 이 책에는 실제로 그리피스 책으로부터 인용한 내용이 여럿 발견된다.

그리피스의『한국, 그 은둔의 나라』는 이상과 같이 그가 좋아한 일본의 지식인들에게 직접 영향을 끼쳤다. 반대로 그 자신이 일본 지식인들로부터 영향을 받은 것도 적지 않았다. 제1부의 역사편과 제2부의 정치·풍습 등의 부분이 특히 그러하다. 이 부문에 한해서는 그가 일본 외에 달리 접할 정보원이 없었기 때문에 일본 지식계로부터의 영향이 컸다고 하지 않을 수 없다. 그와 일본 지식인들은 서로 주고받는 관계였던 것이다.

일본인의 한국관은 에도(江戶)시대 국학에서부터 침략주의적 성향과 요소가 나타났다.[7] 에도시대 일본사회에는 도요토미 히데요시의 '조선정벌'이 소기의 성과를 거두지 못한 탓인지 조선에 대한 적개심이 서민들 사이에까지 널리 퍼졌다. 지식인들 사이에는 당초 조선의 문물을 선호, 흠모하는 경향이 나타났으나, 18세기에 이르면 국수주의적인 성향이 강한 국학이 등장하여 조선에 대한 일본 우월주의의 역사인식이 강성했다. 국학자들은 태고시대의 천황들의 조선지배에 관한 건국신화나 전설을 실제의 역사로 간주하여 조선에 대한 일본의 우월주의 의식을 키웠다. 일본의 신이나 천황들이 조선을 지배하였다거나, 조선의 왕이나 귀족이 일본에 복속했다는 기사를 아무런 비판 없이 그대로 사실(史實)처럼 옮겨 서민사회에 퍼지고 있던 조선에 대한 적개심·적대감에 영합하였다.

국학자들에 의해 조장된 일본 우월주의에 입각한 조선 인식은 개국 후 여러 가지 형태의 팽창주의로 발전하였다. 1785년에 하야시 시헤이(林子平)는『삼국통람도설(三國通覽圖說)』이란 책에서 조선이 류큐·아이누(蝦夷) 등과 함께 일본의 국방에 깊은 관계가 있다고 하면서 조선 연구의 긴급성을 강조하였다. 개항 후 서양세력에 대한 경계론자들은 이를 확대 해석하여 일본은 자체 방어를 위해 아시아 여러 나라들 특히 조선을 열강에 앞서 선취해야 한다는 이른바 조선공략론을 내놓았다. 일본이 살아남기 위해 조선을 공략해야 한다는 주장은 메이지유신 후 정한론으로서 일본 지식인들의 기본적인 한국관으로 자리 잡았다. 1873년에는 일단의 집권 관리들이 조정에서 조선 정벌을 공식적으로 거론하는 사건이 발생하였다. 그들은 반대파에 의해 실각하였지만, 반대론자들도 조선정벌 자체를 부정한 것은 아니었다. 시기와 방법, 주도권 문제에서 견해를 달리한 것일 뿐이었다.

메이지유신 초기의 일본의 모든 지식인·사회지도층은 정한론에 사로잡혀 있었다. 그러므로 논자에 따라서는 이를 대정한론이라고 분류하고, 1873년의 조정에서 제기된 정한론은 소정한론으로 구분한다. 이런 구분은 실제로 1900년대까지 유효하였다.[8] 1910년의 한국 병합은 대정한론의 완전한 실현으로서, 이로써 이 용어는 더 이상 필요치 않게 되었다. 그 대신 이후로는 일본의 정치 지도자들은 식민지 통치의 정당성 확보와 관련하여 시정개선 등의 한국에 대한 시혜론(施惠論)이라는 용어들을 앞세웠다. 이 새로운 추세 속에 대정한론은 은폐되고 소정한론만이 역사의 표면에 남았던 것이다.

1860~70년대의 정한론은 운양호(雲揚號)사건을 통해 조선의 문호를 개방시키는 성과를 거두었다. 그러나 임오군란으로 청나라 군대가 한반도에 들어온 후 한반도 정세는 일본에게 여러 모로 불리하게 돌아갔다. 그리하여 일본 내의 한반도 진출에 관한 논의도 한 걸음 후퇴하여 '연대'를 강조하는 쪽으로 바뀌었다. 아시아의 여러 나라들은 다같이 서구 열강의 침략 대상에 올라 있으므로 서로 연대를 해야 살아남을 수 있다는 주장이 등장하였다. 그러나 이에서도 일본이 그 지도자가 되어야 한다는 전제가 붙었다. 그들은 청국을 "완미 고루한 나라", 조선을 "동양 중 가장 완고한 나라"로 간주하고 일본이 그 개명을 유도하기 위해 내정간섭을 해야 하며, 경우에 따라서는 침략도 불사해야 한다는 주장을 감추지 못했다.

조선과의 합방을 주장하는 대동합방론이란 것도 등장하였다. 이것은 청국의 우세를 쉽게 꺾기 어려운 가운데 생성된 하나의 우회적인 정한론이었다. 일본과 조선이 대등한 입장에서 대동이라는 합방국을 만들어 청국과도 긴밀한 관계를 유지하면서 백인종의 구미열강, 특히 러시아의 아시아 침략에 대항하자는 것이었다. 주창자들은 그 내용을 조선·청국의 지식인들에게 알리기 위해 한문 책자까지 만들었다. 그러나 이 주장도 침략주의적 독선을 감추지 못하였다. 조선인들은 중국에 대한 오랜 사대관계로 자주정신을 결여하였고, 또 전제국으로 정치가 혼란하여 국민이 기력을 잃은 낙후한 증세를 보이고 있는데 반해, 일본은 세계에서 비교할 수 없는 국체(천황제를 뜻함), 빼어난 자연, 자주정신이 가득한 국민, 부강, 개명 등을 갖춘 실로 자랑스런 나라라고 스스로 높였다. 조선이 이런 일본과 가까워지면 그 기를 받아 크게 발전할 수 있을 것이므로 합방은 조선에도 큰 이익이 되고 은혜를 입는 것이라고 강변하였다. 이런 독선은 청일전쟁 승리 후 일본이 아시아의 맹주의 지위를 확보해야 한다는 논리로 발전하였다.

일본 지식인들에게는 청일전쟁 이전까지는 강렬한 정한론의 의지에도 불구하고 조선을 소개하는 이렇다 할 만한 저서들이 없었다. 운양호사건(1875), 강화도조약(1876), 임오군란(1882) 등 중요한 사건이 발생했을 때 이를 알리는 전단 성격의 소책자들은 많이 간행, 배포되었다. 『조선군기(朝鮮軍記)』(1875), 『조선사건(朝鮮事件)』(1876), 『조선처분찬론(朝鮮處分纂論)』(1882) 등이 그 예들로서, 이 소책자들은 민간에서 발행된 것인데도 대단히 선동적인 내용을 담았다. 정한론의 의식이 살아 있었기 때문이었다. 그러나 한국에 관한 본격적인 저술은 1890년대에 들어와 비로소 나타났다. 그것도 1894년 청일전쟁 전까지는 고대사 관계의 서적들이 나오는 데 그치고,[9] 1896년부터 당시대까지 다루는 책들이 비로소 나오기 시작했다. (1)기쿠치 겐죠(菊池謙讓)의 『조선왕국(朝鮮王國)』(1896, 民友社), (2)쓰네야 세이후쿠(恒屋盛服)의 『조선개화사(朝鮮開化史)』(東亞同文會, 1901), (3)시노부 준페이(信夫淳平)의 『한반도』(1901, 東京堂書店) 등 3책이 그 대표적인 것들이다.[10] (1)은 지리부(158면), 사회부(120면, 역사적 관점), 역사부(279면) 등 3부로 나누어 한국을 소개했다. 역사부에서는 중국 분국으로서의 기자조선·임나일본부설 등을 확인하고, 근대사로서 대원군의 쇄국·갑신정변·청일전쟁·을미사변 등 일본이 관계된 중요 사건들을 다루었다. 특히 청일전쟁에서 일본의 승리로 조선이 청으로부터 독립한 것을 강조하였다. 사회부에서는 조선이 부패와 타락으로 쇠망하기에 이르렀다는 것을 강조하였다. 심지어 고려시대 이래 1천년의 역사가 곧 패덕의 역사라고 폭언하기까지 하였다.

(2)도 지리편에서 임나일본부·기자조선 등의 식민지 역사를 확인하고, 인종편에서는 일본족과 조선족의 조상이 같다는 설을 적극 소개하였다. 그리고 문화편에서는 풍물 하나도 쇠망이 아닌 것이 없다고 하고, 인심은 시기와 의심, 거짓으로 가득 차고, 상하가 서로 속이기를 일삼으며, 적개심이

란 것은 하나도 남은 것이 없고 남에게 의뢰하는 것을 능사로 한다고 악평하였다. 그리고 근대에서 일본에 의한 개국으로 조선이 독립국의 위치에 설 수 있게 된 것은 큰 행운이었다는 것(316면), 청일전쟁의 목적은 조선의 독립을 심는 데 있었다는 것 등을 강조하였다. 일본에 의한 개국, 청일전쟁으로 조선이 제대로 독립하게 되었다는 것은 곧 한국근대사에 대한 일본 측의 정설로 자리를 잡게 되는데, 이 책에서 처음으로 그런 논지가 세워졌다. 그리고 "왜 신문명을 받아들이는 모습이 일본과 조선의 양국이 그렇게 다른가는 첫째로 그것을 수입하는 데 자동·타동의 차이가 있기 때문이다"라고 하였다. 이 자문자답은 그리피스의 생각을 그대로 연상시킨다.

(3)은 인문지리, 재정과 국제관계 등을 주로 다루었다. 주요 도시와 궁궐, 한국정부의 재정상태, 정부조직 등을 먼저 살폈는데, 그 대상 시기는 저술 당시에까지 미쳤다. 그리고 일본·청국·러시아 및 서양 각국 등과의 관계에 대한 서술도 당대에까지 미쳤지만, 한국정부의 속사정을 알지 못한 점, 그리고 일본·청국과의 관계보다 서양 각국과의 관계를 더 많이 소개한 점 등에 대해 양해를 구했다. 그런데도 일본 지식인 특유의 관점은 그대로 유지하였다. 일본과의 관계는 고대에서부터 시작하여 양국의 밀접한 관계를 언급하면서 그리피스가 "일본을 제외하고 조선의 역사를 말할 수 없는 것은 프랑스를 제외하고 영국의 중세사를 서술할 수 없는 것과 같다"고 한 말을 그대로 활용하였다(그리피스 51면, 시노부 382면). 그러면서 임나일본부설, 신공황후(神功皇后) 정한설(征韓說), 도요토미 히데요시의 조선정벌 등을 순차적으로 언급하여 텐진조약(天津條約)에까지 이르면서 "반도는 대체로 우리의 번속(藩屬)의 상태를 이루었다"는 결론을 내렸다. 즉 고대부터의 관계로 보면 신종(臣從)이 마땅한데 중도에 조공을 바치기도 하고 하지 않기도 하는 상태가 되었다는 것이다.

한편 청과의 관계도 부용적 관계의 소장을 중심으로 4시기로 나누었다. 즉 제1기(조선 인조~1866)는 명실상부한 부용기, 제2기(1866~1876)는 조선이 청의 연호를 사용해도 청나라가 스스로 열국에 대해 조선의 내정과 외교의 독립성을 인정한 시기, 제3기(1876~1882)는 일본이 조선을 독립국으로 간주하고 청의 세력이 상당히 후퇴한 시기, 제4기(1882~1894)는 임오군란 후 청군이 진주하여 청의 지배가 강화되어 다시 부용적 위치로 돌아간 시기라고 하였다. 조선과 청의 부용관계는 일본인들이 정한론의 입장에서 가장 신경을 썼던 문제였다. 일본이 조선을 침략할 때, 청나라가 조선을 속국이라고 하여 개입할 것을 우려했던 것이다. 이 책에서 이 문제를 다룬 것은 청일전쟁으로 일본이 그런 부용관계를 청산시켜 주었다는 것을 드러내기 위한 것이었다.

요컨대 이 책이 국제관계를 고찰하면서 한반도에 대한 일본의 연고권을 강조한 것은 한반도에 대한 일본의 지배권의 정당성을 주장하려는 의도에서였다. 저자는 통상관계에 대한 서술에서 "미개·반개화의 나라에 대해 토지의 점령을 객위(客位)로 하고 이익선(利益線)의 확장을 주위(主位)에 두는 것은 19세기부터 20세기에 걸쳐 열국경쟁상의 새로운 추세"라는 전제 아래, "지리상, 역사상, 장차의 교제상 말할 것 없이 특수한 관계를 가지고 있는 한반도에 대해 아방(我邦·일본)이 이익선을 확장하는 것은 당연한 권리이고 당연한 책임"이라고 하였다(662면).

위의 세 책에 나타난 한국관은 정한론 차원의 것이라고 할 수 있다. (3)의 저서가 나온 1902년 현재의 시점에서 한국은 아직 그들이 점령한 상태가 아니었다. 한국은 어디까지나 정한론에 따라 정복되어야 할 대상이었다. 그래서 고대 이래의 연고권을 주장하고, 청이 누리고 있는 현재의 연고권을 제거하기 위해 한국의 독립성에 대해 지대한 관심을 표명했던 것이다.

이러한 정한론적 차원의 한국관은 1904년의 러일전쟁의 승리를 계기로 크게 달라진다. 이 전쟁의 승리를 배경으로 1910년에 마침내 한국을 강제 병합하게 되면서 그간의 한국과의 관계사는 승자의 역사로서 새 옷이 입혀졌다. '한국병합'을 자축하는 뜻으로 나온 수많은 책 가운데 가장 먼저 나온 이케다 쓰네타로(池田常太郎, 秋旻) 편, 『일한합방소사(日韓合邦小史)』(1910년 9월 20일 발행, 東京 讀賣新聞日就社)의 경우, 다음과 같은 목차를 제시하였다.

제1기 朝貢及鎖國時代
제2기 日淸戰役時代
제3기 日露折衝時代
제4기 日露戰役時代
제5기 顧問政治時代
제6기 保護政治時代
제7기 韓國倂合

이 목차는 정한론적 한국관을 바탕에 깔고 일본이 한국의 독립과 보호를 위해 싸워온 것을 드러내려는 강력한 의도가 한눈에 띈다. 여기서 주목해야 할 것은 보호·병합의 대상이 된 한국이 이 과정에서 어떻게 대응하였는가 하는 점이다. 제1기의 세부 목차를 보면, 일본이 한국의 역사에 적극 개입하게 된 동기는 어디까지나 한국의 잘못에 있다고 하였다. 즉 메이지유신 후 일본이 조선과 새로운 국교관계를 요구했을 때, "교만한 조선"은 "우리의 국서(國書)를 거절"했으며, 그래서 정한론이 일어날 수밖에 없었고, 이어 운양함의 포격사건을 거쳐 수호조규로 처음 개국을 하게 되었다는 논지를 폈다. 정한론을 완전히 실현한 시점에서 그 정복과정 자체를 정당화, 미화하는 작업에서 "동양에서 가장 완고한 나라" 한국의 은둔성은 '병합'이란 값비싼 대가를 치른 역사적 오류로 규정되었던 것이다. 이『일한합방소사』를 뒤따라 나온 많은 책들도 대부분 이 책의 체제와 서술방식을 따랐다.

4. 매몰된 개방주의의 역사

그리피스와 일본의 지식인들은 19세기 중반 한국이 세계사의 대세인 개방화를 거부했고, 한국이 1910년에 일본에 병합된 것은 바로 그 대가였다는 인식체계를 세웠다. 한국의 국권 상실이란 엄연한 현실은 이런 역사인식 체계를 세우는 데 큰 힘이 되었다. 그럼에도 한국근대사의 실제적인 모습을 연구할 수 있는 여건을 제대로 확보하지 못한 한국으로서는 이 인식체계에 대하여 학문적으로 쉽게 도전하지 못했다. 그리하여 '은둔국 한국'은 사실을 그대로 반영한 표현으로 용인되었다. 그러나 이러한 인식체계를 만들어낸 저술들은 앞에서 살핀 것과 같이 처음부터 편견에서 출발하거나 합목적적 의도를 가진 것들이었으며, 일차사료에 근거한 연구서들도 아니었다. 그러므로 뒤늦게나마 일차사료를 통한 검증작업을 시급히 서둘러야 할 상황이다. 검증의 결과가 어떤 것이 되든 이렇게 중대한 문제를 그대로 방치한다는 것은 학문적으로 결코 용납될 수 없는 사항이다.

한국의 개국 문제에 대해서는 1970년대에 이미 주목할 만한 연구가 나와 있었다.[11] 이 연구는 1876년의 조일수호조규에서 1882년 조미수호통상조약에 이르기까지 한국이 일본과 미국을 상대로 관세율을 중심으로 국제적 평등성 확보를 위해 많은 노력을 기울인 결과, 조미수호통상조약에서 동양 최초로 관세 자주권을 규정할 수 있었던 것을 자세하게 밝혔다. 그리고 국왕의 리더십 아래 일단의 개명관료들의 피나는 노력으로 그 성과를 거둔 것도 소상하게 밝혔다. 그러나 한국근대사에 대한 오랜 부정적 편견은 이 성과를 거의 주목하지 못하게 만들었다. 이 연구성과는 분명히 종래의 오류를 씻어낼 수 있는 한 줄기 맑은 물줄기였으나 편견의 흙더미가 다시 그 물줄기를 두텁게 덮고 말았다. 한국근대사는 이 연구처럼 과거의 통념을 의심하면 전혀 다른 설명을 가능하게 하는 자료들을 쉽게 얻을 수 있는 상황이라고 해도 좋을 정도로 시각을 달리해 정리되어야 할 문제들이 수없이 많다. 이 글은 두어 가지 예를 들어 새로운 정리의 가능성을 확인하고자 한다.

먼저 대원군 시대부터 보기로 한다. 대원군 시대(1864~1873)의 대외관계는 다 알듯이 쇄국이란 단어 하나로 모든 것이 규정되었다. 쇄국이란 용어는 1801년 일본인 시쯔수키 다다오(志筑忠雄)가 독일 박물학자 엥겔버 켐퍼(Engelber Kaempfer)의『역사와 일본에 관한 서술(Geschichte und Beschreibung von Japan)』을 번역하면서, 일본이 자국인의 출국이나 외국인의 입국을 금지하는 것에 대해 서술한 부분의 표제를 쇄국론으로 번역한 것이 최초라고 한다. 그리고 이 용어를 한국사에 처음 적용해 사용한 것은 앞에 서술한 기쿠치 겐죠의『조선왕국』이었다.[12] 이 책의「대원군 집정」에서 대원군이 국방을 강화하고 강화도에 침입한 프랑스 해군과 싸운 것, 미국 해군과 충돌한 것 등에 이어 1872년 부산 왜관의 일본인들의 시위로 양국의 국교가 단절된 상황에 대한 서술에서 모든 책임을 조선 측에 돌려 쇄국시대란 표현을 썼다. 이 책에서 이렇게 쇄국이란 용어가 처음 사용된 후, 뒤이어 나온『조선개화사』『한반도』등도 이를 그대로 답습해 사용하였다. 요컨대 대원군이 국방력을 강화해서 밀려오는 외세를 거부한 것으로 파악하고 이를 쇄국정책으로 규정했던 것이다.

1866년의 프랑스 해군의 강화도 침입은 다 알듯이 조선정부의 천주교 탄압문제 때문이었다. 조선정부가 국법으로 프랑스 신부들과 신도들을 박해한 것에 대한 응징 목적으로 프랑스 극동분함대(division navale)가 강화도를 점령했던 것이다. 외국인의 시각에서는 조선정부의 천주교 금지 자체가 쇄국정책으로 간주될 수 있는 여지는 있다. 그러나 이 사건 바로 직후에 일어난 일본과의 국교 마찰은 전적으로 그 책임을 조선에 돌릴 수 없는 점이 많다. 주지하듯이 일본의 도쿠가와 바쿠후의 쇼군[將軍]은 1867년 말에 천황에게 통치권을 반납하여 천황의 왕정이 복구되었다. 신정부는 1868년 1월 15일에 각국 공사들에게도 이 사실을 알리고 모든 외교권을 접수하였다. 그러나 조선과의 외교만은 예외로 하여 이전과 같이 쓰시마한[對州藩]의 우두머리에게 신정부의 외무관련 직책을 부여하여 대행토록 하였다. 그리고 6월 28일에 조선정부에 왕정복고의 사실을 통고하기 위해 사절단[大修大差使]을 구성하였다. 그 사절단은 12월 19일에 동래에 도착하여 휴대한 외교문서의 등본을 먼저 조선 측에 전달하였다. 조선 측은 사절의 대표가 일방적으로 관직과 호칭을 바꾼 점, 조선이 준 도서(圖書) 대신 일본정부가 새로 만든 도장(圖章)을 사용한 점, 황제란 용어를 사용한 점 등을 문제로 삼아 접수하지 않았다. 주지하듯이 이 문제는 이후 6년간 한일 간의 외교적 현안으로 남게 되는데, 일본 측은 그 책임을 전적으로 조선 측에 돌려, 쇄국이니 은둔국이니 하는 말을 붙인 것이다.

조선의 대원군 정권이 일본의 새로운 국교 수립의 요청을 일차적으로 거절한 것은 사실이다. 그러나 거기에는 그만한 이유가 있었다. 첫째로, 일본 측의 교섭이 지나치게 일방적이었다. 왕정복고와 같은 큰 정치적 변혁이 있었다면, 마땅히 상대방에게 그 사실을 알리는 조치부터 먼저 취한 다음, 국체가 달라진 데 따른 외교의 형식과 절차에 관한 협의를 나누는 순서로 들어가는 것이 외교의 상식이다. 그런데 일본 측은 왕정복고의 사실을 알리는 일에서 변동된 국체에 준하는 외교형식을 적용하여 조선이 그것을 받아들이도록 요구하는 방식을 취했다. 이런 식의 처리를 조선이 순순히 받아들이기를 기대하는 것 자체가 일방적이라 하지 않을 수 없다. 둘째로 일본 측은 사절을 보내기 한두 해 앞서 조선이 일본에 대해 특별한 경계심을 가지지 않을 수 없는 상황을 만들어 놓고 있었다. 즉 메이지유신이 일어나기 한 해 전인 1866년 12월 12일, 중국 광동(廣東)에서 발행되는 『중외신보(中外新報)』에 일본국 명유(名儒)를 자칭한 하치노에 준슈쿠(八戶順叔)란 자가 다음과 같은 내용의 글을 실었다. 즉 일본 국내 제후 260명이 쇼군의 부름을 받고 에도에서 회동하여 정사를 의논한 결과, 무비를 갖추고 국위를 떨치기 위해 군사를 일으켜 조선을 정복하는 거사를 벌이지 않을 수 없다는 뜻을 모았으며, 그 이유는 조선이 5년에 한 번 조공하는 것을 지금도 불복하고 있기 때문이라는 것이었다. 그리고 다른 신문에 게재된 것에서는 신라시대부터 삼한이 일본에 종속하고 도요토미 히데요시가 조선을 원정해서부터 조선왕이 5년마다 반드시 에도에 와서 쇼군을 배알했다고까지 하였다. 이것은 당시 일본 무사사회에서 팽배하던 정한론적 조선관이 그대로 분출한 것으로, 일본 측이 나중에 변명하였듯이 유언비어라고만 할 수 없는 면이 있었다. 중국 정부로부터 이 기고문에 관한 소식을 전해 받은 조선은 쓰시마도주를 통해 예조참의 이름으로 일본정부에 힐문할 정도로 중대시하였다.[13] 이런 일이 있은 뒤 1년여 만에 일본정부의 사절단이 모든 형식을 바꾸고, 심지어 예고도 없이 황제란 용어를 사용한 외교문서를 제시했을 때 조선의 태도가 경직되는 것은 당연한 일이었다. 요컨대 메이지유신 직후의 양국 국교의 교착은 일본 측에도 큰 책임이 있었던 것을 지적하지 않을 수 없다. 지금까지 모든 책임을 조선 측에 돌린 것은 이 시기의 역사에 대한 평가를 일본 측이 일방적으로 가한 결과에 불과한 것이다. 중국과 일본의 강압으로 험난한 근대사의 여정을 걸어야 했던 한국으로서는 당대 역사를 제대로 정리해 볼 겨를이 없었던 것이다.

일본의 요청에 대한 대원군 정권의 대응에도 큰 문제가 있었던 것은 부인할 수 없다. 그 과정에 대한 자세한 서술에 의하면,[14] 조선 측은 훈도(訓導)와 동래부사 두 직임만 앞세운 상태에서 일본 측의 외교문서[書契]의 문제점을 지적한 다음, 어떤 형태의 타협도 시도해 보지 않음으로써 교섭을 3년간 사실상 정돈상태에 빠트린 데 대한 책임은 부정할 수 없다. 조선 측이 경직된 태도를 조금도 바꾸지 않자 일본사절단은 3년 만인 1872년 1월에 철수해야 했다. 그 후 5월말에, 쓰시마 출신의 왜관 책임자가 동래부사와의 직접적인 면담을 요구하면서 왜관의 제한구역을 나와 동래부까지 진입하는 소요사태를 5일간 계속했다. 이 사건은 일본 측에도 아무런 소득 없이 양국 간의 국교를 더욱 악화시키는 결과만 가져왔다. 일본 측의 일방적 행위는 여기서 끝나지 않았다. 일본 외무성은 이 시위사건을 쓰시마 출신들이 조선과의 외교를 더 이상 주도할 능력이 없다는 것을 입증한 사건으로 해석하고, 외무성이 조선과의 외교를 직접 주도하는 체제로 바꾸는 계기로 삼아, 비밀리에 왜관을 접수하는 조치를 단행하였다. 왜관은 조선정부가 건립하고 왜인들이 사용권만 가지는 것이었으므로 어떤 변경사항이 생기면 마땅히 조선정부와 교섭해야 하는 사항이었다. 그러나 같은 해 5월말에 착수되어 이듬해 2월에 완료되는 이 조치는 완전히 일방적으로 이루어졌으며, 왜관의 명칭도 이후로는 대일본국공관(大日本國公館)으로 바뀌었다.

일본외무성의 왜관 점령사건도 정한론적 사고의 침략주의가 발동된 사례였다. 1년 뒤인 1873년 5월말에 이른바 소정한론이 일본정부 각료 사이에서 제기된 것은 바로 이러한 분위기가 좀 더 적극적으로 표출된 것이었다. 이런 사태의 진전을 두고 모든 책임을 조선의 '쇄국' '은둔'에 돌리는 것은 독선이라고 하지 않을 수 없다.

1868년 6월부터 약 5년간 계속된 양국간 국교수립 문제를 둘러싼 대립은 마침내 양국 정부의 정권 주도세력에 변화를 가져왔다. 일본 측에서는 1873년 10월에 소정한론자들이, 조선에서는 12월말에 대원군이 각각 실각하는 변동이 일어났다. 국교문제가 양국 모두에게 얼마나 큰 부담을 주고 있었던가가 이에서 단적으로 입증된 것이라 할 수 있다. 양국에서 강경론이 모두 후퇴 또는 몰락한 것이 공통점이다. 그러나 일본의 공격적 입장, 조선의 수세적 입장 그 자체에 변화가 생긴 것은 아니었다. 일본의 경우, 소정한론자들은 물러났으나 이를 꺾은 세력이라고 하여 정한론을 포기한 것은 결코 아니었다. 그들은 시기와 주도권에서 견해를 달리했던 것일 뿐이다. 반면에 대원군을 실각시키고 친정에 나선 국왕 고종은 순수한 개방주의의 입장을 택하였다. 즉 그는 외국과의 국교수립을 통한 개화만이 낙후한 조선을 구하는 길이라고 깊이 인식하고 있었다.

조선의 국왕은 1873년 12월말에 믿을 수 있는 한 측근 신하[朴定陽]를 진상 조사관으로 임명하여 동래부 현지로 내려가 국교가 정돈된 사정을 조사하게 하였다. 그리고 동래부사를 비롯해 일본과의 외교업무에 관련된 모든 관리들을 차례로 교체하였다. 이후 조선 국왕과 정부가 보인 일본에 대한 자세는 이전과는 거의 반대로 바뀌었다. 1874년 4월 일본은 대만(臺灣) 출병을 단행하였고, 조선정부는 8월 4일자로 청국 예부(禮部)가 이 사실을 알려주어 알게 되었다. 그러나 조선정부의 일본에 대한 태도는 이전과는 달리 경색되지 않았다. 8월 중순 조선정부는 그간 대원군이 일본과의 외교의 일선 담당관[訓導]의 말을 맹신하여 양국 국교를 위험에 빠트린 결과를 초래했다는 지적 아래 관계관을 모두 처벌하고, 부산의 일본공관에 협상자를 보내 앞으로의 국교의 기본방향을 합의하였다. 이에서 일본 측은 앞으로 양국 간의 외교문서는 조선의 예조판서와 일본의 외무경, 예조참판과 외무대승[차관]이 서로 직접 교환하는 체제를 제시하여 조선의 동의를 받았다. 그리고 일본국이 외교문서에서 황제의 칭호를 사용해도 조선은 문제 삼지 않고 조선국의 회답서에서 일본국에 대해 황제의 칭호를 사용하는지 여부는 상황에 따르도록 하는 것으로 합의하였다. 이 사전 합의는 9월 3일에 공식적으로 제안되어 9월 19일에 조선정부의 대신회의에 붙여졌다. 대신회의는 일본국 정부가 '서로 화친할 뜻'을 명확히 가지고 있다는 이유로 이를 받아들여 국왕의 재가를 받았다. 조선정부의 개방적 자세는 더 이상 의심할 것이 없을 정도로 명확해졌다. 이제는 모든 것이 일본의 태도 여하에 달리게 되었다.

같은 해 10월 부산 일본공관의 책임자[모리야마 시게루(森山茂)]는 도쿄로 돌아가 그간의 임무수행을 보고하였다. 그는 사실 그 사이 조선의 동정을 조사하고 오라는 임무를 부여받았을 뿐인데, 조선의 사정이 급변하여 협정 체결까지 수행하였던 것이다. 일본 외무성은 이제 그의 직급을 올리고 정식으로 공관의 책임자로 임명하는 절차를 밟았다. 일본 외무성은 12월 28일자로 그를 외무소승(外務少丞 : 次官補級)으로 승진시켜 부산공관 이사관으로 임명하여 조선국 파견 근무를 명령하였다. 그런데 이때까지 일본정부는 대만 출병 사업에 온 힘을 기울여 조선과의 외교에 관한 사항은 뒷전으로 미루고 있었다. 모리야마 시게루가 임지에 도착한 것은 이듬해 1875년 2월 24일이었다.

동래부는 3월 2일부터 일본공관의 이사관을 정식으로 외교관으로 영접하는 의식을 치를 준비에 들어갔다. 그래서 그가 소지한 외교문서의 등본과 앞으로 사용할 외무성 항해공증(航海公證)의 등본을 요구하였다. 동래부사는 등본 자료들을 받아 외교문서의 원본이 이전과 달리 일본문으로 작성된 것, 외무성 인을 사용한 것, 문서 중에 '대일본' '황상(皇上)'의 자구가 들어있는 것 등을 확인하고 정부의 최종적인 동의를 구했다. 3월 12일에 국왕이 주재한 삼의정회의에서 이를 되돌려 고치도록 해야 한다는 의견이 있었으나, 국왕이 오히려 "일본의 동정[倭情]이 의심스런 것이 없는 것이 분명하다"고 말하고, 전년 협정에 따라 외교문서를 가져왔는데 "가져온 것을 받아보지 않으면 믿음의 도가 아니며", 받아본 뒤에 따르기 어려운 일이 있으면 퇴척해도 늦지 않다고 발언하였다. 그리고 일본 외교관들이 부산에 기선을 타고 온 것에 대해 과거의 척양론(斥洋論)에 따라 문제 삼는 의견도 있었으나, 국왕이 다시 청나라도 기선의 '신속(神速)' 편리함을 숭상하여 이를 이용하고 있는데 일본인이 기선을 타는 것이 문제가 될 수 없다고 하여 그 주장을 제지하였다. 누구보다도 국왕이 이처럼 능동적임에 따라 모든 수속은 빠르게 진행되었다. 이후 빠른 진행을 가로막은 것은 오히려 일본 공관 측이었다.

3월 27일 양측 실무관들은 3일 뒤에 있을 동래부사와 이사관이 서로 만날 때의 모든 의식 절차에 대한 구체적인 논의에 들어갔다. 이때 일본 측은 갑자기 당일 이사관은 서양식 대례복[燕尾服]을 착용하고 연향(宴饗)이 열리는 곳의 정문을 통행하겠다고 주장하였다. 당황한 조선 측 실무진은 이를 동래부사에게 보고하고, 동래부사는 조정에 처분을 요청했다. 4월 9일에 조정은 이것만은 구식대로 할 것을 결정하고, 이를 5월 9일에 이사관 측에 통고하였다. 모리야마 이사관이 막판에 이렇게 하찮은 문제로 국교 재개를 위한 모든 순탄한 진행을 가로막은 것은 다른 의도가 있었다. 그는 4월 15일 부관(副官)을 도쿄로 보내 여러 경험에 비추어볼 때, 목하 조선 국내의 정치사정이 불안한 틈을 타, 군함을 조선 근해에 파견하여, 위협을 가하는 것이 가장 유효한 수단이라고 보고하면서 이런 방향의 훈령을 요청하였다. 이것은 곧 그들의 조선과의 외교활동이 사실은 정한론적 사고에 바탕하고 있다는 것을 명확하게 드러낸 것이었다. 그들은 조선과의 새로운 국교를 그들의 무력시위 아래 처음부터 우위에 서서 성립하려는 목표를 세우고 있었던 것이다. 일선 외교관의 이런 사고에 비추어볼 때, 4개월 후에 강화도 운양호사건이 발생한 것은 결코 우연이 아니었다.

모리야마 이사관의 요청에 대해 일본 외무성은 청훈(請訓)의 필요성은 인정하면서도, 외교수단에 의해 당초의 목적을 달성하라는 지시를 내렸다. 한편 5월 15일 동래부사는 이번 접대는 조선 측이 이사관 이하가 멀리 바닷길을 온 것에 대해, 그리고 최근 10년의 국교단절 끝에 특별히 위로를 표시하는 의미를 가지는 것이므로 이번에 한해 구식에 의할 것을 종용하였다. 그러나 이사관은 오히려 이를 시일을 끌려는 책략이라고 비난하면서 사명을 띠고 온 조선 관리를 공관에 억류하기까지 하였다. 5월 17일, 이사관은 이 문제는 조선국 정부가 일본의 내정문제에 속하는 사항에 개입한 것이라고 비난하는 성명을 냈다. 이때 그는 심지어 한 나라의 영욕에 관한 것이라는 격렬한 용어까지 사용하였다. 외교관으로서는 최후통첩이나 마찬가지의 발언이었다. 이에 동래부사도 그의 성명이 조선의 국체를 손상한 것이라고 비난하였다. 5월 19일에 다시 이사관의 재반박이 나왔고, 5월 21일 동래부사는 일본공관과의 교섭을 중단하고 조정의 지휘를 구했다.

6월 9일(음 5. 10)에 소집된 2품 이상의 대신회의는 온건론이 우세했다. 어떻게 하든 일본과의 사이에 깨지는 틈이 생기는 것을 피하자는 타협론, 일본국제 개혁의 결과를 이웃인 우리 나라가 변개를 강요할 근거는 없다는 수용론 등이 우세하였다. 국왕도 정면충돌을 회피하는 것을 제1의 원칙으로 삼자고 했다. 그러나 의정대신들만의 회의에서는 다시 강경론이 우세하여 8월 6일(음 7. 9)에 하달된 의정부 하회(下回)는 복색을 바꾸고 정문 출입을 고집하는 한, 연향 설행은 불가능하다는 내용이었다. 그러나 국왕은 9월 5일에 새로운 탈출구를 찾기 위해 동래부사를 교체하고, 신임 부사에게 일본국 관계관들을 알아듣도록 깨우쳐 연향을 반드시 설행토록 하라는 지시를 내렸다. 그러나 9월 20일 모리야마 이사관은 귀국하라는 정부의 명령을 받고 이튿날 부산을 떠났다. 9월 20일 바로 그날 강화도에서는 운양호사건이 일어났다.

5. 맺음말

근대 한국의 외국과의 관계에 대한 기본적인 자세는 지금까지 "은둔적" "배타적"이었던 것으로 알려졌다. 이 논문은 먼저 그런 인식의 유래에 대해 살펴본 다음, 그러한 인식이 과연 사실을 반영한 것인가를 검토해 보았다. 1868년 일본이 메이지유신 직후, 조선에 사절을 보내 새로운 국교관계를 요구한 것에서부터 1875년 운양호사건 발생 직전까지를 대상으로 하였다. 그 결과, 일본 측의 새로운 국교수립 제안에 대해 조선 측이 거부한 것은 조선 자체의 배타적 국제관계 인식이 아니라 일본의 침략주의적인 한국관이 문제였던 것을 확인할 수 있었다. 그리고 조선의 태도는 1873년 말 국왕 고종이 친정에 나선 후 개방 쪽으로 급변하여 "은둔적"이라는 평가는 전혀 당치 않은 것으로 확인되었다. 조선정부는 일본보다도 오히려 훨씬 더 적극적인 자세로 국교를 수립코자 하였다. 그것은 개방의 지연으로 초래되고 있는 낙후를 서둘러 만회하려는 의도였던 것이다.

조선정부의 이러한 자세에 대해 일본 측은 오히려 당황하는 입장이었다.

일본정부는 당초 조선정부에 대해 새로운 국교수립을 요청하면서 조선정부가 받아들일 수 없는 절차와 형식을 취하고 있었다. 그들은 조선정부가 그들의 제안을 거부할 것을 예상했고 또 그렇게 되기를 바랐다. 그들이 원한 것은 조선정벌 곧 무력적 제압의 기회를 얻는 것이었기 때문이었다. 1875년 국교수립 마지막 절차에서 일본 측이 복제 문제로 협상을 결렬시킨 것은 조선의 개방주의로 협상이 그들이 바라지 않는 방향으로 흘러가고 있었기 때문이었다. 그들이 정상적 협상을 버리고 본 모습을 드러낸 것은 무력 위협으로서의 운양호사건이었다. 근대 한국의 진정한 모습은 은둔이 아니라 스스로 개방을 취하는 것이었다. 반면 일본은 "은둔국"에 대한 메시아가 아니라 침략자였다. 그리피스가 근대 한국을 은둔국으로 규정한 것은 일본의 침략론을 대변한 것에 불과한 것이었다.

조선정부의 개방적 태도는 운양호사건 후 조일수호조규(1876)가 체결될 때도 마찬가지였다. 이때도 일본 측은 결렬 시에 대비한 무력응징의 계획을 수립했지만, 조선정부의 능동적 태도로 무용화되었다.[15] 조일수호조규 수립 후, 조선정부는 미국과의 수호통상조약 수립을 위해 많은 자료 수집을 하였고, 1882년 4월에 이를 성사시켰을 때, 조선정부는 앞서 언급했듯이 아시아 국가로서는 유일하게 관세 자주권을 관철시키는 성과를 거두었다.[16]

그러나 조선은 여기서 우위적 영향력을 행사하려는 청국으로부터 발목을 잡히고 말았다.

국왕의 친정으로 실세한 대원군은 개화정책에 반발하는 세력을 규합해 임오군란(1882년 6월)을 일으켜 재집권의 기회를 노렸다. 그러나 이것은 청국에게 미국과의 수호통상조약으로 자국의 영향권으로부터 벗어나려는 조선을 되잡는 기회를 제공하는 결과를 가져왔다. 청국은 군란이 국왕의 뜻에 반하는 것을 확인한 다음, 자국이 조선국왕의 책봉국(冊封國)인 것을 내세워 반란을 응징한다는 구실 아래 조선에 군대를 진주시켰다. 청군은 대원군을 중국으로 압송하는 조치를 먼저 취했지만, 그 뒤에도 그대로 남아 조선정부에 대한 청국의 내정간섭 체제를 만들어갔다. 국왕에 의해 등용된 개명관료들 가운데 일부가 일본의 힘을 빌려 정변[갑신정변]을 시도해 보았지만, 그것도 국왕의 입지를 더욱 좁히는 결과만 초래하였다. 청국이 일방적으로 처리한 조청무역통상장정은 조선반도 안에서 중국상인의 무제한적인 상업활동을 보장했으며, 조선 세관을 중국 상하이 세관에 직속시켜 조선정부는 재정상 궁핍을 면할 수 없게 되었다. 국왕 주도의 개화정책은 간헐적으로 진행되었지만, 빈약한 재정으로 제대로 실효를 거두기 어려웠다.

조선국왕의 외교고문인 미국인 데니(O. N. Denny)가 『중국과 한국(China and Korea)』(1888)을 통해 조선이 그간 서양 각국과의 조약 체결로 독립국으로서의 입지를 확고히 한 것을 입증한 것은 현지에서 조선의 개화의지를 명백히 확인했기 때문이었다. 그는 당초 청국의 실력자 리훙장의 추천으로 조선국왕의 고문이 되었지만, 현지에 부임하여 조선의 현황을 알게 되면서 조선국왕에 대한 열렬한 신봉자가 되었다. 그는 같은 미국인이면서도 조선에 대해 그리피스와는 전혀 다른 인식을 가졌다.

한국이 근대화에 실패한 것은 지금까지 알려진 것처럼 전적으로 자체에만 문제가 있었던 것이 아니다. 오히려 한국은 뒤늦게나마 적극적으로 국제사회에 진출하고자 하였지만, 이웃한 일본의 침략주의, 중국의 해묵은 국가이기주의로 방해를 받고 말았다. 한국은 국방력이 약하여 이를 극복하지 못한 것이지만, 근대화의 의지마저 결여했다는 것은 역사적 진실이 아니다. 한국 역사학계는 이러한 잘못된 역사인식을 바로잡기 위해 새로운 차원의 연구와 정리작업을 서둘러야 한다.

현대 한국인들은 대부분이 자국의 근대사에 대한 잘못된 이해와 인식으로 자부심을 상실하고 있을 뿐만 아니라 역사에서 배워야 할 대상을 찾지 못하고 있는 실정이다. 이런 상황은 현대 한국인의 모든 행위 특히 국제적 활동과 대응에서 큰 결함을 가져올 수밖에 없다. 잘못된 지식과 빈약한 사고는 결코 현명한 판단력을 보장해 줄 수 없기 때문이다. 자국 역사에 대한 이해와 인식이 바로 되지 않은 상태에서 국제활동의 영역을 넓히고 국제경쟁력을 높인다는 것은 공염불에 불과하다.

(『韓國史論』 41 · 42, 1999 : Korea Journal Vol. 38 No.4, 1998)

1884년 갑신정변의 허위성

−'日使來衛' 御書 위조의 경위−

1. 머리말

1884년(고종 21) 12월 4일(음력 10월 17일)에 일어난 갑신정변은 그간 한국 근대사에서 가장 중요한 사건의 하나로 간주되었다. 정변은 비록 "3일천하"로 끝났지만, 그 주도자들이 추구한 개혁은 한국역사상 처음으로 근대 지향성을 보인 사건이라는 관점에서 높이 평가되었다. 북한도 이 사건을 부르주아지혁명으로 규정하기까지 하였다. 그러나 이러한 기존의 평가들은 정변 자체에 대한 치밀한 연구를 토대로 한 것이 아니란 점에서 재고의 여지가 있다.

갑신정변은 서울에 3∼4천 명의 청군이 주둔한 상태에서 일어났다. 그러므로 1개 중대밖에 되지 않는 병력이지만 일본 병력을 궁중 안에 끌어들이는 것은 정변을 일으킨 측으로서는 승패가 걸린 문제였다. 그래서 정변 주도자인 김옥균은 거사와 동시에 국왕에게 "日使來衛" 즉 일본공사는 궁궐로 들어와 호위하라는 지시를 내리는 친서 곧 어서(御書)를 발부하도록 요구하였다. 다케조에 신이치로(竹添進一郞) 공사가 일본군을 이끌고 대궐에 진입할 수 있는 근거를 만들기 위한 것이었다. 그런데 정변이 실패로 끝난 뒤, 사건을 수습하는 과정에서 어서에 대한 관련자들의 진술은 서로 달랐다. 조선정부측은 국왕이 김옥균 등의 어서 발부 요청을 받아들이지 않았다고 한 반면, 일본의 다케조에 공사 측은 두 개의 어서를 제시하면서 이에 맞섰다. 하나는 당초에 연필로 흘려 쓴 이른바 연필초본(鉛筆草本)이고, 다른 하나는 해서로 가지런하게 써서 어새까지 찍은 이른바 정서본(淨書本)이었다.[1] 한편 김옥균은 1년여 뒤 일본 망명지에서 정변회고록으로『갑신일록(甲申日錄)』을 썼는데, 여기서 그가 밝힌 어서에 관한 진술은 다케조에 공사의 그것과 또 다르다. 사건 관련자들의 진술의 이러한 상호불일치는 곧 어서 발부가 정변주도 측에서 의도한 대로 되지 않았다는 것을 의미한다.

갑신정변의 어서문제에 대해서는 지금까지 두 개의 연구가 있었다. 1940년에 출간된 다보하시 교오시(田保橋潔)의『근대일선관계의 연구(近代日鮮關係の硏究)』에서 이루어진 것, 1961년에 이선근(李瑄根)이『한국사(韓國史)』최근세편에서 밝힌 것 등 두 가지이다. 후자는 별도의 연구라기보다 전자의 고찰에 대한 반대 의견의 표시이다. 한편, 병인양요 전후부터 청일전쟁까지의 "일선관계"를 다룬 전자는 폭넓은 사료 섭렵, 서술의 치밀성과 방대성 등의 강점으로 그간 한국근대사 연구에서 부동의 권위를 누렸다. 그러나 이 책의 내용을 조금만 주의 깊게 들여다보면 근본적으로 일본의 입장을 변호하는 강한 편향성을 가지고 있다는 것을 쉽게 발견할 수 있다. 갑신정변에 관한 서술에서도 이 점은 예외가 아니다. 이 정변에 대한 평가의 핵심 사항인 어서 진위문제에 대한 검토에서 그는 조선정부의 견해는 의도적으로 무시하면서 일본정부의 입장을 변호했을 뿐만 아니라 정서본 어서가 나온 경위에서 위조의 책임을 전적으로 김옥균에게 돌리는 견해를 제시하였다.

후자 이선근의 의견은 곧 그가 이처럼 모든 책임을 김옥균에게 돌리는 점을 받아들일 수 없어 제시된 것이었다. 그러나 그의 의견은 어디까지나 견해의 표명으로서 사료에 근거한 비판적 연구의 성격을 띠는 것은 못된다.

이 논고는 어서문제에 대한 기존 연구의 이러한 문제점들을 직시하고, 두 개의 어서가 나온 경위를 분명하게 밝혀보려고 하였다. 이러한 작업은 곧 갑신정변에 대한 역사적 평가를 올바르게 하는 하나의 초석이 되리라고 생각한다.

2. 어서 발부에 대한 관련자들의 진술

갑신정변은 1884년(고종 21) 12월 4일 저녁 술시(戌時 : 7~9시)에 우정국 개국 축하연 자리를 빌어 일어났다. 정변을 주도한 측이 근처 민가에 불을

[사진 4] 갑신정변이 일어난 우정국 중앙사무소와 부속건물들. C. 로제티, *Corea e Coreani*, 1904.

지르고 소란해진 틈을 타 연회에 참석한 민영익(閔泳翊)을 해친 다음, 주동자인 김옥균·박영효·서광범 등이 일본공사관을 거쳐 대궐 침전으로 달려가 국왕에게 청나라 군대가 성중에서 난을 일으켜 도륙하니 급히 다른 곳으로 거처를 옮기셔야 한다고 아뢰면서 변란은 본격적인 단계로 접어들었다. 어서는 바로 이 순간에 일본군 동원의 근거로 국왕에게 요청되었다. 그러나 앞에서 언급하였듯이 어서 발부와 관련한 관련자들의 진술은 서로 달랐다. 변란 주도자인 김옥균, 조선정부, 일본공사 다케조에 신이치로 등 삼자의 견해를 차례로 제시하면 다음과 같다.

1) 김옥균의 『갑신일록(甲申日錄)』(漢文記錄, 필자 번역)

내가(김옥균 ; 필자) 즉시 유재현(柳在賢 : 환관 중 가장 총애를 받아 권력을 가진 자, 이 사람은 전내에 있다가 살해됨)을 시켜 급히 일어나시기를 청하니 유가 자꾸 까닭을 물어 내가 크게 소리 질러 말했다. (중략) 상께서 이미 나의 음성을 듣고 급히 침실로부터 나를 불러 말하시기를, 무슨 사고가 있는가라고 하셨다. 나는 이에 박(영효)·서(광범) 양군과 함께 침실로 들어가 우정국의 변을 모두 말하고 일이 급하니 정전(正殿)을 잠시 피하실 것을 청하였다. 곤전(坤殿 : 왕비 민씨)이 조용히 나에게 물었다. 이 변은 청에서 나온 것인가 일본에서 나온 것인가? 내가 미처 대답하기 전에 동북간에서 홀연히 대포 소리가 굉천하였다(이것은 모씨가 通明殿에서 행한 것이다). 이로 인해 큰 집이 경동하여 (중략) 내가 상께 고하여 말하였다. 지금 이런 때에 당하여 일본병의 보호를 요청하면 안전할 수 있습니다. 상께서 말하였다. 그렇게 하도록 하라(상은 心察하신 것이 있었다). 곤전께서 말하였다. 만약 일병(日兵)의 호위를 청하면 청병(淸兵)이 장차 어떻게 하겠는가? 내가 급히 대답하였다. 청병도 내호할 것을 청할 수 있다고 하고 나는 즉시 유재현으로 하여금 일본공사관으로 가서 반드시 함께 와서 호위할 것을 요청하라, 이것은 장차 너의 공이 될 것이라고 하였다. 또 모군을 시켜 청 진영에 가서 내호를 하도록 했다(이것은 본디 거짓이다. 이미 모군과 약속한 바였다). 이어 변수(邊樹)로 하여금 일관(日館)에 가서 큰일이 뜻대로 되었다는 뜻을 보고하게 하고 이어 상께 아뢰어 말했다. 이미 다케조에를 초치했으나 만약 친히 쓰신[親手] 칙서를 내리시지 않으면 명령에 응하지 않을 것 같습니다. 상께서 말하였다. 어떻게 하면 좋은가? 요금문(曜金門) 안 노상에서 내가 연필을 진정(進呈)하고 박군이 백지를 내어 드리니 상께서 "일본공사래호짐(日本公使來護朕)" 일곱 자를 친히 쓰셨다. 급히 박군을 시켜 가져가서 다케조에에게 보이게 했다.

2) 조선정부측의 「변란사실(變亂事實)」(한문, 필자 번역)

(전략) 김옥균·박영효·서광범이 먼저 일본공관에 갔다가 이어 궐중(闕中)으로 달려 들어가 (군주의) 침전으로 곧장 올라가 급히 아뢰기를 청병이 성중에서 난을 일으켜 도륙하니 급히 이어(移御)하시어 피하기를 청하고, 아울러 일사(日使)를 불러 입위(入衛)하도록 하기를 청하니 우리 대군주는 허락하지 않았다(不允). 옥균 등이 혹은 울고 혹은 눈물을 흘리면서 임금의 마음을 위협한 말로 두렵게 하여[恐動] 이궁하시기를 핍박하니 각 전궁(殿宮)도 모두 걸어서 따라가니 창황하여 법도를 잃었다. 영숙문(永肅門)에 이르니 홀연히 포성이 국출신청(局出身廳)쪽에서 일어나 역당(逆黨)이 급히 외병이 크게 오고 있으니 서둘러야 한다고 소리질렀다. 대개 역당이 미리 사관생도들을 국출신청에 매복해 임금이 도착하는 것을 보고 포를 쏘아 울리니 (이것은 미리 정한) 암호였다. 역당이 다시 청하기를 일본공사를 부르십시오 하니 대군주가 불허했다. 옥균·광범 등이 임금을 속여 운송인(運送人)에게 명하여 일사를 (오라고) 최촉하였는데 대군

주는 실은 몰랐다. 4경에 경우궁(景祐宮)에 도착하니 일병이 문랑(門廊)에 가득 포진해 있었다. 이를 수궁인(守宮人)들에게 물으니 이미 2경에 일병이 문을 밀치고 돌입하여 각 문을 지키고 있다고 했다. 대가(大駕)가 정당(正堂) 계단 앞에 이르니 일본 전어관(傳語官) 천산현장(淺山顯藏)이 맞아 알현하면서 몇 번 소리를 지르니 공사 다케조에 신이치로가 내견하여 위로를 올렸다.

1)의 『갑신일록』은 주지하듯이 정변에 실패한 김옥균이 1년 뒤 망명지 일본에서 쓴 것이다.[2] 지금까지 다보하시를 비롯한 연구자들은 이 자료를 많이 활용했지만, 이 『일록』은 정변의 주도자였던 저자가 정변 자체를 정당화하려는 혐의로부터 자유로울 수 없기 때문에 객관성이 보장되기 어려운 점을 고려하지 않을 수 없다. 정변 전의 준비상황은 몰라도 정변의 진행과정에 대한 진술은 객관성이 결여된 부분이 많다. 위 인용문 1)의 고딕 부분이 곧 김옥균이 국왕에게 일본공사에게 친서를 내릴 것을 요청한 대목이다. 이에 의하면 국왕은 처음부터 일본병의 보호 요청 제안에 대해 찬성하였고, 친히 쓰신 어서를 내려야 명령에 응할 것이라는 김옥균의 설명에 대해서도 이의가 없었으며, 이에 경우궁으로 이동하는 노상에서 김옥균 자신이 연필을 올리고 박영효가 백지를 꺼내 드려[3] "상께서 일본공사래호짐(日本公使來護朕) 일곱 자를 친히 쓰셔 박군(영효 ; 필자)을 급히 시켜 다케조에에게 전해 보이게 하였다"고 하였다. 그러나 그의 진술은 친서의 문구부터 문제가 있다. 후술하듯이 다보하시는 이 문제에 대해 깊은 관심을 가지고 두 가지 어서의 실물 크기 사진을 직접 보았다고 하면서 그 문구는 "日使來衛" 4자로서, "日本公使來護朕" 일곱 자라는 김옥균의 진술은 잘못된 것이라고 지적하였다.[4] 변란의 주동자로서 친서 발부를 직접 요청한 장본인이 친서의 글귀조차 제대로 기억하지 못하고 있는 것은 진술 자체에 무엇

인가 근본적인 잘못이 있다는 것을 느끼게 한다. 적어도 자신이 밝히듯이 국왕이 친서를 쓰는 것을 옆에서 직접 보았다면 4자의 글귀를 제대로 기억하지 못한다는 것은 어불성이다. 그리고 김옥균은 국왕이 몸소 쓴[親手] 칙서를 박영효로 하여금 다케조에에게 가져가 보이게 했다고 했는데, 이는 후술하듯이 중관(中官 : 환관) 유재현이 가져왔다는 다케조에 공사의 진술과는 다르다.

김옥균의 진술을 다시 정리하면, 당초 국왕으로부터 "일사내위"의 동의를 받아내어 유재현으로 하여금 일본공사관에 전한 것은 구전(口傳)의 형태가 된다. 그러나 말로 전하는 구전은 나중에 문제가 될 것 같아 "친수칙서(親手勅書)"를 만들게 되었는데, 그 칙서는 박영효가 다케조에 공사에게 전달한 것으로 밝혔다. 다케조에 공사와의 접촉은 그 사이에 한 차례 더 있었던 것으로 되어 있다. 즉 변수를 시켜 공사에게 대사가 뜻대로 되어가고 있다는 것을 알렸다고 한다. 일본공사와의 연락 접촉은 후술하는 다케조에 공사의 진술과 엇갈리는 점이 많아 의문을 자아낸다. 다케조에 공사는 처음 구전을 전해 온 것은 변수, 친서를 가져온 것은 유재현 외 1인이라고 밝히고 박영효는 전혀 언급하지 않았다. 당시 상황에서 박영효가 친서를 가지고 입궐 도상에 있는 다케조에 공사를 찾았다는 것은 상상하기 어려운 일이다. 뿐더러 후술하듯이 일본공사가 친서를 가져온 사람으로 밝힌 환관 유재현은 변란 제2일에 주도자들에 의해 살해되어 더욱 많은 의문을 자아낸다.[5]

2)의 「변란사실」은 조선정부가 "경변(經變) 후에 작성한 사국(史局)의 기주(記注)"로서 참판 신헌구(申獻求)가 작성을 주관한 것으로 알려졌으며, 『승정원일기』에도 기주로 실렸다. 일본 측에는 1884년 12월 29일(양력)에 접수되었다.[6] 이에 의하면, 김옥균 등이 일본공사를 불러 입위토록 하자고 처음

요청한 때도 대군주께서는 허락하지 않았고, 영숙문을 지나면서 그들이 다시 청했을 때도 허락하지 않았다는 것이다. 국왕이 김옥균 등의 요청을 받아들이지 않았다는 것은 국왕의 공식 일지인 『일성록』에서도 마찬가지로 밝혀져 있다. 즉 10월 17일 정변 첫날에 관한 기록에 "밤에 경우궁에 이차(離次)하셨다. 각 전궁(殿宮)도 함께 이차하였다. 5적(김옥균·홍영식·박영효·서광범·서재필)은 군부(君父)를 위협(恐動)하여 외병을 거짓말로 불러 금정(禁庭)을 유린하고 재보(宰輔)를 장해(戕害)하였다"고 기록하였다.[7]

이상과 같이 어서를 요청한 김옥균의 주장과 요청을 받은 국왕 측의 발표는 전혀 다르다. 마지막으로 어서를 받고 일본병대를 이끌고 궁궐로 들어온 다케조에 공사의 주장을 보면 다음과 같다.

3) 다케조에 신이치로 공사의 「조선변란사실시말서(朝鮮變亂事實始末書)」
(일본문, 필자 번역)

(전략) 병대가 공사관에 도착한 직후 조선왕궁으로부터 변수라는 중사(中使 : 환관)가 와서 물정이 불안하여 국왕도 편안하지 못하므로 공사가 대궐에 들어와 보호해 달라고 간곡히 빌어 공사가 궁내에 무슨 이변이 일어났다고 느끼고 의복을 갖추어 입고 응접소에 이르러 변수에게 사정을 물어보는데 이때 또 내관 유재현 외 1인이 숨을 헐떡이며 달려와 왕궁호위를 의탁하는 국왕 친서를 가지고 와 공사에게 주어 공사가 호위병을 데리고 걸음을 빨리 해 왕궁으로 향하니 오후 10시였다. 그 중간에 또다른 내관이 달려와 대왕 전하는 경우궁에 옮겨가 계신다고 해서 이 궁으로 갔더니 국왕이 다케조에 공사를 보고 희색이 얼굴에 가득했다.[8]

다케조에 공사측은 어서를 받았다는 입장에서 받은 경위를 밝혔다. 즉 처음에 변수라는 환관으로부터 구두 통고(口傳)를 먼저 받고 궁궐로 오는 도중에 다시 환관 유재현이 어서를 가지고 왔다는 것이다. 이 진술은 앞에서 지적했듯이 『갑신일록』과 전한 사람들이 서로 바뀐 것이며, 박영효에 대한 언급은 전혀 없다. 국왕이 경우궁에 옮겨가 있다는 것을 알린 세 번째 전달자도 내관이라고 하였다.

여기서 2)와 3) 즉 조선정부와 다케조에 공사 양자의 진술이 나오게 된 경위를 밝혀둘 필요가 있다. 정변이 12월 6일(양력)로 끝난 뒤 수습을 위한 조치는 조선 측에서 먼저 취했다. 12월 9일 국왕은 독판 교섭통상사무 조병호(趙秉鎬 : 외부대신 해당), 부관 감리인천항통상사무 홍순학(洪淳學) 등을 인천 일본영사관에 가 있는 다케조에 공사를 방문해 경성이 다시 조용해졌으니 속히 돌아오라는 전지(傳旨)를 전했다. 그러나 다케조에 공사는 이에 응하지 않았다. 사변 중 일본병대는 국왕의 요청으로 호위에 나섰는데 조선군과 중국군의 "폭격"을 받고 공사관 보호 요청도 묵살되었던 사실을 들어 경성이 평온을 되찾았다는 말부터 믿을 수 없다고 하였다.[9] 이후 양측은 공문서(照會書)를 주고 받으면서 진상을 따졌다. 그러나 양국 견해의 차이는 쉽게 좁혀지지 않았다. 이에 조선정부는 12월 15일자(음력 10월 28일)로 예조참판 서상우(徐相雨)를 전권대신, 교섭통상사무아문 협판 목인덕(穆麟德 : Paul George von Moellendorf)을 부대신으로 삼아 일본에 특파하여 일본천황을 알현하고 일본정부와 "17일부터 20일까지 경성에서 있었던 경변사"를 상판(商辦)하겠다는 의사를 통고했다.[10] 일본 측에 비해 조선정부가 일주일 정도 앞서 전권대신 특파를 결정했던 것은 피해자로서 능동성을 그만큼 강하게 보인 것을 뜻한다. 그러나 다케조에 공사는 12월 16일자로 이 특파를 반대한다는 회신을 보내왔다.

일본정부는 정변이 실패하자 대단히 난감한 입장이 되었다. 12월 6일자로 다케조에 공사로부터 「京城事變第一報(경성사변제일보)」, 12월 9일자로 「京城事變第二報(경성사변상보제이보)」 등이 차례로 날아왔다. 12월 14일에 진상 파악을 위해 쿠리하라(栗原) 서기관(書記官)을 인천 다케조에 공사 거처로 파견하였다. 그가 12월 19일에 인천에 도착하여 심문을 했다.[11] 일본정부는 그의 복명서를 토대로 12월 20일(양력) 참의 겸 외무경 이노우에(井上馨)를 특파전권대사로 임명하여 경성에 가서 사태를 수습하게 하였다.[12] 일행은 안전과 위용을 갖추기 위해 2개 대대 병력을 인솔토록 하였다.[13] 외무경이 직접 특파전권대사로 임명된 것은 사건 해결이 그만큼 중요한 문제로 인식되었던 것을 뜻하기에 충분하다.

조선정부는 특사파견 계획이 일본정부로부터 받아들여지지 않자 변란의 위법성을 따지기 시작했다. 12월 21일자(음력 11월 5일)로 독판교섭통상사무 조병호(趙秉鎬)가 다케조에 공사에게 보낸 문의서가 공사가 "흉도"의 말을 과도하게 믿고 잘못을 저질렀다는 것을 추궁하였다.[14] 양측은 서로 반박을 거듭하면서 12월 29일 서울 서문 밖 미동(美洞) 소재 구 김보국(金輔國)의 저택에서 독판 조병호, 협판 목인덕, 다케조에 공사 등이 만나 담판을 하였다.[15] 정변의 경위에 대한 조선정부의 공식 견해로서의 위 「변란사실」은 바로 이 날자로 일본 측에 접수되었다. 다케조에 공사 측은 이에 대응하기 위해 1885년 1월에 「경성사변시말서」(이하 「시말서」로 줄임) 제일·제이를 작성하였던 것이다.

양국정부간의 이러한 사후 수습을 위한 접촉에서 조선정부측이 다케조에 공사가 일본병대 동원에 관한 부분에 대해 추궁한 점을 정리해 보면 다음과 같다. 12월 11일(양력)에 일본 측이 접수한 조 독판의 조회(공문)는 다케조에 공사가 군대를 이끌고 입궐하는 것과 같은 중대사를 외무부서인 자

　　제1부 편견과 오류 비판

신의 교섭통상사무아문에 알리지 않은 것은 상식 밖의 일이라고 비판하였다. 그리고 조 독판은 임금을 속인 문서인 "일사내위" 4자의 어서를 받았다고 하더라도 그 내용은 어디까지 일사만 와서 호위하라고 한 것인데, 무슨 근거로 병대까지 동원했느냐고 다그쳤다.[16] 21일자 문의서에서 조 독판은 또 교지(矯旨)는 그날 밤 4경에 경우궁으로 이궁할 때 나온 것이 되는데, 임금이 탄 승여가 경우궁에 이르러 보니 이미 귀국 병사들이 경우궁 안에 포열하고 있었고 궁인들에게 물으니 일병은 이미 2경에 들이닥쳤다고 답한 것을 보면 이것은 미리 짜고 한 일이 분명하다고 지적하였다.

독판 조병호의 이러한 집요한 추궁에 몰린 다케조에 공사는 이에서 벗어나기 위해 29일 담판에서 물증으로 2개의 어서를 제시하였다. 이 2개의 어서 가운데 어새와 어명이 있는 이른바 정서본(淨書本)에 접해 조독판도 놀라움을 금치 못했으나, 그는 후술하듯이 이튿날 이 정서본의 문제점에 대해서도 날카롭게 지적했다. 어서의 진위문제는 좀 더 추궁되었어야 할 사항이나 이때 조선에 당도한 일본의 특파대사 이노우에(井上馨)가 협상[漢城條約]을 추진하면서 각기의 입장에서 진위를 따지는 것은 파국을 가져올 뿐이라는 것을 거듭거듭 주장하면서 더 이상 논난을 진전시키지 않았다. 진상조사는 여기서 중단되고 말았던 것이다.

3. 어서 진위에 대한 기존의 연구

어서 문제는 1940년에 다보하시의 저술에서 새로이 제기되었다. 다보하시는 이 저술에서 친서(田保橋潔의 저술에서는 일본식 표현으로 이 용어를 시종 사용하였다) 문제는 변란에서 "가장 미묘하고 또 본질적인 것이다"라고 하여 그 중요성을 십분 강조하면서 관련자들의 진술이 서로 다른 점을 세밀하게 고찰하였다. 그러나 그의 연구의 결론은 앞에서 잠시 언급했듯이 일본의 입장을 변호하려는 것이었다. 그는 먼저 조병호 독판의 추궁에 몰려어쩔 줄 몰랐던 다케조에 공사의 입장까지 다음과 같이 변호해 주었다.

통리아문(조선정부 조 독판측을 가리킴—인용자)은 '일사내위(日使來衛)'가 간신의 교지(矯旨)로서 다케조에 공사가 지나치게 이를 믿었다고 논했는데도, 다케조에 공사는 한 마디도 이에 대해 석명하지 않았다. 단지 통리아문이 내위(來衛)에 솔병(率兵)의 의미를 가지고 있지 않다고 강변하고 있는 것에 대해 하나하나 변명의 말을 하고 있다. 다케조에 공사의 주장에 의하면 경성 주재의 일본군은 공사 호위의 임무를 가지고 있는 것으로 사실상 공사가 공무로서 입궐하는 때 또는 통리아문을 방문하는 때, 반드시 군대를 인솔하는 것이 예이다. 이번에 군대를 인솔한 것도 이 예에 따른 것에 불과하다. 특히 '흥사기병(興師起兵)'이라고 함에 당할 수 없다고 한 것이지만, 이 해석은 전혀 가치가 없다. 대개 공사가 공무로서 공사관 외에 출입한 경우, 군대를 인솔하는 것은 호위라고 하기보다 오히려 의장의 의미를 가지는 것으로, 본래 다수를 요하지 않는다. 이번의 변란에 당해 경비대 1중대가 전원 전시 무장하여 공사관에 집합한 것은 백주의 사건으로서 누구의 눈도 속일 수 없다. 공사가 이 병대를 인솔하여 입궐한 것을 부정하는 것은 무의미하다. 생각건대 조선 국왕의 친서에는 '입위(入衛)'라고 명기하여 있다. 즉 일본국 공사의 보호를 청구한 것이기 때문에 '대병(帶兵)'의 자구 유무에 불구하고 필요한 군대를 인솔한 것은 당연하다(田保橋潔, 앞의 책, 1002면).

다보하시의 논평은 다케조에 공사의 잘못을 비판하는 것 같으면서도 궁극적으로는 그의 대병 입궐은 친서에 근거한 것이므로 법적으로 문제가 없다는 것을 말하려는 데 초점을 두고 있다. 마지막 구절 "생각건대……" 이하의 부분에서 분명히 그런 견해를 밝혔다.

다보하시는 어서를 둘러싼 양국 정부의 대립에 대해 위와 같은 견해를 세운 다음, "메이지 17년 12월 4일 밤 중관(환관)을 통해 다케조에 공사에게 교부된 친서 2통이란 것은 갑신변란의 해결을 볼 만한 중요한 단서가 되는 것이다"라고 하여 그 중요성을 재삼 강조한 다음,[17] 어서 자체에 대한 고찰을 가졌다. 자신이 실물 크기의 어서 사진들을 본 결과를 다음과 같이 밝혔다.[18]

1) 연필초본은 세로 27센티미터 가로 33센티미터의 양지(洋紙)로 느껴지는 1매의 종이를 반으로 접어(二折) 오른쪽 반부(半部)에 연필로 "일사내위(日使來衛)" 4자를 대서하였고, 김옥균 기사에 보이듯이 밤중 등화 아래서 달려 쓴 것 같으나, 그 서풍(書風)을 감별하는 것은 심히 곤란하여 흉도(조선 정부측을 가리킴)가 위조라고 말하여도 반증하는 것은 용이하지 않다.

2) 정서본은 세로 27.5센티미터의 종이를 여러 폭으로 접어 그 한 폭에 "일사내위(日使來衛)", 다음 한 폭에 "조선국(朝鮮國) 대군주(大君主) 이희(李熙)"라고 썼다.[19] 모두 단정한 가는 해서(細楷)로, 왕명 아래 "조선국대군주보(朝鮮國大君主寶)"를 찍었다. 이 국보의 진실성에는 의문의 여지가 없고, 왕명도 국왕 어필로 추측된다. 조병호(趙秉鎬)가 경악의 기색을 보인 것은 국보만에 그치지 않고 어필이었기 때문이리라.

두 개 어서의 사진에 대한 다보하시의 위와 같은 소개는 현재 그 사진들의 행방을 알 수 없는 여건에서 이에 대한 연구에 대단히 중요한 증언이 되는 것은 말할 것도 없다. 2)의 정서본에 관한 언급에서 조병호가 경악의 기색을 보였다는 것은 앞에서 언급한 29일의 담판에서 다케조에가 두 개의 어서들을 그에게 보였을 때의 반응을 가리킨다. 다보하시는 이 두 개 자료에 대한 자신의 고찰을 다음과 같이 자세하게 제시했다.

먼저, 국왕의 친서가 초본과 정서본으로 2본이 있는 것은, 조병호가 아니라도 의심이 가게 하는 것이라고 하면서 이에 대한 해명을 과제로 삼았다. 그는 김옥균이 『갑신일록』에서 두 가지 중 연필본은 서술하고 있지만, 정서본은 언급하지 않은 사실을 상기시키고, 다케조에 공사의 「경성사변시말서」에는 "그 무렵 내관이 달려와 입궐의 유지를 전하면서, 소리를 지르면서 구원을 청하니, 나는 궁내에 변이 있다고 의심하여, 속관(屬官)에게 명하여 공관의 경비를 엄히 하게 하고, 곧 문을 나왔는데, 그때 내관(환관)이 또 숨을 헐떡이며 달려와서 국왕 전하의 친서를 주면서 신속히 궁궐로 들어올 것을 재촉했다"고 하였는데, 이때 전달된 친서가 연필초본인지 아닌지를 명기하지 않은 점도 함께 지적하였다. 다보하시의 결론은 후술하듯이 김옥균이 연필초본에 어새가 날인되지 않아 친서로서 결함이 많은 점을 느끼고 나중에 이를 보완하고자 정서본을 만들게 된 것인데, 그것이 이처럼 부당한 과정으로 되었다 하더라도 국왕의 서명과 날인만은 진짜라는 것이다.

다보하시는 위와 같은 논지를 펴면서 다음과 같은 사실도 함께 소개하였다. 즉 후쿠자와 유기치(福澤諭吉)의 「변란기사주(變亂記事註)」에 "그 후 이노우에 대사 등의 말을 들으면, 국왕의 친필은 조선국 대군주 李熙(哭의 잘못 ; 필자)의 인이 찍혀 있어 의심할 것이 없다고 하지만, 이는 이노우에가 사실을 알지 못한 것으로, 그 서면에는 구전이 있다(그 서면은 구전을 옮긴 것이라는 뜻 ; 필자)"라고 쓰여 있는 사실이 그것이다. 후쿠자와 유기치의 이 논급에 대해 다보하시는 자신의 고찰의 최종 결론에서 다시 그 의미를 부여할 정도로 세심한 주의를 기울이고 있다. 그리고 김옥균이 『갑신일록』에서 친서의 문구를 "일본공사내호짐"이라고 한 것은 사진과 다른 것이라고 지적하면서, 이 잘못은 도저히 이해할 수 없는 것이라고 하였다. 요컨대 그는 당초 환관이 다케조에 공사에게 준 것은 연필초본인 것이 틀림없으며,[20] 그러면 정서본은 어떻게 존재하게 된 것인가를 추구하였다. 그는 이 문제에 대한 답을 얻기 위해 김옥균이 친서 위조에 아주 능숙한 자란 것에 대한 증거를 다음과 같이 찾았다.

김옥균의 심복으로 백춘배(白春培)라는 자가 있다. 김옥균이 동남제도개척사(東南諸島開拓使)에 임명되자 그 속원(屬員)이 되어 울릉도의 목재를 베어내어 일본에 수출하는 임무를 맡았다. 김옥균이 망명하자, 고베[神戶]에서 만나 이후 그 명령에 따라 행동하고 있지만, 메이지 18년(1885) 12월 본국의 정정을 탐색하기 위해 잠입 귀국하였다가 체포되었다. 그가 진술하듯이 김옥균은 전년 3,000,000원(圓)의 국채모집의 명을 받들어 도일할 때, 국왕으로부터 백지 위임장 수 통을 받아 가지고 있었다. 외채의 사명 이루어지지 않고 귀국하여서도 이를 반납하지 않고, 망명 때도 소지하여 필요한 경우에는 공백에 기입한 뒤에 국왕 밀지라고 칭하여, 일본인에게 전시(傳示)했다고 한다(『日案』 권5, 高宗 乙酉年 11월 19일 督辦 金允植 照會 附 白春培 供招). 그리고 메이지 27년(1894) 4월 김옥균 박영효 암살의 임무를 띠고 도일한 조선인 이일식(李逸植)이 일본국 관헌에게 체포되었을 때, 압수 물건으로부터 국왕칙유라고 일컫는 위조문서 및 인새(印璽)가 발견되었다. 동경지방재판소 예심판사는 그 진위를 박영효에게 질의한 바, 동인은 "김옥균은 도장도 잘 새기고, 성질도 위와 같은 일을 하는 것을 좋아하기 때문에 나는 김옥균, 이일식 등이 오미와(大三輪長兵衛)를 속이기 위해 도장을 찍었던[拊] 것은 아닐까라고 의심을 일으켰다"고 진술하여 김옥균이 국왕 친서위조의 상습자란 것을 이서(裏書)하고 있다(明

治 17년 12월 26일 伊藤參議 三條太政大臣 電報).

다보하시는 김옥균의 국왕친서 위조의 범죄적 이력의 증거를 이상과 같이 찾은 다음, 정서본 친서가 김옥균에 의해 추후에 이루어진 것이라는 추정을 다음과 같이 제시하였다.

이들 사실을 종합하면, 김옥균은 12월 4일 밤, 국왕에게 청해 연필초본의 친서를 일본국공사에게 송치했지만, 나중에 그 형식의 불완전한 것이 마음에 걸려,―혹은 다케조에 공사의 청구에 따라―국보를 찍은 친서를 낼 필요를 느끼고, 앞에서 말한 백지 위임장 1통에 "일사내위"의 4자를 자서(自書)하여, 국왕 친서라고 칭하고 다케조에 공사에게 교부했던 것이리라. 즉 정서본 친서는 왕명, 국새는 진(眞)이지만, "일사내위"의 4자만, 김옥균의 위필(僞筆)로 추정된다. 후쿠자와의 이른바 구전은 이 비밀을 가리키는 것이리라. 단 조선 국왕 친서의 원본에 대해 연구하는 기회를 얻지 못한―저자가 본 사진은 현저히 퇴색하여 미세한 이동(異同)을 검정하기에 부적당하였다―것으로, 경솔한 단정을 내리는 것은 허락되지 않는다(1033~1035면).

즉 그는 김옥균이 연필본 친서에 어새가 찍히지 않은 것을 보완하기 위해, 자신이 이전에 동남제도개척사로서 국왕으로부터 받은 백지 위임장 1통에 "일사내위"란 글자를 써넣은 것이리라고 추정하였다. 그것은 김옥균 자신이 생각해 냈거나, 다케조에 공사가 요구했기 때문일 수도 있을 것이라고 보았다. 끝으로 국새가 찍힌 친서의 내역을 이렇게 풀면, 국왕의 의사를 담은 친서는 연필초본 하나로서, 이것은 형식을 제대로 안 갖춘 점에서 후쿠자와가 「변란기사주」에서 언급한 "그 서면에는 구전이 있다"고 한 것

즉 국왕이 말로 전한 전교에 해당한다는 풀이가 정곡을 찌른 언급이라고 하였다. 그는 끝으로 사진 상태가 나빠서 친서의 자체를 서로 비교 검증하지 못해 결정적인 단정은 내리기 어렵다는 단서를 붙이고 있지만, 논증이 대단히 구체적 사실들에 입각하고 있기 때문에 그러한 단서는 별로 의미가 없다. 요컨대 그는 친서가 두 개 존재하게 된 상황에 대한 책임을 김옥균에게 돌리는 한편, 기본적으로 그것은 구전을 반영한 것이기 때문에 다케조에 일본공사가 일본군을 동원해 입궐하여 국왕을 호위한 것에 대한 법적 근거로서는 유효하다는 해석이다.

다보하시의 위와 같은 연구성과는 지금까지 한 번도 비판적인 검증을 받지 않았다. 이선근이 그의 결론에 대해 동의하기 어렵다는 뜻을 표시한 것이 이에 대한 유일한 반응이다. 이선근의 견해는 다음과 같다.

이에 김옥균 등은 유재현의 뒤를 이어 다시금 그들의 동지 중의 한 사람인 변수(邊燧)를 일본공사관으로 보내는 동시에 국왕께 또 다시 아뢰되, "이미 다케조에 공사를 부르시는 이상 친수칙서(親手勅書)가 없이는 안될 듯싶습니다"라고 하였다. 워낙 급하게 서두르는 판이라 국왕이 "어찌하면 좋으냐"고 물으매 옥균은 즉시 연필을 꺼내 드리고 박영효는 종이를 드려 요금문(曜金門) 노상에서 '일본공사내호짐'이라는 친수칙서를 내리었다. 이때의 친수칙서는 연필본과 어보가 찍힌 해서정본(楷書正本)의 2통이 전달되었고, 문구에 대하여도 혹은 '일사내위'라는 4자만이었으며, 이도 친수칙서가 아니라 김옥균 등이 국왕의 불허함을 무시하고 억지로 위조한 것이라는 설까지 있다(註 ;『近代日鮮關係の硏究』 상권, 1,032~1,038면 참조). 그러나 이는 그들의 개혁운동이 실패한 후, 반대측에서 주장한 것으로 진부를 속단하기 어렵고, 국왕의 성격과 당시의 정형으로 보아『갑신일록』이 주장한 대로 초본만이라도 '친수'이었음은 틀림없다고 믿어진다(震檀學會, 『韓國史』 최근세편, 622~623면).

이선근의 위와 같은 견해는 다음과 같은 혼동과 문제점들을 가지고 있다.

첫째, 정변의 경위를 전적으로 『갑신일록』에 의존하면서도 다케조에에게 보내진 환관들의 이름을 혼동하였다. 즉 첫 번째와 두 번째 환관들의 이름을 서로 바꾸어 서술했다.

둘째, 요금문 내 노상에서 작성한 칙서란 것은 『갑신일록』에 의하면 김옥균이 연필을, 박영효가 백지를 내서 작성했다는 것으로, 이에 의한다면 칙서는 어디까지나 연필본 하나여야 하는데도 이선근은 특별한 근거를 제시함이 없이 "이때의 친수칙서는 연필본과 어보가 찍힌 해서정본의 2통이 전달되었다"고 단정했다.

셋째, 친수칙서가 김옥균 등이 국왕의 불허함을 무시하고 억지로 위조한 것이라는 설을 주장한 다보하시의 견해를 "개혁운동이 실패한 후 반대 측에서 나온 주장"이라고 보는 것은 납득하기 어렵다. 다보하시는 개혁운동을 지원한 일본 측을 변호하는 입장으로서, 이를 개혁운동을 반대하는 측으로 간주한다는 것은 무리이다.

넷째, 국왕의 성격과 당시의 정형으로 보아 『갑신일록』이 주장한 대로 초본만이라도 '친수'이었음이 틀림없다는 결론은 결국 논제의 출발점으로 되돌아간 것에 불과하다. 이러한 결론은 결국 다케조에 공사의 대병입궐(帶兵入闕)과 같은 중대사가 구전으로도 가능하다는 것을 인정하는 것으로 국권 수호 차원에서 대단히 위험한 논평이라 하지 않을 수 없다.

다섯째, 그는 정서본 칙서가 나온 경위에 대해서는 다보하시의 설을 부정만 했지 아무런 대안도 제시하지 못한 채 결국 김옥균의 『갑신일록』에 전적으로 의존하는 것으로 되돌아갔는데, 이것은 갑신정변에 대한 저자의 과도한 긍정적인 인식의 일단을 보여주는 것이다. 그는 바로 이러한 입장이었기 때문에 조선정부 측의 공식 견해에 대해서는 아무런 관심도 표명하지 않았다.

갑신정변 "일사내위"의 어서 문제에 대한 기존의 연구성과의 이상과 같은 상황은 세 가지 입장 어느 것에도 편중함이 없이 객관적으로 당시의 관련 자료들을 다시 한 번 엄밀하게 검토해 볼 필요성을 느끼게 한다. 그것만이 이 문제의 진상을 풀어줄 것이기 때문이다.

4. 두 개 어서가 나온 경위

다케조에 신이치로 일본공사가 조병호 독판에게 두 개의 어서들을 물증으로 제시한 것은 앞에서 언급했듯이 12월 29일 서대문 밖 미동(美洞) 소재 구 김보국의 저택에서 가진 담판에서였다. 조 독판의 집요한 추궁을 벗어나기 위해 제시한 물증이었다. 두 개 중 국왕의 옥새가 찍힌 것은 그때까지 추궁으로 몰아가던 조 독판을 놀라게 했던 것도 사실이다. 그러나 조 독판은 이에 대해서도 의심을 늦추지 않고 국새가 날인된 경위를 대군주에게 물어본 다음 공식 견해를 표명하겠다고 응대하였다. 이튿날 조 독판은 다음과 같은 의견서를 다케조에 공사에게 보냈다.

먼저, 두 장의 어서의 상태를 다음과 같이 표현했다. 하나는 연필로 "일사내위" 4자를 흘려썼고[亂草], 다른 하나는 몇 폭으로 접은 종이에 "일사내위" 4자를 쓰고 끝 폭에 대조선국 대군주의 성명을 쓰고 아래에 국보를 찍었는데, 그 자체는 반듯하게 쓰고[楷正] 인적(印跡)도 분명하여 급히 쓴[草率] 것이 아니다. 각각 이러한 상태의 두 장의 어서들에 대해 그는 다음과

같은 의혹점을 제시했다.[21]

첫째, 한 가지 일에 어서는 하나밖에 있을 수 없는데 두 장이 있는 것은
무슨 까닭인가?

둘째, 창황한 때에 어서를 해서로 쓴다는 것은 있기 어려운 일이다.

셋째, 지금까지 대군주가 각국 공사에게 칙유할 때 어명을 친서한(자필로
직접 이름자를 쓰는 것 : 인용자) 예는 없다.

넷째, 이런 종류의 어서는 반드시 봉칙자(奉勅字) 즉 지시를 누가 받는다는
문자가 있어야 하는데 어찌 서명과 안보(安寶 : 날인)는 있고 봉칙지인
(奉勅之人)은 없는가?

조 독판은 이상 네 가지 의문점에 근거해, 연필로 흘려 쓴 것은 흉당(凶
黨)이 급하게 만든 교지(矯旨)이며, 이것이 너무 초솔(草率)하여 증거가 되기
부족하니 국새를 훔쳐[偸楊國寶] 해서 1본을 따로 만든 것이 명백하다고 지
적하였다. 조병호 독판의 지적은 대단히 날카롭고 타당성이 높아 보인다.
특히 셋째의 지적은 모든 의문을 풀어줄 수 있는 단서가 되기에 충분한 것
으로 주목할 만하다. 군주의 어서에 어명(御名)을 쓰고 날인하는 것은 일본
식으로([그림 3]) 이 형식이 우리 나라에 도입되는 것은 1907년 7월 정미조
약으로 통감이 내정권을 장악하면서부터였다.[22] 일본식 군주 서명제도가 조
선에 전혀 영향을 끼친 적이 없는 갑신정변 당시의 시점에서 조선 군주가
일본공사를 궁궐 안으로 부르는 어서에 일본식 공문서식이 도입되었다는
것은 언어도단이다. 이 무렵 조선국왕의 어서는 어새 또는 국새 위에 이름
자 대신 대군주 또는 대조선대왕이라고 표기하고 있었다([그림 4]). "일사내
위"의 어서에 일본식으로 대군주의 이름자(경)를 써넣은 것은 곧 다케조에

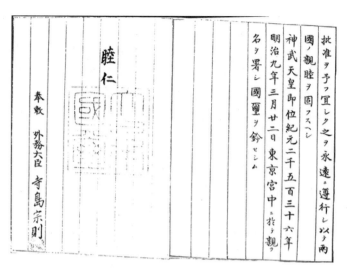

[그림 3] 1876년 조일수호조규에 대한 일본 明治 천황의 비준서

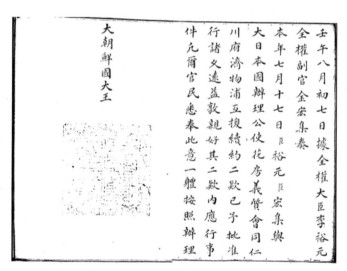

[그림 4] 1882년 제물포조약 때 고종이 이유원, 김광집 등에게 발부한 전권위원 위임장(일본 외교사료관 소장)

공사 측이 무의식적으로 저지른 실수로서, 정서본 어서의 위조가 전적으로 김옥균의 상습에 의해 저질러졌다는 다보하시의 결론을 재고하게 한다.

다케조에 공사 측이 정서본 어서의 위조에 깊이 개입한 증거는 사건 발생 후 일본 외무성이 행한 자체 조사 결과에서 명백하게 확인된다. 앞에서 언급했듯이 일본 외무성 본부는 12월 14일 진상 파악을 위해 쿠리하라 서기관을 인천에 파견하였다. 인천에 당도한 쿠리하라는 다케조에 공사를 만나 30개항의 심문을 하였는데 19일에 이루어진 심문의 제3문, 제4문과 이에 대한 다케조에 공사의 답은 두 개의 어서가 만들어진 내역을 다음과 같이 밝히고 있다.[23]

> 제3문 ; 이 폭거(暴擧)의 전후에 국왕으로부터 공사에게 직접 또는 간접으로 어떤 의뢰가 있었는가, 그 의뢰는 왕의 서면인가 또는 사(使 : 사람을 시킴)로서 한 것인가, 의뢰의 증좌가 될 만한 물건이 있는가.
>
> 답 ; 내관이 국왕의 친서 즉 석필(石筆)로 "일사내위"라고 한 것을 가지고 와서 입궐을 독촉하여 병을 이끌고 왕궁에 당도하여 호위했다.
>
> 제4문 ; 내관이 친서를 가지고 오고 그 후 국새가 찍힌 백지를 가지고 온 것은 누구로부터, 언제의 일인가?
>
> 답 ; 다음날 5일의 저녁 무렵 왕궁에서 시신(侍臣 : 김옥균으로 보임)으로부터 건네 받았다(領掌).

이 문답은 일본인 관련 관리들 사이에 사태 진상조사 차원에서 이루어진 것이므로 거짓이 있을 수 없다. 물론 이 조사 결과는 당시 대외비였다. 이 것은 어서 문제에 대한 진상을 알려주는 결정적 증거로서, 이에 의하면 정변 당일 다케조에 공사의 대병입궐(帶兵入闕)의 근거가 된 "어서"란 것은 석필(연필)로 쓴 것이 유일한 것이었다. 국새가 찍힌 정서본 친서란 것은 당일에는 발부되지 않았다. 그것은 정변 둘째 날인 12월 5일 저녁 무렵에 다케조에 공사가 직접 시신 김옥균으로부터 백지에 국새만 찍힌 상태로 건네받은 것이었다. 김옥균 등은 이날 오시(11~13시)에 스스로 관직을 내려 김옥균 자신은 호조참판 겸 승지가 되었다. 그는 승지로서 왕을 사실상 감시하는 입장이었는데, 백지에 국새를 날인하는 행위는 당시의 정황으로 보아 이 지위에서 함부로 하였을 가능성이 많다. 이 진술에 의하면 국새가 찍힌 백지 위임장의 출처를 김옥균이 수 년 전 동남제도개척사로서 받은 것을 사용했을 것이라는 무리한 추론을 댈 필요도 없다. 당시 경우궁에서 국왕의 주변을 장악한 김옥균은 왕의 옥로(玉鷺 : 갓머리 장신구)를 칼로 내려치는 횡포를 부릴 정도였다는 설도 있으므로,[24] 승지로서 백지에 국새를 날인하는 정도의 일은 어렵지 않았다고 생각된다. 이때 연필초본 친서를 다케조에 공사에게 전했다는 환관 유재현이 처형된 것도 우연이라고 볼 수 없다.[25]

김옥균으로부터 국새가 날인된 백지를 건네받은 다케조에 공사가 그 다음에 했을 일을 추측하는 것은 어렵지 않았다. 그는 본인 스스로 또는 누구를 시켜 백지에 "일사내위"란 네 글자를 써넣었다. 그런 다음에 국새가 날인 된 자리 위쪽에 무의식적으로 일본 칙서의 서식대로 조선 군주의 이름자를 써넣었던 것이다. 그것은 부지부식간에 저지른 증거 유류(遺留) 행위가 되었다.

5. 맺음말

이상으로 갑신정변의 "일사내위" 어서에 대한 김옥균의 『갑신일록』, 조선정부의 「변란사실」, 다케조에 신이치로의 「경성변란시말서」 등 삼자의 주장과 이에 대한 지금까지의 연구 상황을 점검한 다음, 연필초본과 정서본 두 가지의 어서가 나오게 된 경위를 고찰하였다. 그 결과 어서 발부의 진상은 다음과 같은 것으로 판명되었다.

김옥균 등은 정변을 계획하면서 정변이 성공하려면 1개중대 병력에 불과하지만 일본 공사관 호위병력을 궁궐 안으로 들어오게 하여 군주를 에워싸는 것이 가장 중요한 문제라고 판단하였다. 청군이 서울에 3,000여 명 주둔해 있는 상황에서 본다면 그러한 판단은 많은 문제점을 가지고 있지만 어떻든 그들이 그렇게 판단하여 거사에 돌입했던 것은 사실이다. 그리하여 그들은 계획대로 우정국 연회 자리에서 민영익을 해친 다음 일본 공사관을 거쳐 입궐하여 왕에게 청군으로부터 변고가 일어난 것을 아뢰고 일본공사에게 내위(來衛)를 지시할 것을 요청하였다. 조선정부 공식 발표는 국왕이 이에 응하지 않았다고 하였으나, 김옥균은 국왕의 동의를 얻어 다케조에 공사에게 구전으로 알렸다고 하였다. 다케조에 공사도 내관이 전한 구두통고를 받은 것으로 진술하였다. 이후 김옥균측은 구전으로는 불충분하다고 생각하여 친수친서(親手親書)를 내릴 것을 요청하였으나, 그들이 확보한 것은 "일사내위"의 4자를 쓴 연필초본뿐이었다. 김옥균은 그 문구도 "일본공사내호짐" 7자였던 것으로 잘못 기억하였지만, 김옥균 측이나 일본공사측 어느 쪽도 이 초본이 국왕이 쓴 것이라고 주장하면서 이에 대한 증거를 대려는 노력은 전혀 보이지 않았다. 김옥균측은 오히려 이것이 일병 동원의 근거로서는 미비하다는 것을 스스로 인정하고 어새가 찍힌 친서를 따로 만들기로 하였다. 그리하여 정변 제2일째 정부 요직을 발표한 뒤, 김옥균 자신이 승지직을 겸한 상태에서, 어새를 찍은 백지를 다케조에 신이치로 공사에게 넘겨주었다. 이때는 그간의 경위를 잘 알고 있는 내관 유재현도

처치된 시점이었다. 다케조에 공사는 그것을 받아 "일사내위"의 4자를 써넣고 어새 위에 대군주란 글자 대신에 일본식으로 대군주의 이름자 이경을 써넣었던 것이다. 이상과 같은 고찰에 의하면, 위 삼자의 견해 중 조선정부의 「변란사실」이 진상을 그대로 담은 것이란 점이 확실하게 드러났다.

어새 문제의 진상이 위와 같다면, 갑신정변은 법적으로나 도의적으로 큰 결함을 가지게 된다. 아무리 그 정치적 지향이 근대적인 것이라 하더라도 병력 동원이 법적 근거를 가지지 못했고 또 근거를 만들기 위해 어새 위조의 범죄행위를 저질렀다면 어느 역사가도 이에 대해 긍정적인 평가를 줄 수 없다. 뿐더러 『갑신일록』이 전하는 사전 준비를 보더라도 김옥균 등의 정변 주도측은 일본에의 의존도가 지나치게 높았다. 일본정부는 처음에는 임오군란 후 청군이 조선을 점거한 상황을 그대로 현실로 받아들여 소극적인 조선정책을 폈으나, 청불전쟁이 일어나자 이를 다시 조선 진출의 기회로 판단하여 조선국왕에게 배상금 40만 원(圓)을 되돌려 국왕의 환심을 구하는 한편으로 김옥균 등을 지원하는 방향으로 급선회하였던 것이다. 김옥균 등의 이른바 갑신 개화파의 본뜻이 청의 간섭을 배격하기 위한 것이라고 하더라도 정변의 힘을 전적으로 일본 측에 의존하는 계획은 또다른 외세를 초래할 수밖에 없는 것으로서 의미를 부여하기 어렵다.

북한학계는 갑신정변을 부르주아지혁명이라고 하였지만, 이 정변의 배후에 자본가들이 존재한 사실은 확인되지 않는다. 적어도 세력이라고 할 만한 존재는 없다. 북한 학자들이 내세운 『갑신일록』의 정강 등은 그 근거로 삼기에는 너무나 많은 문제점을 가지고 있다.[26] 정변 중 도성민으로서 그들의 편이 된 사람은 찾아보기 어렵다. 대부분의 도성민들은 이 정변을 일본공사관측이 일으킨 것으로 보고 국권이 침해당하였다는 의식 아래 공사관 건물을 방화하였다. 그들에게 김옥균 일당은 일본공사관의 앞잡이에 불과한 존재로 인식하여 아무도 그들을 두둔하지 않았다. 갑신정변은 일본의 계략에 놀아난 하나의 해프닝에 불과한 것이었다. 이런 관점에서는 앞으로 이 정변이 누구에 의해 긍정적으로 평가되기 시작했는가에 대해서도 관심을 가져볼 필요가 있다.

※ 추보 : 본고 이후 2000년 5월 전국역사학대회 역사교육연구회 발표회에서 김태웅 씨가 「일제강점기 김옥균 추앙과 위인교육」이란 논문을 발표했다. 이 논문은 '한국병합' 후 일본 낭인 출신들이 추앙사업을 시작하고 친일지식인들이 계속해서 위인만들기 사업을 벌인 것을 자세하게 추적하여 본고의 논지를 크게 뒷받침하였다.

1894년 6월 청군 출병(清軍出兵) 과정의 진상

─자진 請兵說 비판─

1. 머리말

1894년 6월 청나라 군대의 조선 출병의 경위에 대한 교과서적 설명은 다음과 같다. 즉 이해 2월(음력 1월)에 전라도 고부군수 조병갑(趙秉甲)의 탐학이 심해 전봉준이 이곳 농민군을 이끌고 봉기한 후 일단 해산하였다가, 안핵사 이용태(李容泰)가 농민군에게 모든 책임을 돌리자 이에 격분하여 4월에 다시 일어나 5월 11일(음력 4월 7일) 황토현에서 전주 감영군, 장성에서 경군(京軍)을 각각 잇따라 격파한 다음, 5월 31일(음력 4월 27일) 전주성을 점령하여 기세를 올리자 정부는 자체의 군사력으로는 도저히 이를 진압하기 어렵다고 판단하여 청나라에 원군을 요청했다는 것이다. 청군의 출병은 6월 4일자의 조선정부의 요청을 받아 확정되고 6월 6일(음력 5월 3일)에 일본정부에도 통고되었으며, 이에 일본도 톈진조약(天津條約) 제3조에 따라 마찬가지로 조선에 군대를 파견하여 양국군이 한반도에서 대치하던 끝에 7월 29일에 청일전쟁이 일어났다. 이러한 파악 아래 출병 요청은 조선정부의 무력·무능을 만천하에 드러내면서 망국으로 가는 징조를 뚜렷이 보인 대목으로 간주되었다. 한 나라의 정부가 자국민의 난을 진압하기 위해 타국에 진압 병력을 요청했다면 그 정부는 사실상 존속할 가치가 없는 것이 된다는 것을 누구도 부정할 수 없다.

그런데 청군 출병에 관한 당시의 관련기록들은 종래의 통념과는 다른 상황을 보여준다. 결론적으로 말하면, 청군의 조선 출병은 조선정부의 자진 요청에 의한 것이 아니라 주차조선총리교섭통상사의(駐箚朝鮮總理交涉通商事宜) 위안스카이(袁世凱)에 의해 강요된 것이었다. 위안스카이가 강요한 것이라고 해서 조선정부나 국왕의 책임이 완전히 면해지는 것은 아니지만, 양자 사이에는 의미상 엄청난 차이가 있다.

조선정부 자진 요청설이 언제, 누구에 의해 처음 제시되었는지에 대해서는 별도의 정밀한 조사가 필요하다. 필자가 접할 수 있었던 저술 가운데 이를 가장 앞서 제시한 것으로는 츠네야 세이후쿠(恒屋盛服)의 『조선개화사(朝鮮開化史)』(1901)이다. 이 책에는, "동(학)군을 지휘하는 자는 동학당의 괴수 전봉준으로…, 그 세가 점차 창궐하여, 충청도 공주 석성에 거하여 장차 경성으로 압박하려고 하자 이에 한정(韓廷) 낭패하여, 원조를 청국에 청하니"라고 서술되어 있다(534면). 한편 같은 연도에 나온 시노부 준페이(信夫淳平)의 『한반도(韓半島)』(1901)에는 전반적으로 국제관계에 비중을 크게 두었는데도 이에 대한 언급이 전혀 없다. 이로 보면 이 무렵만 해도 자진 청병설이 일반화되어 있지 않았던 것이라고 할 수 있다. 한편 1912년에 나온 도카노 군유(戶叶薰雄), 나라사키 칸이찌(楢崎觀一)의 『조선최근세사(朝鮮最近世史)』는 "메이지 27년(1894)에 동학당의 난이 일어남에 미쳐 청국은 조선정부를 선동하여 구원을 빌게 하고(9면)"라고 하여 청국 선동설을 제시하고 있다. 이것은 위안스카이 강요설과 유사한 것으로, 이때까지도 두 개의 설이 병존한 상태라고 할 수 있다. 자진 청병설은 1900년 전후 한국정부의 무능을 부각시키려는 의도에서 나온 것일 가능성이 높다.

자진 청병설이 학술적 뒷받침을 받은 것은 의외로 늦다. 1940년에 출간된 다보하시 교오시(田保橋潔)의 『근대일선관계의 연구(近代日鮮關係の研究)』상·하(朝鮮總督府 中樞院)에서 비로소 자세한 사료적 근거가 제시되었다(제24장 「日淸兩國의 出兵」). 이 책은 저자가 경성제국대학 교수로 재직하면서 1930년에 출판한 『근대일지선관계의 연구(近代日支鮮關係の研究)』(京城帝國大學 法文學部)를 조선총독부의 지원 아래 발전시킨 것으로, 당시로서는 보기 드물게 일차사료들을 많이 구사한 연구로 높은 평가를 받았다. 조선 관계 자료로서는 경성제국대학 도서관에 수장되어 있던 『일성록(日省錄)』등 규장각 자료를 직접 활용하기도 하였으며, 중화민국정부가 북경 고궁박물원을 중심으로 공간하기 시작한 중국 측 일차 외교사료들을 활용함으로써 (서문 참조) 연구의 질을 크게 높였다. 오늘날까지도 이 장점이 인정되어, 청일전쟁까지의 동아시아 외교사 연구에서는 이 책이 자주 인용되고 있다. 자진 청병설은 이 책을 통해 확고한 지위를 획득했던 것이라고 할 수 있다.

자진 청병설이 이렇게 거의 정설화됨에 따라 8·15해방 후에 나온 우리 역사 개설서들도 모두 이를 따랐다. 예컨대, "1894년에 전라도 전봉준이 영솔한 동학당의 난이 폭발되었다. 그러나 이것을 평정할 수가 없어, 조선은 원세개에게 호소하였던 것이다(손진태, 『國史大要』, 1949, 231면)"라는 것과 같은 서술이 일반적이었다. 1980년대에 나온 전문 연구저술에서도 마찬가지였다. 해방 후의 청일전쟁에 관한 대표적 저술인 박종근(朴宗根)의 『청일전쟁과 조선』(1982)도 다보하시의 설을 거의 그대로 따르면서 『일본외교사료(日本外交史料)』의 관련 자료들을 몇 더 동원하여 이를 보충하였다. 김창수(金昌洙)의 「청일전쟁 후 일본의 한반도 군사침략정책」(한국사연구회 편, 『淸日戰爭과 韓日關係』 수록, 일조각, 1985)은 그 경위에 대한 고찰에서 상세도를 훨씬 더 높여 자진 청병설을 강화했다. 현행 각급 국사 교과서도 "정부는 동학농민군을 무력으로 진압할 능력이 없었으므로 청에 파병을 요청하였다"는 식으로 되어 있다(1996년도 초판 발행 고등학교『국사』하, 86면).

이 글은 출병 요청이 이루어진 경위의 진상을 구명하여 늦게나마 한말 역사에 대한 오도된 인식을 교정하는 데 이바지하기 위하여 쓰여졌다.

2. 조선정부 자진 청병설과 그 근거 재검토

다보하시 교오시 · 박종근 · 김창수 등의 연구는 조선이 동학교도들의 초기 움직임으로 1893년 보은집회가 있었을 때 이미 조선국왕이 이의 해산 또는 진압 목적으로 외국 차병(借兵)을 거론한 적이 있는 것을 특별히 주목하여 1년 뒤의 차병도 결국 국왕의 그러한 잠재의식이 발동된 것으로 보는 경향이 강했다. 그러한 선입견 때문에 이후의 관련사료들을 엄밀히 다루지 못하는 결함도 생겼던 것 같다. 그래서 이들의 주장과 그 사료적 근거의 문제점에 대한 전면적 재점검이 필요하다. 먼저 청병이 있기까지의 과정에 대한 기존의 견해를 정리해 보면 다음과 같다.

1) 잠재적 가능성

(1) 1893년 3월 동학교도들(2만여 명)이 교조 신원운동으로 보은에 집결했을 때 이에 대한 대책회의 때 국왕 고종이 청군 파병 요청을 이미 발언하여 1년 뒤의 청병의 소지를 보였다(田保橋潔 235면, 朴宗根 12면, 金昌洙 4면).

(2) 이 회의가 대신들의 반대로 철회된 후에도 고종은 비밀리에 전협판내무부사(前協辦內務府事) 박제순(朴齊純)을 위안스카이에게 보내 청병 차용 가능성을 타진케 하였다. 그러나 위안스카이가 조선 중신(重臣) 기용에 의한 진압 방안을 언급하면서 거절함으로써 무산되었다(金昌洙 4).

2) 파병 요청의 구체적 경위

(3)-1 1894년 5월 14일, 초토사(招討使) 홍계훈(洪啓薰)이 황토현에서 동학농민군에 패배한(5월 11일) 직후, 전문(電文)으로 증원군을 요청할 때 차병을 언급하였다(朴宗根 11~12, 金昌洙 5).

(3)-2 5월 16일, 혜당(惠堂) 민영준(閔泳駿)(선혜청 당상)이 초토사 전문(電文)에 의거, 국왕에게 청병건(請兵件)을 제기하여 두어 차례 토의하였으나 결론이 나지 않아 위안스카이와 협의하였다(朴宗根 11~12, 金昌洙 6. 『日本外交文書』 27-Ⅱ, 153면).

(3)-3 18일 재차 회의하였으나 대다수 반대로 부결(朴宗根 12, 金昌洙 6-7).

(4) 23일 초토사 홍계훈이 영광군 진중에서 차병을 상주하였다(田保橋潔 274).

(5)-1 6월 1일, 전주함락(5월 31일)의 보고를 듣고 민영준은 국왕의 내명에 의해 위안스카이와 교섭하여 동의를 얻었다. 단 이때 의정부 조회를 발하여 정규의 수속을 취하지는 않았다(田保橋潔 275, 朴宗根 13).

(5)-2 6월 2일 밤, 중신회의에서 민영준이 청군 차병론을 주장했으나 영돈녕부사 김병시(金炳始) 등 여러 대신들이 반대하자 국왕은 외병을 부를 수 없다면 위안스카이가 전주 등지에 내려가서 순변사(巡邊使), 초토사의 병력을 지휘할 수 있으면 좋겠다는 뜻을 비쳤다. 민영준이 반

대론을 억지로 누르고, 국왕의 내명으로 위안스카이와의 교섭을 거쳐 청병을 결정하였다(朴宗根 13, 金昌洙 12~14).

3) 청측과의 접촉

(6)-1 민영준이 언제부터 위안스카이와 차병 논의를 했는지는 불명하나, 5월 23일 리훙장은 자국 총리아문에 타전하여, 조선국왕으로부터의 파병 요청은 아직 오지 않은 상태라고 보고하였다(朴宗根 12~13).

(6)-2 6월 1일, 리훙장은 다시 총리아문에 조선국왕이 파병을 바라고 있다고 보고하였다(朴宗根 13).

(6-3) 6월 2일, 조선 조정의 파병 요청 결정 소식을 들은 위안스카이는 이를 즉시 전문으로 리훙장에게 전달, 리는 이를 즉각 총리아문에 보고하고 6월 6일 일본정부에 문서로 통고하였다(田保橋潔 276~281, 朴宗根 13).

(6)-4 6월 3일 밤, 조선 정부는 좌의정 조병세(趙秉世) 명의로 임오·갑신의 예에 비추어 원군을 보내줄 것을 청하는 조회를 성기운(成岐運)을 통해 위안스카이에게 전달하였다.

기존 연구의 위와 같은 파악이 제대로 된 것인지를 알기 위해서는 먼저 활용한 사료들을 점검해보는 것이 순서이다.

첫째, 잠재적 가능성론(1), (2)의 근거 사료인 『일성록』의 해당기록(高宗 癸巳 3월 25일조)은 다음과 같다.

(가) 予(국왕 : 필자)曰 : 요충의 지역이 모두 몇 개 길이 되는가?

(나) (영의정) 심순택曰 : 수원·용인은 바로 직로이며, 심영(沁營)·기영(畿營) 두 영의 병정은 먼저 수원 용인 등지에 보내 주둔하고, 京軍은 형세를 보아 쓰는 것이 좋겠습니다.

(다) 予曰 : 경군은 아직 파송하는 것이 옳지 않다. 타국병을 차용하는 것도 각국의 예가 있다. 그러나 어찌 하필 차병을 할 것인가?

(라) 순택曰 : 이것은 옳지 않습니다. 만약 이를 사용하면 군수물자를 부득불 우리 나라가 대야 합니다.

(마) 予曰 : 중국이 일찍이 영국병을 차용한 일이 있다.

(바) (우의정) 정범조曰 : 어찌 중국을 본딸 수 있겠습니까?

(사) 予曰 : 각국을 빌리려는 것이 아니라, 청병은 쓸 수 있기 때문에 말하는 것이다.

(아) 범조曰 : 청병 차용은 비록 각국과는 다르지만, 어찌 처음부터 빌리지 않는 것보다 낫겠습니까? …

보은에 집결한 동학교도들이 서울로 올라올 경우, 이를 저지하는 방법에 관해 국왕과 대신들이 서로 의견을 나눈 것이다. 그들이 상경한다면 수원·용인의 직로 이용의 가능성이 가장 높은데, 그럴 경우, 강화도 심영(沁營)과 수원의 기영(畿營) 병력을 이곳으로 배치할 것이며, 그 다음에 투입할 만한 병력은 경군이지만 이는 서울 수비용으로 써야 할 것이므로 외국병력을 차병하는 것이 어떤가 하는 것이다. (다) (사)의 국왕의 발언이 이에 해당한다. 국왕의 이러한 차병 관심에 대해 영의정·좌의정 등은 모두 쉽게 거론할 문제가 아니라고 답했다. 영의정 심순택(沈舜澤)은 외국병이 오면 그 군량을 모두 우리가 조달해야 하는 부담을 지적하였고, 좌의정 정범조

(鄭範朝)는 외국병의 차병은 예외 없이 고려하지 말아야 할 사항이라고 하였다. 문제는 이런 진언에 대한 국왕의 반응인데, 국왕은 기본적으로 대신들의 진언을 받아들이는 입장이었다.

첫 발언 (다)에서 왕은 타국병을 차용하는 것은 각국의 예가 있지만, "어찌 하필 차병을 할 것인가?"라고, 각국에서 타국의 병력을 차용하는 예가 있다는 것을 언급하면서도 그렇게 할 의사는 없는 것을 분명히 밝혔다. 그러면서 (마)에서 청국이 태평천국난 때 영국병을 차용한 예를 거론하는 한편, (사)에서는 다른 외국과는 달리 청국병은 쓸 수 있다고(可用) 생각하여 한 말이라고 발언의 진의를 따로 밝혔다. 기존의 연구들에서는 모두 국왕의 이 발언을 청병의 잠재 가능성이 표출된 것으로 해석하였다. 김창수는 청 리홍장의 『이문충공전서(李文忠公全書)』(電稿 권 4, 寄譯書 : 『淸光緒朝中日交涉史料』 권 12, 北洋大臣來電 2)의 기록에 근거해, 대신들의 반대로 논의가 철회된 뒤, 고종이 전협판(前協辦) 내무부사(內務府事) 박제순을 청총리교섭통상사의(淸總理交涉通商事宜) 위안스카이에게 따로 보내 의사를 타진하기까지 한 사실을 들어 국왕의 차병 의지가 특별하였던 것으로 간주하였다.

그러나 국왕 고종의 청국병 동원에 대한 관심은 이듬해 문제되는 청군 파병 요청과는 의미가 다른 것이었다. 후술하듯이 고종은 1년 뒤(1894년 5월 27일) 동학농민군 진압 대책회의에서 조정에서 달리 내려보낼 중신이 없다는 결론이 부각되는 상황에서, 위안스카이가 휘하 수졸들을 데리고 현지로 직접 내려가 순무·초토사의 병력을 지휘해 주면 좋겠다는 의견을 낸 적이 있다[(5)-2]. 이것은 청국의 새로운 병력 증원과는 명백히 구분되는 지원안으로서, 보은집회에 대한 대책논의에서 "각국(의 병력)을 빌리는" 일반 차병과 구분하여 "청병은 쓸 수 있기 때문"이라고 한 것도 같은 경우를 염두에 둔 발언이라고 할 수 있다.

국왕 고종은 1873년 친정에 나서면서 개화를 추진할 것을 결심하였고, 실제로 이후 임오군란이 일어나기 전까지 여러 가지 개명 개화를 위한 준비사업을 서둘렀다. 그러나 청나라가 임오군란을 구실로 조선에 군대를 파견한 다음, 위안스카이를 주차조선총리교섭통상사의로 임명하여 조선 속방화정책 아래 내정간섭을 취하여 조선의 개화정책을 사실상 저지하였다.[1] 이에 대해 고종은 여러 번 저항함으로써 심지어 청국측이 그를 퇴위시키려는 움직임까지 있었다. 요컨대 고종에게는 위안스카이, 곧 청국으로부터 자신의 왕정이 큰 피해를 입고 있는 것을 의식하고 있었으며, 이런 의식에서는 자신의 백성이 난을 획책하고 있는 것도 청국의 불필요한 내정간섭에 기인하는 부분이 많다는 생각을 했을 가능성이 많다. 고종이 별기군(別技軍) 등 신식군대 양성에 지대한 관심을 가졌던 사실을 상기하면 이 추론은 얼마든지 가능하다. 그가 두 번이나 위안스카이에게 진압의 일선에 나서보라고 한 것은 결자해지의 의미를 담은 주문으로, 순수 출병 요청과는 다른 것이다.

대신들의 반대로 논의가 철회된 뒤 고종이 박제순을 위안스카이에게 보내 의사를 타진해 보게 한 것도 자신의 그런 의향을 전달한 것에 지나지 않는 것으로, 큰 의미가 있는 것은 아니었다. 그 방문에 접한 위안스카이의 답변이 이런 해석을 입증해 준다. 그는 왕의 의도를 간파하였다는 듯이 그런 일은 조선정부가 중신을 파견해 처리할 일이라고 거절하였다. 그것이 순수한 청병이었다면 그는 이런 반응을 보이지 않았을 것이다. 이런 형태의 거절은 1년 뒤의 거의 같은 제안에 대해 "내가 어찌 이때에 몸을 가벼히 하겠는가?"라고 거절한 것과 똑 같다. 두 사람 사이에 오간 문답은 일종의 신경전에 해당하는 것이었다.

둘째, 초토사 홍계훈의 차병 건의에 관한 사료들이다[(3)-1·2·3·4]. 조정에서 가장 믿었던 지휘관인 홍계훈이 농민군의 기세가 강성한 것으로 보고 조정에 대해 증원군을 요청하는 한편, 청군의 파병요청이 불가피하다는 의견을 낸 것이 조정의 청병 결정의 직접적 계기가 되었다는 것을 연구자들은 다같이 인정하였다. 그런데 홍계훈이 건의한 시기에 대해서는 연구자들 사이에 이견이 있었다. 가장 앞선 시기의 연구자인 다보하시 교오시는 홍의 첫 상주를 5월 23일로 보았다(4). 이에 대해 이선근이 『한국사』 현대편 (67면의 주 1)에서 5월 14일설을 제시하여 이의 잘못을 시정하였다. 5월 16일 민영준이 국왕에게 대신회의를 열 것을 종용하면서 초토사의 전문 답지 사실을 언급한 것 등을 근거로 들었다. 이후 박종근·김창수 등도 이를 취했다. 그러나 이들이 이날 바로 대신회의가 열렸던 것으로 파악한 것은 잘못이다[(3)-2]. 이 날은 국왕의 회의 개최 동의만 얻었고 회의는 이틀 뒤인 18일 새벽에 열렸다[(3)-3]. 그리고 박·김은 그 회의(廷中會議)가 결론이 나지 않아 민이 위안스카이에게 협의한 것으로 파악했으나[(3)-2] 이것도 잘못이다. 후술하듯이 당시의 일본 측 정탐기록은 민이 위안스카이와 미리 밀약을 하고 왕께 청병건을 제안한 것으로 되어 있다.

셋째, 홍계훈이 올린 전문 건의는 여럿이 되나 실제로 내용이 전하는 것은 5월 23일자 하나뿐이다. 이의 중요 관련 부분은 다음과 같다(田保橋潔, 「東學黨匪亂史料」, 앞의 책 下, 274, 재인용).

가만히 엎드려 생각건대, … 작년, 올해 두 번이나 왕의 군대[王師]를 멀리까지 동원하여 民이 그 보내고 맞이하는 것에 피폐하고 兵이 왕래에 고생함이 말할 수 없습니다. … 우리는 적고 저들은 많아 병을 나누어 밀어치기 어렵습니다. 엎드려 바라건대 外兵을 빌릴(借) 것을 청하여 돕게 한다면 저 무리들이 그 머리와 꼬리가 닿지 않게 되고, 그 소리 통신[音耗]이 통하지 않게 되어, 저들의 세력이 반드시 고단하게 되고 흩어지게 되어 힘도 제절로 풀릴 것입니다. …

다보하시는 이 기록에 대해 다음과 같이 논평하였다. 즉 홍계훈은 국
왕·척족의 신임이 가장 두터운 장수였으므로, "원래부터 청병 청원론자
인" 국왕·척족이 결심하는 데 큰 영향을 끼쳤을 것이라고 하였다(275면).
그러나 그가 사용한 국왕·척족이란 용어는 고종의 무능과 민왕후 민씨의
'세도'를 부각하기 위해 의도적으로 만든 것에 불과하며,[2] 고종에 대한 이
러한 부정적 편견이 국왕을 원래부터 청병청원론자라고 단정하기에 이른
것이다. 그의 저술의 이런 전제에 대해서는 별도의 비판이 필요하다. 초토
사의 상주문이 국왕에게 큰 충격을 준 것은 사실이다. 초토사는 국왕이 당
시 가장 신임하던 지휘관이었을 뿐더러 그가 호소하는 문제를 해결해줄 중
신이 조정에 달리 없었기 때문에 더욱 그러하였다. 그러나 국왕은 이후에
도 외국군 차병에 대해서는 부정적이었다. 이 상주문은 오히려 후술하듯이
민·위안스카이 등이 전날의 밀약의 성취를 다시 한 번 다지면서 국왕에
대한 압박을 더 강화하는 계기가 된다.

넷째, 6월 1일, 2일의 조정회의의 청병 논의에 관한 기록이다[(5)-1·2].
이에 대해서는 다보하시와 박종근·김창수 사이에 결정 일자에 하루 차이
가 있다. 전자가 날짜를 착각한 것으로 2일이 맞다. 그리고 전자는 근거 사
료를 직접 대지도 않았으며(276면), 민영준이 이때 청병에 대해 국왕의 동의
를 받았다는 것도 잘못된 해석이다. 후자는 근거사료(『朝鮮史』 6-4(1065~
1066) ; 『東學亂記錄』 상, 8, 14면 ; 『日本外交文書』 27-1, 165면)를 제시했지만,
이 관련사료들을 자진 청병설의 입장에서 해독함으로써 해석에 적지 않은
오류를 범하거나, 이에 반하는 중요한 기록들을 제대로 활용하지 못하였다.
청병의 '주범'은 곧 고종이란 선입견에 사로 잡혀 일본 측 사료에 제시되어

있는 위안스카이의 차병 강요에 관련되는 기록들을 대부분 주의하지 않아 놓쳤으며, 따라서 상황을 잘못 파악하는 오류를 범했다. 이에 대해서는 장을 달리 해 자세히 살피겠다.

다섯째, 리훙장이 총리아문에 보낸 전문들로서, 그 가운데 선행 연구자들이 모두 인용 또는 지적하고 있는 6월 1일, 4일자의 내용은 다음과 같다.

(가) 袁道(위안스카이)로부터 여러 번 전문이 왔다. 京兵이 패하여 병기를 빼앗기고 韓의 각 군은 모두 용기가 꺾였다. 작금에 헤아리기로 서울과 평양의 병력 2,000인을 파견하여 나누어 가서 포위하여 절멸하여야 하는데, 왕이 병력이 적어 증파할 수 없고 또 더 믿을 수도 없다고 하여, 의논하기를 華(中華)에 병을 파견하여 대신 섬멸해 줄 것(代戡)을 구하니 韓이 中華의 보호로 돌아왔다. 그 내란이 스스로 진정되지 않아 중화에 대신 징벌(戡)을 구하니 상국의 체면을 위해서도 틈이 생겨서는 안되겠다. 이미 華兵이 오기를 부탁하였다면, 정부가 문서를 갖출 것이다. … (『光緒中日交涉史料』 권13(949), 光緒 20년 음력 4월 29일 北洋大臣 李來電, 田保橋潔 앞 책, 279면에서 재인용)

(나) 袁道 30일의 電文, 근일 倭署使(일본공사) 스기무라(杉村)가 나에게 와서 얘기를 나누었는데, 역시 중화가 빠른 시일 안에 대신 징벌할 것인지를 눈치보고, 또 중화가 허락했는지 여부를 물었다. 凱가 답하기를, 韓은 民命을 아껴 巡撫하여 해산하기를 바랐으며 兵이 다행히 이김으로써 아직 문서로 청하지 않아 서둘러 韓民을 살륙할 수가 없다. 만약 청해오면 저절로 허락할 것이다. … (同上, 光緒 20년 음력 5월 1일 北洋大臣來電, 田保橋潔 앞의 책, 279면에서 재인용).

(나)에 의하면, 청국측은 6월 4일(음력 5월 1일) 스기무라 일본공사가 위안스카이를 방문했을 때까지도 조선정부로부터 문서에 의한 출병 요청을 받지 않은 상태이다. 이처럼 아직 조선정부가 청병 안에 대해 합의를 보지 못한 상태인데도 (가)에 보듯이 6월 1일에 북양대신 측이 그 요청을 기다리고 있는 듯한 분위기는 위안스카이에 의한 강요설을 유력하게 뒷받침해 준다. 조선으로부터의 청병문서는 스기무라 공사 방문 후에 도착했으며, 그 내용은 다음과 같다.

(다) 朝鮮議政府 左議政 趙(秉世)

爲照會事, 案照·폐방(弊邦) 전라도 관할의 泰仁 古阜 등 縣의 민습이 흉한하여, … 近月 이래 東學敎匪에 붙어 무리 만여 인을 모아 縣邑 십수 처를 공격해 함락하여… 하물며 현재 한성과 겨우 400수십 리밖에 떨어져 있지 않는데 그대로 다시 북진하게 한다면 畿輔가 소동하여 손상이 적지 않을 것입니다. 그리고 폐방의 새로 훈련된 各軍의 현재 수는 겨우 都會를 호위할 정도이며 또 전투를 경험하지 못해 흉구를 무찌르는 데 사용할 수 없습니다. 만약 널리 퍼짐이 오래되면 그것이 中朝에 근심을 끼칠 것이 더욱 클 것입니다. 임오년과 갑십년의 폐방의 두 차례 내란을 살피니 모두 中朝의 兵士에 의지해 대신 응징해 평정했으니 이에 지원요청안을 만들어 청하여 귀 총리를 번거롭게 합니다. 신속히 북양대신에게 전보로 간청하여 여러 병대를 파견하여 속히 와서 대신 절멸하고, … (『公文謄錄』甲午, 中日交涉史料 卷 13(953) 光緖 20년 5월 초 1일(음력)조 北洋大臣 來電, 田保橋潔 앞의 책, 280~281면).

위는 조선정부가 청국에 대해 출병을 요청한 공식문서이다. 주의할 것은 그 명의가 국왕이 아니라 좌의정 조병세로 되어 있는 점이다. 이것은 조선 정부가 이 요청건에 대해 국왕 명의의 국서를 낼 정도로 적극적이지 않았다는 것을 의미한다.

여섯째, 공식성이 가장 높은『고종실록』과『일성록』이 이 문제를 소극적으로 다루고 있는 점을 어떻게 볼 것인가 하는 문제가 있다. 이 문헌들에는 위의 청병문이 실리지 않았다. 왕정의 공식 기록인『일성록』은 고종 갑오 5월 1일(양력 6월 4일)자에 내무독판 신정희(申正熙), 참의 성기운(成岐運) 등을 군무사(軍務司) 구관(句管)으로 임명한 것, 공조참판 이중하(李重夏)를 영접관(迎接官)으로 임명한 것 등만 실었다. 좌의정 명의의 청병문이 왕과는 무관하다는 뜻일까.『고종실록』도 "청국 군함이 장차 올 것이므로 그 영접의 절차가 급하니 공조참판 이중하를 영접관으로 임명하여 필요한 일을 하게 하자"는 건의와 이를 왕이 승낙한 기사만 실었다. 그리고 이 기사에 대해 세주(細註)로 그 경위를 다음과 같이 붙였다.

당시 전주가 함락되고 적세가 창궐하자 정부가 비밀히 위안스카이와 의논하여 淸廷에 구원을 요청하니 청정이 濟遠・揚威 二艦을 보내 인천, 한성에 가서 상인들을 보호하고 아울러 제독 葉志超, 總兵 聶士成으로 하여금 三營兵 1,500명을 거느리고 牙山에 내도하여 상륙했다(『高宗實錄』권 31, 고종 31년 5월 1일(음력)조).

이 기록은 청병에 관한 왕조정부의 유일한 공식기록이다. 이 가운데 "적세가 창궐하여 정부가 비밀히 위안스카이와 의논해 청나라 조정에 구원을 요청했다"고 한 부분이 곧 청병의 경위에 해당하는 것으로, 비록 짧지만 내용은 자진 청병설을 뒷받침해 주기에 좋은 것이다. 이러한 공식 기록의

제1부 편견과 오류 비판

내용 때문에 자진 청병설을 의심하는 연구자들이 적었다고 말해도 좋다. 그러나 이 기록은 극히 축약된 것에 문제점이 있다. 기록 자체로서는 어디가 잘못되었다고 지적하기 어려우나, "위안스카이와 의논하였다"는 것의 구체적 내용은 다른 자세한 기록에 의하면 여러 가지 다른 특별한 조건이 달려 있는 것이어서 자진 청병설과는 거리가 멀다. 뒤의 자세한 고찰이 이 한계를 밝혀줄 것이다.

이상의 검토에 의하면, 자진 청병설은 연구자들의 선입견 때문에 관련 사료들을 신중히 다루지 못하는 결점을 가진 것이었다. 동학농민군이 전주를 함락하자 조선정부 특히 국왕이 두려운 나머지 청나라에 즉각 파병을 요청했다는 증거는 어디에서도 확인이 되지 않는다. 청국 측의 사료에서도 그런 증거는 찾을 수 없다. 자진 청병설이 전면적으로 재검토되지 않을 수 없는 까닭이 여기에 있다.

3. 위안스카이 측 청병 강요의 여러 단계

앞에서 고찰한 것과 같이, 1894년 6월 청군의 조선 출병 경위에 관한 조선·중국 양측의 자료는 진상을 전해주기에 많은 한계가 있다. 이에 반해 당시 조선정부와 위안스카이측의 동향에 대한 주한일본공사관 측의 정탐 기록은 훨씬 더 자세하다. 『일본외교문서』『일한외교사료(日韓外交史料)』 등에 실린 관련기록들은 청병의 진상을 드러내 주기에 충분하다. 이 일본 측 기록에 의하면, 청병 강요의 과정은 3단계로 나뉘어진다. 이를 순차대로 살펴나가기로 한다.

1) 민영준(閔泳駿)―위안스카이 간 사전밀약 단계(5월 14일~18일)

일본 측의 관련기록은 1894년(明治 27년) 5월 22일(양력)자로 조선국주차 스기무라 임시대리공사(당시 오도리 공사는 휴가 중이었다)가 동학농민군에 대한 대책과 관련해 무쓰 무네미쓰(陸奧) 외무대신에게 기밀사항으로 보낸 것에서 맨 먼저 나온다.[3] 이 자료는 조선정부가 보유하고 있는 경성의 신식[洋式] 상비병은 5천이라고 하나 그 실수는 이보다 적을 것이므로 전라·충청 양도에서 봉기한 난민을 쉽게 누르기 어려운 형편이며, 이런 조건에서 조선정부가 낼 수 있는 대응책으로는 다음과 같은 두 가지가 상정되는데, 일본정부는 이를 연구할 필요가 있다고 했다.

> (1) 정부는 민원을 받아들여 民望에 부응할 목적으로 내정의 개혁을 행하여 국민이 싫어하는 바의 폐해를 제거하여 난당을 회유하여 서서히 진정하는 방법을 세우는 것.
> (2) 병력을 支那[중국]에서 빌려 난당을 평정하는 것.

스기무라 대리공사는 조선정부 안에서 2~3인의 대신들이 (1)의 의논을 가지고 있으나 공언하기를 꺼려 몰래 왕에게 상주하고 있으며, (2)는 민영준이 주로 주창하는 것이지만 아직 시행은 되고 있지 않다고 했다. 민영준은 당시 선혜청 당상으로 병조판서를 겸하던 위치로서, 일찍이 위안스카이와 결탁하여 가장 악명 높은 권신의 하나로 알려져 있었다.[4] 스기무라 대리공사는 (1)은 국왕의 영단으로 내려지더라도 閔氏(민영준을 가리키는 것으로 보임 ; 필자)에게 불리해 민씨를 축출하지 않으면 어려울 듯하다고 보는 한편, (2)로 할 경우 구약 즉 톈진조약에 비추어 청병이 한국에 들어오면 우

제1부 편견과 오류 비판

리(일본) 정부도 별도로 출병하는 상황이 오게 된다고 하였다. 이 기밀 사항
이 발신된 5월 22일은 동학군이 5월 11일 황토현 싸움에서 전주 감영군과
보부상들을 상대로 대승한 다음 전주성으로 향하던 중이었다. 조선정부로
서는 대단히 위급한 때였으며, 이런 상황에서 조선정부가 (1) 즉 내정개혁
으로 사태를 해결하려는 움직임이 있었다는 것은 주목할 점이다.[5]

스기무라 임시대리공사는 다음 날(5월 23일) 같은 문제에 대해 좀 더 자세
한 내용의 통신을 무쓰 무네미쓰 외무대신에게 보냈다.[6] 이 보고에는 그간
에 작성된 탐보서(探報書)란 것이 첨부되었는데, 이를 옮기면 다음과 같다.

> 12일 惠堂(민영준의 아호)이 아뢰어 말하다 ; 賊勢가 갈수록 창궐하여 剿減
> 할 수가 없습니다. 초토사의 電達에 의거하면, 청나라 병력의 來助를 요구하
> 였는데 事宜에 합당한 것 같습니다.
> 上께서 말하다 ; 請兵 一款은 가볍게 거론할 수 없으니 여러 대신들에게
> 충분히 토론하여 변결하는 것이 옳다.
> 혜당이 아뢰다 ; 이미 위안스카이에게서 밀약이 되었습니다. 번거롭게 알리
> 지 마시고 비밀히 자리를 열어[開筵] 대신을 불러 자순(諮詢)을 내리시는 것을
> 명하면 어떻겠습니까.
> 상께서 말하다 ; 좋다.

위는 음력 4월 12일 곧 양력 5월 16일의 민영준과 국왕간의 대화를 탐문
한 것을 그대로 옮긴 것이다. 박종근은 이 기록으로 대신들과의 논의에서
결론이 나지 않아 민영준이 위안스카이와 협의하였다고 정리하였으나 순
서가 바뀌었다. 5월 14일자 초토사의 전문에 근거해 민영준은 국왕에게 대
신회의를 열 것을 처음 제안하였는데, 이때 민영준은 국왕에게 "위안스카

이에게서 밀약이 되었다"고 말하고 있다. 말하자면 청병에 관한 최초의 협의에서 제안자인 민영준으로부터 사전에 위안스카이와 약속이 되어 있다는 것이 무의식간에 발설된 것이다. 이후의 위안스카이의 동향 전반으로 보면, 그 밀약이란 민영준이 위안스카이에게 제안한 것이라기보다 위안스카이의 요구를 민영준이 조정에 전달하는 것이었다. 황토현에서의 관군의 패배는 물론 두 사람 모두에게 충격이었을 것이다. 민영준은 병조판서로서 그리고 동학농민군으로부터 직접 지탄을 받는 대상이었기 때문에, 그리고 위안스카이는 동학농민군이 청나라 상인, 어민의 작폐, 전보국(電報局)의 작폐 등을 폐정개혁 요구안에 직접 넣고 있었기 때문에 공동대처가 필요한 입장이었다.[7] 그래서 그들은 동학농민군을 괴멸시킬 수 있는 가장 적극적인 방도로 조선정부로 하여금 청군출병을 요구하는 결정을 내리도록 유도하기로 미리 약속하였던 것이다

민영준의 건의에 접한 국왕은 파병 요청은 가벼이 할 수 없는 일이라는 것을 분명히 밝히면서 이를 대신회의에 부치기로 하여, 5월 18일 꼭두새벽 [曉頭] 경연(經筵) 자리 형식을 빌어 여러 대신들을 불렀다. 그리고 회의는 민영준의 제안을 받아들일 수 없는 것으로 결정이 났다. 스기무라 대리공사의 보고는 회의의 결정이 그렇게 난 것을 자세히 알리는 자료로 탐문서란 것을 첨부했다.[8] 이 자료는 대부분의 대신들이 이 위기가 난군 측과의 타협으로 해결될 수 있는 것으로 전망하면서, 외병 요청은 절대로 있을 수 없다는 견해가 우세했던 것을 전하고 있다. 대신들은 당초 초토사를 내려보내는 명령도 너무 급하게 이루어져 온당하지 못했는데 지금 갑자기 청병하는 것은 아주 옳지 않다, 내란이 진정하면 재간과 국량이 있는 자 한 사람을 임명해 내려 보내도 족한데 하필 분분히 외병을 부를 것인가? 안으로 국왕의 영단으로 먼저 폐정의 큰 것들을 혁제하고 불량한 수령·방백들에

게 중률(重律)을 가하여 백성들의 마음을 안정시키면 난민이 귀화하여 국내가 태평해질 것이며, 만약 그렇게 해서도 잘되지 않으면 증원병력으로 심영(沁營) 병정을 초토사에게 내려 보내 돕게 해도 늦지 않다고 의견을 모아왕에게 올렸다고 한다. 대신들의 농민군에 대한 파악이 과연 정확한지는 그만두고서라도 외병에 의한 진압은 있을 수 없다는 것이 중론이었던 것은 명확하다.

대신들은 또 외병 지원 요청이 불가한 세 가지 이유로 (1)나라는 민을 근본으로 삼는데 외병 요청은 많은 생령을 소멸하는 결과를 가져올 것이다, (2)외병이 한 번 국내에 들어오면 경향에 폐단이 두루 미쳐 인심이 흔들릴 것이다, (3)외병이 국내에 들어오면 각국 외교관들이 반드시 병을 내서 각기의 공관을 지키려고 하여 쉬이 다툼을 일으키게 될 것이다 등을 들었다고 한다. 대신들의 이러한 한결 같은 반대의견에 대해 국왕은 "나의 뜻도 경들과 마찬가지이다. 금일 자리는 특별히 의논이 잘 되었다. 청병 일관은 그만두고 논하지 않는 것이 옳다. 즉시 총제사 민응식(閔應植)을 불러 심영 병정 5초(哨)를 조발해서 가서 돕는 것이 좋겠다"는 말로 회의를 마무리 지었고 민응식은 이튿날 19일에 병정 조발을 위해 강화도로 바로 내려갔다고 하였다.

일본정부는 당시 조선 지배를 최대의 목표로 삼아 조선정부의 동향에 대한 정보수집 활동을 벌이고 있었기 때문에 정보의 신빙도는 어느 쪽보다 높다고 할 수 있다. 그들은 조선정부 내 요인들로부터 중요 정보를 입수하기 위해 탐문자들을 여럿 매수해 정보원으로 삼고 있었다.

2) 민영준(閔泳駿) - 위안스카이 간 청병 기정사실화 공언 단계
(5월 23일~31일)

5월 14일자 초토사 홍계훈의 전문 건의에서 비롯한 청병문제에 관한 논의는 18일의 첫 조정회의에서 대신들의 적극적인 반대로 부결 처리되었다. 그런데 5월 23일 초토사 홍계훈이 영광군(靈光郡) 진중에서 다시 청군 청병의 불가피성을 상주하는 전문이 올라왔다. 이 건의에 대해서는 국왕과 대신들 사이에는 특별한 움직임이 없었다. 이는 외국병 청병은 하지 않는다는 18일의 회의 결과가 유효하였다는 것을 의미한다. 그런데 민영준·위안스카이 두 사람은 달랐다. 6월 1일자 일본 측 자료에 별도로 첨부된 위안스카이와 민영준 간의 문답서란 것에서 이들의 반응이 확인된다.[9] 일본공사관은 당시 위안스카이와 손잡고 조선정부 안에서 가장 권세가 드센 민영준의 심복 노릇을 하던 안경수(安駉壽)를 매수하여 첩자로 활용하고 있었기 때문에[10] 두 사람간의 밀담 내용이 그를 통해 일본공사관에 즉각 흘러 들어가고 있었다.

문답서는 5월 23일 홍계훈의 상주전문이 올라온 3~4일 뒤인 26~27일경에 위안스카이가 민영준을 방문하여 좌우를 물리치고 수 시간 밀담을 나눈 사실을 전하고 있다. 이때 위안스카이는 조선 초토사의 무능을 지적하면서 만약 자신에게 병을 쓰게 한다면 5일 안에 토평하고 말 것이라고 호언하였다고 한다. 위안스카이 자신에게 조선군의 지휘권을 준다면 5일 안에 동학농민군을 진압하고 말 것이라는 호언장담이었다. 이는 고종이 1년 전 보은집회에 대한 대책 숙의에서 한 차례 가졌던 구상과 같은 것이었다. 그리고 6월 2일에 긴급히 개최될 대책회의에 고종이 다시 제안해 보는 안이기도 하다. 이 점을 감안하면, 두 사람 사이의 이때 회합은 다음과 같이 풀이된다. 즉 민이 자신을 방문한 위안스카이에게 국왕이 관심을 가지고

제1부 편견과 오류 비판

있는 위안스카이 현지 출장 안을 받아들여 국왕을 자기편으로 끌어들인 다음에 청병을 재론해보자는 계책을 세웠던 것이다. 23일의 홍의 건의가 위안스카이를 자극했던 것은 앞서 검토했듯이 북양대신 리훙장이 5월 23일에 자국 총리아문에 조선 파병문제에 관한 보고를 내고 있는 사실로서도 확인이 된다[(6)-1]. 위안스카이는 홍의 거듭한 건의를 청병을 재론할 수 있는 계기로 간주하여 그 가능성을 미리 리훙장에게 타전하고 있었던 것이다.

문답서는 전주성이 함락된 5월 31일에도 두 사람 사이의 동정을 파악하여 전하고 있다. 이때는 민영준이 위안스카이를 방문하여 원병의 파견을 청하였고, 위안스카이가 이를 쾌락하면서 '난도'를 토멸하는 일을 자신이 담당할 것이라고 말했다고 한다. 이는 전주성 함락 소식이 전해지자 이를 가장 먼저 보고받았을 병조판서 민영준이 화급히 위안스카이를 찾아간 자리에서 원병을 청하는 형식을 취했다. 그러나 이 과정에서 국왕과의 협의가 있었다는 보고나 기록은 어디에서도 찾아 볼 수 없다. 따라서 그것은 어디까지나 공동운명체로서 두 사람의 사적인 약속에 불과한 것이다. 그런데도 이들은 이후 조선정부가 청병하였다고 공언하면서 기정사실화하여 분위기를 잡는 공작을 벌이고 있었다.

6월 1일자 일본공사관 보고자료에 의하면, 공사관은 본국 외무성에 "어제 전주가 적군(동학농민군)에게 점유되었고 위안스카이는 조선정부가 청국에 원병을 요청했다는 말을 공언하고 있다"는 짧은 보고문을 긴급히 타전하고 있다.[11] 6월 2일자의 통신문에서는 그들의 정보 탐문원의 한 사람인 안경수가 어제 공사관에 와서 이 사실을 확인해 주었고, 그래서 공사관 서기를 청국 공관에 직접 보내 확인했다고 알리기도 했다.

6월 3일자 일본공사관 통신은 6월 1일에 정영방(鄭永邦) 서기생(書記生)이 위안스카이를 방문하여 들은 얘기를 전하고 있다. 위안스카이가 본관, 즉

스기무라 대리공사에게 다음과 같은 내용을 전했다는 것이다.[12]

(1) 조선정부는 전주성 함락 후 바로 원병을 청했다. 그러나 공문으로 청구하는 것은 아직 수취되지 않았다.
(2) 본건에 대해서는 이미 拙者(위안스카이 ; 필자)가 청국정부에 전보를 쳤으며 청국정부는 조선정부의 청구에 응할 것이다.
(3) 조선정부의 청구 유무에 구애하지 않고 자위의 필요를 느끼는 경우가 되면 병사 파견의 뜻을 청국정부에 청구할 것이다.

이 보고에 의하면, 전주성 함락 소식이 전해지자 민은 청병을 기정사실화하여 정부가 공문으로 요청하도록 최선을 다하는 한편, 이것이 실패하더라도 위안스카이는 자위의 차원에서 본국에 병력 파견을 요청하기로 합의하였다. 일본 측 문의에도 병력 요청이 있었던 것으로 답하여 기정사실화하면 조선정부도 어쩔 수 없이 따라올 것이라는 계략까지 동원한 상태였다. 청병은 곧 여기서 결정된 것이나 마찬가지라고 할 수 있겠는데, 이 중대한 일이 민·위안스카이 두 사람에 의해 모의되었다는 것은 놀라운 일이 아닐 수 없다.

그리고 위안스카이의 답변 중 조선정부의 청구 유무를 불구하고 자위의 필요를 느끼는 경우 병사 파견을 본국 정부에 청구할 의향이 있다고 한 발언은 청병문제에 대한 위안스카이 독단성과 관련해 주목할 점이 많다. 이와 관련해 주목되는 것은 러시아 대리공사와 민영준·신정희(申正熙 : 軍務旬管) 사이에 오간 다음과 같은 문답이다. 즉 러시아 대리공사가 "파병은 귀국이 초청했는가"라고 묻자 신이 "청국 황상이 이(농민군 봉기)를 듣고 대단히 노하여 이를 명한 것이다"라고 답하였다고 한다.[13] 이에 의하면 청군

제1부 편견과 오류 비판

의 파병은 조선정부의 요청 이전에 청국황제가 조선의 농민봉기에 관한 최근의 소식을 듣고 진노하여 이의 진압을 명령한 과정이 설정되어 있었던 것을 알 수 있다. 이것은 물론 황제가 실제로 그랬다기보다 위안스카이와 민영준이 조선 조정의 결정을 생략하는 하나의 대안으로 고안해 낸 것이라고 보는 것이 옳을 것 같다. 조선 측에서 국왕의 동의 후에 보낸 청병 조회문에도 "중조(中朝)에도 근심을 끼치게 된 바가 아주 많다"는 구절이 굳이 삽입되어 있고, 일본정부에 대한 청국의 통고문에서 "아조(我朝)가 속방을 보호하는 구례"에 따라 파병을 한다는 표현을 쓴 것 등이 모두 같은 발상이다. 황제의 뜻을 앞세워 강압적으로 처리하는 방식은 1882년 10월의 조청상민수륙무역장정 강요에서 이미 써 먹었던 것이다. 그리고 그렇게 해서 확보된 체제를 현재까지도 위안스카이가 누리고 있는 상황이라고 할 수 있다. 이런 청측의 입장이 조선국왕에게 어느 정도로 직접 전달되었는지는 알 수 없지만, 국왕이 민·위안스카이 두 사람의 끈질긴 동의 종용을 마지막에 받아들이면서도 그 청병 조회문에 군주의 이름이 아니라 좌의정 명의를 사용한 것은 길항관계의 한 단면으로 주목할 점이 많다.

3) 국왕과의 조건부 청병 합의 단계(6월 2일~4일)

청병이 이루어졌다는 말이 나온 5월 31일에서 청병 공문서가 전해진 6월 3일 밤 사이의 조선정부의 동정을 여기서 살펴볼 필요가 있다. 일본 측은 6월 3일 접수사항으로 6월 2일, 3일 양일간의 탐문 사실을 다음과 같이 제시하고 있다.[14]

(6월 3일 접수)

(가) 청병(清兵)을 請來하는 一事, 惠堂(민영준)이 이미 袁氏에 몰래 부탁하여 4~5일 전에 이미 電通을 했다. 이로써 묘의(廟議)가 크게 당황하고 걱정했다.

■6월 2일

(나) 혜당이 袁館에 가서 빌기를, 방금 전주가 失守하였으니 조선의 병력으로는 적을 막기 어렵고 또 인재도 구하기 어려우니 大人의 특별한 생각을 앙망한다고 했다. 袁이 이르기를, 朝鮮이 위태로우면 내가 어찌 마음을 다해 보호하지 않겠는가. 만약 난처한 일이 있으면 내가 마땅히 담당할 것이다, 라고 하여 혜당이 감사하고 돌아갔다.

(다) 이날 밤의 時原任大臣會議 중에 혜당이 班列에서 나와서 아뢰기를, 적세가 浩大하여 만약 아국의 병으로 섬멸할 수 없으면 청병을 빌리기를 청하면 一戰에 격파할 수 있을 것입니다, 라고 하였다.

(라) 여러 대신들은 지금의 사세는 반드시 외병을 부를 필요가 없으며 아직은 동정을 봐서 (나중에) 이 계책을 행해도 좋다고 했다.

(마) 上이 이르기를, 외병은 부르지 않는 것이 좋다. 그런데 아국의 조신 중에 도시 호령을 행할 자가 없으니 위안스카이가 고생스럽더라도 한 번 걸음을 해서 전주 등지에 내려가 순변·초토의 병력을 지휘해주면 얼마나 다행이겠는가.

(바) 혜당이 이르기를, 이 일은 이미 袁과 더불어 서로 약속을 했다. 내일 특별히 上의 뜻을 전해 내려가게 하겠다. 이것이라면 어려운 일이 아니다. 이로써 定論을 하면 걱정할 것 없다.

■6월 3일

(사) 袁氏 이 말을 듣고 냉소하여 이르기를, 내가 어찌 이때에 몸을 가벼히

제1부 편견과 오류 비판

하겠는가? 지금 巡邊·招討·沁中(江華) 三路의 병사가 이미 내려갔는데, 무엇 때문에 계책을 정해 출병하려는 때에 나를 쓰려고 하는가? 라고 하였다. 혜당이 누누이 간청했으나 답을 주지 않았다고 한다.

위에 의하면, 6월 2~3일간에 조선 조정이 청병문제를 놓고 긴박하게 돌아가고 있었던 것을 쉬이 알 수 있다. (가)는 민영준과 위안스카이가 이미 청병건을 기정사실화하여 일을 저질러 놓은 것을 다시 한 번 확인시켜 준다. 여기서 4~5일 전 전통 운운한 부분은 6월 1일 리훙장이 총리아문에 조선국왕이 파병을 바라고 있다는 전문 보고를 하고 있는 것과 일치한다. 위안스카이가 조선국왕의 승인도 나기 전에 리훙장에게 기정사실처럼 보고하여 사전 준비 시간을 갖게 한 것일 가능성이 높다. (나)는 5월 31일 민이 위안스카이를 방문하여 위안스카이로부터 일선 지휘를 거듭 확인한 대목으로 간주된다.

(다)는 6월 2일에 어전에서 시원임대신회의가 한 차례 있었던 것을 전한다. (다)에서 (바)까지가 이 회의에서 나온 주요 의견들을 전한다. (다) (라)에 의하면 이 회의에서도 민영준과 다른 대신들 사이에 의견이 크게 달랐던 것을 알 수 있다. (마)의 국왕 의견은 외병은 부르지 않는 것이 좋다는 의견을 견지하면서 농민군을 진압할 만한 능력을 가진 신하가 현재 조신 중에 없는 것을 걱정하면서 위안스카이가 직접 전주로 내려가 조선병을 지휘해 진압해 주면 좋겠다는 의견을 제시했다. 궁여지책이지만 청군이 새로 오지 않고 비슷한 효과를 거둘 수 있는 방법으로 이를 생각해 낸 것 같다. 스기무라 공사는 "위안스카이가 현장에 내려가 지휘하는 일은 당초 적세가 아직 치성하지 않을 때 동씨는 자신에게 소속된 순사와 인민을 인솔하여 이를 토멸할 수 있다고 내화(內話)했던 것이 연유가 되어 국왕이 이 의논을

낸 것으로 추측된다"라고 덧붙였다. 앞서 5월 26~27일 경(제1단계) 민이 국왕과 위안스카이의 의견을 접근시킬 수 있는 계책으로 낸 것이 상황이 급박해지면서 부각되는 형세라고 할 수 있다. 스기무라 대리공사는 이를 '절충설'이라고 이름을 붙이면서 그 내력을 정확히 짚어냈다.

어떻든 위의 탐문 내용에 의하면, 6월 2일의 시점에서 국왕은 다수 대신들의 의견을 따라 외병이 오는 것을 찬성하지 않는다는 입장을 분명히 했다. 그렇다면 앞에서 살핀 대로 지금까지 일반적으로 알려진 5월 31일의 청병 결정은 민·위안스카이 두 사람 사이의 약속에 지나지 않는 것으로 공식성은 없는 것이 된다. 6월 2일의 회의에서도 민영준은 왕의 '절충'에 대해 "이로써 정론을 삼으면 걱정할 것이 없다"고 하여 위안스카이가 움직이는 것에 대한 왕의 공인이 이루어지도록 하는 것에 급급한 모습을 보이고 있다. 위안스카이의 출장 지휘는 앞서 분명히 위안스카이 자신이 호언장담하던 것이지만, 정작 이즈음 위안스카이는 "무엇 때문에 계책을 정해 출병하려는 때에 나를 쓰려고 하는가?"라고 냉소적인 태도를 보이고 있다. 청병케 하는 것이 그의 목적이었던 것을 여기서 여지없이 드러내고 있다. 전주 출장 지휘를 호언한 것은 조선의 국왕과 조정으로부터 동조적 분위기를 조성해내기 위한 하나의 편법에 불과한 것이었다는 것이 여지없이 드러났다. 그가 말하는 출병의 계책은 국왕이 알고 있지 못하거나 아직 동의하지 않은 것이었다.

그런데 6월 4일, 5일 양일간에 일본공사관측이 접수, 탐문한 사실은 형세가 다시 한 차례 급전한 상황을 전한다. 먼저 6월 4일 접수의 탐문 내용부터 보면 다음과 같다.

(6월 4일 접수)

(아) 淸兵 請來는 마침내 上으로부터 처분이 있었다. 그런데 再昨日(그저께) 시원임 대신들이 정부에서 회의하여 청국병이 만약 요청해 온다면 앞서 約條가 있어 일본병이 반드시 또 올 것이다, 또 (청병에 대한) 餉需도 마련하기 어렵고 훗날의 患이 말할 수 없이 많을 것이니 아직은 형세를 보고 하기로 하자하고 의논하고 끝냈다.

(자) 위안스카이가 進策하여 이르기를, 지금은 用兵하려는 때로서 擧兵하는 사람이 없을 수 없다. 行軍事務를 맡는 직책은 八道兵馬와 各營軍務를 總督하는 것이 좋겠다고 하였다. 上이 이르기를, 이런 때에 袁씨의 말이 어찌 이렇게 어긋날(違越) 수 있는가라고 했다.

(아)는 앞에서 본 대로 6월 2일 시원임대신회의가 청병 건을 받아들이지 않고 형세를 보고 결정하자는 것으로 끝난 것을 전한다. 앞의 (다)를 보충하는 보고이다. 그런데 주목되는 것은 (자)이다. 이 탐문은 이 무렵 위안스카이가 왕에게 대책을 진언하는 형식으로 대화가 한 차례 이루어진 것을 전한다. 여기서 위안스카이는 자신이 전주 현지에 출장 지휘하기를 바라는 국왕의 제안에 답하는 형식으로, 자신이 조선 8도 병마와 각 영의 군무를 총독하는 방안을 제시했다. 이에 대해 국왕은 어떻게 이렇게 심한 말을 할 수 있는가라고 책망하였다. 이에 의하면, 위안스카이는 국왕의 절충설을 자신에게 조선의 병권을 모두 넘기는 것으로 확대 해석하여 말했던 것이다. 그로서는 조선 국왕이 원하는 대로 출장하는 것이 굴복으로 비쳐질 수 있을 뿐더러, 청군 출병이 곧 이루어질 상황에서 아예 조선군 지휘권도 총괄하는 상황을 제시해 본 것이었다. 국왕과 위안스카이 두 사람 사이에 동상이몽의 신경전이 계속되는 상황이라고 할 수 있다. 이 이견이 어떻게 처리

되었는지는 불명하나, 6월 5일의 탐문은 다시 새로운 상황을 전하고 있다.

(6월 5일 탐문)

(차) 淸兵 借來의 일은 여러 대신들이 모두 동의하지 않았을 뿐만 아니라 실제로 그 결의에 참여하지 않았다. 그런데 국왕은 비밀히 成岐運으로 하여금 위안스카이와 상담을 하도록 하여 內議가 이미 조정된 다음에 발표되어 여러 대신들이 크게 놀라 어리둥절한 모습이었다고.

(카) 惠堂 및 督辦이 의논해 품신하여 이르기를, 도성 20리 안으로 적이 범하기 전에 각국 병은 下陸할 수 없다고 公法에 실려 있는 바인즉 지금 비록 청병을 청해 오더라도 그 외의 外兵은 휘몰아 들어올 수 없다고 했다. 上이 이르기를, 만약 일본이 이웃의 정의[隣誼]를 칭하여 출병하여 來助하면 어떻게 대할 것인가? 라고 했다. 혜당이 이르기를 이것도 위안스카이가 반드시 임시변통하는 대책을 가지고 있을 것이니 聖上께서는 염려할 것이 없다고 했다. 上이 이르기를, 일전에 袁씨의 말에 러시아병[俄兵]이 기회를 보아 도움을 청할 뜻이 없지 않다고 했는데 이것은 어떻게 답을 하는가? 혜당이 이르기를, 답을 하는 길이 있습니다, 라고 했다.

(차)는 6월 2일의 시원임대신회의가 청병을 일단 부결시켰는데도, 그 후 국왕은 대신들과의 의논 없이 청병쪽으로 결정, 발표해버려 대신들이 크게 놀라고 있다는 사실을 전한다. 이때 왕명을 받고 위안스카이와 접촉한 인물은 성기운이라고 했는데, 그는 6월 4일자 『일성록』 『고종실록』 등에 청군을 영접할 사무를 맡을 군무사(軍務司) 구관(句管)의 한 사람으로 임명되어 있다. 여기서 중요한 것은 국왕이 어떻게 태도를 바꾸게 되었으며, 그

태도 변화는 이전과 어느 정도 거리가 있는 것인가 하는 점이다. 이에 대한 답을 얻기 위해서는 (카)를 주목할 필요가 있다.

(카)에서는, 그 사이 민영준과 내무독판 신정희(그는 성기운과 함께 군무사 구관으로 임명받았다) 등이 왕이 청병을 수락하도록 유도하기 위해 새로운 국제공법상의 근거를 품신한 사실이 확인된다. 즉 두 사람은 국제공법에 도성 20리 안으로 동학농민군이 들어오기 전에는 어느 나라 병력도 하륙할 수 없다는 규정을 확인하여 이를 왕에게 품신하였던 것이다. 이 규정이 있으므로 비록 우리가 청병을 청하더라도 다른 외병이 이를 기회로 삼아 휘몰아 들어올 수는 없다는 의견을 왕에게 올린 것이다. 이에 대해 왕은 만약 일본이 인의(隣誼)를 칭하여 출병하여 내조하겠다면 어떻게 대할 것인가? 라는 우려를 표했다. 왕의 이 우려는 불행하게도 곧 실제로 일어나는 상황이 되지만, 끝내 이들의 제안을 물리치지 못하고 말았다. 민영준은 왕의 이 우려에 대해서도 "위안스카이가 반드시 도말하는 대책을 가지고 있을 것이라"고 답하여 왕을 안심시켰다.

여기서 다시 의혹을 자아내는 것은 이 품신이 과연 순수하게 민영준·신정희 두 사람의 생각에서 나온 것일까 하는 점이다. 국왕이 일본의 출병 가능성을 우려하였을 때, 이에 대한 민의 답변에서 위안스카이가 바로 거론된 것은 이 공법적 근거에 대한 발의에도 원의 입김이 크게 작용하고 있었다는 것을 의미한다. 이 추측을 뒷받침해 주는 자료가 일본공사관의 6월 20일자 탐문 보고에서 확인이 된다.

주지하듯이 청군의 출병이 통보되자 미리 준비하고 있던 일본군은 6월 9일 앞질러 인천에 상륙하여 한성부로 직행, 경복궁을 포위한 가운데 내정 개혁을 요구함으로써 청국의 조선 출병의 의도는 여지없이 허를 찔리고 말았다. 일이 이렇게 되어버린 뒤인 6월 19일 무렵에 위안스카이는 민영준과의 대담에서 다음과 같이 일본의 만국공법 위반을 규탄하였다.

즉 "병을 도성에 진입시키는 것은 만국에 예가 없다. 중국, 조선을 위해 통분스러운 일이다. 이웃나라의 도성 20리 안에서 적변(賊變)이 있으면 체약(締約)을 한 각국이 병을 거느리고 와서 보호하는 것이 공법에 실린 바인데, 지금 조선의 내란은 500리 밖에 있는데 일본병이 (도성에) 들어온 것은 실로 명분 없는 망동이다. 하물며 타국의 도성(수도) 안에 들어왔으니 배상금을 요구할 일이다"라고 하였다.[15] 위안스카이 자신이 민영준 앞에서 이런 분노에 찬 발언을 하였다면 그 계략이 원래 위안스카이에게서 나왔다는 것을 입증하기에 충분하다.

그러나 국왕 고종은 만국공법에 대해 비교적 많은 지식을 가지고 있었던 인물이므로 이런 근거에만 의지해 청병을 수락했다고 보기는 어렵다. 여기서 6월 6일자 보고에서 스기무라 대리공사의 다음과 같은 논평을 주목할 필요가 있다. 즉 그는 앞의 민영준·신정희 품신에 대해 "청병 차래(借來)에 대해 조선 조정은 일본병의 한국 진입을 우려했던 것은 물론, 위안스카이도 일찍이 국왕은 외병이 한성에 들어오는 것을 좋아하지 않으므로 아국(청)도 결코 병을 한성에 들여 넣지 않을 생각이라고 말했는데, 이 사실들은 음으로 일병의 입한(入韓)을 예방하려고 시도한 것이라고 보여진다"라고 논평하였다. 조선 조정은 청병 논의에서 일본군의 출병 계기가 될 것을 가장 우려했다는 것이다. 이에서 주목되는 것은 위안스카이가 조선 조정의 그러한 우려를 해소하기 위해 국왕에게 청병이 오더라도 한성에는 결코 들여놓지 않겠다고 한 점이다. 위안스카이가 이 약속까지 하자 국왕은 마침내 청병을 승인하기에 이른 것으로 보인다. 중국측 관련 기록에 의하면[16] 6월 3일 밤에 좌의정 조병세 명의의 요청서를 참의 교섭통상사무 성기운이 청관(淸館)에 가져와 위안스카이가 그것을 받아 6월 5일에 북양대신 리훙장에게 타전하고 리홍장은 6월 6일(음력 5월 3일)에 일본국 주재 청국공사에게 일본정부에 이를 알리도록 지시한 것으로 되어 있다.[17]

이상에 의하면, 6월 3일 국왕은 다음과 같은 조건 아래 청병에 동의하게 되었던 것이라고 정리할 수 있다.

첫째, 동학농민군 진압을 위한 일차적 대응은 위안스카이가 현지에 내려가 순무·초토사의 병력을 직접 지휘하는 것으로 한다.

둘째, 조선정부의 요청으로 출병하는 청군은 동학농민군의 동향을 보고 하륙하여 움직인다.

셋째, 청군 출병이 동학농민군의 기세를 조기 제압하는 효과를 달성하고 청군이 한성에 진입하지 않는다면 만국공법이 정하는 외국병이 수도에 진입할 수 있는 조건에 따르면 일본을 비롯한 어느 나라 병력도 한성에 들어올 수 있는 구실은 없다.

위의 두 번째 조건은 기록상 확실하게 입증해 주는 것이 없다. 단지 위안스카이의 현장 지휘가 처음부터의 조건부였다면 출병 청군이 농민군 진압의 일선을 담당하기 위한 것이었다고는 볼 수 없다. 아산만에 도착한 청군은 실제로 동학농민군과 교전상태에 들어간 적이 없다. 그렇더라도 위와 같은 정도의 조건에서 고종이 청병을 허용하는 판단을 내렸다는 것은 결코 잘한 처사라고는 할 수 없다. 후술하듯이 이 구상이 일본군의 한성 직진으로 무너지게 되었을 때 고종은 이를 중개한 민영준에게 심한 질책을 내리고 있다. 그에게는 강력한 군대가 없을 뿐만 아니라 사태를 수습할 만한 중신조차 없는 현실 앞에 위안스카이측의 강요와 획책을 불안한 가운데 받아들이게 되었던 것이다. 일본군이 인천에 당도하기 직전인 6월 9일에 위안 스카이가 일본의 스기무라 임시대리공사에게 "귀국의 파병은 오로지 사서 (使署 : 공사관) 영서(領署 : 영사관) 및 상민을 보호하기 위한 것이니 반드시 많이 파견하지 말아야 한다. 또 조선이 청한 바도 아니니 결코 조선 내지에 들어갈 수 없다"는 내용의 서한을 보낸 것도 위의 구상이 거의 위안스카이 측에서 나왔다는 것을 다시 한 번 확인시켜 준다.[18] 위안스카이 자신이 모 든 것을 계획한 것이 아니라면 이런 사전 예방의 서한을 보낼 리 만무한 것이다.

일본 측은 그간 조선정부와 위안스카이 사이에 오간 대화를 빠짐없이 탐지하여 6월 4일의 청병 결정을 미리 알고 6월 7일 청국정부가 주일청국 공사관을 통해 출병사실을 통고하기 전에 병력을 조선으로 출동시켰다. 6 월 9일 청군보다 더 일찍 인천에 당도하여 상륙한 선발대는 한성으로 직진 함으로써 위안스카이의 구상은 완전히 빗나가고 말았다. 일본 측은 선발대 가 경복궁을 포위한 상태에서 내정개혁안을 조선 국왕에게 제시하였다. 동 학농민군 봉기와 같은 '반란'을 근본적으로 예방하는 길은 내정개혁을 선 행하는 것뿐이란 것이 그들의 주장이었다.

일본군의 도성 진입으로 가장 당황한 것은 물론 조선정부였다. 6월 12일 자 일본 측의 탐정 보고는 국왕이 민영준에게 (청의) 파병이 이루어짐으로 써 일청의 조약(天津條約을 뜻함)은 자연히 부서졌으며 이후로는 외국병이 어렵지 않게 한성에 들어오게 되었으니 장차 어떻게 조처할 것인가라고 질 책한 것을 전하고 있다. 그리고 같은 보고는 국왕이 청병의 상륙을 중지하 게 하는 지시를 내려 이에 대해 청국의 장졸들이 크게 불쾌해 했고, 또 청 군이 입성하지 않았는데 일병이 왜 먼저 입성하는가, 속히 철병하게 하는 계책을 세우라고 신하들에게 지시한 사실도 전하고 있다.[19] 청병을 주저하게 했던 우려의 여러 사실들이 현실로 나타나자 후회와 책망이 그칠 줄 몰랐던 것이다.

국왕 고종은 스기무라 임시대리공사 앞으로 일본군의 서울 진입은 중지되어야 한다는 조회를 보내게 했을 뿐만 아니라 아산만에 사람을 보내 청군의 상륙을 저지하려 하기도 했다.[20] 위안스카이가 전주 현지로 내려가지 않거나 못하게 된 상황에서 청군의 상륙은 약속된 것이 아니기 때문이었다. 뿐만 아니라 외무참의 민상호, 미국인 고문 이선득(李仙得 : Charles Walde Le Gendre) 등을 인천에 내려보내 서울로 귀임하는 오도리(大鳥) 공사를 직접 만나 항의하도록 조치하였다.[21] 그러나 두 사람은 모두 길이 엇갈려 오도리 공사를 만나지 못하고 말았다. 일본군이 소촌락 영등포에 이르렀을 때 외무협판 이용식(李容植)이 오도리 공사의 앞을 가로 막고 군사를 이끌고 입경하는 것(帶兵入京)의 불가를 진술하였다. 그러나 만반의 준비를 갖춘 일본군의 진로를 막을 수 없었다. 10일 밤에 왕이 장상(將相) 이하 시무의 제재(諸宰)들을 불러 철병의 계책을 도모하라는 지시가 내렸지만 일본군을 되돌려 세울 힘과 방도가 없었다. 그들의 행위는 분명히 만국공법에 저촉되는 것이었지만, 침략의 목표를 구체적으로 설정한 일본공사와 일본군들에게 법적인 항변이 들릴 리가 없었다.

4. 맺음말

이상으로 1894년 6월 조선정부의 청국에 대한 청병설의 진상을 검토해 보았다. 그 결과, 종래의 조선정부 자진 청병설은 왜곡된 것이라는 사실이 명확하게 드러났다. 청병은 조선정부측이 아니라 주차조선총리교섭통상사의 위안스카이측에 의해 강요된 것이었다. 1894년 5월 22일부터 조선정부와 위안스카이 측의 동태를 자세하게 파악해 본국 외무성에 보고한 일본공사관 측의 탐문보고서들이 그 진상 파악을 가능하게 해 주었다.

동학농민군이 봉기하자 조선정부는 순변사·초토사 등을 보내 이를 진압하고자 하였다. 그러나 관군은 5월 14일 황토현에서 패하였고, 이때 초토사 홍계훈은 사태의 심각성을 중앙에 보고하면서 청군을 차용할 것을 처음 건의하였다. 병조판서로서 이 보고에 접한 민영준은 가장 먼저 위안스카이와 의논하여 조선정부로 하여금 청국에 파병을 요청하도록 유도할 것을 비밀히 합의하였으며, 민은 5월 16일 왕에게 대신회의를 은밀히 열 것을 종용하였다. 18일 새벽에 열린 어전 시원임대신회의는 청병을 반대하였고 왕도 이를 따랐다. 초토사 홍계훈은 5월 23일 영광 진중에서 재차 청병 차용을 건의하였다. 이때, 조선정부는 앞의 결정에 따라 아무런 반응을 보이지 않은 반면, 민·위안스카이 두 사람은 이를 자신들의 밀약을 실현하는 전기로 삼으려 하였다. 5월 23일부터 31일 사이에 두 사람은 허위로 조선정부가 청병하였다고 공언하여 이를 기정사실화하려는 움직임을 보였다. 심지어 위안스카이는 조선정부가 끝내 청병해 오지 않더라도 자위의 차원에서 청 황제의 이름으로 청군의 파병을 실현할 각오까지 보였다. 이때 위안스카이는 왕이 오래 전부터 관심을 가지고 있던 하나의 방안, 즉 위안스카이 자신이 전주 현지로 내려가 순무사·초도사의 병력을 직접 지휘하는 방안을 받아들일 용의가 있는 것처럼 움직였다. 그러나 그것은 어디까지나 국왕의 동의를 유도하기 위한 제스처에 불과했다.

5월 31일 전주성 함락의 보고는 민·위안스카이 양인의 음모를 더욱 가속화시켰다. 6월 2일 어전회의는 다시 청병 안을 부결시켰다. 왕도 청병은 불가하다는 입장을 견지하였다. 그런데 6월 3일 밤 좌의정 조병세 이름으로 청군의 출병을 요청하는 조선정부의 조회(照會)가 위안스카이에게 전달되었다. 위안스카이는 민영준의 협조를 받아 다음과 같은 조건 아래 마침내 국왕의 동의를 얻어냈던 것이다. 즉 자신이 국왕의 뜻대로 현지로 내려가 조선군 병력을 지휘할 것이며, 청군은 출병하더라도 농민군 북상을 저지하기 어려울 때 하륙할 것이며, 수도에는 어떤 일이 있어도 병력을 들여놓지 않음으로써 일본군이 수도에 진입할 구실을 일체 배제한다는 것 등의 조건들을 내세웠다. 일본군의 한성 진입 가능성은 조선정부와 국왕이 가장 우려하던 사항인데, 만국공법은 반란군이 수도 20리까지 접근하여 거류민과 공사관 보호의 필요성이 생길 때 타국병의 수도 진입을 허용한다는 규정까지 동원되었던 것이다. 고종은 이런 조건들이 미더워 동의한 것은 아니었지만, 더 이상 다른 대책이 없었기 때문에 우려 속에 이를 일단 받아들였던 것이다.

이상과 같은 청병 과정의 진상은 최종 결정자로서의 국왕의 책임을 면제해주는 것은 결코 아니다. 그러나 지금까지 알려진 것처럼 국왕이 처음부터 반농민적 입장에서, 또 두려움에 못 이겨 무책임하게 스스로 청병한 것은 결코 아니란 것이 분명해졌다. 그리고 위안스카이를 도와 청병을 성립시킨 민영준의 정체도 종래 잘못되었던 것이 드러났다. 종래 민영준은 민왕후 일족으로 간주되어 청병을 민씨세도가 왕을 오도하여 저지른 역사적 과오로 평가하는 경향이 일반적이었다. 그러나 민영준의 혈연 계보는 민왕후보다 국왕에게 더 가까웠으며, 그의 출세는 주차조선총리교섭통상사의 위안스카이의 파트너로서 획득된 것이란 점이 드러났다. 국왕의 근친이란 조건이 그의 출세를 유리하게 한 점이 없지 않으나 실질적으로 그가 권세가로 성장한 데는 조선의 국권을 장악하다시피 한 위안스카이의 지원이 큰 힘으로 작용했던 것이다. 이런 사실들은 종래 1880년대 후반에서 동학농민군 봉기까지의 정치사적 구도를 재점검하게 한다. 이 시대를 민씨척족 세도의 시기로 규정한 것은 1910년 이후 '식민통치' 체제를 합리화시키려는 일제 식민주의 역사해석의 한 산물이었다. 식민통치를 합리화시키기 위해서는 대한제국의 고종황제의 치적을 전면 부정해야 했으며, 그 위에 고종황제 무능론을 창출하는 과정에서 민씨세력이 대원군과 권력투쟁의 모습을 전면에 표출시켰던 것이다.[22]

1880년대 후반 조선사회는 중국 상인의 조선 내지 진출, 중국 어민의 조선 연해안 석권, 일본인들의 미곡 수출 등으로 크게 피폐해 갔다. 청·일 양국이 러시아 세력의 남하에 대한 공동대응의 필요성 아래 한반도에서의 교호적(交互的)인 상업활동이 조선사회를 전면적으로 피폐시켜갔던 것이다. 그래서 동학농민군들은 반일에 못지 않게 반청의 구호를 외쳤다. 이런 반청의 기세 속에 위안스카이와 민영준은 모두 타도의 대상으로 올랐기 때문에 두 사람 사이에 청병 공모가 가능했던 것이다. 농민군이 봉기하였을 때 위안스카이는 처음부터 청군의 대거 출병으로 그 반청의 기운을 잠재울 필요성을 느꼈다. 국왕 고종이 1년 전부터 그가 현지에 내려가 출장 지휘하는 안을 거론한 것은 그의 내정간섭이 농민군 봉기를 가져온 데 상당한 책임이 있다는 판단에서였던 것이다.

일본 측은 위안스카이의 청병 강요 과정을 낱낱이 탐문하였다. 그리하여 주일본청국공사관이 공식적으로 청병 결정을 통보해오기 전에 출병준비를 미리 서둘러 6월 9일 청군보다 먼저 인천에 도착하여 그 선발대가 한성으로 직진하였다. 이로써 위안스카이의 의도는 일시에 물거품이 되었다. 일본 측은 내정개혁만이 농민군의 반란을 근본적으로 해결할 수 있다는 명분 아래 이의 실현을 위해 수도로 직진하였다고 하지만, 위안스카이측과 조선국 왕이 지적했듯이 그 자체가 만국공법 위반인 것은 말할 것도 없다. 제국주의의 탈을 쓴 일본의 조선침략이 본격화하기 시작한 것이다. 여기서 끝으로 언급해 둘 것은 조선정부의 대신들이 청병을 반대하면서 항상 내세운 농민군과의 협상이다. 과연 가능한 문제였던가이다.

주지하듯이 동학농민군은 6월 11일 관군과 협상하여 '전주화약(全州和約)'을 성립시켰다. 조선정부가 농민군의 요구를 받아들여 개혁할 것을 약속함으로써 화의가 성립했던 것이다. 이것은 대신회의에서 주장되던 것이 현실적으로 이루어진 것으로, 농민군도 외세의 침투를 막기 위해서는 무엇을 해야 하는가를 직시하고 있었던 것이다. 전주화약은 일본·청 양국의 출병을 무의미하게 만들었다. 그리하여 청국 리훙장 측에서도 공동철수를 제안하였다. 그러나 청국과의 일전을 각오한 일본은 조선에 계속 머물 수 있는 명분을 찾아 7월에 조선의 내정개혁대책을 구체화시켜 나갔다. 일본 측이 개혁안들을 제시했을 때 보여준 조선정부의 태도도 농민군을 저버리지 않았다. 7월 14일 궁중회의 결과는 국왕이 조선정부 독자적으로 교정청(校正廳)을 설치하여 가능한 개혁을 추진할 것이며 시원임대신을 그 총재로 임명한다고 발표하는 형태로 나타났다.[23] 일본의 제안에 대해 조선정부는 명백하게 거부의사를 표명하여 '전주화약'에서의 농민군과의 약속을 지키려는 것이었다. 물론 그 약속을 지키기 위해서는 일본 측이 지적하듯이 많은 재원이 따라야 했으며, 조선정부가 그만한 재원을 당장에 가지고 있지 못한 것은 사실이다. 그러나 외세로부터 국권을 지키는 것은 정부와 농민군이 우선적으로 실현해야 할 과제였다. 일본공사관측은 회의 이튿날 그 결정에 대해 "어제 왕이 칙유를 내려 교정청을 설치했지만 그 의도는 조선정부의 자체의 힘으로 개혁이 가능해서가 아니라 일본 측의 강박을 모면하려는 계책에 불과한 것이다"라고 본국에 보고했다. 국왕 고종은 이 결정을 내리면서 일부 신하들이 중국의 의향을 기다려 거행하자는 의견이 나오자

국사가 심히 급하니 중원(中原)이 싫어하는 것에 구애되지 말고 즉각 거행하라고 명을 내렸다고 한다. 이때 민영준도 권좌에서 물러났고 위안스카이 내정간섭 체제도 명실상부하게 종말을 고했다.

(『韓國文化』 24, 1999. 12.)

제2부 근대화의 현장

고종의 국기 제정과 군민일체(君民一體)의 정치이념

1. 머리말

개항으로 서양 정치사상과 제도에 관한 정보가 입수된 후 조선왕조의 유교 정치사상과 왕정이 어떻게 반응했는가는 근대화과정에 대한 고찰에서 핵심적 주제의 하나이다. 친정에 나선 고종은 서양문명 수용의 결단 아래 일본·중국에 정보와 기술 수집 사절단을 보내는 등 개명군주로서의 면모를 보였다. 1882년 4월의 조미수호통상조약의 조인은 신문물 수용의 자세를 확고히 보인 것일 뿐 아니라, 조선이 국제공법 질서의 일원이 되어 지금까지의 중국과의 조공책봉관계에서 완전히 벗어나려는 의지를 보였다. 그러나 종주국을 자처해온 청국이 이를 방치하지 않았다. 임오군란은 청국이 이탈을 꾀하는 조선의 발목을 잡는 기회가 되었다. 청은 군란 진압을 구실로 군대를 한반도에 진출시켰고 이는 바로 내정간섭체제로 이어졌다. 이에 국왕 고종이 주도하던 개명정책은 난관에 부딪쳤다. 조일수호조약 이후 한반도 진출을 꾀한 일본도 청의 이러한 일방적 진출에 뒷걸음질 칠 수밖에 없었다. 일단의 개명관료들이 청의 이러한 폭압에 반발하여 갑신정변 (1884)을 일으켰지만, 그 결과는 오히려 국왕의 입지를 더 좁혔을 뿐이었다.

임오군란 후에 새로이 형성된 형세는 청일전쟁 때까지 계속되었다. 이 전쟁이 일본의 승리로 돌아감으로써 청국 대신 일본이 내정개혁을 명분으로 조선의 내정에 깊이 간여하였다. 이에 대해 왕실이 삼국간섭을 배경으로 반발 움직임을 보이자 일본 측은 왕후를 시해하는 만행을 저질렀다. 일본의 이러한 폭압으로 궁지에 몰린 고종은 러시아공사관의 도움을 받아 이른바 아관파천을 단행하여 일본의 간섭에서 벗어나, 이듬해 1897년에 명실상부한 자주독립국가로서 대한제국을 출범시켰다. 1870년대 후반에 시작한 부국강병을 20년이 지난 이때서야 비로소 제대로 실현시켜 볼 기회를 얻게 되었다.

서양의 여러 정치제도와 사상은 개항 전후에 이미 알려졌다. 1880년대 중반 『한성순보』『한성주보』 등이 간행된 시점에서는 여러 정치제도와 사상 심지어 사회주의까지 알려졌다.[1] 그러나 조선의 군신들은 군주정의 이점을 강조하면서 왕정체제 자체에 어떤 변화를 줄 생각은 하지 않았다. 아관파천 후 명실상부한 독립국으로 새로 출범하는 마당에서 황제정(皇帝政)의 제국체제를 택한 것도 그러한 입장을 관철하거나 더 강화하려 한 것이었다. 이 시기의 시대적 여건으로 보아, 절대군주정체제 고수는 곧 근대화를 거부하는 자세로 오해될 소지가 있다. 서양식 근대화를 추구해야 한다면 공화정은 아니더라도 최소한 입헌군주제를 택하는 변혁이 있어야 마땅하다는 관점에서 볼 때 그것은 잘못된 선택일 수 있다. 그런데 당시의 위정자들이나 지식인들 사이에서 서양의 정치제도나 사상에 대해 처음부터 이를 받아들여야 한다는 주장을 편 경우는 찾아보기 어렵다. 입헌군주제만 하더라도 1880년대 말의 저술인 유길준의 『서유견문』에서 비로소 나타난다. 공화제에 대한 인식과 관심은 1896년 이후부터 시작되는 것 같지만, 대한제국의 출범 후 이를 실천하려는 세력이나 움직임은 나타나지 않았다.[2] 이런 상황은 전제군주체제에 대한 직접적인 반발이 약하거나 없었다는 것을 의미하는데, 서양의 정치제도에 대한 정보가 들어온 이상 이런 무도전·무논쟁의 상태를 세계징세에 대한 무지의 소치로 돌릴 수는 없다. 그리고 유교정치라고 하더라도 조선건국 때의 위민의식(爲民意識)이 이때까지 상하의 정치적 자각·욕구를 감당할 수는 없었을 것이다. 그렇다면 당시의 군주정은 조야·상하가 불만을 가지지 않을 정도로 스스로 어떤 변통을 기하고 있었다는 것을 의미하는데, 이 글은 이에 대한 답으로, 고종이 영조·정조 등에 의해 정립된 민국정치이념을 계승, 발전시키려는 노력을 펴고 있었던 사실을 주목해 보고자 한다.

민국정치이념은 백성과 군주가 곧 나라의 주체라는 의식으로, 귀족관료를 의도적으로 배제한 대목이 근대 지향성을 느끼게 한다. 나아가 새로운 국제질서 속에서 제정하게 된 국기(國旗)의 도안에 이 사상을 담은 사실이 확인된다. 1883년 1월에 공포된 '국기'는 1897년에 출범한 대한제국에서도 그대로 사용되었듯이 민국정치이념은 대한제국 황제정의 사상적 기반으로도 그대로 전승되었다. 대한제국 황제정의 정치이념은 여러 각도에서 고찰되어야 할 것이지만, 여기서는 시론적으로 국기문제를 중심으로 그 맥을 짚어보려고 한다.

2. 국기 창안에 관한 여러 설의 검토

국기 제정에 관한 공식 기록은 『고종황제실록』 권20, 고종 20년(1883) 1월 27일조의 다음과 같은 짧은 기사가 전부이다.[3]

통리교섭통상사무아문에서 아뢰기를, 국기가 지금 제조되었으니 팔도 사도(四都)에 行會하여 認驗 거행하는 것이 어떻겠습니까 하여, 이를 윤허하였다.

공식기록이 이처럼 짧기 때문에 그 기원에 관한 설들이 분분했다. 본 논문은 국기로 제정된 태극기 도안의 의미 파악에 큰 비중을 두고 있으므로, 본론에 앞서 그간에 제시된 국기 창안에 관한 여러 설들을 먼저 정리해 볼 필요가 있다.

국기는 애국의 상징이기 때문에 이에 대한 관심은 전문가·비전문가의 경계가 없었던 것 같다. 그 가운데 거론의 대상이 될 만한 것들을 제시된 시기 순에 따라 정리해 보면 다음과 같다.[4]

1) 李淙遠 제안설

문일평(文一平)이 「태극국기(太極國旗)의 유래」란 짧은 글(「史譚 수필편」, 『湖岩全集』 권3, 조선일보사, 1939, 106~107면)에서 언급한 것이다. 즉 임오년(1882) 이후에 공주관찰사 이종원이 제출한 태극팔괘의 도식에 의해 비로소 태극으로써 국기를 결정하였다고 하였으며, 태극기를 맨 처음 사용하게 된 것은 박영효가 일본에 특파대사로 갈 때였고, 그 후 박정양이 미국공사로 갈 때도 미국함선에서 이 태극 국기를 내걸었다고 하였고, 국내에서 사용하게 된 것은 을미년(1895) 이후의 일이라고 하였다. 그러나 이 소개는 전혀 출전을 제시하지 않아 설득력이 없다.[5] 『고종실록』에 의하면, 이종원은 고종 32년 4월 초하루에 농상공부 농무국장으로 임명된 적이 있고,[6] 같은 해 9월 초나흘에 공주부 관찰사로 임명되어 위의 소개와는 시간적 차이가 많다.[7] 공주관찰사가 최종 직함으로 사용되었다면 몰라도 그 직함시에 제안을 했다면 시기가 맞지 않는다. 어떻든 그의 관여에 관한 더 구체적인 자료가 나오지 않는 한 이를 중요시할 수는 없는 상황이다.

2) 일본공사 하나부사(花房義質) 제안설

1932년에 일본인 미야다케(宮武外骨)가 「조선의 국기 하나부사 요시타다(花房義質)의 제안」(『壬午鷄林事變』, 近藤印刷所, 1932)이란 글에서 "조선은 하나부사 공사의 건의를 기본으로 하고 우리 외무성의 경고에 따라 용기(龍旗)를 국기로 채택하지 않았다"고 한 다음, 하나부사 공사는 본래 태극의 문양을 3파(三ツ巴)로 했지만, 실제로는 2파의 태극기를 국기로 채택하였다고 하였다(60~63면). 이 주장은 하나부사 공사가 조선에서 국기를 최초로 사용한 수신사 박영효 일행이 1882년 8월(음력)에 일본으로 가면서 승선한 배[明治丸]에 동승한 사실에서 유래한 것으로 짐작된다. 그러나 국기 제정의 과정을 소상하게 밝힌 박영효의 『사화기략(使和記略)』에는 하나부사 공사의 관여에 관한 언급이 전혀 없다.

3) 고종 창안설

일본의 『시사신보(時事新報)』 1882년 10월 2일 자(제179호) 「조선의 유신」이란 글의 다음과 같은 부분이 이에 해당한다(『明治編年史』 권5, 新聞集成 明治編年史編纂會, 1935, 156면).

지금까지 조선에는 국기라는 것이 없었는데, 이번에 支那로부터 來到한 馬建忠이 조선의 국기는 支那(중국) 것을 모방하여 삼각형 청색 바탕에 용을

고종의 국기 제정과 군민일체(君民一體)의 정치이념

그려 쓰도록 하였다. … 국왕은 이를 크게 분개하여 결단코 支那旗를 모방할 수 없다고 거절하면서 사각형의 옥색바탕에 「태극의 圖」(太極兩儀)를 청적색으로 그리고 기의 네 귀퉁이에는 동서남북의 역괘를 부쳐서 이제부터 조선의 국기로 결정하였다고 한다.

『시사신보』의 위 기사를 주목한 리선근은 이에 관한 자세한 논증 끝에 "조선국왕 스스로 태극 국기의 채용을 하명하였다는 점, 그 얼마나 통쾌하게 생각할 것이냐?"는 언급과 함께 고종 창안설을 적극 지지했다.[8] 고종 창안설은 본고의 논지와 가장 가까운 것이다. 그러나 이에 대해 부정적인 견해도 없지 않다. 김원모는 『시사신보』 측이 이런 보도를 낸 데는 특별한 의도가 있었던 것으로 사실대로 받아들이기 어렵다고 했다. 그의 논점은 다음과 같다.[9]

먼저 다음과 같은 정황 파악을 통해 위 기사 중의 마건충(馬建忠)의 고종 알현 자체의 가능성이 희박하다고 보았다. 마건충은 1882년에 두 차례 조선에 왔다. 4~5월(양력) 간에 조미수호통상조약 체결을 후견할 목적에서, 그리고 8월(양력)에 임오군란 수습 목적에서 왔다. 국기 제정에 관해서는 전자 때 많은 의견을 제시했는데, "이번에 지나(중국)로부터 내도한 마건충 운운"의 『시사신보』 기사는 10월 2일(양력)이므로 후자에 해당한다. 이 제2차 때 마건충은 8월 10일에 인천에 도착하여 8월 26일 대원군을 압송한 것이 주 임무로서 고종을 알현하여 국기문제를 논의했다는 기록이 보이지 않으므로 그 가능성이 희박하다는 것이다. 위 「조선의 유신」은 사실은 수신사 박영효가 국기를 처음 사용한 사실을 높이 평가하는 것이 주된 논지로서, 기사 중의 마건충의 용기(龍旗) 사용 강요는 어디까지나 조선에 대한 청의 내정 간섭을 부각시키려는 의도에서 나온 것이므로, 고종의 분개 자체도 허구일 가능성이 있다는 것이다.

그러나 고종은 실제로 청의 속방화정책에 대해 강한 거부감을 표시했고 또 그 때문에 청측에서 양위 계획까지 검토되었던 사실이 있으므로 청측의 용기 사용 요청에 대한 분개 가능성은 배제할 수 없다. 위 기사의 내용도 사실은 국기 제정 과정에 관한 것이므로 국기에 관한 논의가 많았던 제1차 때의 것으로 보면 아무런 무리가 생기지 않는다.

4) 馬建忠 창안설

1882년 조미수호통상조약 체결 때 이를 후견하기 위해 온 마건충의 의견이 결정적 계기가 되었다는 주장은 권석봉(權錫奉)에 의해 처음 제시되었다(權錫奉, 「國旗制定의 유래에 관한 管見」, 『歷史學報』 23, 1964).[10] 이 주장은 규장각 소장의 「청사문답(淸使問答)」이란 자료[11]에 근거한 것으로, 그 요점은 다음과 같다.

마건충은 한국 측과 여러 차례 접촉하는 가운데서 4월 6일(양력 5월 22일) 청선(淸船)에서의 문답, 4월 11일(양 5월 27일) 남관(南館)에서 이별할 때의 문답 등 두 차례의 문답에서 조선의 국기에 대한 의견을 진술했는데, 전자에서는 중국 용기(황색 바탕에 청룡 그림)를 본따 흰색 바탕에 청운(靑雲)과 홍룡(紅龍)을 그린 그림을 사용할 것을 권하였고, 후자에서는 조선 측의 태극도안(李應浚 鑒正本)을 보고 백색 바탕에 태극팔괘도를 그린 것을 취하되 팔괘의 의미를 팔도와 연결시켜 이를 권장하는 의견을 낸 것으로 되어 있다. 권석봉은 후자가 태극기 탄생의 결정적 계기가 된 것이라고 보고, 중국 사신이 국기의 도안을 제안한 것은 불쾌하지만, 엄연한 사실이므로 받아들이지 않을 수 없다고 하였다.

청나라 측이 조선에게 중국 용기를 본따 사용토록 하는 안은 1880년의 황준헌(黃遵憲)의 『조선책략』에서 처음 나온 것이다. 4월 6일 문답에서의 마건충의 백색 바탕에 청운 홍룡을 그려 사용토록 한 것은 물론 이를 답습한 주장이었다. 그런데 4월 11일의 문답에서는 전혀 다른 얘기로 태극팔괘도를 말했다. 즉 이응준의 감정본을 보고서 팔괘의 의미로 팔도 운운하였던 것이다. 이 발언은 창안이라기보다도 출발을 눈앞에 두고 이 문제에 대해 더 이상 간여키 어렵다는 판단 아래 자신의 체면을 세우기 위해 몇 마디 붙인 것에 불과한 정도의 얘기다. 이를 가지고 태극기가 마건충의 창안이라고 말하는 것은 지나친 평가라는 비판을 면하기 어렵다.[12]

5) 李應浚 창안설

1882년 4월 조미수호조약 교섭의 조선 측 수행원이던 이응준이 창안하였다는 설로서, 김원모가 1992년에 처음 제기하였다.[13] 근거자료로는 위에서 언급한 「청사문답」(1-1이라고 함)과 슈펠트 제독 문서 중의 「한국과의 조약의 역사」[14](1-2) 등 두 가지를 들었다.

먼저 (1-1)의 관련 부분을 옮기면 다음과 같다. (가)1882년 4월 6일(5월 22일), 청선(淸船)에 가서 한 문답에서, 마건충이 "귀국도 원인(遠人)들(외국인 ; 필자)에게 보여줄 국기가 없어서는 안됩니다"라고 하면서 "어제 이응준이 소매에서 꺼낸 기식(旗識)"을 언급하였는데, 그 모양이 일본의 국기와 매우 비슷하다고 한 것, (나)4월 11일 남관(南館)에서 이별할 때의 문답에서 우리측이 마건충에게 "이응준의 감정본(鑑正本)을 보고 일본과 흡사하다고 하였는데, 홍색 바탕에 청백을 배합하여 원을 그리면 비슷함을 면할 수 있겠습니까?"라고 완곡하게 마의 의사를 타진한 부분 등이다.

김원모는 이 기록들에 근거해 1882년 5월(양력) 조미수호통상조약 교섭 중에 미국함(Swatara)과 청국함[威遠號]을 왕래하면서 교섭 실무를 담당한 이응준이 태극도를 고안한 것으로 판단하였다. 그리고 그가 이를 고안한 데는 미국 측 대표 슈펠트 제독의 권유가 직접적 계기가 되었던 것으로 보았다. 즉 1882년 5월 14일 남양부(南陽府)의 대동선(大同船)을 타고 스와타라호를 예방했을 때, 슈펠트 특명전권공사가 조약체결시 삼각형 용기를 버리고 새로 조선국기를 제작 사용할 것을 권고하였다고 하면서 그 근거로 위 「한국과의 조약의 역사」의 다음과 같은 구절을 들었다.

> (1-3) 조약은 제물포에서 예포가 울리고 깃발들이 나부끼는 가운데 서명되었다 : 한국인들은 작은 깃발들과 약간 더 큰 길죽한 깃발들(pennons)만 사용했기 때문에 한국의 국기는 스와타라 선상에서 이 식을 위해 만들어졌다(한국인들은 작은 깃발들과 약간 더 큰 길죽한 깃발들(pennons)만 사용했다).[15]

위 인용문에 의하면, 슈펠트는 조선 국기가 조인식을 위해 스와타라 선상에서 제작된 것이라고 분명하게 언급했다. 김원모가 지적하듯이 일반적으로 수신사 박영효가 메이지마루(明治丸)를 타고 일본으로 가던 도중, 1882년 10월 3일에 태극기를 조선국기로 제정하게 되었다는 것이 정설로 되어 있는 상황에서, 이보다 4개월 반 전인 조미수호통상조약 조인식에서 만들어졌다고 한다면 이는 분명히 중요한 사실이다. 그러나 그 제작을 수행원인 이응준이 한 것이라든지, 당시의 국기의 모양이 8괘나 4괘가 없는 '태극도형기(太極圖形旗)'인 것으로 단정하는 것은 좀 더 신중을 기할 필요가 있다. 여기서 김원모가 파악하는 태극도형기 제작의 상황을 다시 정리하면 다음과 같다.

1882년 5월 14일 전권대관 신헌, 부관 김홍집이 수행원 이응준을 대동하고 스와타라호를 예방하였다. 이때 미국 특명전권공사 슈펠트는 이번 역사적인 조미조약조인식에서 미국 성조기와 나란히 조선 국기를 게양하고 조약체결을 엄수하자고 제안하면서 국기제정을 권고했다. 이에 김홍집은 이응준에게 급히 국기제작을 지시하자, 이응준은 마침내 '태극도형기'를 제작했다. 이것이 바로 태극기 제정의 기원이 되고 있다(김원모, 1998, 34면).

김원모의 파악에 의하면, 이응준의 '태극도형기'는 비록 대관·부관 등의 지시에 의한 것이지만 순전히 스와타라 선상에서 이응준의 아이디어에 의해 응급적으로 이루어진 것이다. 그러나 관련자료는 정황을 반드시 그렇게 정리하게 하지는 않는다. 위 (1-3)의 자료는 분명히 스와타라 선상에서 만들어졌다고 하였지만, 이는 미국 측이 그 의미를 높이기 위해 그렇게 서술했을 가능성도 고려해야 한다. 그리고 조선 측이 국가의 상징인 국기 제정문제에 대해 그 사이 아무런 준비도 하지 않다가 미국 측이 요구한다고 해서 즉석에서 응했다는 것도 석연치 않다. 실제로 대관 신헌, 부관 김홍집이 이응준에게 지시하여 이응준이 즉석에서 만들었다는 기록은 없다. 이에 관련되는 기록은 (1-2)의 (나)에서 마건충이 "어제 이응준이 소매에서 꺼낸 기식"을 보니 그 모양이 일본의 국기와 매우 비슷하다고 한 것뿐이다. 이 기록에 의하면 이응준은 수행원으로서 준비된 안을 보관하는 자에 불과할 수도 있다. 그리고 그 기식(이응준의 감정본)의 형태도 일본 것과 비슷하다고 했지, 4괘나 8괘가 없다는 지적은 없다. 그러므로 위의 기록들을 통해서는, 조미수호통상조약 체결 당시에 우리측이 국기를 처음 사용했다는 것, 그 모양이 태극기와 유사한 것이었다는 것 등을 확인하는 정도에 머물러야 한다.

국기란 것은 결코 한 개인에 의해 결정될 수 있는 것이 아니다. 이응준이 소지한 것에 대해 '이응준 감정본'이란 용어가 붙었지만, 한 수행원이 그런 중대한 일을 처리할 수 있는 입장은 아니다. 당시 조선정부는 이 문제에 대해 용기 사용 여부로 청국 사신들과 미묘한 외교적 긴장관계를 벌이고 있었기 때문에 조정의 공식적인 결정사항을 밖으로 드러내는 것이 부담이 될 수 있는 상황이었다. 그래서 조정에서 실제로 논의한 것이면서도 일개 수행원인 이응준이 만든 것처럼 가장했을 가능성도 없지 않다. 설령 한 개인의 착상에 의한 것이라 하더라도 국왕의 허가 없이는 결정될 수 없는 것이 국기 문제이다.

조선 국기 제작에 슈펠트 제독의·권유가 직접적인 계기가 되었다는 이해도 문제가 있다. 위 미국 측 자료에는 분명히 그렇게 서술되어 있지만, 조선 측이 새로운 국제관계 수립에 국기가 필요하다는 것은 1876년의 조일수호조약 때 이미 인식하지 않을 수 없는 문제였다.[16] 이 조약 수립 후 일본 측이 건넨 자료 가운데 「미야모트 고이치 수록(宮本小一手錄)」이란 자료가 특별히 국기의 중요성을 강조하여, 국기는 어느 나라에서나 "지귀지중지물(至貴至重之物)"이라고 하면서 그 용도까지 구체적으로 소개하였다.[17] 따라서 국기 제작의 필요성은 이때부터 이미 인식되고 있던 것으로, 조미수호통상조약이 그 계기가 되었다고 볼 수는 없다.

결론적으로, 국기제작 문제는 어느 특정한 나라의 영향을 받았다는 것보다 1876년의 개항 후 조선 조정이 스스로 취했을 입장을 확인하는 방향에서 검토되는 것이 바람직하다.

3. 국기 제정과 규장각 소장의 '御旗'

앞에서 국기 제정에 관한 기존의 여러 설들을 검토하였다. 그런데 기원에 대해서는 이처럼 논난이 많지만, 1882년 8월에 박영효가 제3차 수신사로서 메이지마루(明治丸)를 타고 일본으로 가던 중에 국기를 제정하여 첫 기숙지인 고베(神戸)의 숙소에서 처음 내걸었다는 사실은 누구도 부정하지 않는다. 이 사실은 그가 쓴 일기(8월 1일부터 11월 28일까지)인 『사화기략(使和記略)』에 구체적으로 기술되어 있기 때문이다. 국기 제정 과정에 관한 검토는 역시 이 자료로부터 출발하는 것이 바람직하다. 관련 부분을 옮기면 다음과 같다.

(2-1) 8월 14일 맑음. 오전 4시(寅正)에 고베에 도착하였다. … 8시(辰刻)에 소륜선을 타고 하륙하여 西村屋 쉴 곳에 도착하였다. … 새로 만든 국기를 寓樓에 걸었다. 깃발 장대(竿)에 흰색 바탕을 종으로 펴서 길이가 폭의 5분의 2에 미치지 않게 하여 主心(金晩植)이 태극을 그려 청색 홍색으로 채우고 네 모서리에 건 곤 감 리의 4괘를 그렸다. 일찍이 상에게서 명을 받은 적이 있다.

(2-2) 8월 22일, 맑음. 부산으로 가는 선편에 狀啓를 마련해 올렸다. 절충장군 행 용양위 부호군 전권부관 겸 수신부사 臣 金, 상보국숭록대부특명전권대신 겸 수신사 臣 朴. 이 달 초아흐레 오전 8~9시(巽時) 쯤, 인천부 제물포로부터 배를 띄운 경유는 이미 보고를 올렸습니다만, (중략) 14일 오전 5~7시(卯時) 쯤에 고베에 도착해 하륙하고 곧 店舍에 투숙하여 기선이 오기를 기다리면서 東京으로 떠날 준비를 하고 있습니다. 본국 국

기를 새로 만드는 일은 이미 처분이 있어 지금 대 중 소 3本을 만들어 그 중에서 小旗 1본을 올려 보내면서 연유를 급히 아뢰오니 …. 開國 491년 壬午 8월 22일 午時 …

　　特命全權大臣兼修信使 朴이 相彦事를 위해 지금 시급히 아뢰기 위해 啓本을 갖추어 보내며 그 하나는 機務處에 가는 것으로 서간을 하나로 封하여 선편에 부칩니다.

右關
東萊府使
開國 491년 壬午 8월 22일 准此
特命全權大臣 朴 押

送機務處書

국기의 標式은 明治丸에 있던 중에 영국 영사 아스톤과 상의했더니, 그가 말하기를 선장인 영국인이 사해를 두루 돌아다녀 각국 국기의 표장을 잘 알고, 또한 각 색의 분별과 원근의 이동까지 두루 洞知한다고 하였기 때문에 그와 더불어 상의했습니다. 그랬더니, 태극에 8괘를 그린 도식은 특별한 빛깔로서 아름다우나, 여덟 개의 괘를 태극 주위에 분포해 놓으면 너무 획이 조밀하고 복잡하여 분명하게 나타나지 않고, 또 여러 나라에서 이것을 보고 제작하는 것도 심히 불편할 것이므로 단지 4괘만을 사용해 네 모퉁이에 그어[劃]도 아름다울 것이다 라고 하였습니다. 또 말하기를 외국에서는 국기 외에 반드시 君主의 旗가 있는데 그 표시는 대개 국기의 모양을 따고 채색과 무늬를 놓아 繁鮮을 아주 화려하게 한다고 하였습니다. 국기의 대 중 소 각 1본을 그 선장으로 하여금 裁製케 하고 小 1본을 지금 장계를 지어 상송하는 바입니다. 主上旗의 標章(旗號)은 태극을 가운데 두고 8괘를 기의 邊幅에 빙 둘러 놓음[拱布]이 좋을 듯합니다. 그리고 바탕[質]은 紅色을 專用하는 것이 선명할 것 같습니다. 이미 각국과 통호한 후에는 무릇 사신으로 나가게 되는 경우 예의상 국기는 없을 수 없습니다. (하략)

위 인용문의 주요 내용을 편의상 다시 간추리면 다음과 같다.[18]

(가) 박영효는 특명전권대신 겸 수신사로 메이지마루(明治丸)를 타고 일본으로 가는 선상에서 영국 영사 아스턴(Aston)의 소개로 영국인 선장 제임스(James)[19]의 자문을 받아 태극기 대·중·소 3본을 만들고 이를 8월 9일 고베(神戶)에 도착해 숙소 니시무라야(西村屋)에 처음 내걸었다.

(나) 당초에는 태극팔괘도를 제시했는데, 제임스 선장이 팔괘는 너무 복잡해 눈에 잘 띄지 않는 단점이 있으므로 사괘만을 네 모퉁이에 배치하는 것으로 결정을 보고, 본래의 태극팔괘도는 바탕색을 화려한 홍색으로 하여 군주기로 삼기로 하였다.

(다) 8월 22일 고베에서 이를 보고하는 장계를 작성하여 부산으로 가는 선편을 이용해 동래부사 앞으로 보냈다. 이때 새로 정한 국기 소본 하나와 통리기무아문에 보내는 서신도 함께 동봉하였다.

위의 정리에서 드러나듯이, 박영효 일행은 타고 가던 배의 선장인 영국인 제임스의 조언으로 태극4괘의 국기 모양을 확정하였지만, 본래 '태극팔괘도'를 준비하고 있었던 사실이 확인된다. 제임스 선장은 팔괘도가 너무 복잡하므로 이를 4괘로 단순화한 것을 국기로 삼고 팔괘기는 군주기로 사용하는 것이 좋겠다는 자문을 해주었던 것이다. 여기서 한 가지 주목되는 것은 자료 (2-1)의 끝에 "일찍이 상에게서 명을 받은 적이 있다(曾有受命於

上)"고 한 부분이다. 이 구절은 문맥상으로 새로 제정한 국기를 그려 숙소의 寅樓에 내건 일 전체에 걸린다. 그러므로 이 구절은 당초 국왕이 '태극팔괘기'를 주면서 사행중 이를 국기로 사용하라는 명을 주었는데, 지금 국기를 태극사괘기로 정해 시행한다는 뜻이다. 이렇게 해석하면, 수신사 일행은 국왕으로부터 사행 중에 사용할 '태극팔괘기'를 수령하였던 것이 분명하며, 그렇다면 앞에서 문제된 4개월 여 전 조미수호통상조약 체결 시에 사용했다는 「이응준 감정본」도 태극팔괘도였을 가능성이 있다.[20]

제임스 선장의 자문을 거쳐 군주기로 낙착된 '태극팔괘기'는 다행히 규장각 도서 중에 관련자료가 전한다. 규장각도서 중의 '어기'(奎 26192, [그림 5])가 바로 그것이다.[21] 이 태극팔괘도(바탕 45cm×35.8cm, 깃발 31.5cm×24cm)는 朴의 보고에 "주상기(主上旗)의 표장(標章 : 旗號)은 태극을 가운데 두고 8괘를 기의 변폭(邊幅)에 빙 둘러 놓음[拱布]이 좋을 듯합니다. 그리고 바탕[質]은 홍색(紅色)을 전용하는 것이 선명할 것 같습니다"라고 한 것과 일치한다. 그림의 상단에 써 놓은 어기란 명칭도 주상기·군주기란 뜻이다. 이 어기의 제작 연대는 자료 자체에 기록되어 있지 않지만, 그 바탕색이 홍색으로 박영효의 보고에서 말한 것과 같으므로 그의 보고 후에 그린 것으로 볼 수 있다(본래의 태극팔괘도가 어떤 빛깔인가에 대해서는 현재로서 알 길이 없다).

당초의 국기 도안이 태극팔괘기였다는 것은 이상의 검토로서 의심의 여지가 없다. 그렇다면 이 도안이 언제 만들어졌으며 그 의미는 무엇인가가 문제가 된다. 전자의 시기문제와 관련해 주목해야 할 것은 1881년(고종 18) 윤7월 이후로는 외국과의 교섭에서 국호를 '대조선(大朝鮮)'으로 칭한 사실이다. 국왕은 이때 외교용 국새(國璽)로서 '이덕지보(以德之寶)' 대신 '대조선국보(大朝鮮國寶)'를 새로 제조하여 사용케 하고, 국왕의 호칭도 주상에서 대군주로 바꾸도록 하였다.[22] 조미수호통상조약 약 1년 전에 이루어진 이

제2부 근대화의 현장

〔그림 5〕 규장각 소장의 어기(御旗)

조치는 조선의 개화정책상 중요한 의미를 가지는 것이었다. 조선은 지금까지 중국의 전통적인 조공책봉 질서 속에 놓여 있었다. 그런데 지금 필요한 것은 이로부터 벗어나 명실상부한 독립국으로 새로운 국제질서에 편입하는 것이었다. 국호를 대조선, 왕의 칭호를 대군주로 바꾸도록 한 것은 나라의 지위를 높이기 위한 것으로 그 이면적 의도는 중국 중심의 질서로부터 벗어나려는 것이었다. 조선정부의 그런 의도는 약 1년 뒤 미국과의 수호통상조약 체결에서 명백하게 드러났고, 청나라는 임오군란을 계기로 조선의 발목을 잡는 정책을 폈던 것이다. 어떻든 조미수호통상조약에서 조선의 국기가 구체화되었다면 그 논의는 대조선 칭호의 사용과 시기를 같이 했다고 보아도 무방할 것 같다. 대외용 국호의 조정과 국기의 제정은 같은 맥락 속에 있는 것들이기 때문이다.

국기제정의 경위는 결국 다음과 같이 정리된다. 즉 조선정부는 1876년의 조일수호조규 이후 새로운 국제관계 수립의 필요성을 느껴 1880년 12월에 국제관계를 전담하는 새로운 부서로 통리기무아문을 설치하고 1881년 윤7월에 국교 관계에서 사용할 국호를 대조선으로 높이는 조치를 취한 단계에서 국기 문제는 구체적으로 검토되었던 것으로 보인다. 그리하여 1882년 5월의 조미수호통상조약 체결 시에는 태극팔괘기가 이미 준비되어 미국 측의 국기 사용 제안에 그대로 응할 수 있었던 것이다. 1882년 8월의 수신사의 일본 사행에서도 같은 태극팔괘기를 사용하게 했는데, 선상에서 영국인 선장의 자문을 받아 더 단순화한 태극사괘기가 국기로 탄생하고 태극팔괘기는 군주기로 낙착을 보게 되었던 것이다. 그러면 남은 문제는 태극사괘기의 모태가 된 태극팔괘기는 어디에서 유래하고 그 의미는 무엇인가 하는 것이다.

4. '어기' 태극팔괘도의 유래와 민국정치이념

주지하듯이 팔괘도에는 「복희선천팔괘도(伏羲先天八卦圖)」와 「문왕후천팔괘도(文王後天八卦圖)」가 있다([그림 6]). '어기'의 팔괘는 이 가운데서 「문왕후천팔괘도」를 취한 것이다. 복희씨의 선천(先天)은 우주 생성의 원리를 표시해 만든 것이고, 후천(後天)은 주나라 문왕이 인간의 치세에서 이를 실현하는 원리로 전용하여 형상화한 것이라고 한다. 지금까지 우리 국기 태극기에 대한 해석은 거의 모두 「복희선천팔괘도」의 우주 자연 생성의 원리 쪽에서 의미를 구했다. 그런데 『사화기략』의 관련기록에 의해 태극사괘기의 원형이 「문왕후천팔괘도」에 있는 것으로 확인된다면, 태극기의 의미에 대한 풀이도 마땅히 이쪽에서 구해야 한다. 다시 말하면 우주 자연 생성의 원리보다 인간의 치세의 원리 곧 정치사상을 반영하는 것으로 풀어야 한다. 이런 관점에서 조선후기 왕정에서 「문왕후천팔괘도」가 가지는 의미를

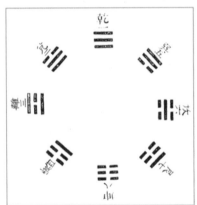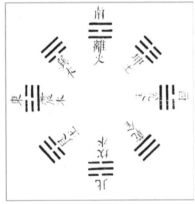

[그림 6] 「복희선천팔괘도(伏羲先天八卦圖)」(좌)와 「문왕후천팔괘도(文王後天八卦圖)」

밝혀줄 자료로서 규장각 도서 가운데 필사본으로 전하는 『계몽도설(啓蒙圖說)』(奎章閣圖書 1128, 4369)이 주목된다.[23]

이 책은 1772년(영조 48)에 정헌대부 예조판서 겸 지경연사 세손 좌부빈객 서명응(徐命膺)이 세손[正祖]의 『주역』에 대한 높은 관심을 돕기 위해 지은 것이다. 서명응이 쓴 발문에 의하면, 세손은 『주역』 공부에서 복희(伏羲)의 선천역(先天易)과 문왕(文王)의 후천역(後天易)의 관계를 푸는 데 큰 관심을 가지고 있었다고 한다. 즉 "조화의 체(體)를 담은[涵]" 선천역과 "인사의 용(用)을 넣은[入]" 후천역의 상관관계를 괘도(掛圖)로 푸는 것에 많은 노력을 기울였다고 한다. 서명응은 주역 연구의 변천사에서 공자의 「계사(繫辭)」 이후 주자가 주렴계(周濂溪)의 적전(嫡傳)으로 소강절(邵康節)의 오묘한 학문[邃學]을 겸하여 『주역본의(周易本意)』를 지어 후천역을 해석하고, 그 다음에 후천은 선천에 근본한다고 하였다. 이어 『역학계몽』을 지어 선천을 공부할 수 있는 계제를 마련함으로써 주자 이후 5백 년이 되는 동안 선천의 학이 끊이지 않고 이어질 수 있게 하였다. 그러나 이 책은 시작과 끝[端倪]을 잘 드러내지 않은 채[微發] 후학으로 하여금 스스로 생각하게 하였기 때문에 후대의 학인(學人)들이 선천역과 후천역의 관계를 제대로 이해하지 못하는 한계를 지녔다. 그러므로 세손의 주역 공부는 이 한계를 극복하는 데 역점을 두었다고 밝혔다. 그 결과로 「선천변위후천도(先天變爲後天圖)」를 얻은 것을 소개하였는데(권4), 이것은 선천역도(先天易圖)의 팔괘를 바깥으로 하고 후천역도(後天易圖)의 팔괘를 안쪽에 놓은 것이다[그림 7]. 여기서 주목되는 것은 이 겹배열에서 가운데 상하 자리에 온 괘들이 바로 태극기가 취하고 있는 건곤감리(乾坤坎離)의 4괘란 점이다. 박영효 일행이 메이지마루 선상에서 제임스 선장의 자문을 받아 '태극팔괘기'를 단순화하여 '태극사괘기'를 고안한 데서 가장 의문시되는 것은 어떤 근거로 팔괘 가운데 건곤감리의 4

괘를 택했는가 하는 문제인데, 이 「선천변위후천도」가 그 의문을 풀어준다.

제임스 선장의 자문 후 수신사 일행이 그린 태극사괘기의 4괘에 대해 위 (1-1)의 자료는 건곤감리의 4괘를 네 귀퉁이에 그렸다고 했다. 그러나 수신사 일행이 동경 체류 중에 보도한 『시사신보』의 보도는 이와는 다른 형태의 「조선국기」의 그림을 실었다[그림 8]. 이 그림의 4괘는 진(震) 태(兌) 이(離) 간(艮) 등으로, 보도 기사 중 "네 귀퉁이에는 동서남북의 역괘를 부쳐서"라고 한 것과 결부시키면 「문왕후천팔괘도」 중의 동서남북 방향의 4괘와 일치한 다.[24] 『시사신보』의 그림에 대해서는 날조되었다는 비판도 있지만,[25] 수신사 일행의 숙소에 내건 국기를 보고 그렸을 가능성도 없지 않다. 『사화기략』은 귀국 후 기록의 정리과정이 있었을 수도 있으므로 건곤감리 4괘란 표현이 나중에 조정에서 확정 발표된 것을 참고해 고쳤을 가능성도 없지 않다. 필자의 판단으로는, 제임스 선장의 조언으로 태극팔괘도를 단순화하기 위해 갑자기 8괘 중 4괘를 택해야 하는 마당에서는 팔괘 중 정 동서남북 방향의 4괘를 택했을 가능성이 없지 않다. 그것이 조정에 보고된 뒤,[26] 그런 정방위 괘의 선택은 의미가 없으며, 굳이 4괘를 선택해야 된다면 「선천변위후천도」 의 중심 축의 4괘로서 건곤감리를 택하는 것이 의미가 있다는 판정을 내리게 되었을 과정을 상정할 수 있다. 『계몽도설』의 「선천변위후천도」는 고종이 가장 받드는 선대왕인 정조의 정치사상의 핵심에 해당하는 것이기 때문에 그 가능성은 아주 많다.[27] 이런 경위로 확정된 태극기의 4괘는 곧 「선천변위후천도」의 원리 즉 "자연 조화의 체"를 "인사의 용"에 적용한다는 사상을 담은 것이었다.

그러면 정조가 선천역과 후천역의 관계에서 구하고자 한 것은 무엇인가? 이것은 곧 태극기가 표시하는 근본이념을 밝혀줄 문제이다. 이와 관련해 주목되는 것은 그가 재위 22년째에 쓴 「만천명월주인옹자서(萬川明月主人翁自

[그림 7] 정조 편, 『계몽도설(啓蒙圖說)』의 선천이 후천으로 변하는 관계 그림(「先天變爲後天圖」)

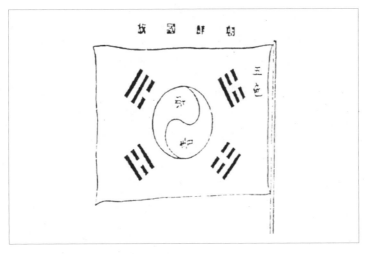

[그림 8] 일본 『시사신보(時事新報)』에 실린 「조선국기」

고종의 국기 제정과 군민일체(君民一體)의 정치이념

序)」(이하 「自序」로 줄임)다.[28] 정조는 이 글에서 민을 수많은 하천[萬川], 군주를 밝은 달[明月]에 각각 비유하여, 백성에 대한 군주의 관계는 밝은 달이 모든 하천에 하나씩 담겨 비치는 것과 같다고 했다. 그는 태극이 나뉘어 음양이 되고, 음양이 사상(四象)이 되고, 사상이 다시 팔괘가 되는 순서를 밟아 16,774,200 괘획(卦畫)에 이르는 것을 지적하면서 이 숫자를 "나의 백성[蒼生]의 수에 당한다"라고 언급하면서, 명월을 군주인 나이자 태극이라고 규정하였다.

　달과 만천의 비유는 사실은 주자가 먼저 사용한 것이다. 주자는 이(理 ; 太極)와 만물의 성명(性命)의 관계를 설명하면서 "본래는 단지 태극은 하나이며 만물은 각기 품수(稟受)하고 또 스스로 각기 1태극을 전구(全具)하니 마치 달이 하늘에 있으면 하나일 뿐인데 강호에 산재하게 되면 처한 곳에 따라 보이더라도 달이 나누어졌다고 말할 수 없는 것과 같다"[29]라고 하였던 것인데, 정조는 이 비유를 군주의 입장에서 정치학적으로 군주와 백성의 관계를 설명하는 데 전용하였다. 16,774,200 괘획에 대한 주자의 『역학계몽』의 논평도 "역괘 변화의 무궁함이 이와 같도다"고 한 것이었는데, 정조는 이를 자신의 백성의 수로 풀었다. 정조의 학문은 이처럼 여러 면에서 주자의 자연철학적 경지를 군왕의 인문적 정치원리에 직접 전용하는 데 노력하는 특징을 보였다. 어떻든 정조의 해석대로라면 만백성은 곧 군주의 분신을 뜻하게 되는 것으로, 이는 곧 전형적인 군민일체(君民一體) 사상에 해당하는 것이다.

　군주와 백성의 관계를 밝힌 「자서」의 정치철학은 두 개의 사상적 기조로 이루어졌다. 즉 하나는 명월로 상징된 '명덕(明德)'의 구비 문제, 다른 하나는 태극이 분화하는 역괘 풀이다. 전자는 『대학』이 제시한 '명명덕(明明德)' 공부, 후자는 『주역』 공부에 각각 뿌리를 두었다. 정조의 『대학』 공부는 이 책이 담고 있는 사상의 가치를 발견하는 것에 두었다. 할아버지 영조의 독려에 의해 시작된 그의 『대학』 공부는 이 책의 머리 구절 "명명덕"에 집중하였으며, 그 경지는 곧 주나라 문왕의 정치세계에 대한 탐구였다.[30]

주나라 문왕의 정치세계는 『서경』과 『시경』에 다음과 같이 전한다. 즉 『서경』 태서(泰誓) 하에 무왕(武王)이 선고(先考) 문왕의 덕을 기리면서 "오호라! 내 아버지 문왕께서 일월이 빛을 비침[照臨]과 같이 (그 덕이) 사방에 빛나고 서토(西土 : 주나라)에는 더욱 두드러졌으니 (그래서) 우리 주나라는 생길 때부터 다방(多方)(의 복속)을 받았다"고 하였고, 『시경』 권6, 대아 3에 주공이 성왕을 훈계하는 시에 "명명(한 덕)은 아래에 있고, 혁혁(한 명)은 위에 있다"고 읊었다. 후자는 주공이 문왕과 무왕이 천명을 받은 것을 말하면서, 먼저 아래에 있는 자[在下者]가 명명한 덕을 갖추면 재상자(在上者)가 밝디밝은(혁혁한) 명을 내리게 되어, 상하가 서로 만나[達] 거취가 무상하게 되니, 이 때문에 하늘이 (누구에게나) 쉽게 마음을 주지 않으며, 아무나 임금이 될 수도 없는 까닭이라는 훈계의 뜻을 담은 것이다. 영조는 『시경』 대아 문왕편을 강학할 때 "문왕의 정치는 소민을 감싸주고 보호하는 것"(『영조실록』 권86, 영조 31년 12월 18일 정사)이라고 해석하여 자신의 정치도 이를 전범으로 삼고 있다고 밝혔다. 정조도 「자서」에서 "내가 명덕에 뜻을 두니 문왕이 서토[西周]에 임하"듯이 모든 정사가 잘 풀렸다는 표현을 썼다.[31] 두 왕이 『대학』에 특별한 관심을 둔 것은 곧 주나라 문왕의 명덕의 세계를 자신의 치세에 실현시키기 위한 것이었다.

서주의 문왕은 주지하듯이 조선(祖先)의 유법(遺法)을 따르고, 인정을 행하고, 천하의 어진 선비들을 우대한, 유교 세계에서 이상적 군주로 꼽히는 존재이다. 유교정치에서 요·순·우·탕·문왕은 교과서적으로 꼽히는 성군이다. 그러나 이 가운데 문왕을 특별히 주목하는 경우는 그리 흔치 않다.

왜 영조·정조가 문왕을 이처럼 주목했는가는 앞으로 깊이 연구되어야 할 과제이다. 여기서는 앞에서 인용했듯이 영조가 "문왕의 정치는 소민을 감싸주고 보호하는 것"이라고 규정한 점을 주목하고자 한다. 아래는 조선초기부터 중기까지 소민 보호의식의 변천을 보여주는 자료들이다.

(3-1) 鐘城 도호부사 李伯慶과 殷山현감 金貴孫 등이 하직하니, 임금이 인견하고 … 김귀손에게 이르기를, "수령의 임무는 백성을 사랑하는 것이 중하게 되니, 그대는 나의 마음을 몸 받아 소민을 자식처럼 사랑하라"하였다(『문종실록』 권3, 문종 즉위년 8월 22일 계사).

(3-2) 왕이 晝講에 나왔다. 『대학연의』를 강하는데 시독관 洪瀚이 아뢰기를, "… 周 成王이 어려서 즉위하여 농사 짓는 고난을 모르기 때문에 周公이 無逸篇을 지어 훈계삼아 올리면서 농사의 고난과 小民의 원망을 낱낱이 갖추어 실어 놓았으니, 임금이 구중 궁궐 속에 깊이 앉아 계시어 堂 아래가 천리보다 멀리 있는데 어떻게 閻里의 원성과 농사의 고난을 아실 수 있으리까. 반드시 經筵에 납시어 신하들을 대하셔야 곧 들으실 수 있습니다" 하였다(『연산군일기』 권11, 연산군 1년 12월 21일 庚午).

(3-3) 夜對에 나아갔다. … 영준이 아뢰기를 "백성은 나라의 근본이라 관계되는 바가 매우 큽니다. 임금은 깊은 구중궁궐 속에 있는데, 小民의 어려움을 어떻게 알겠습니까! 반드시 사대부를 인접하여 민간의 질고를 물은 뒤라야 백성이 보호를 받게 될 것입니다. … 참찬관 趙元起가 아뢰기를, "그 많은 군현에 어떻게 일일이 수령을 가려서 보낼 수 있겠습니까? 감사 한 사람만 가리면 민폐가 없을 것입니다" 하니 … (『중종실록』 권19, 중종 9년 1월 28

일, 壬辰).

(3-4) 知敦寧 李宗城이 상서하였는데, 대략 이르기를, … 戶錢 … 故 新豊
府院君 文忠公 張維가 이르기를, '나라에서는 차라리 小民의 마음을 잃을지언정
士夫의 마음을 잃을 수는 없다'고 하였습니다. 長陵(仁祖)의 시대에도 오히려 이
러했는데, 하물며 오늘날에 있어서이겠습니까? 이 점이 절대로 시행할 수 없
는 네 번째 이유입니다(『영조실록』 권71, 영조 26년 6월 22일 계사).

(3-1)은 왕조 초기의 왕정의 소민보호의 구현은 주로 수령권의 확립에
서 구하였음을 보여준다. 그리고 (3-2) (3-3)에 의하면, 중기에서는 초기
의 중앙집권관료제가 많은 문제점을 일으켜 경연(經筵)에 참석하는 '현신(賢
臣)'과 엄선된 감사(監司)를 통해서만 가능하다는 것으로 인식이 바뀌고 있
었다. 훈척세력의 비리를 비판하는 사림세력의 입장이라고 할 수 있다. 그
러나 어느 경우나 사대부 중심의 통치논리였던 것을 주의할 필요가 있다.
(3-4)는 초기 이래의 사대부 중심의 국가관이 영조대까지도 존속했던 것
을 보여준다. 그 논리는 나라가 소민의 마음을 잃을지언정 사대부들의 마
음을 잃어서는 안된다는 것이었다. 그런데 숙종대 이후 이런 논리는 국왕
들이 사대부보다 소민을 더 중요시하는 치국관을 제시함으로써 크게 흔들
리게 된다. 아래가 그 예문들이다.

(3-5) 傳敎하시기를, "옛사람이 이르기를, '良民을 보전하려면 먼저 贓法
을 엄정하게 하라' 하였다. 趙씨의 宋나라는 인후함을 숭상하였지마는
오직 贓吏만은 저자거리에 내버렸다. 우리 나라의 장법은 엄하지 못하
여 … 小民들이 곤궁하게 된 것이 괴이할 것이 없다. 이제부터는 職秩의

높고 낮음을 가릴 것 없이 貪贓이 현저한 자는 엄하게 문초하고 끝까지 죄를 조사하여 법을 엄정하게 하기를 기약하라. …"하였다(『숙종실록』 권16, 숙종 11년 2월 5일 을미).

(3-6) 영의정 李光佐가 箚子를 올려 청하기를, … 批答하시기를, "아! 어제 새벽 이후 만일 黨心을 둔 자가 있다면 이는 역신이니, 趙泰彦을 벌주라는 명을 어찌 그만 두어야 하겠는가? … 齊 나라 威王이 阿大夫를 烹刑에 처한 고사가 이미 있는데, 날마다 黨習을 일삼고 小民을 돌보지 않으니, 그 죄는 제나라의 아대부보다 심하다. 실로 장차 門(궁궐의 대문 ; 인용자)에 임하여 백관을 모아 큰 거리에서 팽형하여 백성들로 하여금 모두 黨人의 고기를 보게 해야 마땅한데, … (『영조실록』 권45, 영조 13년 8월 13일 기사).

(3-7) 右尹 朴權이 良役變通에 대하여 陳疏하기를, … 이제 만약 戶口錢이라 이름하여, 모든 가호의 남녀를 물론하고 16세부터 55세까지의 식구를 헤아려 … 이 법을 시행하면 小民은 모두 기뻐할 것이나 大家·居室로 많은 노비를 거느린 자에서 京鄕의 양반·서얼·중인까지는 갑자기 전에 없던 賦를 당하게 되어 비록 기뻐하지 않은 마음이 있게 되겠지만, 이미 국가의 뜻이 역을 고르게 하여 백성을 돌보려는 것에서 나온 것임을 알면 조금 지식이 있는 자는 반드시 원망하는 데 이르지 않을 것입니다. … (『숙종실록』 권50, 숙종 37년 12월 27일 신사).

(3-8) 임금이 朝陽樓에 나가서 왕세자에게 하유하기를, "… 돌아보건대 지금 聖祖의 혈맥은 단지 너와 元孫이 있을 뿐이니, … 네가 나라를 보

제2부 근대화의 현장

존하고자 한다면 마땅히 이 백성들을 보호해야 할 것이다. 그리고 단 世臣은 나라의 元氣이다. … 너는 모름지기 世臣을 보호하고 소민을 화합하게 하는 것으로써 유념하여 오늘의 일을 잊지 말도록 하라" 하였다. 어필로써 御製를 써서 내려 판에 새겨 벽에 걸도록 명하였다(『영조실록』 권74, 영조 27년 10월 8일 신축).

위 예문들은 18세기의 군주들의 소민보호 의식이 이전과는 현저하게 달라진 것을 그대로 확인시켜 준다. 이전에는 소민들과 접촉하고 그들의 실정을 제대로 알려줄 관리가 누구냐 만이 문제였던 것에 반해, 관리들 자체가 소민을 궁핍하게 하는 주체가 되어 있다는 것을 직시하면서 해당 관리들에 대한 징벌을 어떻게 하느냐에 초점이 맞추어지고 있다. 장리(贓吏)(3-5)뿐만 아니라 사대부들의 당습(黨習)(3-6)까지도 문제 삼았을 뿐만 아니라, 민의 질고에 대한 구체적인 대책을 세우는 것(3-7)을 왕정의 중요한 임무로 인식한 것이 이전과는 현저하게 다른 점이었다. 18세기 군주들은 탕평책으로 사대부들의 당습을 없애고 민의 고충 곧 민은(民隱)을 해결하는 데 진력하는 것이 곧 왕정의 본무인 소민 보호를 실현하는 길이라고 인식했다. 이런 왕정관에 동조하는 신하들은 곧 왕이 보호할 가치가 있는 '세신(世臣)'으로 간주되어 소민을 화합케 하는 과제와 함께 이들에 대한 배려가 강조되기도 하였다(3-8). 영조·정조대의 왕정은 실제로 상언(上言)·격쟁(擊錚)의 제도를 발달시켜 민소(民訴)를 무제한으로 받아 처리하고, 어사제도를 획기적으로 발달시켜 국왕이 목민(牧民)의 일선을 직접 지휘하다시피하는 체제를 구축해 이전의 왕정과는 현저하게 다른 모습을 갖추었다.[32] 바로 이런 추구 속에 영조가 문왕의 정치의 요체를 "소민을 감싸주고 보호하는 것"이라고 한 것은, 문왕에 대한 흠모가 곧 소민 보호의 실현에서 비롯했다는 것을 의미한다.

이상의 고찰에 의하면, 정조의 「문왕후천팔괘도」에 대한 관심은 곧 소민보호 정치의 실현을 뜻하는 데 있었던 것이 확실하다. 그리고 그가 「만천명월주인옹자서」에서 백성들을 군주의 분신으로 간주한 것도 소민보호의 과제에 대한 철저한 인식의 산물이다. 그런 인식 아래 자신이 펼친 정사 자체를 문왕이 서주에 임했던 것과 같은 것이라는 비유가 나올 수도 있었던 것이다. 문왕이 이루었던 그 밝디 밝은 덕치의 세계를 얻고자 영조·정조는 스스로 '수기(修己)'에 진력하는 노력도 아끼지 않았다. 명덕의 함양으로 밝은 달과 같이 지공지순(至公至純)한 경지에서 정사를 처리하니 문왕의 시대처럼 왕정이 제대로 풀리기 시작했다는 것이 「자서」의 기본 논지이다.

18세기 탕평군주들의 소민보호 의식은 민국(民國)·민국사(民國事)란 새로운 용어를 탄생시켰다. 다음은 그 대표적인 예 몇 가지이다.

(4-1) 傳曰, 애석하다! 근일의 헤아려 도모함[籌謀]이 民國事를 크게 소홀히 하였으니 조정의 기강이 있다고 할 수가 있겠는가? 民隱(민의 고충)을 중히 여긴다고 할 수가 있겠는가?(『비변사등록』 181책, 正祖 17년 2월 18일조, 국편 간행본 18책, 89면 라)

(4-2) 傳曰, 근래 더위로 머리의 부스럼이 아파오지만 民國事는 감히 한가히 쉴 수가 없다(앞의 책 181책, 正祖 17년 6월 20일조, 국편 간행본 18책, 171면 라).

(4-3) 敎曰 國에 이롭고 民에 이롭다면 살갗[肥膚]이라도 무엇이 아까우리오. 先王께서 寡人에게 곡진하게 타이르신 바이다. 國用이 떨어지고 民産이 다하여, 民國을 말하고 걱정하면서 한밤중에도 의자에 둘러 앉았

다. 宮房田結에 이르러, 法外로 더 받은[加受] 것, 전용(轉用)하고 거두지 못한 것[代盡 未收]은 國用을 크게 손상할 뿐만 아니라 小民을 크게 해침으로 유사로 하여금 査正하도록 하고 이어 溫嬪 이하 여러 궁방의 전결 중 전용한 것 및 더 받은 것들을 모두 호조에 속하게 하였다. … (『정조실록』 附錄 行狀 ; 국사편찬위원회 간행본 『조선왕조실록』 47책, 298면).

위 용례들에 의하면, 소민들의 민은을 해결하는 것 자체를 민국·민국사로 인식한 것이 확인된다. 다음은 민국이란 용어의 뜻풀이에 해당하는 것들이다.

(4-4) 아-. 國은 民으로서 본을 삼는다. 그 때문에 國은 民에 의지하고 民은 國에 의지한다. 古語에 이르기를, 本이 튼튼해야 나라[邦]가 평안하다고 했는데 이는 참으로 王政이 앞세워야 할 바이다. … (『備邊司謄錄』, 英祖 1년 4월 24일조, 국편 간행본 7책).

(4-5) 民은 國에 의지하고 國은 民에 의지한다. 民이 족하면 君도 족하다 (『正祖實錄』 附錄 行狀 ; 國史編纂委員會 간행본 47책, 295면 다).

(4-6) 民은 上에게 의지하고 上께서는 民에 의지하여 둘이 서로 의뢰하여 國體를 이룬다(崔漢綺, 『明南樓叢書』, 仁政 권20, 用人 聽民黜陟).

위 가운데 (4-4)는 국과 민의 관계에 대한 새로운 인식의 초기 사례에 해당하는 것이다. 영조 스스로 그 연원이 『서경』의 방본론(邦本論)에 뿌리를 두고 있는 것을 말하고 있지만, 한편 국과 민의 상호 의지관계를 강조함으로

써 민이 단순한 피치의 대상이 아니라 나라의 본체로서의 중요성이 한층 강조되어 있다. (4-5)에서는 민과 국의 상호의지 관계를 강조하면서, 국을 곧 군과 동의어로 간주한 점이 주목된다. (4-6)은 민과 상 곧 군주의 상호 의지관계를 밝히고 바로 그 양자가 국체를 이룬다고 직접 언급하였다. 이렇게 되면, 종래의 '국가'란 용어가 중시한 왕실[王家]과 사대부의 가(家)에서 사대부쪽은 빠지게 된 것을 의미한다. 이대로라면 과히 혁명적인 변화라고 하지 않을 수 없다.[33]

이상의 고찰에 의하면, 정조의 「문왕후천팔괘도」에 대한 관심은 곧 명실상부한 소민보호의 왕정 곧 민국정치(民國政治) 이념을 세우고 실현하기 위한 것이었다고 할 수 있다. 태극사괘의 국기가 바로 그 「문왕후천팔괘도」에 근거해 나온 것이라면 거기에도 당연히 그 이념이 반영된 것이어야 한다.

5. 고종시대의 민국이념과 국기의 표장(標章)

정조대에 정립된 민국이념은 한 시대의 풍미로 끝나지 않았다. 순조는 "문왕은 순일부잡(純一不雜)하여 민을 보기를 적자(赤子)같이 하였듯이"(『純齋稿』 권4, 說, 視民如傷說) 군왕이 백성들을 적자(갓난아이)처럼 보살필 때 "억조 백성들이 모두 추대하여 마치 어린아이가 어머니를 따르듯이 할 것이다"(『순조실록』 권13, 순조 10년 9월 28일 庚辰)라는 요지로 선왕들의 민국론을 계술(繼述)하였다. 이는 정약용의 「탕론(湯論)」「원목(原牧)」의 추대군주론을 연상케 하는 면이 있어 주목된다.[34] 그리고 앞에 인용한, 군주와 민이 서로 국체를 이룬다는 최한기(崔漢綺)의 국체 규정 또한 19세기의 민국론의 전존(傳存)을 그대로 보여준다. 그러나 세도가문들의 발호로 왕이나 지각 있는 지식인들의 이런 뜻이 정치에 반영되지 못하는 상황이 계속되고 있다는 것이 18세기 후반과 다른 점이었다. 관료제도를 악용한 세도정치가 상의하달·하의상달의 소통을 차단한 것이 민란을 초래한, 19세기 특유의 상황이었다. 대원군 정권을 통해 그런 시대적 역행이 제거된 다음, 친정에 나선 고종은 선대왕들의 민국정치이념 실현의 의지를 분명하게 보였다. 고종재위 중 민국·민국사란 용어가 군신 간에 거의 상용되다시피 한 것이 그 증거이다. 각 시기별 대표적인 예들을 제시하면 아래와 같다.

(5-1) 우의정 朴珪壽曰, 錢과 物은 輕重 貴賤이 반드시 공평함을 얻어야 한다. 그래야만 民國의 해가 되지 않는다. 淸錢의 폐단은 근일에 극심했는데 대개 여기에 원인이 있었다. …(『高宗實錄』 권11, 고종 11년 정월 13일조. 439면)

(5-2) 우의정 閔奎鎬에게 諭示하였다. "… 지금 民國事計를 돌아보니 원의 둘레가 터질 듯이 위험한 것, 물이 새는 배가 물 가운데 있는 것 등과 같으니, 將伯의 도움과 副手의 책임을 卿이 아니고 누가 맡을 것인가? …"
(『高宗實錄』 권15, 고종 15년 10월 5일조. 582면)

(5-3) 지금 정부의 山林과 縣會의 좌수는 모두 儒敎에서 비롯하였으니 民望에 따라 선발하여 民國事를 협의하면 本朝도 역시 君民共治의 풍이 있게 될 것이다(朴泳孝上疏文, 『日本外交文書』 제21권, 明治 21년, 1888년 1월~12월).

(5-4) 3품 李寅根의 상소의 대략. 民國 大政은 백성을 편하게 하고자 하나

편치 않은 것, 나라에 이롭게 하고자 하나 이롭지 않은 것을 가리켜 굽히지 않는 것이니 이에 감히 條陳합니다. … 下臣이 이 章을 정부에 대해 편의 稟處로 할 수 있게 된다면 참으로 民國을 위해 큰 다행입니다(『고종실록』 권34, 建陽 원년 12월 30일조, 611면).

(5-5) 중추원 1등 議官 尹致昊 등의 상소의 대략. 신들이 모두 임금의 장식으로 다행히 聖明에 접하여 충애의 정성을 가지고 독립의 회를 설하여 황실을 보호하오며 국권을 유지하기를 기도함이 여러 날이 되었는데 지난 달 25일에 내리신 조칙을 엎드려 읽고 … 셋째도 輔相이 宗社 安危에는 조금도 우려하지 않고 다만 사사로이 봉록만 흠모하며 … 하찮은 무리가 어찌 때를 타서 나아감을 도모하여 아첨하여 즐겁게 해주는 풍습으로써 총명을 가리며 民國을 해치지 아니하오릿가? … (『고종실록』 권37, 光武 2년 7월 7일조, 국편간행본 중권 46~47면).

위에서 보듯이 민국·민국사란 용어는 고종 친정 초기부터 대한제국이 출범한 시기에 이르기까지 군신 어느 쪽에서나 모두 국가와 국가사의 뜻으로 상용했다. 그렇다면 정조대왕에 의해 체계화된 「문왕후천팔괘도」에 대한 인식 또한 마찬가지로 전승되었을 것도 의심의 여지가 없다. 친정에 나선 고종은 실제로 왕정의 모범을 특별히 정조한테서 구하여 정조 왕정의 중심을 이룬 규장각의 비중을 높이고 규장각 도서에 대한 정리사업도 벌였을 뿐더러 경복궁 화재로 일시 창덕궁에 옮겨가 있을 때는 규장각 본관인 주합루 일대에서 집무하기도 했다.[35] 그 후 건천궁(乾天宮)을 지어 경복궁으로 돌아왔을 때는 집옥재(集玉齋)란 집무실 겸 서재를 두고 이곳에 중국 상해로부터 서양의 제도·문물을 소개하는 서적들을 포함해 중국의 신서적 4

만여 권을 구입하여 정책 수립의 자료로 삼았다.[36] 재위 23년(1886)에 사노비(私奴婢)의 세역(世役)을 금지한 것도 정조가 말년에 소민보호의 차원에서 계획한 공사노비의 전면 혁파의 뜻을 계승한 것이었다.[37] 고종의 정조에 대한 이와 같은 흠모와 계술 의지로 볼 때, 국가의 상징으로서 국기가 필요해진 시점에서 선왕 정조가 논한 「만천명월주인옹자서」의 군민일체론을 도형화하여 이를 국기로 삼고자 했을 가능성은 얼마든지 상정할 수 있다. 더욱이 정조의 학습용으로 만들어진 『계몽도설』 같은 책이 국왕의 서재[集玉齋]에 비치되어 있었다면 더욱 그렇다.

어기의 태극팔괘도는 실은 「문왕후천팔괘도」를 그대로 옮긴 것은 아니다. 팔괘도만 따고 중앙의 태극 변화도는 전혀 독창적인 것이다. 어기의 태극변화도는 주돈이(周敦頤)의 「태극도설」이나 이황(李滉)의 「성학십도(聖學十圖)」 중의 「태극도[그림 9]」의 그것과도 다르다. 주염계·이퇴계의 것은 태극이 "동자 없는 눈"의 형상으로 흰색 원형(圓形)을 유지하고 있다. 이에 반해 '어기'의 태극 부분은 음양으로 양분되어 있다. 태극의 가운데가 이렇게 양분된 것은 유교 역사상 처음 있는 일이다. 이 대변화를 가져올 만한 것으로는 정조의 「자서」의 군민일체의 사상 외에 달리 있기 어렵다. 그는 명월은 태극이요 태극은 나라고 하고, 그 태극이 분화하여 나온 1677만여 획을 나의 백성의 수라고 하였다. '어기'의 태극변화도가 태극을 쪼갠 것은 곧 군주의 몸이 나뉘어 백성이 되는 것을 형상화한 것이다. 요컨대 고종은 국기 제작이 불가피해진 마당에서 「문왕후천팔괘도」에 정조의 「자서」의 군민일체 사상을 결합시켜 태극팔괘도를 그리게 하였던 것이다. 그리고 이런 도안은 국왕이 직접 했을 가능성도 없지 않다. 고종이 1884년에 은화(銀貨) 도안을 직접 한 사실이 그 가능성을 말해준다. 1884년 3월 6일에 윤치호(尹致昊)가 왕을 입시하였을 때 왕은 친히 집필하여 은화의 도본을 그렸다고 한

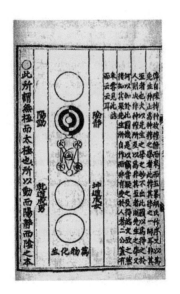 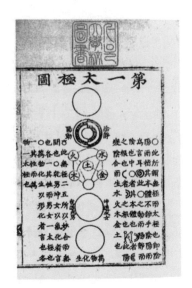

[그림 9] 송 주돈의(周敦頤)의 「태극도설(太極圖說)」과 이황의 「태극도(太極圖)」

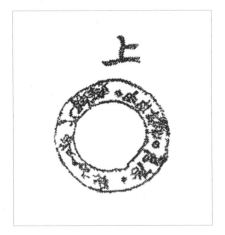

[그림 10] 고종이 직접 그린의 은화(銀貨) 도안, 1884년

다([그림 10]).[38]

　군주기(君主旗)로서의 '어기'의 도형은 한국 최초의 우표로 알려지는 1884
년 발행의 이른바 '문위(文位) 우표'([그림 11-1])에 직접 사용되었다. 이 우
표는 어기의 태극변화도를 가운데에 집어넣었다. 그런데『인천부사(仁川府
史)』(1933)에 의하면, 오스트리아 영사를 지낸 적이 있고 1884년 당시 조선
해관(海關)에 고용된 하아스가 조선정부의 용건으로 상해 시나가와[品川] 총
영사에게 다음과 같은 문의를 하였다고 한다. 즉 우표 도안 하나([그림 11-
2])를 제시하고 이를 일본에서 제작할 수 있는지, 그 값이 얼마인지를 물어
왔다고 한다.[39] 이 우표 도형은 끝내 미발행이 되고 말았지만, 태극사괘기를
그대로 도안으로 사용했다. 이것이 사실이라면, 1884년 당시 조선정부는 국
기로 정해진 태극사괘기와 군주기로 낙착된 태극팔괘기를 각각 50분짜리와

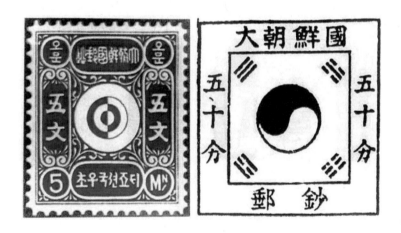

[그림 11-1]　1884년 발행의 5文짜리 우표　　[그림 11-2]　50分짜리 우표 도안(1884년)

고종의 국기 제정과 군민일체(君民一體)의 정치이념　265

5문짜리 두 가지 우표의 도형으로 삼을 계획을 세웠던 것이다. 이런 계획은 신문물 수용을 적극화하던 당시의 정부로서는 충분히 세울 수 있는 것이었다.[40]

1883년 3월 18일(음력 2월 10일) 간행의 중국 『통상조약장정성안휘편(通商條約章程成案彙編)』의 「각국전의음기도설부각국상선기식(各國傳意音旗圖說附各國商船旗式)」에 의하면, 제임스 선장이 말했듯이 서방 국가들 가운데 군주기가 따로 있는 나라들은 대개 민기(民旗) 또는 관민기(官民旗)를 가지고 있다[그림 12]). 이를 참작하더라도 태극팔괘기와 태극사괘기의 관계는 군주기와 민기(또는 官民旗)의 관계로 규정하는 것이 옳다. 1884년 두 가지 우표의 도안은 바로 이런 정합관계를 반영하는 뜻을 담은 것이라고 해도 좋을 듯하다.

태극사괘기의 모본이면서 군주기로 낙착된 태극팔괘기는 우주 자연의

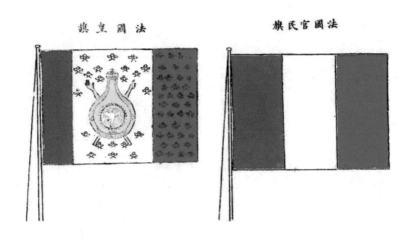

[그림 12] 청 『통상조약장정성안휘편』(1883년)에 실린 프랑스 황기(皇旗)와 관민기(官民旗)

조화의 원리를 인사 곧 왕정에 적용하는 뜻을 바탕으로 소민 보호 정치의
식의 극대화로서 군민일체 사상을 형상화한 것이었다. 그 형상화에서 태극
까지 양분한 것은 유교 역사상 전례가 없던 것으로서, 이는 백성이 곧 군주
의 분신이란 의미를 담은 것이었다. 이런 의식은 비록 위로부터 이루어진
것이기는 하나 백성이 "나라의 근본"이라고 하면서도 피치의 대상이었던
과거의 관념에서 벗어나 군주와 함께 나라의 주인이란 의식을 확고하게 표
명한 것이었다. 이 의식은 당초의 국기안(태극팔괘기)에 대해 군주기와 민기
로의 나눔이 권장되고 또 민기를 일차적인 국가 상징으로 삼아야 한다는
자문에 부닥쳤어도 거부감을 보이지 않았다. 그것은 고종대의 정치의식이
선대왕의 그것보다 한 걸음 더 나아가는 결과를 가져왔다.

　여기서 1883년 1월에 공표된 국기의 형태와 관련하여 마지막으로 검토해
야 할 것은 1883년 3월에 나온 청국의『통상조약장정성안휘편』의「각국전
의음기도설부각국상선기식」에 수록된 '고려국기(高麗國旗)'에 대한 평가 문
제이다. 이 국기에 대해서는 김원모가 1998년 1월 18일에 자신이 최초로 발
견한 것이라고 하여 그 그림이 도하 신문에도 소개되었다. 그는 이 국기가
황색 바탕에 4괘의 빛깔이 청색인 점을 주목해 이것이 곧 1883년 1월 공표
당시의 본래의 국기 형태를 보여주는 것이라고 주장하였다.[41] 그런데 이 태
극기 그림은 청국이 조선에 대해 한창 속국인 것을 강조하던 시기에 나온
것이므로 청국측의 왜곡이 가해질 수 있는 조건을 가지고 있는 점을 주의
할 필요가 있다. 1883년 간행의 위『통상조약장정성안휘편』에 실린 태극기
는 분명히「대청국속(大淸國屬) 고려국기(高麗國旗)」라고 제목이 붙어 있다
([그림 13]). 한편 같은 내용의 책이 1898년에『통상약장류찬(通商約章類纂)』
이란 이름으로 재간행되었을 때는 그냥 '고려국기'라고 하였다. 앞의『시사
신보』의 보도나 조미수호통상조약시의 분위기로 보아 조선 측이 국기 제작

[그림 13] 『통상조약장정성안휘편』에 실린 「대청국속 고려국기」. 1882년 6월 임
오군란 평정을 이유로 조선에 군대를 파견한 청은 조선을 속국화
하려 하면서 1883년 1월에 공표된 태극 4괘기를 속국기로 왜곡,
변형하였다.

을 통해 기도한 가장 중요한 목적은 중국의 긴박으로부터의 이탈이었다.
반대로 청측은 조선의 그러한 의도를 꺾는 것이 가장 중요한 사안이었다.
그런 가운데 청측이 1883년 1월 27일(음력) 조선 측으로부터 새로 정한 국
기의 내용을 통보 받았을 때 이를 왜곡했을 가능성은 얼마든지 있다. 『휘
편』이 수록한 조선 국기를 '대청국속 고려국기'라고 이름을 붙인 것이 바
로 그것을 보여준다. 나아가 이 그림에서 특별히 주목해야 할 것은 태극도
형이 적색·청색의 음양 속에 백색 동그라미 모양의 태극을 그대로 남겨둔
형태를 취하고 있는 점이다. 이것은 태극을 반으로 나눈 조선 국기의 그것

과는 다른 것이다. 태극이 쪼개지지 않은 상태를 표현한 이런 태극음양도는 중국에서 계속 내려오던 것으로 『휘편』은 조선의 새 도안을 외면하고 굳이 중국의 전통적인 태극도를 집어넣었던 것이다. 쉽게 말하면 청측은 태극도형까지 자기네 것으로 바꿔치기한 것이다. 그 태극은 정치사상적으로 중국의 천지를 의미하는 것이었다. 그리고 황색 바탕에 4괘의 색깔을 청색으로 한 것도 문제가 있다. 황색은 중앙색이자 중국 천자의 빛깔, 청색은 동방의 색이므로, 이 두 빛깔을 중심으로 한 색 배합은 결국 중국 천자의 속국으로서의 동쪽 나라라는 의미를 부각하는 것이다. 그것은 곧 당시 청측이 추구한 속방정책(고려 속국주의)에 그대로 합치하는 것이다. 따라서 이를 태극기의 원형으로 간주하는 판단은 큰 오류를 범할 위험성을 내포하고 있다.

6. 대한제국의 국기 및 군주기 선양

1896년 2월 '아관파천'으로 일본의 간섭을 배제하는 데 성공한 고종은 임오군란 이후 계속 흔들려온 독립국가로서의 기초를 재확립하기 위해 이듬해 1897년에 국호를 대한으로 바꾸고 국체도 제국으로 전환하였다. 국호 조선은 중국이 준 것이므로 더 이상 가질 것이 못 된다는 취지 아래 조선이란 호칭에 못지 않게 역사적으로 많이 사용된 한(韓)을 택하여 대한제국이라고 하였다.[42] 한편 1883년에 제정된 국기는 신제국에서도 그대로 사용되었다. 국기는 제정과정에 이미 청국의 개입을 배제하여 자주독립성을 고양한 그 자체의 자랑스런 역사가 있을 뿐더러, 그 표장이 또한 선대왕들의 뜻을 계술하면서 근대지향적 이념을 담은 것이었기 때문에 신국가의 이념에도 부족할 것이 없었다. '아관파천' 후 대한제국으로의 출범을 준비하던 시기인 건양(建陽)원년(1896) 9월 22일자 『독닙신문』의 논설은 국기의 중요성을 다음과 같이 언급하였다.

> (6-1) 조선 사람들은 국기가 엇더한 것신 줄 모르는 고로 국기를 보고 공경하고 사랑할 마음이 없거니와 국기라 하는 것은 그 나라를 몸밧은 물건이라 그러한즉 국기가 곧 임군이요 부모요 형제요 처자요 전국 인민이라 엇지 소중하고 공경할 물건이 아니리요.

이 논설에서 특별히 주목되는 것은 국기 그 자체를 "임군이요 부모요 형제요 처자요 전국 인민"이라고 지적한 점이다. 이것은 국기의 상징성을 강조한 말이지만, 태극기가 곧 군민일체의 사상을 담은 것이라는 지금까지의 우리의 논구와도 크게 어긋나지 않는 표현이다. 같은 신문의 8월 20일자 잡보에 실린 정동 배제학당 학원 문경호가 지었다는 아래의 「자주독립가」는 군주기가 이때도 국민들 사이에 널리 알려지고 있었던 사실을 전해 준다.

> (6-2)
> 우리 나라 독립되니 팔괘기가 기운 나네
> 죠흘시고 죠흘시고 독립문이 죠흘시고
> 사람마다 널리 배워 우니나라 힘써 보세
> ......
> 남녀노소 성벽내여 나라 도울 궁리하세
> 합심하고 힘을 써서 독립국을 힘써 보세
> 향복무강하옵소서 남산같이 만만세

팔괘기를 높이 다니 세계상에 제일일세
독립문에 맹세하여 우리 나라 힘써 보세
……
바라고 원하기는 어른 아이 일심으로
대군주의 은과 덕이 천지에 가득하니

이 밖에 사진자료로 같은 해 11월 독립협회가 발족하여 독립문 기공식을 할 때 무려 18개의 대형 국기가 동원된 광경도 당시 국기를 통해 자주독립 의식을 고양하던 열기를 느끼게 한다. 그리고 1897년 11월 명성황후 국장 때 행렬의 한 부분을 이룬 시위대 기마병이 태극사괘기를 들고 이를 '대대기(大隊旗)'라고 이름붙인 것은([그림 14]) 이 기가 관민기로 인식되었던 것을 보여주는 장면이기도 하다.

대한제국 정부가 국기를 공식적으로 제시한 그림자료로는 장서각 소장의 『각국기도(各國旗圖)』(장서각 3-544 사본, 광무-융희 연간 1책 9장, 繕裝 洋紙)의 첫 장에 실린 「大韓帝國國旗萬萬歲(ᄃ한제국긔만만세)」([그림 15])가 주목된다. 국기의 지면을 정사각형으로 잡아 태극과 사괘를 정연하게 배치한 것이 표준을 보여주려는 의도를 느끼게 한다. 단지 이 책은 편찬처가 명시되어 있지 않은 것이 흠이다. 그러나 41개국의 66개기를 채색으로 정밀하게 그려 소개한 것은 정부 외에서 할 수 있는 일은 아니다. 군주기에 관해서는 광무 6년(1902) 8월 18일(고종실록 권42)에 "어기(御旗) 예기(睿旗) 친왕기(親王旗)를 지금 조성하려고 하는데 일이 지중하므로 처소를 별설하여 궁내부 의정부 원수부로 하여금 그 일을 감독[董]하게 하고, 이에 국가 전상(典常)을 상고하고 각국 규식을 참호(參互)하여 제도를 품정하고 군기도 함께 거행하라"는 조칙이 내려졌다.[43] 이 조치는 어기 곧 군주기 외에 황태자기

[그림 14] 『明成皇后國葬都監儀軌』에 실린 「대대기」.
국기를 官民旗로 인식한 예이다.

[그림 15] 장서각 소장의 『각국기도(各國旗圖)』에 실린 「대한제국국기만만
세」圖. 태극의 양괘가 상하가 아니라 좌우로 나누었다.

[睿旗] 왕자기[親王旗]까지 갖추기 위한 것으로 어기 자체에 어떤 변동을 가져온 것은 아니었다.

끝으로 대한제국의 황제정이 국기를 통해 고양하고자 한 것이 군민일체의 민국이념 그것뿐이었던지를 확인할 필요가 있다. 이에 관해서는 독립협회와 황제 간에 오간 다음의 두 가지 대화가 참고된다.

(6-3) 충추원 1등의관 안경수 등이 상소하였는데 대략 이러하였다. 신등이 생각건대 나라가 나라 되기 위해서는 두 가지 조건이 있어야 합니다. 하나는 자립하여 타국에 의뢰하지 않는 것이요 다른 하나는 스스로 닦아서 정법을 온 나라에 시행하는 것입니다. 이 두 가지는 하늘이 우리 폐하의 一大權으로 준 것입니다. 이 권한이 없으면 나라가 아닙니다. 그러므로 독립의 문을 세우고 독립의 회를 설치하여 위로는 황상의 지위를 받들고 아래로는 인민의 뜻을 공고히 하여 억만 년 무궁한 기초를 확립했습니다. 그런데 근일의 국세를 보건대 … 삼천리 1천5백만 인구는 모두 우리 대황제 폐하의 赤子이며, 황실을 보호하고 국권을 유지하는 것은 이 적자의 직무입니다. 그런데 強隣을 밖에서 侮逼하게 하여 성상의 몸이 위에서 외롭고 위태롭게 한 것은 단지 신들이 한 오리의 작은 실과 같은 것만을 알고 전국의 큰 것을 알지 못했기 때문이며 구차스레 그대로 내버려 두고 고치지 못하면서 오늘에 이르게 되었기 때문입니다. 말이 이에 이르고 보니 첫째도 신들의 죄이고 둘째도 신들의 죄입니다. … 삼가 바라건대 폐하는 마음을 확고히 가지고 삼천리 1천5백만의 적자의 마음을 마음으로 삼아 그 분노를 함께 하고 그 근심을 한가지로 하여 안으로 定章을 실천하고 밖으로 타국에 의지하지 말고 스스로 우리 皇上의 權을 세우고 스스로 우리 一國의 권리를 세운즉 十百의 강적이 있더라도 누가 감히 함부로 간여하겠습니까. …

(『고종실록』 권37, 광무 2년 2월 22일)

(6-4) 仁化門 바깥에 임어하시어 각국의 공사 영사를 소견하였다. 이어 민인들에게 洞諭하시고 독립협회에 효유하셨다. 칙어는 다음과 같다. 너희들 모두 나의 말을 들을 것이다. 전후하여 내린 지시에 대해서 너희들은 대부분 따르지 않고 밤새도록 대궐문에서 부르짖었으며, … 어찌 500년 전제의 나라에 있을 법한 일인가. … 그러나 짐이 임어한 이후로 정사가 뜻대로 되지 않아 점차 소동을 일으키게 되었는데 오직 너희 赤子의 죄는 나 한 사람에게 있다는 것을 지금 바로 크게 깨닫고 나는 매우 부끄러워한다. … 새벽 이전까지의 일에 대해서는 죄가 있건 죄가 없건 간에 경중을 헤아리지 않고 일체 용서해주며 미심스럽게 여기던 것을 환히 풀어주어 모두 다같이 새롭게 나갈 것이다.

아, 임금(后)은 民이 아니면 무엇에 의지하고, 민은 임금이 아니면 무엇을 떠받들 것인가. 이제부터 권한의 범위를 넘어서거나 명분을 침범하는 문제는 일체 철저히 없애버릴 것이다. 이와 같이 타이른 후에 깨닫지 못하고 독립의 기초를 공고치 못하게 하고 전제정치에 손상을 주는 바 있게 하면 결코 너희들의 忠愛의 素志가 아니다. 나라의 법은 엄격하여 용서하지 않을 것이니 각각 공경스럽게 지켜 날로 開明에로 나아갈 것이다. 짐은 食言하지 않으니 너희들은 신중히 생각하라. … (『고종실록』 권38, 광무 2년 11월 26일)

위 인용문들은, 대한제국에서도 1천5백만의 인구가 황제의 적자라고 표현하는 등 군민일체의 민국이념의 용어와 논법이 그대로 존속한 것을 확인시켜 준다. 그러나 한편으로 이에 못지 않게 타국에 의지하지 않는 독립국으로서의 기초를 공고히 하는 문제가 거듭 강조되었다. 두 가지는 사실은 서로 별개가 아니라 황제와 적자의 결속만이 대외적인 독립을 보장한다는 것을 강조하는 것이지만, 이러한 자세는 1880년대 이래의 외세 압박의 경험 속에 얻어진 것이라 할 수 있다.

그러나 여기서 유의할 것은 이러한 대외적 각성이 반드시 내적인 문제로 민의 권리를 외면하거나 무시하는 것은 결코 아니었다는 점이다. 위의 (6-4)의 조치가 나오기 전, 10월 20일에 내린 황제의 조칙은 민권의 신장에 대해서도 깊은 배려를 가한 점이 특색으로 확인된다. 이 조칙은 외국에 협회(協會)와 국회(國會)가 있는 것을 소개하면서, 만민공동회의 소요를 일으킨 지금의 독립협회는 공동으로 강담(講談)하는 사설(私設)의 협회에 해당하는 것이면서도 공립(公立)의 국회도 잘하지 않는 정령(政令) 평론과 관리의 출척(黜陟) 요구를 함부로 하고 있다는 것을 지적하고, 협회의 이 같은 지나친 행동은 자주독립국가의 기초를 흔드는 것이므로 더 이상 방치할 수 없다는 것을 통고하는 것을 주요 내용으로 하였다. 여기서 가장 주목되는 것은 이 조치를 내리면서도 협회들이 각기 제 장소에서 모여 토론하는 것은 금지하지 말고 민의 지식 발달의 효과를 가지도록 하라고 지시한 점이다.[44] 이것은 대한제국의 황제정이 민권(民權)을 억압한 것이 아니라 민지(民志)의 발달이 황제권의 강화에도 필요하다는 인식을 가지고 있었다는 것을 보여주는 것이다. 이 점은 멀리 18세기 탕평군주들에 의해 정립된 민국정치이념이 서양의 근대적 정치사상과 정치제도에 접해 얼마든지 발전해 갈 수 있었던 것을 의미하는 것이기도 하다.

7. 맺음말

이상의 고찰을 요약하면 다음과 같다.

1) 국기 표장의 사상적 기반이 된 것은 18세기 탕평군주들(숙종·영조·정조)이 소민 보호의 정치를 추구하면서 정립한 민국 정치이념으로, 그 이념은 종래의 군주와 사대부 중심의 국가관을 군주와 백성 중심의 것으로 바꾸는 근대 지향적인 것이었다.

2) 대표적 탕평군주인 정조대왕은 『대학』의 소민 보호에 모범을 보인 주나라 문왕의 정치세계를 탐구하면서 「문왕후천팔괘도」에 대해 높은 관심을 가지는 한편, 진정하게 소민을 보호하는 군주와 백성의 관계는 곧 명월이 수많은 하천[萬川]에 비치는 것과 같은 것이란 설명을 얻었다. 재위 21년에 지은 「만천명월주인옹자서」란 글을 통해 확립된 이 정치사상은 태극인 군주의 분신이 곧 백성이란 명제를 얻기까지 한 것으로, 태극기의 태극이 중국의 태극도가 음양 분화 속에 태극이 남아 있는 형태로 그려진 것과 달리 음양으로 나뉜 형태로 그려진 것은 바로 이 군민일체론적 태극 분화론에 연유하는 것이었다.

3) 국기 제정의 과정은 대체로 다음과 같이 파악되었다. 즉 국기 제정의 필요성은 1876년 조일수호조규 체결 때부터였으며, 이를 실행에 옮길 수 있었던 시점은 1880년 12월 통리기무아문을 설립하고 1881년 윤7월 다른 나라와의 국교 수립에서 국호를 대조선으로 칭하고 군주의 칭호도 대군주로 사용하도록 조치한 무렵이었다. 새로운 국제질서에의 편입을 위한 준비를 이렇게 갖추면서 이에 필요한 국기의 도안에 대한 검토도 구체화되어 1882년 5월 한미수호통상조약 체결 때는 태극팔괘도를 준비할 수 있었다.

4) 1882년 제3차로 일본에 수신사를 파견할 때 왕은 태극팔괘도를 국기로 사용할 것을 명령하였다. 박영효 등 수신사 일행은 일본으로 가는 메이지마루 선상에서 영국인 선장 제임스에게 소지한 태극팔괘기를 보인 결과, 그것이 국기로서는 너무 복잡하므로 팔괘를 4괘로 간략화한 것을 국기로

하고 태극팔괘기는 군주기로 사용하는 것이 좋겠다는 의견을 받았다. 수신사 일행은 팔괘 중 정4방에 해당하는 괘(兌·震·离·艮)를 취한 태극4괘기를 만들어 고베 숙소에서 국기로 사용하면서 이 사실을 조정에 보고하였다. 보고에 접한 조정은 태극4괘기를 받아들이면서 4괘는 정조의 「선천변위후천도」의 중심축의 4괘를 택하여 1883년 1월의 국기 제정 공포 때 건곤감리(乾離坎坤)의 4괘를 그린 태극기가 최종적으로 확정되었다.

5) 제임스 선장의 자문 시 본래의 태극8괘기는 바탕색만 바꾸어 군주기로 삼기로 하였다. 당시 서구 여러 나라에서도 군주기와 민기는 병용되고 있다는 자문에 따른 것이었다. 태극4괘기는 곧 민기 또는 관민기로 만들어진 것으로 민기가 국가의 제일차적 상징물이 되었다는 것은 18세기 후반에 민국정치이념이 체계화될 때보다도 정치의식이 근대적으로 진일보한 것이라고 하지 않을 수 없다. 이때 군주기로 낙착된 태극팔괘기의 도안은 '어기'란 이름으로 현재 규장각 도서 가운데 전하고 있다.

6) 1883년 1월에 제정된 국기와 어기는 1897년에 출범한 대한제국에서도 그대로 전승되었다. 편찬처는 명시되지 않았으나 『각국기도(各國旗圖)』 첫 장에 실린 「대흥제국괴만만세」도는 제국에서 국기의 정형을 세운 것으로 간주된다. 그리고 제국으로의 출범에 앞서 독립협회의 구성과 독립문 건립 등에서 대외적 자주 독립의식을 고양하는 데 국기가 본격적으로 활용되었다. 대한제국의 황제정은 일차적으로 대외적 독립성 확보를 위해 군민의 결속을 강조하면서 민국이념을 전개시키고 국기와 어기를 이에 적극 활용하였다. 대한제국의 이러한 민국 정치이념은 당시 서구문명 수용에서 몇 걸음 앞서가던 일본의 그것에 비해서도 앞선 느낌을 주는 것이다. 메이지 천황 국가는 천황을 아버지, 백성을 아들로 보는 '가족적 국가관'에 입각하고 있었던 것으로, 이는 민에 대한 인식이 민국이념에 비해 훨씬 단순화된

수준의 것이란 느낌을 준다.

국기는 국가 상징에 관한 것이기 때문에 그 제정과정이나 의미에 대한 고찰은 신중을 거듭해야 할 문제인 것은 말할 것도 없다. 필자 나름으로 신중을 거듭했지만 부족한 점이 많은 것을 느낀다. 그리고 민국이념의 전개를 추적하면서도 군주의 입장에서 나온 민에 대한 인식은 어느 정도 구체적으로 파악되었지만, 국에 대한 민의 의무를 비롯한 근대적 국민관의 생성 문제는 본격적으로 다루지 못하였다. 이에 대해서는 서양 정치사상 수용의 구체적 면모로서 기회를 달리해 검토할 수 있기를 바란다.

끝으로 다시 국기 문제로 돌아가 현재의 국기(태극기)에 대한 정부의 공시는 1949년 10월 15일자 문교부 고시 제2호뿐인데, 이 고시는 태극기의 표장에 관한 것만을 밝히고, 그 의미에 대한 설명은 전혀 붙이지 않은 점을 지적해 둔다. 국기의 의미에 대한 국가의 공식적 설명이 이처럼 빠져 있는 상태에서 우주 자연의 원리를 표시한 것이라는 인식이 일반화되어 있다. 이것은 복희씨의 선천역, 선천 팔괘 도에 근거하는 인식이다. 그러나 본고의 고찰에 의하면 국기의 모본이 된 「태극팔괘기」는 선천역의 원리를 인사에 적용하는 주나라 문왕의 후천역, 후천 팔괘 도에 근거한 것이었다. 한 나라의 국기라면 자연원리보다 정치의 원리를 추구하는 것에서 의미를 구하는 것이 더 합당하므로 이 연구 결과가 태극기의 의미를 새로 정립하는 데 활용되기를 기대해 마지않는다. 일각에서는 태극기의 태극문을 우리 고유의 것에서 찾고자 하여 멀리 통일신라시대의 조각품에 나타난 태극문까지 동원하고 있지만, 역사적 견지에서 볼 때 태극기의 유래와 의미는 근접된 시기의 정치사상에서 구하는 것이 가장 설득력이 있다. 태극문양은 시공간적으로 넓게 퍼져 있고 그 의미도 시대에 따라 다르기 때문에 지나친 연원 소급은 무의미하다.

1880년대 고종의 개화를 위한 신도서 구입사업

1. 머리말

가장 중요한 민족문화 유산의 하나로 자타가 공인하는 규장각도서 가운데 중국본은 지금까지 거의 주목을 받지 못했다. 중국본의 현황이나 내력을 별도로 다룬 연구는 현재 전무한 실정이다. 이 장서가 국가적(민족적) 대표성을 띠면서 수집된 것이라면, 그 가운데서 중국본 도서 상황은 특별한 의미가 있을 수 있다. 수집 당시의 세계관, 문화수용 자세, 나아가 세계관 확대의 면모 등을 보여주는 실물이 될 수 있기 때문이다. 그러나 지금까지는 이와 같은 긍정적 시각보다도 한국본의 곁다리 정도로 보는 경향이 강하였다.

이 도서들에 대한 필자의 조사도 영남대 민족문화연구소 측의 발표 요청에 따라 시작되었다. 평소에 그 중요성에 대한 인식이 전혀 없었던 것은 아니나 구체적인 작업은 연구소 측의 요청에 따라 착수되었다. 작업 결과, 규장각도서 중국본은 규장각 전성기인 정조대에 확보된 것보다 고종대의 집옥재(集玉齋) 장서의 비중이 훨씬 더 큰 것으로 나타났다. 이 글은 이 예상치 않은 조사 결과에 의미를 부여하는 데 초점을 두었다. 필자는 근래 고종과 그 시대사의 이해 방향에 대해 관심을 가지고 있던 차에 이렇게 집옥재 장서의 중요성을 음미해 보게 된 것은 귀중한 소득이 아닐 수 없었다.

2. 규장각도서 중국본의 원 소장처별 구성

현재 서울대학교가 관리하고 있는 규장각도서 가운데 중국본 도서는 『규장각도서중국본종합목록(奎章閣圖書中國本綜合目錄)』(1982)을 통해 그 현황을 파악할 수 있다. 이 목록은 범례에서 [표 1]과 같은 도서의 구성관계를 밝혀 놓고 있다.

[표 1] 규장각도서 중국본 수집 경로별 현황

(1)	奎章閣圖書	중국본	6,075종	67,786책
		한국본도서 중 중국본	33종	374책
(2)	古圖書	1945년 이전수집	36종	42책
		〃 이후수집	278종	3,238책
(3)	文庫本 古圖書	一簑	105종	892책
		가람	31종	247책
		想白	123종	514책
		經濟	5종	8책
	합 계		6,686종	73,101책

[표 1] 가운데 (1)이 이른바 원 규장각도서에 해당하며, (2) (3)은 그 후에 수집된 것들이다. 특히 (3)은 서울대학교 도서관이 확보 또는 기증받은 개인문고 도서에서 고도서를 추출하여 규장각도서와 함께 관리하게 된 것으로 규장각도서와는 수집 경로가 다른 것이다. (2) (3)은 이 연구의 대상 범위 밖이다. (1)의 한국본 도서 가운데 중국본 33종 374책도 이 목적에는 부합하지 않는다. 『종합목록』은 서울대학교도서관이 보유하고 있는 모든 고도서들을 규장각도서관리실이 1980년 전후부터 통합 관리하는 체제로 들어가면서 (1) 외에 (2) (3)도 모두 포함하여 새로 만든 것이다.

그런데 (1)의 원 규장각도서란 것도 실상은 모두가 순수한 규장각도서 즉 정조대에 창설된 규장각이 확보, 수장하였던 도서들은 아니다. 통감부(統監府)는 대한제국의 내정권을 강탈해 있던 1908년 9월에 규장각에 도서과를 설치하여 규장각・홍문관・집옥재・시강원・북한산성행궁 등의 도서들을 모두 함께 합류시켜 제실도서(帝室圖書)로 일괄 파악하였다. 토지・임야 등의 각종 재산에 대한 정리처럼 황제 또는 각 기관이 보유하고 있던 도서들을 "국유"로 전환시킬 목적이었던 것이다.

1910년 8월 29일 "병합" 후 이 도서들은 일단 이왕직(李王職) 도서실 소관이 되었으나 1911년 2월 조선총독부는 이를 총독부도서로 점유하기로 결정하고 6월에 취조국이 이를 강제로 인수하였다. 이왕직에는 왕실에 직접 관련되는 극히 일부의 자료만 넘겨주었다(현 정신문화연구원의 藏書閣圖書가 그것이다). 취조국은 이 제실도서와 함께 다시 여러 사고(史庫)들에 있던 책들까지 흡수한 다음 참사관실(參事官室)로 사무를 이관하였으며, 참사관실은 분실을 만들어 도서정리를 전담토록 했다. 참사관 분실은 1915년 12월 현재로 (1)"조선총독부도서지인(朝鮮總督府圖書之印)"이란 장서인(藏書印) 날인 (2)조선본과 중국본의 구분 (3)4부 분류법에 의한 분류 (4)도서번호의 기입 (5)도서 카드 작성 (6)유별 임시목록 작성 (7)간단한 도서해제 등의 도서 정리 작업을 시행하였다. 분실은 이때 도서번호 기입에서 "규장각도서"란 명칭을 사용했고 이때 부여된 번호가 지금까지 사용되고 있다.[1]

[표 1]의 (1)의 중국본 도서는 결국 조선총독부가 규정한 규장각도서의 중국본에 해당한다. 그러므로 이 중국본 도서는 원래의 규장각에 소장되었던 것 외에 홍문관·집옥재·시강원, 각 사고 등에 보관되었던 것들을 망라한다. 그러므로 규장각도서 중국본 구입의 내력을 알려면 그 원 소장처들을 가리는 작업부터 해야 한다. 그러나 이 방대한 작업을 개인이 감당하기는 어렵다. 필자는 편법으로 『종합목록』에 조사된 각 책의 장서인들을 점검해서 [표 2]와 같은 결과를 얻었다.[2]

[표 2] 규장각도서 중국본 原所藏處(藏書印)별 분류(I)

部別	類別	種數	(1)弘齋	(2)奎章閣	(3)廂庫	(4)侍講院春坊	(5)弘文館	(6)集玉齋	(7)學部	(8)帝室圖書	(9)其他
經	總經	53	6			1	1	37		43	
	易	95	13	11		7	11	20	7	43	
	書	66	4	7		9	7	8	7	18	
	詩	56	7	4		6	3	17	5	22	
	春秋	41	3	3		6	4	13	1	27	
	禮	73	2	1		7	5	27	3	48	1
	樂	2	1					1		2	
	孝經	14			2	2		4	1	5	2
四書	總集	46	4			4	3	26	2	30	1
	大學	40	4	3		13	3	6	1	11	2
	中庸	33	3	5		6	4	4	1	3	1
	論語	25	1	4		5	7	4		8	
	孟子	48	1	2		6	4	5		8	
小學	訓詁	18				1		15		16	
	說文	30		1				25		28	1
	字書	42	1			2	3	29	1	31	1
	韻書	42	2	1		4	2	16	1	27	3

史	正史	138	4	5	1	7	17	75	1	107	
	編年	82	2	2		8	3	41	3	52	3
	紀事本末	40		3		3		27		34	1
	別史	78	5	3		2	3	40	2	62	6
	雜史	42	1	3			2	18		27	3
	史表	9					1	3	1	7	1
	鈔史	13		1			1	6		11	
	史評	10	1					8		9	
	詔令奏議	47		5		3	3	17	1	36	1
	傳記	79	2	2		2	8	33	1	68	
	譜系	10						4	1	9	
	職官	32	3	3		2	4	13	1	19	
史	政法/通制	52	1	3		1	1	26		45	1
	典禮	10	3	1		1	1	2		9	
	度支	3						3		3	
	軍政	7		1				4		6	
	刑律	27		2			1	10	1	19	1
	外交 通商	25						11		3	
	教育 選舉	3						3		2	
	工營 技術	3						3		3	
	地理/總志	18						11	1	13	2
	方志	30		1			2	11		24	2
	地圖	10						4		4	
	山川 道路	12	1				1	6		8	
	邊防	4						3		4	
	古蹟	5						4		3	
	外紀 遊記	25					1	17		11	
	雜志	14						12		9	2
	書誌	15	1					8		11	1
	金石	57		2				38		29	6
子	總子	11	1				3	4		10	
	儒家	187	13	1	4	19	29	61	2	146	19
	道家	33		1	5	4	3	8		20	3
	釋迦	74		2		1		8		16	5
	兵家	66	1	4	1	1	4	23	1	50	
	農家	10						7		7	
	醫家	67	2	2	1	2	2	36		61	3
	雜家/雜學	22				1	1	13		17	1
	雜說	27	2					13		19	
	天文算法/天文	58	5	2		2	1	8	6	33	6

部別	門別	種數	(1)弘齋	(2)奎章閣	(3)廂庫	(4)侍講春坊	(5)弘文館	(6)集玉齋	(7)學部	(8)帝室圖書	
	算書	55						45	1	48	
子	術數	40	4	2	6		2	10	2	27	2
	藝術/書畫	110				3		73		69	15
	音樂	2								2	
	篆刻	17						4		13	4
	雜技	7						6		5	
	譯學	6						2		1	
	西學	165			1			136		91	1
	類書	93	5	5		3	10	49		77	10
集	總集/一般	201	4	14	1	7	21	95		178	17
	科體	197		1				189		140	3
	別集	492	36	44		17	51	176	3	434	62(弘＝集1)
	書簡	33						31		32	
	詞曲	11			1	1		9		10	
	文評	36	2			3	6	17		26	2
	小說/小說	73			1			59		64	
	異聞	40			1		4	34		35	
	雜記雜說	47			1			36		39	
總書		79	1	2		1	1	54	1	71	1
合計		3,444	175	161	15	173	231	1,924	56	2,758	196
部別	門別	種數	(1)弘齋	(2)奎章閣	(3)廂庫	(4)侍講春坊	(5)弘文館	(6)集玉齋	(7)學部	(8)帝室圖書	

[표 3] 奎章閣圖書 中國本 原 所藏處(藏書印)別 分類(Ⅱ)

※ [표 2]의 조사 결과를 4부별로 다시 정리한 것.

部別	門別	種數	(1)弘齋	(2)奎章閣	(3)廂庫	(4)侍講春坊	(5)弘文館	(6)集玉齋	(7)學部	(8)帝室圖書	(9)其他
經		625	75	42	2	79	55	257	30	370	12
史		560	24	37	1	29	49	461	12	647	30
子		1,050	33	18	1	36	43	506	10	712	69
集		1,130	42	62	1	28	83	646	3	958	84
總書		79	1	2	0	1	1	54	1	71	1
合計		3,444	175	161	15	173	231	1,924	56	2,758	196

[표 3]에 의하면 규장각도서 중국본은 (1)에서 (7)까지 국왕 또는 국가기관들에 소장되었던 것들이다. 용도상 이렇게 여러 갈래였던 책들이 하나로 묶어진 것은 (8)에서였다. 정조대 규장각에서도 현실적 필요성에 따라 (5)가 규장각에 모아지기도 했으나 홍문관 소장이란 의식이 없어지지는 않았던 것 같다. (1)~(7)의 장서인들은 한 가지가 아니었지만 동일계통을 묶어 [표 3]과 같이 정리되었다.[3]

[표 3]에 의하면, 장서인이 찍힌 중국본은 3,444종으로 전체 6,075종의 56%를 차지한다. 이 가운데 단일 소장으로 가장 다수를 차지하는 것은 (6)의 집옥재도서이다. 총 1,924종으로 전체의 30%, 장서인이 있는 도서의 55%에 해당하는 수량이다. 이 조사 결과는 결국 현 규장각도서 중국본의 중심을 이루는 것은 집옥재도서라는 것을 의미한다. 집옥재는 뒤에서 다시 언급하듯이 고종의 서재 이름이다.

(1)~(5)의 도서들은 대체로 정조가 동궁시절부터 수집한 것이거나 규장각 창설 이후 재위 중에 확보한 것들이다. (3)의 상고(廂庫)는 내시부 창고로, 여기에 책을 둔 것은 왕이 침전·편전에서 하명을 할 때 대비하기 위한 것이었다. (4)의 홍문관 소장 도서들은 규장각 창설 이전부터 소장되었던 것이 대부분이나 전체 수량은 많은 것이 아니었다. 어떻든 (1)~(5)의 도서들은 고종의 집옥재 이전의 장서들로서, 모두를 합치더라도 755종으로 집옥재도서 수량의 절반에도 미치지 못한다. 그렇다면 규장각도서의 중국본은 집옥재도서 수집을 기다려 비로소 규모를 갖추게 되었다고 말해도 좋다. 규장각도서 중국본 중 (1)~(5) 계통의 분량이 적은 것은 뜻밖이다. 물론 장서인이 찍히지 않은 도서(전체의 44%) 가운데 이에 해당하는 것들이 있음을 고려해야 하겠지만, 정조대 규장각 전성기에는 오히려 다른 시기에 비해 장서인 압인이 더 많이 이루어졌던 편이어서 추가분을 많이 상정할 수

는 없다.

정조대 규장각의 전체 장서 규모는 실록을 통해 정조 5년에 3만여, 19년 전후에 8만여로 확인되고 있다. 중국본[華本], 한국본[朝鮮本·東國本]을 합친 숫자이다. 5년의 3만은 중국본에 대한 해제집이라고 할 수 있는『규장총목(奎章總目)』을 통해 중국본의 숫자가 총 704종(19,665책)이었던 것으로 확인된다.[4] 이 숫자는 위 표 3 중 (1)~(5)의 총 755종과 거의 비슷하다. 그렇다면, 1795년(정조 19) 무렵에 규장각 장서가 8만이 되었을 때도 증가분의 대부분은 한국본이었다는 얘기가 된다.

정조는 동궁시절 정색당(貞賾堂)에서『방서록(訪書錄)』을 작성해 중국도서 확보에 큰 관심을 보였다. 그리고 즉위 직후에는 진하사 겸 사은사로 연경으로 떠나는 이은(李溵)·서호수(徐浩修) 등에게 은자 2,000여 냥을 내주면서 사고전서(四庫全書)를 사오라고 명령했다고 한다. 그때 사고전서의 편찬이 완료되어 있었다 하더라도 비매품인 그것을 사올 수는 없었다. 왕의 지시는 중국 사정에 무지했던 것이라기보다도 중국도서 확보에 대한 열의로 받아들여져야 할 것이다. 사은사 일행은 그 대신『고금도서집성(古今圖書集成)』5,022책을 사왔고, 그것은 현재 규장각의 훌륭한 장서가 되어 있다. 정조는 홍문관 소장 중국본뿐만 아니라 강화부 행궁에 소장되어 있던 명나라 기증본도 규장각으로 옮기게 했다. 중국본들은 규장각 본관인 주합루(宙合樓) 주위의 여러 서고 중 열고관(閱古館)·개유와(皆有窩) 등에 수장되었다.

그런데『규장총목』이후 중국본 도서 구입의 특별한 성과에 대한 기록이나 전문은 찾아보기 어렵다. 규장각도서 가운데 필사본으로『내각방서록(內閣訪書錄)』(奎 1748)이란 것이 있다. 여기에 방서(訪書) 대상으로 총 385종의 책 이름이 적혀 있는데, 이를 분석해 본 결과 중국 청대의『절강채집유서총록(浙江採集遺書總錄)』에서 발췌한 것으로 확인되었다.[5] 이『총록』은 건

룽제의 명으로 병부상서 종음(鐘音) 등 5인의 대총재의 지휘 아래 편찬된 당대 최고의 목록학 도서이다. 규장각측은 『총목』 작성 이후 규장각이 보유하고 있지 않은 중국의 신구간의 중요 서적들을 계속 구입하고자 방서 명단을 작성했던 것이다. 그러나 그 구입은 용이하지 않았던 것 같다. 현존 규장각도서 중국본 가운데 이 방서록에 올라 있는 책들은 극히 소수이다. 결국 규장각 전성기의 중국본 도서 수집은 『규장총목』의 선에서 크게 더 나아가지 못했다. 고종대에 대량으로 확보된 집옥재의 중국본도서는 이 정돈을 깨뜨렸다는 사실만으로도 큰 의미가 있다.

3. 고종의 집옥재 경영과 중국도서 수집

집옥재는 경복궁 안에 있던 국왕 고종의 집무실 겸 서재이다. 대한제국 때 작성된 『북궐도형(北闕圖形)』(奎 9978)에 의하면 향원정(香遠亭) 바로 북편 흔히 건청궁(乾淸宮)으로 알려지는 건물군과 좌우로 나란히 자리 잡고 있는 건물군 속에 집옥재가 있다. 후술하듯이 왕·왕후의 처소는 고종 12년 무렵에 이곳으로 옮겨져 왕의 일상 집무도 주로 이곳에서 이루어졌다. 집옥재는 남쪽 바로 앞에 있던 보현당(宝賢堂)과 하나의 건물군을 이루고 있었다. 집옥재·보현당에 대해서는 『고종실록』 권28, 고종 28년(1891) 7월 13일조에 다음과 같은 기록이 있다.

寶賢堂을 改建하고 集玉齋를 移建할 것을 명하여 重建所로 하여금 거행케 했다.

이 왕명이 집옥재를 이건하라고 한 것을 보면 이미 집옥재란 서재를 어디에 두었던 것 같은데 실록에서는 이보다 빠른 시기의 기록은 찾을 수 없다. 보현당에 대해서는 실록에 다음과 같은 기록들이 있다. 즉 한 해 앞서 27년(1890) 4월 8일에 왕께서 보현당에 나시어 신구 미국 공사들을 인견하니 국서를 진정했다고 했다. 그리고 28년(1891) 3월 17일에도 이곳에서 미국 공사를 접견하고, 3월 24일에는 일본 공사 카지야마(梶山鼎介)를, 5월 12일에는 프랑스 공사 플랑시(葛林德)를 각각 접견하고 국서를 받았다고 하였다. 이로 보면 보현당은 이때까지 왕의 집무처 구실을 했던 것이 확실하다. 같은 해 6월 13일에 왕은 "보현당의 어진(御眞)을 가령정(嘉寧亭)으로 이봉하되 택일하여 거행하라"는 지시를 내렸고, 바로 이어 한 달 뒤에 위의 보현당 개건과 집옥재 이건의 명령이 내렸다. 보현당의 어진을 택일하여 가령정(보현당의 바로 서편 건물)으로 옮기라는 명령은 곧 개건을 위한 것이었음이 틀림없다. 다시 말하면 국왕은 1891년 중반에 집무소로 사용해 온 보현당을 새로 고쳐 짓고 그 북편에 집옥재를 짓는 확장공사를 지시하였던 것이다[사진 5]).

이 확장공사 후, 외국 공사의 접견은 집옥재와 보현당 두 곳에서 번갈아 이루어졌다. 실록에 의하면, 고종 30년 8월 1일에는 집옥재에서 각국 공사를 접견한 다음 찬을 내렸으며, 31년 1월 20일에는 보현당에서 프랑스 공사(法蘭亭)를 접견하였다. 그리고 같은 해 3월 25일에는 집옥재에서 미국 공사 씨일을 접견하여 국서를 받았고, 32년(1895) 8월 1일에는 보현당에서 각국 공사·영사들을 접견한 다음 연회를 베풀었다. 이와 같이 외국공사를 접견하는 자리이면서 어진이 봉안되고 있었다면 이곳이 왕의 집무처였던 것은 의심의 여지가 없다. 바로 그런 곳에 중국본 도서 수만 점이 소장되어 있었다는 것은 퍽 흥미로운 사실이라 하지 않을 수 없다.

[사진 5] 팔우정(왼쪽)과 집옥재 앞 계단(오른쪽)

어진 봉안처는 정조대 이래 정치적으로 특별한 의미를 가지고 있었다. 정조는 자신의 어진을 규장각 본관 주합루의 아래층 방에 봉안시키고 이곳을 왕정의 중심지로 상징화하였다. 고종대의 보현당의 어진도 이 제도를 계승한 것이었다. 당초 고종은 그 5년(1868) 7월에 새로 중창된 경복궁으로 이어하고 10월에 수정전(修政殿)에 어진을 봉안하게 하였다. 그 후 10년 (1873) 12월에 경복궁 대화재로 창덕궁으로 이어하였을 때는 주합루 바로 옆 서향각(書香閣)을 어진 봉안처로 삼았으며, 12년(1875) 5월에 다시 경복궁으로 돌아왔을 때는 이전처럼 수정전에 봉안하게 하였다. 그러다가 9월 4일에 건청궁 관문당(觀文堂)을 어진 봉안처로 변경했다.[6] 이 변경은 곧 이때 건청궁 일원이 왕의 집무처가 되었다는 것을 의미하므로 경복궁시대 고종의 왕정에서는 대단히 중요시해야 할 부분이다. 그 후 관문당에서 보현당으로 봉안처가 바뀌었던 것인데, 이는 25년(1888) 관문당을 헐고 그 자리에 서양식 2층 건물을 지어 관문각(觀文閣)으로 개칭한 것과 관련이 있는 것으로 보인다.[7] 그리고 "보현당 개건과 집옥재 이건"이 이루어진 뒤 어진 봉안처는 다시 보현당에서 집옥재로 바뀌었던 것 같다. 1895년 8월 15일 왕후가 왜인들에게 시해당한 뒤, 국왕은 1896년 2월에 러시아공사관으로 이어하여 정국의 새로운 전기를 도모하였다.[8] 그때 대한제국으로의 출범을 준비하면서 경운궁(慶運宮 ; 현 덕수궁)을 본궁으로 삼기로 결정한 다음, "집옥재에 봉안된 어진을 경운궁 별당으로 옮기라"는 명령을 내렸다.[9] 이로 보면 그 사이 경복궁 내의 어진 봉안처는 보현당에서 집옥재로 바뀌고 있었고, 그곳에 있던 어진은 다시 경운궁이 본궁이 되면서 이곳으로 다시 옮겨졌다. 규장각 중국본 도서의 대종을 이루는 집옥재도서는 경복궁시대 왕의 집무처에 모아졌던 도서라는 점에서 특별한 의미가 예상된다.

고종은 선대왕 중에서도 정조에 대한 계승의식이 유달리 강했다. 고종 초반 대원군 집정 아래서 규장각제도는 오히려 위축되는 감이 있었다.[10] 그러나 10년 11월에 친정에 나선 국왕은 규장각의 정치적 위상을 높이는 일련의 조치를 취하였다. 11년(1874) 초반에 민규호(閔奎鎬)・이재긍(李載兢)・민영목(閔泳穆) 등 신임하는 인물들을 규장각의 요직에 임명한 다음,[11] 10월에는 내각(규장각)의 제반절차를 옛대로 복구하였다. 그때는 마침 국왕이 경복궁 대화재로 창덕궁에 가 있던 시기였으며, 어진이 규장각의 본당 건물의 하나인 서향각(書香閣)에 봉안된 상태에서 이러한 조치가 내려졌다는 것은 계승의 열정을 더욱 실감하게 한다. 국왕은 바로 이 시점에서 규장각 소장 도서들을 재점검시키고 있었다. 『이문원서목(摛文院書目)』(藏書閣 2-4657 v.1), 『열고관서목(閱古觀書目)』(藏 2-2654), 『서고서목(西庫書目)』(藏 2-4963)

등이 그 결과로 작성되었다.[12] 정조대에 모은 규장각 장서들을 정리하면서 규장각의 옛 제도와 절차를 부활한 것은 성공 여부 간에 친정에 나선 국왕이 당시 모색하고 있던 정치의 형태와 방향을 짐작하는 데 도움이 된다.

고종 초반의 규장각 도서 정리사업은 소장도서 색인집으로 『내각장서휘편(內閣藏書彙編)』(藏書閣 도서 2-4637)을 만드는 것으로 단락이 지워졌다.[13] 이 책은 위 3종의 서목에 파악된 책들의 서명 첫 글자의 종성(終聲 : 하책에는 ㄹ, ㅁ, ㅂ, ㅇ, ㅣ)으로 분류한 색인집으로 1877년 이전에 일단 완성된 것으로 파악된다.[14] 그런데 이 책(하책)의 뒷부분에 신내하서목(新內下書目)과 춘안당서목(春安堂書目)이 붙어 있는데, 여기에는 위 3종의 서목에 없는 서양 관련 서명들이 다수 실려 있다. 신내하서목은 이름대로 왕이 새로 구입해 내린 도서들의 목록이며, 춘안당은 경복궁 후원 건청궁 주위의 융문루(隆文樓)에 붙어 있는 건물이다. 이 두 서목에 오른 책들은 대체로 1882년 이후 1887년 사이에 구입된 것들로 분석되고 있다.[15] 춘안당은 아마도 1891년에 집옥재 건물이 제대로 지어지기 전에 국왕이 새로 사들인 서적들을 보관시킨 건물의 하나였을 것이다. 여기에 보관되던 책들이 1891년에 집옥재를 새로 지으면서 옮겨졌을 가능성은 충분히 상정할 수 있다. 어떻든 두 서목에 오른 도서들은 대부분 중국에서 간행된 서양 관련 서적들로서, 광무 초기에 작성된 『규장각서목』(奎 11670)에서는 모두 '신내하(新內下)'로 분류되어 수록되었다.[16]

고종이 중국에서 간행된 서양 관련 서적들을 구입한 사실은 『내하책자목록(內下冊子目錄)』(藏 2-4960)에서도 확인된다. 이 목록은 1884년에 작성된 것으로 약 600종의 도서가 수록되어 있으며 서양 관련 서적이 역시 절대다수를 차지하고 있다. 이 밖에 집옥재도서 가운데 『상해서장각종서적도첩서목(上海書莊各種書籍圖帖書目)』(藏 2-4650)도 서양 관련 중국본 서적의 구입 상황 파악에 도움이 된다. 천·지·인 3책으로 분책된 이 서목은 상해에 있는 16개 서점의 판매도서 목록을 모은 것이다. 서목들에는 서점별로 100여 종에서 400여 종에 이르는 서적의 목록과 가격, 그리고 각 서점의 위치와 고객 유치를 위한 인사말들이 적혀 있는데, 그 인사말 가운데 연도가 확인되는 것의 대부분은 1887년, 1888년이다.[17]『서목답문(書目答問)』(장 2-336, 1878년 4월, 上海 淞隱閣印),『행소당목도서록(行素堂目睹書錄)』(장 2-347, 1884) 등도 같은 종류의 서적 구입 안내책자이다.

위 신내하서목 이하 여러 서목들에 의하면, 국왕 고종은 1875년 5월 창덕궁에서 경복궁으로 돌아온 후, 구 규장각도서의 활용을 위한 제반준비를 끝낸 다음, 1876년 2월 조일수호조규 조인 이후 개화정책의 수행이 불가피해진 상황에서 중국을 통한 서양 관련 신서적 구입에 열의를 쏟았던 것을 확인할 수 있다. 이렇게 확보된 책들에 집옥재(集玉齋)란 장서인이 나중에 일괄적으로 압인되고, 도서명부로 집옥재서목(集玉齋書目) 또는 집옥재서적목록(集玉齋書籍目錄)이 작성되었던 것이다. 그러나 집옥재도서는 서양관련 중국도서만으로 이루어져 있었던 것은 결코 아니었다. 집옥재도서의 중국본의 다수는 역시 전통적인 중국서적들이었으며, 그 출판연도는 정조대 이후 1800년대가 압도적으로 많은 것으로 나타난다. 이 서적들의 내용과 성격에 대해서는 앞으로 소장 기관의 충분한 조사작업이 이루어질 것을 기대한다.

4. 집옥재도서 정리의 추이

현 규장각도서·장서각도서 가운데 집옥재도서의 목록으로 다음과 같은 것들이 남아 있다.

(1) 『집옥재서목(集玉齋書目)』(장서각 2-4667)

(2) 『집옥재서적목록(集玉齋書籍目錄)』(규 11676)

(3) 『집옥재서적외서책(集玉齋書籍外書冊)』(규 11703)

(4) 『집옥재서목(集玉齋書目)』(集玉齋書籍調查記)(규 11705)

(1)과 (2)는 다같이 궁내부(宮內府) 용지를 사용하고 기재된 책명의 순서도 같으므로 동일한 서목의 복벌로 간주된다. 그러나 도서에 대한 집계 기록에서 (1)에 없는 것이 (2)에 들어 있는 것이 있다. 이를 가리기 위해 책수총합에 관한 양자의 기록 부분을 옮기면 다음과 같다.

(1) 『집옥재서목』(장서각 2-4667)

　이상 합 39,817권

　집옥재목록 중 누락건 합 769권

(2) 『집옥재서적목록』(奎 11676),

　이상 책합 39,817권 첩병(帖幷)

　집옥재 원목록 중 누락질 합 769권

　(집옥재목록 외 서책 450권 48종, 목록 중 누락질 769권 46종)

위를 비교하면 (2)의 끝 ( ) 안의 내용이 (1)에는 없다. 그러나 이 부분은 글씨체도 본문과 다르고 맨 마지막 장에 쓰여져 있어 나중에 첨부된 기록일 가능성이 많다. 그러므로 (1)과 (2)는 같은 것의 복벌이라고 판단해도 좋을 것 같다. 단 (1)이 반듯한 필세에 가필이 전혀 없는 반면에 (2)는 각 장의 서명 상단에 책의 소재를 확인한 붓점 표시가 있는 것으로 볼 때 (2)는 도서 확인 작업을 위해 별도로 한 부 따로 베낀 것으로 보인다. (2)의 ( )의 추가는 아래 (3)에 조사된 내용을 나중에 첨기한 것으로 짐작된다.

그러면 (1) (2)의 서목은 언제 작성되었을까? 이 서목들은 시기를 짐작할 만한 근거를 전혀 남기지 않고 있다. 단서로는 사용한 용지 중앙에 궁내부란 글자가 인쇄되어 있는 것이 유일하다. 궁내부는 갑오개혁 때 일본측이 왕보다 의정부가 정사의 주도권을 쥐도록 하면서 왕실 업무 전담 관부로 창설했지만, 1896년 아관파천 이후 왕권을 회복하고 대한제국을 발족하면서 황제가 주재하는 모든 정사의 중심 관부로 승격되어 1904년 2월 러일전쟁 전까지 그 지위를 유지하였다.[18] 이때 규장각도 그 속원(屬院)의 하나로 편성되었다. 궁내부 용지를 사용한 위 (1) (2)의 서목 특히 (1)의 경우는 이러한 궁내부 전성시대의 분위기를 보여준다. 러일전쟁 후 일본은 대한제국 황제권 파괴 작업에서 원수부(元帥府)와 함께 궁내부를 제1차적인 대상으로 삼았으며, 그에 따라 소속 원사(院司)가 감축되는 추세 아래 제 기능을 하지 못한 상태에 놓이게 된다. 늦어도 1907년 6월 의정부가 내각으로 개편되는 단계에서 궁내부의 정상적인 기능은 전혀 기대할 수 없다.[19] 따라서 위 (1) (2)의 서목들이 궁내부 기능의 정상적 분위기를 반영하는 것이라면 그 작성 시기는 1904년 2월 러일전쟁 이전으로 보아야 한다. 다시 말하면 1897년 대한제국으로 출범한 이후 집옥재에 모아진 도서들은 한 차례 정비차원에서 서목의 작성이 이루어졌던 것으로 볼 수 있다.[20] 바로 이때의 정리에서 집옥재란 장서인이 찍혔을 것이다.

(3)은 (1) (2)의 내용에 전혀 오르지 않은 "목록 외 서책"을 조사한 결과 보고이다. 집계에 관한 기록 부분을 옮기면 다음과 같다.

(3) 『집옥재목록외서책(集玉齋目錄外書冊)』(규 11703)

　집옥재목록외서책 48종 합 450권, 목록 중 누락건 46종 769권,

　집옥재목록 중 누락질 합 769권 첩병(帖幷)

위 가운데서 누락건(46종 769권)에 관한 것은 반복이 되어 있다. 한번은
종수를 밝혔고, 한번은 첩이 포함되어 있다는 것을 명기했다. 이 누락건은
위 (1) (2)에서도 밝혀졌던 것이다. 이 밖에 목록에 아예 등재되지 않았던
서책 48종 450권은 앞에서 보지 못하던 것이다. 이 조사는 (1) (2)보다 나중
에 나올 수 있는 것이다. 사용한 용지도 위 (1) (2)의 것과는 다르고 필세는
다음 (4)에 가깝다. (4)의 집계 사항들은 다음과 같다.

(4) 『집옥재서목』(集玉齋書籍調査記)(규 11705)

　조사 합수 이상 책합 39,559권 첩축대장괴(帖軸對張塊) 합 258(첩 163, 축

　29, 대 18, 장 46, 괴 2)

　도합 39,817권

　이상 책합 40,376본내(결 88본제)

　實 40288본, 帖合 162첩, 軸合 29軸, 對合 18對, 張合 45張, 塊合 2塊

　이상 合數 不合假量 故別紙附錄

(4)는 (1)~(3)과는 달리 내표지(內表紙) 제목에 조사기(調査記)라고도 했다.
조사 결과에 관한 기록에서는 위 (1)~(3)과는 달리 서책이 아닌 첩·축 등
도 엄밀하게 구분하고, 서책 수도 이전부터 내려오던 숫자인 39,817과는 다
른 숫자 40,376을 제시하였다. 합수가 다르기 때문에 임시 숫자를 별지로
붙인다고 명기하기도 했다.[21] 어떻든 이 조사는 책 수를 권이 아니라 본으

로 한 것으로 보아도 일본인들이 개입한 것으로 보아야 하며, 그렇다면 1908~1909년의 제실도서(帝室圖書) 정리 단계의 것으로 보아야 할 것 같다. 즉 이 조사 후에 이 집옥재도서들에는 집옥재라는 장서인 옆에 "제실도서지장(帝室圖書之章)"이란 장서인이 찍히게 되었던 것이다.

집옥재도서들이 제실도서로 바뀐 뒤 그 대부분은 1915년에 규장각도서 아니 총독부도서로 전환되었다. 그것이 다시 경성제대 부속도서관 소속을 거쳐 오늘의 서울대 규장각도서에 이르고 있다. 집옥재도서가 현재 대부분 규장각도서에 포함되어 있는 것도 사실이다. 그러나 제실도서로 정리될 때 이왕직으로 넘어간 것도 있을 수 있어, 『장서각도서중국판총목록(藏書閣圖書中國版總目錄)』(장서각, 1974)에서 집옥재 장서인이 찍힌 책들을 조사해 본 결과 다음과 같이 5책을 찾을 수 있었다.

> (가) 『사서독본(四書讀本)』(장 1-180, 經部 四書類)
>
> (나) 『흠정대청회전 병 사례, 도(欽定大淸會典 幷 事例, 圖)』(장 2-189, 史部 政書類)
>
> (다) 『서목답문(書目答問)』(장 2-336, 1878 4월, 上海 淞隱閣印, 史部 目錄類)
>
> (라) 『생소당목도서록(行素堂目睹書錄)』(장 2-347, 1884, 史部 目錄類)
>
> (마) 『서청고감(西淸古鑑)』(장 3-173, 1888)

따라서 집옥재도서는 대부분이 규장각도서로 전환되고 극히 일부가 이왕직을 거쳐 장서각 도서가 된 것이다.[22]

[사진 6] 북송 미불(1051~1107, 원장은 자) 글씨의 집옥재 현판(왼쪽)과 집옥재 도서 장서인(오른쪽). 현판은 도서와 함께 중국에서 구입했을 가능성이 있다.

4. 집옥재도서 가운데 서양 관련 서적들의 의미

고종이 집옥재를 정사(政事)의 중심지로 삼으면서 이곳에 많은 서적을 모으고 있을 때의 내외정세는 결코 순탄하지 않았다. 1873년 친정에 나선 후 1875년 5월 운양호사건이 일어나고 이듬해 2월에 일본과의 수호통상조규를 체결하였을 때 나라는 문호개방에 대한 아무런 준비도 갖추고 있지 못한 상태였다. 국왕이 친정에 나서기로 결심한 것도 대원군이 대외적으로 폐쇄정책을 일관되게 취하고 있는 것에 대해 깊은 우려를 가졌기 때문이었을 것이다. 친정에 나선 후 곧 개항을 허용하고 이에 대한 대비체제 확립을 서둔 것으로 보면 국왕은 이미 개항이 불가피한 이상 개화만이 국가를 유지할 수 있는 길이라는 판단을 내리고 있었던 것이 분명하다. 안으로 선대 왕들의 업적과 정치규범을 챙기면서 밖으로 달라진 국제정세에 대한 정보 수집에 나선 것은 국정을 총괄해야 하는 왕으로서 당연히 취해야 할 자세이다.

1880년 3월 제2차 수신사 파견에 이어 12월에 개화의 중심 관부로 통리기무아문을 설치하고 1881년에 일본과 중국에 각각 조사견문단(朝士見聞團)과 영선사(領選使) 등의 시찰단을 파견한 것은 개화를 위한 정보 수집의 본격적인 첫 걸음이었다. 서양 관련 서적들을 본격적으로 모으기 시작한 것은 이때부터였다.[23] 국왕 고종은 달라진 국제질서에 조선을 어떻게 편입시키느냐에 대해서도 세심한 배려를 하고 있었다. 지금까지의 동아시아 국제질서 속에서는 중국에 대한 조공책봉국가의 일원으로 나라를 보전해 왔지만, 앞으로 나라를 자주국가의 일원으로 유지해 나가기 위해서는 구질서에서 벗어나 새로운 질서에 자연스럽게 편입시키는 것이 중요한 문제가 아닐 수 없었다. 얼마 전에 일본과 맺은 수호조규에서도 관세에 관한 규정은 자유무역의 원칙을 확인하는 형태로 처리되어 있어, 무관세의 불평등조약으로 해석될 소지가 많다는 약점을 지니고 있었다.[24] 지금까지 동아시아의 국제교역은 사무역이 원칙적으로 허용되지 않은 상태여서 타국에서의 상행위가 원칙적으로 허용되지 않아 관세의 개념이 없었다. 단지 외국으로부터 물건을 사오는 자국상인에 대한 과세만이 있었다. 조선은 일본 측이 말하는 무관세를 지금까지 관례의 재확인 정도로 해석했던 것이다. 국왕은 그러한 취약점을 서양 열강의 어느 한 나라와의 합당한 조약 체결로써 만회할 수 있기를 바랐다. 국왕은 1880년 3월 때마침 미국 해군제독 슈펠트가 부산에 도착하여 통상을 청해오자 이를 그 실현의 호기로 삼아 청나라의 의사도 타진하는 한편 신하들로 하여금 평등조약 관계의 자료를 수집케 하면서 미국과의 교섭을 은밀히 추진하였다. 그리하여 1882년 4월 드디어 동아시아에서는 최초로 평등한 국제조약으로 조미수호통상조약을 체결하였다.[25]

그러나 이러한 성과는 청나라로부터 즉각적인 반발을 샀다. 3개월 뒤 임오군란이 일어났을 때 청나라는 이를 조선의 내정에 관여할 수 있는 기회로 판단하고 중국 군대와 상인을 진주시켜 과거 조공책봉 체제보다 더 강한 예속을 요구하는 속방화정책을 폈다. 중국의 이러한 강경한 태도는 일부 개화파 인사들의 갑신정변을 초래하여 내외의 정세는 더욱 복잡해져 갔다. 국왕의 서양 관련 서적의 구입은 위에서 본 것과 같이 이 어려운 시기에서도 계속되고 있었다. 중국과 일본이 벌이는 각축의 틈바구니에서 국왕은 뜻을 펼 기회를 그만큼 더 많이 잃고 있었지만, 자주국가를 유지하기 위해 필수적인 개화를 향한 정지작업은 멈출 수가 없었다. 신문물 관련도서 수집은 신식제도의 시행 및 신문물의 수용과 거의 맥락을 같이하고 있었다.

그러나 고종의 왕정은 일본이 청일전쟁의 승리를 배경으로 갑오개혁에 직접 개입하고 나섰을 때 가장 큰 시련에 부딪혔다. 국왕은 국정에서 일본의 조종을 받는 내각에 밀려 있었고 그런 가운데 지금까지 국왕의 개화정책에 가장 큰 지원자였던 왕후가 시해당하는 큰 불행을 겪었다. 그는 이 위기에서 벗어나기 위해 이른바 아관파천을 단행하여 정국을 전환시키는 계기를 만들어 친일내각을 내몬 다음 대한제국으로의 출범의 발판을 닦았다. 경운궁(慶運宮)을 심장부로 한 새로운 도시 설계, 전기와 전차의 도입, 서북철도의 개설, 무기공장의 설립, 육해군의 창설을 목표로 한 징병제도 시행 준비 등 자주국가 유지를 위한 부국강병정책의 시행에 박차를 가하였다.[26] 이즈음 집옥재를 중심으로 모은 서적들의 정리도 서둘러 도서목록을 만들고 집옥재란 장서인을 찍었다. 국왕 고종이 앞장서서 모은 신물물 관련 서적들을 포함한 각종 중국서적들은 광무개혁(光武改革)의 밑거름으로 활용되고 있었던 것이다. 고종황제는 동도서기(東道西器)·구본신참(舊本新參)의 개화주의자였다.

광무연간의 개혁의 성과로 오래전부터 추구해온 국왕의 개화의 꿈은 결실을 거두어가는 듯했다. 그러나 일본이 그 성과를 방치하지 않았다. 일본으로서는 대한제국이 자주국가의 토대를 튼튼히 하면 할수록 한반도 진출의 꿈이 사라져가는 것을 의미했다. 그들은 바로 이 순간에 러일전쟁을 일으켜 그 무력으로 대한제국의 국권을 강탈하기로 방침을 굳혔다. 방치할수록 국권 탈취가 더 어려워질 것으로 판단한 것이다.

고종시대사를 이상과 같이 이해할 때 주로 중국본으로 구성되어 있는 집옥재도서는 고종의 정치사상과 정책의 기본자료가 되므로 그 중요성이 더 부각된다. 물론 이 도서들은 국왕 혼자서 보기 위해 수집된 것은 결코 아니었다. 경운궁을 본궁으로 삼으면서 그 서편에 "King's Library"를 지은 것이라던가,[27] 1901년 11월에 '국립도서관'이 불탔다고 한 사실 등으로 보면 국왕은 이 도서들을 도서관으로 발전시킬 복안을 가지고 있었던 것이라고 보인다. 이에 대한 자세한 고찰은 다른 기회로 미루고 여기서는 집옥재도서 가운데 서양 관련서적들을 분야별로 분류하여([표 4]) 고종의 개화정책에 대한 앞으로의 연구를 전망하는 것으로 만족하고자 한다.

[표 4] 集玉齋書籍目錄 중의 서양 관련 서적의 분야별 분류

[천문, 역서]

星土釋(2) 萬年曆書(1) 明治二十三年曆(1) 交食捷算(2) 天人對參(1) 談天(4)×2

[지구, 지리]

地球說略(1)×2 太平地球圖(16) 地球新錄(4) 東半地球圖(1) 西半地球圖(1) 南北極圖(2축) 東西球圖(1축) 赤道南北極圖(1축) 支那地方各省地圖(1塊) 各處地圖(1괴) 地球新錄(4) 地理誌略(1)×3 地理問答(1) 廣興記(16) 地理問答條略(1) 地興異名錄(1) 七國地理誌(10) 地理全誌(10) 測地圖(4) 地理全書(1)興地廣記(4)

[항해]

海道圖說(10) 海道說(12) 航海通書(1) 航海簡法(2) 航海吟草(1) 航海簡法(3) 航海簡法(2) 水道提綱(16권, 2질)

[외국사정]

自西徂東(5) 大英國志(2)海國圖志(24) 中西記事(8) 西國近事彙編(28) 海國聞見錄(2) 萬國通鑑(12) 萬國政表(11질 각4권) 西國近事彙編(36) 東方交涉記(2) 俄國風俗誌(4) 觀光紀遊(3) 黑蠻風土記(1) 使琉球記(2) 西俗雜誌(1) 籌洋芻議(1) 出洋瑣記(1) 瀛海論(1)×2 海上日記草(1) 天下郡國利病書(60) 明治新史(8) 西藝知新(14) 西學課程(1) 富國策(3)×2 歷覽記略(1) 中西關略(1) 英俄印度(1) 萬國史記(10) 西藝知新(8) 泰西各種(16) 西洋記(10) 萬國政表(7) 海國圖誌(20) 佛國記(1) 日本博覽會目錄(7) 日本東京新聞(1)

[어학]

法字入門(1) 英華萃林韻府(1) 華英字典(1) 華英字典(1) 譯書事略(1) 中西譯語抄法(1) 英字入門(1)

[공법, 외교]

公法會通(5) 派使章程(1) 中西關係格論(1) 外務省(2) 通商各關華洋貿易摠冊(1) 海關收稅(1) 日本外務省事務(1) 朝日約章合編(1) 列國歲計政要(6)×3 通商章程成案彙編(12) 通商約章(40) 仁川港輸出入收稅總數及經費計開(1) 試驗場各種目錄(1) 輪船招商局第十七年起止章程帳略(1) 貿易情形論(1)×2 通商章程類纂(22)

中俄和約(1) 中東和約(1) 中英和約(1) 開國方略(6) 通商章程成案彙編(12)

[군사, 전술, 무기]

湘軍水陸戰記(2)×2 中法和戰曲直記(4) 山東軍興紀略(10) 兵船砲法(3) 水陸軍練兵誌(4) 爆藥記要(1) 攻守砲法(1) 水雷(1) 行軍測繪(2) 用軍必讀(2)×2 城堡新議(1) 整頓水師(1) 海戰用砲說(1) 克鹿卜(1) 各種砲用度數(1) 營壘圖記(2) 行軍要訣(1) ×2 戎禮須知(1) 軍機古事(1) 臨津管見(4) 防海紀略(2) 陸軍服制圖(1) 附錄(1) 兵略新編(1) 克盧佰砲說(2) 營城揭要(2) 水師章程(16) 聖武記(12) 西藥造法(1) 治兵心書(1) 兵法圖放(12) 兵書七種(16) 日本陸軍操典(3) 水雷圖說(6) 水師章程(16) 普法戰記(10) 中西記事(8) 克盧伯造法(2) 製火藥法(1) 輪船布陣(2) 礮準心法(1) 水師操練(3) 越法戰書(4) 洋防輯要(8) 海軍章程(4) 臨陣管見(4) 水師操鍊(3)爆藥記要 輪船布陣(3) 陸操新義(4) 裏紮新法(1)

[수학]

名數畫譜(4) 筆談算學(4) 溫熱經緯(4) 算迪(8) 四元釋例(8) 開方表說(1) 圓天圖說(5) 沈算法(6) 代數術(6) 西藝知新(14) 代數難題(6) 三角數理(6) 算學五種(16) 數學理窓(4) 微積溯源(6) 量法代算(1) 數學啓蒙(1) 算學遺珍(1) 八線對數說(1)×2 算式集要(2) 算學啓蒙(3) 割圓密率(3) 數根術解(1) 筆算便覽(1) 五偉捷算(2) 八線管表(1) 緝古算經意義(2) 比例匯通(4) 九數外錄(1) 輯古算經(2) 算學代數表(6) 數理精蘊(85) 中西算學(6) 江翼梅算學(4) 心算初學(1) 則古算學(2) 九數通考(5) 算牖(2) 心算啓蒙(1) 經書算學天文(2) 算學四種(1) 筆算數學(3) 形學備旨(2, 기하학) 數理精蘊(24)

[의학]

皮膚新編(1) 眼科指蒙(1) 內科新說(1) 全體圖說(1) 引痘新書(1) 體用十章(4) 醫學源流論(6) 西藥略釋(4) 西醫眼科撮要(1) 西醫略論(2) 醫理原旨(6) 傷寒遺方(4) 醫書八種(12) 體性圖說(1) 衛生要訣(1) 全體新論(1) 衛生要術(1) 衛生要旨(1)

[농업, 식물]

蠶桑寔際(20) 畿輔水利議(1) 家畜玩物(1) 百鳥圖說(1) 植物學(1) 造洋飯書(1)

[물리]

器象顯眞(3) 格致小引(1) 格致測候器(1) 格致鏡原(16) 煤法(2) 光學(2) 格物探原(3) 格致彙編(41) 重學圖說(1) 重學圖(1축) 重學(2, Mechanics) 測圓海鏡(4)

[화학]

化學衛生論(2) 化學考質(6) 化學鑑原補編(6) 化學鑑原續編(6) 化學求數(14) 化學(4) 化學初階(4) 聲學(2) 化學分原(2) 格治化學器(1) 化學材料(1) 化學易知(1) 化學闡原(16)

[전기, 증기]

電學綱目(1) 雷電新章(1) 電解(1) 花夜記(1) 精刻花夜記(1) 電學須知(1) 機器論理抄件(1) 電氣鍍金(1) 電氣鍍錄(1) 電氣鍍金略法(1) 中國電報新編(1) 電學(6)×2 電學圖說(2) 電學圖(5軸) 汽機必以(6) 汽機發軔(4) 汽機新制(2)

[광업]

礦石圖說(1) 井礦工程(2) 冶金錄(2) 銀洋精論(2) 鐵板數(13)

[음악]

西國樂法(1) 西樂大成(1)

5. 맺음말

규장각도서와 같이 국가적 대표성을 가지는 장서는 수집 그 자체가 역사적 의미를 지닐 수 있다. 그래서 정조대의 규장각, 그 수집도서, 그리고 이곳에서 이루어진 저술들은 18세기 한국 정치사·사상사의 중요한 대목으로 주목받고 있다. 고종대에 국왕의 의지로 모아진 집옥재도서도 19세기 후반 한국사에서 중요한 의미를 가지는 자료로 파악되었다. 집옥재도서 중 국본은 전통적인 중국서적과 서양관련 서적 등으로 구성되어 있다. 전자는 이 논고에서 내용 검토가 이루어지지 못했지만, 기본적으로 정조대의 수집을 뒤잇는 것으로 의미가 부여될 수 있으며, 후자는 고종의 개화정책과 깊은 관련을 가지고 수집된 것으로 파악되었다.

개항기 파란 속에서 국왕의 지위를 지킨 고종에 대해서는 종래 부정적인 평가가 우세하였다. 그에 대한 평가에서 우유부단·무능, 심지어 암군(暗君)이란 표현까지 동원되었다. 그러나 이러한 평가는 엄정한 검증을 거친 것은 결코 아니다. 대한제국 정부에 고문으로 초빙되거나 한국을 방문해 황제를 알현한 외국인들이 남긴 글들에서는 정반대되는 평가도 나와 있으므로 객관적인 검증이 필요한 사항이다. 집옥재도서의 존재는 종래의 부정적인 평가를 재고하는 단서가 될 수도 있다.

고종황제는 국왕이 앞장선 지치(至治)의 실현을 그리면서 이를 실현하기 위해서는 선대왕 정조가 보여준 모범적인 왕정의 경지 즉 학문적 고구를 통한 왕정의 수행이 큰 교훈으로 다가왔다. 그러나 그것은 결코 단순한 복고 취향은 아니었다. 고종이 당면하고 있는 왕정의 현장은 정조대와는 다른 것이 너무도 많았다. 특히 밖으로부터 불어닥치고 있는 국제정세는 두려울 정도로 낯선 것이 많았다. 그러나 그는 이에 대한 대처 방법이 선대왕 정조가 보여준 학문적 고구를 통한 것밖에 없다는 판단을 가지게 되었던 것 같다. 정조 정치의 학문적 추구도 실상은 달라진 내외의 정세에 대한 한 단계의 정리를 통한 새로운 전망을 얻기 위한 것이었다. 고종에게는 서구 열강의 세계가 더욱 직접적으로 눈앞에 다가와 있었기 때문에 이에 대한 더욱 적극적인 대응이 필요했던 것이다. 집옥재도서는 어느 모로나 규장각

도서를 뒤잇는 역사성을 지니고 있었다. 집옥재도서의 구성에 대한 더 본격적인 조사와 연구는 고종시대 사상사 연구의 새로운 가능성을 보장해 줄 수 있을 것이다.

18~19세기 서울의 근대적 도시발달 양상

1. 머리말

조선왕조의 수도 서울이 언제부터 근대적 도시의 모습을 갖추기 시작했는가는 서울의 역사뿐만 아니라 한국사 전체로서도 중요한 의미가 있는 주제이다. 이에 대해서는 일본이 한국을 통치하기 시작하면서 비로소 그렇게 되었다는 주장이 있다. 이런 견해는 1912년에 일본거류민단이 펴낸『경성발달사(京城發達史)』에서 이미 주창되었고, 1930년대에 편찬된『경성부사(京城府史)』에서 더 체계화되었다.

해방 후의 식민주의사관 극복의 차원에서 서울에 관해서도 많은 연구가 이루어졌으며, 서울의 역사에 관한 새로운 사실들이 많이 보충되었지만 "식민지 근대화설"의 틀을 확실하게 깨는 학설은 제시되지 않았다. 18세기 서울의 도시 발달 양상에 대한 연구가 새로운 시각에서 이루어지기는 했으나,[1] 이 경우는 개항 이후의 변화를 전혀 다루지 못한 한계가 있다. 이 발표는 서울 600년을 기념하는 시점에서 이러한 종래의 통설적 인식이 과연 타

탕한 것인가를 물으면서, 식민지로 되기 전에 있었던 두 차례의 큰 변화 즉 18세기와 19세기의 서울의 변화를 새롭게 조명해 보려는 데 목적이 있다.

18세기 서울의 번영에 대한 기왕의 연구는 1960년대에 자본주의 맹아론의 차원에서 이루어졌다. 즉 자본주의의 자생이란 시각에서 이 시기에 상공업이 발달하면서 서울의 모습도 달라진 것을 주목했다. 이 글에서는 여기에서 한 걸음 더 나아가, 근래 유럽 17세기사 연구에서 주목을 받고 있는 '17세기 위기론'을 도입해 17세기 서울의 변화를 유럽 근대도시의 출발과 같은 선상에 올려 서로의 공통점과 차이점을 검토하는 기회를 가져보고자 한다. 이 시도는 과거의 부정적 편견에서 벗어나 객관적 고찰을 지향하는 데 도움이 되리라고 믿는다. 그리고 이어 18세기는 서울의 번영을 단순히 경제적인 면에만 한정하지 않고 국왕 측에서 기도한 활발한 대 도성민(都城民) 접촉관계를 포함해서 살피고자 한다. 후자에 대한 고찰에서는 최근에 거둔 사회사·정치사 연구성과들을 활용하고자 한다. 국왕이 신분의 고하를 불문하고 도성민들과 만나는 기회를 의도적으로 많이 만들고 있는 것은 유교적인 정치이념이 창출할 수 있는 도시 근대화의 한 유형으로 주목해 볼 만한 대상이다.

19세기말의 변화에 대해서는 주로 러일전쟁 직전, 대한제국의 동도서기론의 근대화관에서 진행된 서울의 '도시개조(city improvement ; 비숍 여사, *Korea and Her Neighbors*의 표현)' 사업의 실상을 살피고자 한다. 지금까지의 일본에 의한 서울 근대화론은 이 부분을 철저히 부정했다. 이 글은 일본인들이 자신들이 행한 대한제국 국권 강제탈취를 은폐, 합리화하기 위해 전략적으로 이 '도시개조' 사업의 성과를 부정하고 자신들이 이룬 시정(施政)의 성과를 선전하게 된 것을 지적하게 될 것이다. 그리고 궁극적으로는 대한제국의 동도서기론에 의한 서울의 '도시개조' 사업이 18세기의 번영을 기억하면서 서양의 새로운 근대문명의 이점을 수용하고자 하는 계승의식을 강하게 가지고 있었다는 것을 밝히고자 한다. 19세기말의 사업에서도 18세기 이래의 성과 가운데 국왕의 도성민과의 접촉 관계가 가장 크게 의식된 것은 수도 서울의 진정한 도시 근대화의 방향이 무엇인가를 생각하게 해줄 것이다.

2. '17세기 위기' 극복과 상업발달의 새로운 전기

조선왕조의 도읍지로 한성부는 15세기 초에 둘레 약 17킬로미터의 성곽 도시로 만들어졌다. 이 성곽은 약 2만 호, 10만의 인구가 살 수 있는 공간이었다. 성밖 10리 안에도 수천의 인구가 살았으나 16세기를 거치면서도 10만의 거주 인구 규모는 큰 변동이 없었다. 1592년에 도요토미 히데요시 군의 침입으로 처음으로 이 규모에 변동이 생겼다.

도요토미군이 침입한 다음해에 서울의 인구는 39,931인으로 크게 감소했다([표 1] 참조). 그러나 1648년에 인구는 다시 95,569인, 1657년에는 80,572인으로 원상을 회복하는 추세를 보였다. 도요토미군과의 전쟁이 7년간 계속되고, 북방의 여진족의 침입이 1627년·1636년 두 차례나 있었던 상황을 상기하면 빠른 회복세란 느낌을 준다. 그러나 더 주목되는 것은 1669년의 조사에서 23,899호 194,030인으로 인구가 급증하는 추세이다. 왕조 초기인 1428년의 18,522호 109,372인에 비하면 5,377호 84,658인이 늘어난 것이며, 전회의 조사 1657년 것에 비하면 인구수가 배 이상 늘어난 것이 된다.

필자는 이 갑작스런 변화에 대해 '17세기 위기론'의 관점에서 농촌을 떠난 기민들이 서울에서 행해지고 있는 정부의 구휼정책의 혜택을 받고자 모여든 결과라는 견해를 표명한 적이 있다.[2]

[표 1] 조선시대 한성부의 인구변동

년 도	호 수	구 수	년 도	호 수	구 수
태종　9년(1409)	11,056		영조　50년(1774)	38,531	197,558
세종　10년(1428)	18,522	109,372	정조　원년(1777)	38,593	197,957
14년(1432)	18,830		4년(1780)	38,742	201,070
17년(1435)	21,891		7년(1783)	42,281	207,265
20년(1438)	20,352		10년(1786)	42,786	195,731
선조　26년(1593)		39,931	13년(1789)	43,929	189,153
인조　26년(1648)	16,006	95,569	16년(1792)	43,963	189,287
효종　8년(1657)	15,760	80,572	19년(1795)	43,890	191,501
현종　10년(1669)	23,899	194,030	22년(1798)	44,945	193,783
숙종　4년(1678)	22,740	167,406	순조　7년(1807)	45,707	204,886
43년(1717)	28,356	185,872	헌종　3년(1837)	45,640	203,925
경종　3년(1723)	31,859	199,018	철종　3년(1852)	45,678	204,053
영조　2년(1726)	32,747	188,597	고종　즉위(1863)	45,162	204,624
5년(1729)	32,372	186,305	원년(1864)	47,565	202,639
8년(1732)	35,768	207,733	2년(1865)	46,662	206,980
11년(1735)	33,836	187,756	3년(1866)	45,646	200,059
14년(1738)	35,576	194,432	4년(1867)	45,605	207,271
17년(1741)	34,886	189,985	5년(1868)	45,598	207,206
23년(1747)	34,153	182,584	6년(1869)	45,898	206,967
26년(1750)	34,652	180,090	7년(1870)	45,928	207,062
29년(1753)	34,953	174,203	8년(1871)	46,503	200,804
32년(1756)	38,108	197,452	9년(1872)	46,556	200,819
35년(1759)	36,467	172,166	10년(1873)	45,734	197,377
38년(1762)	39,926	183,782	11년(1874)	45,301	191,445
41년(1765)	39,344	194,634	12년(1875)	45,299	200,951
44년(1768)	38,770	188,884	13년(1876)	44,607	198,372
47년(1771)	38,497	196,219			

典據 : 1)『조선왕조실록』 2)『증보문헌비고』 3)『호구총수』 4)『탁지지』
* 태종, 세종대 호구는 京中五部지역과 城底 十里지역을 포함한 호구수임.
출처 : 고동환, 「18·19세기 서울 京江地域의 商業發達」, 1993.

그것은, 같은 시기, 같은 상황에서 유럽의 대표적인 도시들에서도 나타난 현상이므로 이에 견주어 파악해 보자는 것이었다. 스페인의 마드리드가 1497년에 65,000인에 불과하던 것이 1646년에 140,000인으로 증가한 것이나, 런던이 1500년경에 25,000인이던 것이 1700년경에 575,000인으로 폭증한 사례 등이 서울의 경우와 거의 비슷하다.[3]

'17세기 위기'에 관한 서구학계의 근래의 논의는 대체로 다음과 같이 정리된다. 즉 이 시기에 근 한 세기 동안 태양의 흑점활동이 쇠퇴하여 기온이 내려가는 이른바 소빙기(little ice age) 현상이 계속되는 가운데 지진, 해일, 대풍, 우박, 때 아닌 강설, 홍수, 가뭄 등의 기상이변과 자연재해가 장기적으로 계속되어 농산물 수확이 심대한 타격을 입었고, 이에 따라 기근이 빈발하고 전염병이 만연하여 인구가 감소하거나 증가가 둔화되고 기민들은 먹을 것을 찾아 도시로 몰려들었다. 이런 사회적 불안을 기본적인 배경으로 하여 각 지역의 구조적, 정치적 문제점들이 곳곳에서 반란·혁명·전쟁 등의 형태로 폭발하여 위기적 상황이 멈추지 않았다는 것이다.

필자는 '17세기 위기'의 제일차 원인은 태양에서 생긴 것이므로[4] 이에 따른 소빙기 현상의 자연재해는 전 지구적 현상이기 마련이며, 따라서 17세기 한국사도 이 논의를 도입해야 시대상을 제대로 파악할 수 있다는 견해를 제시했다. 같은 시기에 중국에서도 북쪽 추운 지방의 여진족이 남하하여 명·청 교체의 대혼란이 일어난 것을 상기하면 동아시아 전체가 '17세기 위기'로부터 자유롭지 않았던 것이 분명하다.

1669년의 서울 인구의 대폭적인 증가는 '17세기 위기' 속에 기민이 모여든 결과라고 보아 틀림이 없다. 그러나 그것은 유럽처럼 단순한 기민 유입의 형태는 아니었다. 조선왕조 정부는 자연재해가 그치지 않자 이에 대한 특별 대책을 강구하였고, 이 정책에 따라 농촌 유리 인구가 서울로 유입해

들어왔던 것이다. 정부는 1612년(광해군 4)에 진휼청(賑恤廳)이란 특별 비상기구를 설립해 중요 경제부처인 호조・선혜청・상평창 등이 이 기구를 중심으로 통합적으로 운영되도록 조치하였다. 이 기구가 취한 대책은 기민에게 먹을 것을 무상으로 제공하는 것과 일거리를 제공하는 것 두 가지였다. 전자보다 후자에 더 큰 비중이 두어졌다. 왕실이나 관청이 필요로 한 노동력을 종래 부역의 의무로 요구하던 것을 고립제(雇立制)로 바꾸어 일을 시키고 그 값으로 식량을 제공하는 방법을 주된 대책으로 삼았던 것이다.

진휼청의 이와 같은 정책은 기존의 국가통치의 틀을 크게 바꾸어 놓을 것이 뻔하게 예상되었지만 수많은 기민들을 구제할 다른 방도가 없었다. 그러나 이 정책도 임금으로 치러 줄 미곡을 관에서 충분히 확보해야 가능한 것이었다. 한강 지류인 용산강과 서강에는 왕조 초기부터 세곡(稅穀)을 실어와 보관하는 군자창(軍資倉)・풍저창(豊儲倉)・광흥창(廣興倉) 등이 있었다. 이 3창은 호조 소관이었다. 그러나 3창 가운데 군자창 저치곡만이 비상활용이 가능하고 나머지 둘은 본래의 용도가 정해져 있었다. 따라서 새 정책은 이에만 의존할 수 없었다. 정부는 새로운 재원 확보를 위해 공물과 부역을 전세화(田稅化)하는 제도를 채택했다. 이 제도는 이전에도 여러 차례 건의되었으나 반대론이 많아 미루어 오던 끝에 계속되는 위기상황이 시행론쪽을 우세하게 만들어 주었다. 대동법(大同法)으로 불린 이 제도는 가능한 지역부터 시행해 전국 8도가 모두 다 시행되는 데는 반세기 이상이 걸렸다. 대동미는 선혜청이 관리하였고 그 보관 창고는 용산강 주변에 세워졌다. 진휼청이 처음부터 호조・선혜청과 통합 운영되도록 한 것은 수세, 저장, 배급과정에서 관련 관청간의 긴밀한 협조체제가 필요했기 때문이었다. 확보된 진휼 용도의 저치곡들을 최대로 활용하기 위해서는 미곡과 포목 값의 지역적・계절적 차등을 조절하는 직무를 수행하는 상평창의 협조도 필요했다. 진휼청은 서울에서 멀지 않은 곳에 설치된 두 곳의 군사기지 즉 남한산성과 강화도의 비상용 군자곡을 활용할 수 있는 권한도 부여받았다.

1669년의 호구조사에서 서울의 호구가 크게 늘어난 것은 호구조사의 기준이 강화된데도 이유가 있지만 근본적으로 진휼청의 정책이 주효한 결과였다. 공물과 부역의 제도를 종결시키고 일을 해준 대가로 식량을 제공하는 제도가 호응을 받지 못할 이유가 없었다. 1660년대에 산릉역(山陵役)을 마지막으로 부역노동의 징발은 제도적으로 소멸했다.[5] 국장(國葬)에 필요한 부역노동까지 고립제로 바뀌었다는 것은 상징적으로도 큰 의미가 있다.

1669년의 호구조사의 결과로 나타난 194,030인 가운데 성내가 수용할 수 있는 10만을 제외하면 나머지 94,000여는 자연히 성외 거주 인구가 되어야 한다. 1789년의 한성부에 관한 비교적 충실한 호구조사는 성내가 22,094호 112,371인, 성외가 21,835호 76,782인으로 집계하였다. 이에 의하더라도 1669년 이후의 증가 인구가 대부분 성외 거주라는 것은 의심의 여지가 없다. 1789년의 조사는 성외 지역 가운데서도 남부의 두모방·한강방·둔지방(이상 9,218인), 서부의 반석방·반송방·용산방·서강방(이상 48,007인) 등 관곡창고가 있는 부근이나 강변지역에 인구가 밀집한 것을 명백하게 보여준다.

17세기 위기를 극복하기 위해 관수(官需) 노동력을 고립제로, 관수품을 매입제(買入制)로 각각 전환시킨 조선왕조의 정책은 수도 서울, 나아가 국가 전체의 경제를 새로운 차원으로 이끄는 토대를 마련하였다. 17세기 말엽에 기상이변과 자연재해가 다소 수그러들기 시작하자 그간 비상대책으로 강구된 새로운 제도들이 진가를 발휘하기 시작해 경제발전의 원동력이 되었다. 18세기에 접어들면서 서울은 지금까지 비상대책이 취해진 현장이던 경강(京江) 일대에 상업이 크게 발달하는 변화상을 보이기 시작하였다.[6]

[표 2] 1789년 한성부 도성 내, 외 지역의 인구분포(호구총수)

	城 內			城 外		
	방	호 수	인구수	방	호 수	인구수
중부	貞善坊	779	4,001			
	寬仁坊	450	2,123			
	堅平坊	512	2,535			
	瑞麟坊	300	1,216			
	長通坊	791	4,169			
	壽進坊	498	2,271			
	慶幸坊	515	2,859			
	澄淸坊	237	1,012			
계	8	4,082	20,186			
동부	蓮花坊	1,175	5,545	崇信坊	1,241	3,886
	景慕宮坊	776	4,026	仁昌坊	2,511	7,683
	崇敎坊	839	4,276			
	建德坊	471	1,868			
	彰善坊	689	2,426			
계	5	3,950	18,141	2	3,752	11,569
남부	明哲坊	1,614	5,371	豆毛坊	1,425	4,484
	薰陶坊	1,027	6,095	漢江坊	406	1,145
	樂善坊	1,168	6,021	屯之坊	1,241	3,589
	廣通坊	372	2,176			
	明禮坊	571	3,821			
	太平坊	343	2,343			
	會賢坊	989	6,550			
	誠明坊	814	5,189			
계	8	6,898	37,566	3	3,072	9,218
서부	養生坊	687	3,394	盤石坊	2,965	13,882
	仁達坊	798	4,110	盤松坊	2,791	12,971
	積慶坊	689	3,306	龍山坊	4,617	14,915
	餘慶坊	706	3,402	西江坊	2,186	6,239
	皇華坊	950	5,975			
계	5	3,830	20,187	4	12,541	48,007
북부	順化坊	1,167	5,917	常平坊	560	1,939
	安國坊	229	1,275	延禧坊	1,279	4,173
	嘉會坊	252	1,765	延恩坊	631	1,876
	養通坊	158	865			
	觀光坊	652	2,297			
	鎭長坊	346	1,578			
	養德坊	124	908			
	俊秀坊	204	994			
	廣化坊	202	692			
계	9	3,334	16,291	3	2,470	7,988
총계	47	22,094	112,371	12	21,835	76,782

* 출처 : 고동환, 『18・19세기 서울 京江地域의 商業發達』, 1993.

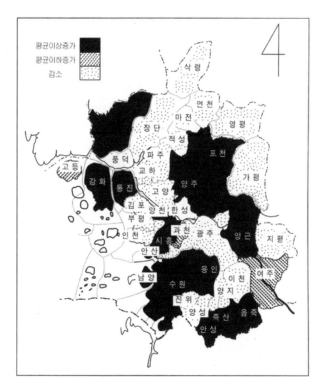

[그림 16] 18~19세기 경기도 군현의 인구증가 상태
자료 : 『해동지도』 『대동지도』
출처 : 楊普景, 「서울의 공간확대와 시민의 삶」(『서울학연구』 창간호, 1994)

경강은 당초에는 세곡(稅穀) 창고가 있는 용산강·서강과 한강(두모포 ; 현 한남동) 등 3강이 중심이었다. 유입 인구의 첫 정착지인 이 지역들은 18세기 초에 모두 정식으로 한성부의 방(坊)으로 편입되었다. 18세기 후반에는 하류 지역인 망원·합정 지역 그리고 동대문 밖 지역도 모두 방으로 편입되었다. 행정구역이 이렇게 확대되는 것과 짝하여 경강도 5강·8강 그리고 12강(한

강·두모포·뚝섬·왕십리·안암·전농·서빙고·용산·마포·서강·망원정·연서)으로 호칭이 바뀌어 갔다. 상업관련 인구가 거주하는 포구의 수가 갈수록 늘어나고 있었던 것이다. 경강에서는 본래 고기잡이와 세곡 집하만이 이루어졌으나 18세기 중엽에는 포구마다 특성을 지닌 업종을 가지고 번창하였다. 뚝섬에서는 목재유통, 서강과 용산은 세곡집하, 마포는 상품유통, 망원·합정은 빙어선(氷魚船), 여의도·밤섬 지역은 상업적 농작물 재배, 고기잡이 및 조선업 등이 이루어지고 있었다. 경강 일대에서 발달한 상업은 사상(私商 : 자유상인)들에 의한 것이었다. 따라서 그 발달은 왕조 초기부터 왕궁과 관부로부터 특권을 부여받아 온 성내의 시전상인 중심의 유통체계를 무너트리는 결과를 예상하게 하는 것이었다.

3. 18세기 번영 속의 도성민과 국왕

조선왕조의 수도 서울은 '17세기 위기'를 벗어나면서 성외 특히 강변 곳곳이 발달하는 새로운 변화상을 보였다. 이러한 변화로 "서울은 돈을 가지고 살아가고 8도는 곡식을 가지고 살아간다"는 말이 나올 정도가 되었다. 서울의 모습이 이렇게 달라지자 서울에 관한 여러 가지 새로운 표현 방식들이 나타났다. 서울에 관한 정보는 종래 전국 지지(地誌)를 만들 때 머리에 내세운 경도(京都)·한성부(漢城府) 난의 고정적인 기사들로 충족되었다. 그런데 이제 그 규모가 배 이상으로 커지고 도시로서의 모습도 다양해지자 이런 전통적인 정보 제공 방식으로는 한계가 너무 많았다.

새로운 표현 방식 가운데 가장 두드러진 것은 서울만을 그리는 지도의 등장이다. 현재까지 알려진 서울 지도 가운데 가장 앞서는 것은 18세기 중반 영조대에 만들어진 「도성삼군문분계지도(都城三軍門分界之圖)」(1751, 서울대 규장각 소장)이다[그림 17]). 이것은 서울 안에 있는 3개의 군영이 서울의 성곽을 분담하여 관리할 구역을 표시한 것으로 당시 국왕이 도성의 관리에 만전을 기하고자 새로운 정책들을 취하면서 그려지게 된 것이다. 이 밖에도, 새로 변한 행정구역을 표시한 것, 성 안팎에 즐비하게 늘어난 집들을 그려 넣은 것, 한강을 그리고 강변 곳곳에 발달한 포구들을 표시한 것 등 여러 종류의 지도가 등장하였다.[7] 서울 지도들은 용도는 서로 달라도 주위의 아름다운 산이나 강을 그려 넣는 것은 거의 공통적이었다.

18세기 후반의 석학 박제가(朴齊家)가 남긴 「성시전도시(城市全圖詩)」에 의하면 도성 안팎의 즐비한 4만의 가호를 사실적으로 그린 병풍 형태의 전도(全圖)가 왕명으로 만들어졌던 것 같다. 이 「전도」는 지금 전하지 않지만, 그가 남긴 시를 통해 당시의 서울의 모습을 사실적으로 느낄 수 있다. 「전도시」는 다른 사람이 쓴 것도 몇 개 더 있다. 진경산수화의 개조 정선(鄭敾)이 서울 주위의 아름다운 산과 강의 풍경을 그린 수십 점의 그림들은 너무도 유명하다. 1844년(헌종 10)에는 「한양가(歌)」도 등장하였다. 19세기초에 편찬된 『한경지략(漢京識略)』은 최초의 서울 지지로 평가된다.

서울의 기능이 다양해지면서 당초에 설계된 공간에도 문제가 생기기 시작했다. 박제가는 그의 유명한 저술 『북학의(北學議)』에 '시정(市井)' 난을 두어 서울의 도시문제에 대해 여러 가지 의견을 제시했다. 먼저 종각 북쪽 거리를 운종가의 대로와 동일한 폭으로 넓힐 것을 주장하였다. 종각 북쪽이 상업중심지인 운종가의 영향을 받아 상가가 늘어나 개조가 불가피한 것을 지적한 것이다. 그는 상가들이 취급하는 상품을 구체적으로 표시한 옥호(屋號)를 크게 써서 붙일 것을 주장하기도 했다. 말린 갈대와 나무기둥으로 지어 쉽게 개폐할 수 있는 가게[假家] 상점이 대로를 수없이 침식하고

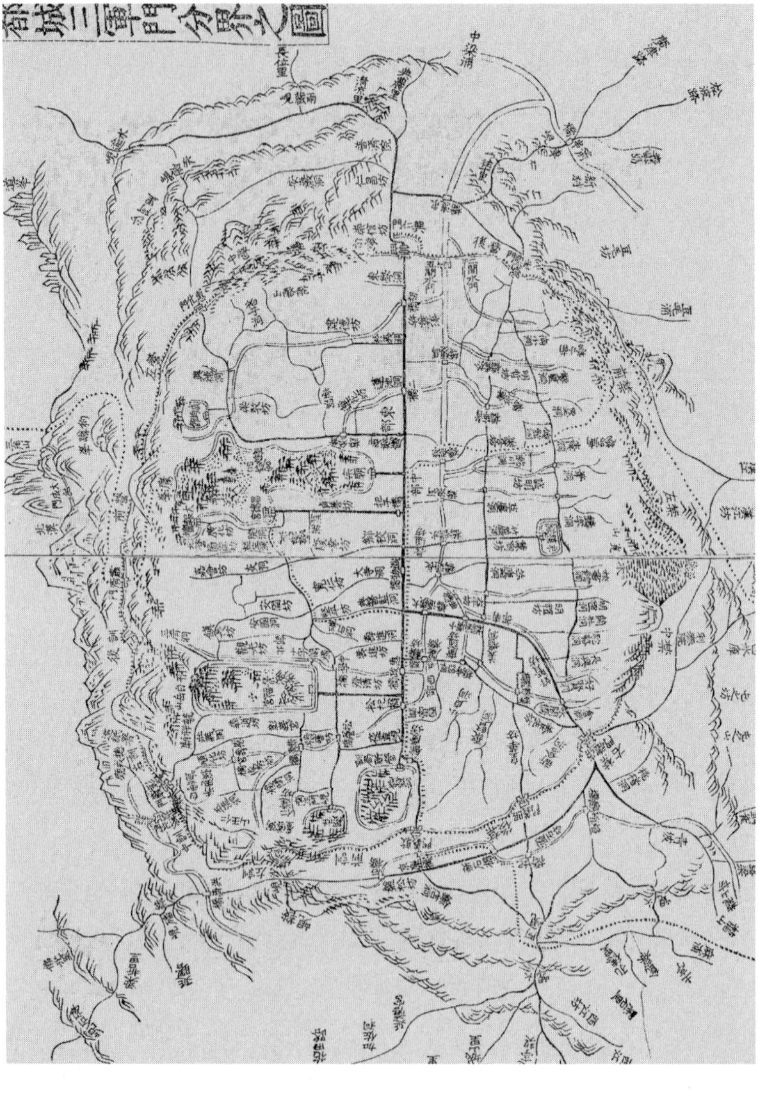

[그림 17] 都城三軍門分界之圖. 이 그림 제작 이후로 이런 형태의 도성도가 많이 그려진다.

있는 상황([사진 7] 참조)에 대해 그는 법을 발동해서라도 바로 잡는 것이 상품유통과 도시발달을 위해 필요하다고 주장했다. 심지어 도시에서 배출되는 인분과 재가 거리를 더럽히고 있는 문제에 대해서도 이를 농사의 거름으로 활용하는 방안과 연관시켜 해결할 것을 촉구하였다. 그는 분명히 중상주의적 사고를 가진 지식인이었다. 그가 살던 시대 즉 정조대에는 그의 이런 주장을 반영이나 하듯이 가가 정비, 도로의 폭 유지, 강화·수원 등지로 나가는 신작로의 개설 등 여러 가지 도시발전과 관련되는 조치들이 취해지고 있었다. 1896년의 서울 도시개조사업은 같은 문제들을 서양 문명의 새로운 이기로 해결 짓고자 하는 것이었다.

18세기 서울의 변화 가운데 무엇보다도 중요시되는 것은 국왕이 궁성을 자주 나와 저자 거리 또는 성문 밖에서 많은 백성들을 직접 만난 사실이다. 이전에도 국왕이 바깥 행차를 하면서 백성들의 고충을 직접 묻는 일이 없었던 것은 아니다. 그러나 그것은 몇 년에 한 번 쯤 있는 '특별한' 일이었다. 국왕이 백성들의 고충을 듣기 위해 의도적으로 바깥나들이를 자주하고, 또 그것을 왕의 중요한 임무로 생각한 것은 18세기 중반 이후의 일이었다.

영조는 재위 26년째 되던 해(1750)에 수십 년 끌어온 양역(良役 : 군역) 폐단에 관한 논의를 결말짓기 위해 특별한 수완을 발휘했다. 즉 여러 대신들이 자신의 의견을 쉽게 받아들이지 않자 창경궁 명정문 앞으로 나가 서울의 방민(坊民 : 일반 주민)들을 불러모아 의견을 들은 다음 회의장으로 돌아가 반대하던 대신들에게 백성들이 원하는 것도 자신이 주장한 것과 같더라고 말하여 논란을 종결 지웠다.[8]

이후로 그는 도성 내에 있는 종묘와 여러 별궁과 사당들을 두루 참배하면서 혹은 노상에서, 혹은 궁성 또는 도성의 문 앞에서 공인(貢人)·시인[市廛商人]·방민·농민·유생 등 각층의 도성민들을 직접 만나 그들의 고충을 물은 다음 시정이 필요한 것은 해당 관서에 대책을 지시했다. 그는 이런 식의 행차를 이후 약 25년간 50회나 가지면서 새로운 관행으로 굳혔다.[9]

영조의 세손으로 1776년에 왕위를 계승한 정조는 할아버지 영조가 시작한 이 관행을 더 확대 발전시켜 나갔다. 그는 할아버지가 하던 대로 도성 안 행차를 가졌을 뿐 아니라, 도성 밖으로 나가 역대 왕·왕비들의 능을 두루 참배하는 관행을 새로 만들었다. 이전에도 왕들이 왕릉을 참배하는 관행이 없었던 것은 아니다. 그러나 그것은 수 년에 한두 번 있는 일이었다. 이에 비해 정조는 재위 중에 가보지 않은 왕릉이 없었으며, 5대조 안의 선왕들의 능은 여러 차례 다녀왔다. 역대 왕릉들은 양주·고양·파주 등 한강 북쪽 고을들뿐만 아니라 광주·여주 등 한강 남쪽 지역에도 네 개[광주 ; 宣陵·靖陵, 여주 ; 英陵·寧陵]나 있었다. 그러나 광주·여주는 각 한 차례에 그쳤으므로 행차는 주로 한강 북쪽에서 이루어졌다. 그러다가 그 13년(1789)에 생부 장헌세자(莊憲世子 ; 사도세자)의 묘소를 수원으로 옮긴 후로는 한강을 건너는 횟수가 잦아져 지역적 편중성이 해소되었다. 정조는 생부의 묘소를 옮김과 동시에 근처에 화성(華城)을 새로 축조해 신도시를 만들고 그 안에 행궁을 지어 매년 한 차례씩 묘소 참배를 위해 행차하였다. 국왕의 행차 반경은 이제 한강 남쪽 100리까지 걸쳤다.

어가가 한강 남쪽으로 자주 향하지 못한 것은 도강(渡江)이 쉽지 않았기 때문이었다. 정조는 잦아진 화성 행차를 위해 주교사(舟橋司)를 신설해 경강상인들의 큰 배들을 모두 이에 등록시키고 이들에게 세곡 운송권의 일부를 할급해주는 대신 행차 때 배다리를 만들게 했다[그림 18]. 그는 재위 5년 무렵에 장용위(壯勇衛)란 근위대를 처음 조직했는데, 행차가 잦아지면서 이로써는 숫자와 위용 양면에서 부족함이 많아 화성 축조를 계기로 이를 장용영(壯勇營)으로 이름을 고쳐 독립 군영으로 발전시켰다. 그것도 내영(內營)은

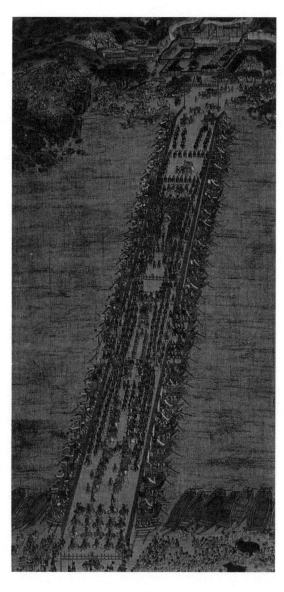

[그림 18] 정조대왕 능행도. 병풍
그림 중 배다리로 한
강을 건너는 장면.

[그림 19] 정조대왕 능행도 병풍그
림(궁중유물전시관 전시)
중 시흥관아 도착 장면.

[그림 20] 그림 19의 부분. 휘장 친 부분이 국왕이 있는 자리이며, 행렬 좌우의 자유스런 구경꾼들
의 모습은 축제분위기를 잘 보여준다.

서울에 두고 외영(外營)은 화성에 두어 경기도민들을 소속 군사로 삼아 어가 호위의 역할을 분담하여 원활히 수행토록 했다. 그는 재위 24년간 능행만 무려 68회나 가졌다. 여기에 도성 내 행차를 합하면 110회를 넘는다. 재위 3년째부터 시작한 것을 감안하면 연 평균 5회를 상회하는 빈도이다.

국왕의 잦은 도성 내·외 행차는 18세기 이후 서울과 경기도 일대의 가장 볼 만한 구경거리였다. 서울·경기도 사람들만이 아니라 각 지방에서 상언을 올리기 위해 또는 순전히 구경을 하기 위해 모여드는 '관광' 인파는 수만을 헤아리는 것이 보통이었다[그림 18·19] 참조). 이 새로운 광경은 사회변동과 깊은 관계가 있는 것이었다. 서울과 경기도 일대가 상공업 발달로 사회변동이 심하게 일어나 국왕이 직접 나서 모든 갈등과 분쟁을 해결하지 않을 수 없는 시대적 상황이 벌어지고 있었으며 일반 백성들은 그런 역할을 해주는 국왕의 행차에 환호를 보냈던 것이다. 그러나 같은 행차에서도 영조와 정조 사이에는 시대적인 차이가 있었다. 영조가 상업발달의 단계상 아직도 관부와 밀접한 관계를 가지고 있는 시전상인과 공인들을 지원해 주는 것이 필요해 이들의 의견을 듣는 데 많은 비중을 두어 도성 안 행차가 많았다면, 정조는 이 특권적인 시인·공인을 정점으로 하는 상품유통체계가 이미 무너지는 단계에서 경강상인을 비롯한 사상, 사영장인(私營匠人), 각종 민간업자들과 만나는 데 더 많은 비중을 두어, 오히려 도성 밖을 나서는 경우가 많았던 것이다.

18·19세기의 경기도의 인구증가 상황에 관한 한 분석적 연구는 [표] 3~4와 같은 결과를 보고하고 있다.[10] [표 3]에 의하면 17세기 후반 이래 서울이 2.0~3.2퍼센트의 증가율을 보일 때 경기도는 8.1~9.9퍼센트나 되는 현격히 높은 증가율을 보이고 있다. 그리고 [표 4] 및 [그림 16]에 의하면 경기도 안에서 호구·인구 양면에서 증가가 많았던 지역은 수원·양주·남양·죽산·용인·안성·양근·안산·과천 등 정조 능행의 목적지이거나 통과 지

역이 다수를 차지하고 있는 것이 주목된다. 이 연구는 경기도 여러 고을들의 17세기 후반 이래의 인구동향을 분석해 다음과 같은 고찰을 제시하고 있다. 즉 (1)대읍인 수원·양주·개성·강화, (2)한강과 바닷가에 연한 남양·양근·안산·통진·양천·시흥, (3)대로를 끼고 있는 죽산·용인·안성·포천 등이 증가세가 강하고 그 밖에 주위 군현은 약세 내지 감소 추세

[표 3] 전국 인구 대비 한성부와 경기도의 호구 비율

연 도	한성부		경기도	
	호(%)	구(%)	호(%)	구(%)
1640(인조 18)	2.5		7.6	
1648(인조 26)	2.3	6.2	5.9	5.3
1657(효종 2)	2.4	3.7	6.4	5.8
1666(현종 7)	1.8	3.9	9.1	10.9
1678(숙종 4)	1.7	3.2	9.0	10.6
1688(숙종 14)	1.8	2.7	8.1	8.3
1717(숙종 43)	2.2	3.5	8.1	8.2
1724(경종 4)	1.6	2.2	8.1	8.2
1729(영조 2)	2.1	2.7	8.1	8.0
1753(영조 29)	2.0	2.4	8.9	8.8
1774(영조 50)	2.3	2.8	8.8	8.4
1776(정조 1)	2.2	2.7	8.7	8.4
1783(정조 7)	2.4	2.8	9.0	8.6
1786(정조 10)	2.5	2.7	9.1	8.7
1789(정조 13)	2.5	2.6	9.1	8.7
1792(정조 16)	2.5	2.5	9.2	8.7
1799(정조 23)	2.6	2.6	9.3	8.9
1807(순조 7)	2.6	2.7	9.3	8.9
1837(헌종 3)	2.9	3.0	9.8	9.8
1852(철종 3)	3.0	2.9	9.9	9.9
1864(고종 1)	2.7	3.0	9.3	9.9
1904(광무 8)	3.0	3.2	12.0	11.3

자료 : 『조선왕조실록』 2) 『증보문헌비고』 3) 『호구총수』 4) 『탁지지』
출처 : 양보경, 「서울의 공간확대와 시민의 삶」(『서울학연구』 창간호, 1994)

[표 4] 조선 전기~조선 후기에 호구 순위 증가가 높은 경기도의 군현

군현 \ 순위 \ 자료	세종실록지리지 (1432년)		해동지도 (18세기 중엽)		호구총수 (1789년)		대동지도 (1828년)	
	戶(순위)	口(순위)	戶(순위)	口(순위)	戶(순위)	口(순위)	戶(순위)	口(순위)
수원	3	2	1	1	1	2	1	4
양주	4	6	5	3	2	1	3	1
남양	13	25	8	7	7	8	7	8
죽산	14	8	12	12	12	12	12	12
용인	16	19	11	12	10	10	9	7
안성	19	10	10	8	11	11	10	11
양근	21	11	16	18	14	16	13	17
안산	27	30	26	25	23	17	21	16
과천	30	26	21	14	17	14	16	14
교동	34	31	33	34	31	28	28	27
영평	38	36	34	30	35	32	31	30

숫자는 경기도 38개 군현 중 인구규모가 큰 순서로 배열했을 때의 순위임.
출처 : 楊普景, 「서울의 공간확대와 시민의 삶」(『서울학연구』 창간호, 1994)

를 보인다는 것이다. 이들 강세 지역이 능행지 또는 그 통과지인 경우가 많은 것은 결코 우연의 일치가 아닐 것이다. 정조는 변동의 현장에서 수없이 발생하고 있는 민원을 거두어 직접 처리하고자 의도적으로 능행을 자주했던 것이다. 특히 서울 다음으로 최번성지로 부상하고 있는 수원 지역에 화성을 신축하여 신도시로 만들 것을 계획했을 때 그는 미리 경기도의 이런 발전 형세를 파악하여 성공을 확신하고 있었을 가능성이 높다. 그는 자신의 왕정을 제대로 수행하기 위한 자료로 『호구총수(戶口摠數)』라는 비교적 충실도가 높은 전국의 가호와 인구에 관한 자료집을 편찬하는 일을 직접 지휘한 적이 있다. 경기도는 도내를 가로지르는 한강이 경강을 핵으로 하여 그 경제적 기능이 높아짐에 따라 도 전체가 다른 지역에 비해 높은 발전도를 보여 인구증가도 상대적으로 강세를 보인 고을들이 많았던 것이다.

한강 입구의 강화도, 중류지역에 위치한 남한산성에 비축된 군량미의 빈번한 대출과 환수도 경기도의 발전에 큰 영향을 미치고 있었다.

정조 이후의 군주들도 능행을 계속했다. 정조의 뒤를 이어 11세의 어린 나이로 즉위한 순조는 그 3년(1803)에 「성시화기(城市畵記)」란 글을 지었다.[11] 이것은 왕의 행차 때 행렬의 모습과 주위 저자거리 사람들의 모습을 그린 그림을 보고 국왕이 그림 속의 여러 사람들의 명칭을 붙이면서 그림 제작의 뜻을 되새기는 글이었다. 다시 말하면 국왕이 행차의 대열과 서울 저자거리의 광경에 대한 지식을 확실히 하기 위해 쓴 것으로, 이런 종류의 글 자체는 곧 도성 내·외의 행차가 이제는 국왕의 빼놓을 수 없는 임무가 된 것을 의미한다.

왕조실록에 의하면 순조 이후의 왕들의 능행의 횟수는 다음과 같이 확인된다. 즉 순조가 재위 34년간에 47회, 헌종이 13년간에 21회, 철종이 14년간에 29회로 집계된다.[12] 그러나 순조대 이후의 능행은 이미 정조대의 의도와는 다르게 변질되고 있었다. 능행은 있어도 상언·격쟁이 제대로 이루어지지 않거나 사실상 폐지상태에 놓이고 있었다. 순조대에는 그래도 24차 정도의 상언 또는 격쟁이 확인된다.[13] 그리고 그것을 올린 사람들도 평민이 아니고 대부분 이름 있는 사대부의 후손인 것이 특징이다. 채제공(蔡濟恭)·정약용(丁若鏞)·이서구(李書九) 등 명망이 높던 사대부의 자손들의 이름이 보이고 있다. 그들은 한결같이 선조가 정치적으로 억울한 일을 당했으니 이를 신원해 달라고 호소하였다. 그들은 순조 초반의 수렴청정하에서 제거된 정조 친위세력의 핵심에 속하는 사람들로서, 그 후손들이 억울함을 호소할 데는 국왕 밖에 없었던 것이다. 순조대에 이미 사대부 자손 외에 신분이 낮은 일반 평민의 상언·격쟁은 전혀 기록에 보이지 않으며, 헌종·철종대에는 아예 사대부 자손의 것도 찾아볼 수 없게 된다. 능행은 이제 단순히 국왕이 선대 왕들 특히 5대조 내의 선왕들의 능을 참배하는 의례적인 행사에 불과한 것으로 변질되고 있었다. 관료제도의 운영에서 세도일족이 비변사를 구성하는 요직들을 두루 차지하여 정사를 농단함으로써 국왕이 끼어들 틈을 주지 않는 형국으로 바뀌어 국왕의 대민접촉도 봉쇄되어 버린 상태였다.

왕정이 대민접촉을 차단당한 상황이 오래 계속되는 것은 일체 혼란을 의미할 뿐이었다. 19세기 세도정치의 집권세력과 그 부종집단은 18세기부터 일어난 새로운 부를 각기 제 차지로 하려는 데 혈안이 되어 있었다. 세도벌족이 권력의 정상에서 모든 이권을 독점하는 추세 속에서 서울의 상인들도 이에 결탁하는 자들만이 기반을 유지할 수 있었으며 소상인들은 영세화를 면하지 못했다. 지방의 대부분의 고을에서는 세도벌족으로부터 관직을 사서 내려온 관리들이 아전들과 결탁해 관아가 보유한 관곡을 모두 내다 장사 밑천으로 쓰고 원곡에 대한 이자곡만이라도 채워놓기 위해 민간에 엄청난 고율의 이자를 요구하여 강징하는 사태가 벌어지고 있었다. 이런 상황에서 상언·격쟁이 이루어진다는 것은 전혀 격이 맞지 않는 일이었다. 세도정치의 민에 대한 수탈과 민의의 억제는 1830년대 후반부터 곳곳에서 민란의 저항을 받기 시작했다. 세도정치에 대한 민의 규탄과 저항은 대원군의 집권으로 왕조 본래의 질서의 회복이 표방되면서 비로소 조금이라도 가라앉기 시작했다.

4. 19세기말 도시개조사업과 시민광장

1882년 한미수호통상조약의 체결 이후 서양인들의 한국 방문이 잦아지면서 한국에 관한 서양 책들도 많이 출판되기 시작했다. 이 책들의 서울에 관한 소개는 방문 시기에 따라 상당한 차이가 있었다. 1896년 가을을 경계로 이전의 서울을 본 사람들은 한결같이 길이 좁고 불결한 도시라고 한 반면에 이후를 본 사람들은 찬사를 아끼지 않았다. 영국왕립지리학회 회원으로 1894년 2월, 1895년 1월과 10월, 1896년 10월 등 네 차례나 한국을 드나든 비숍 여사는 그녀의 유명한『한국과 이웃 나라들(Korea and her Neighbors)』에서 마지막 방문 때 본 서울에 대해 다음과 같이 서술하였다.

서울은 많은 부분에서, 특히 남쪽과 서쪽 문들이 있는 방향에서 글자 그대로 알아볼 수 없게 되었다. 과거에 콜레라 배양지였던 좁은 길들이 최소폭이 55피트(17미터), 양변에 석제 개골창[溝渠] 시설을 갖추고, 석판 교량도 있는 거리들로 바뀌었다. 좁은 길은 넓혀지고, 진흙투성이 도랑들은 포장이 되었다. 거리는 더 이상 쓰레기 방치장이 아니고, 넓고 평탄한 도로 위로 자전거가 질주하고 있으며, 철마(기차)가 머지않아 등장하리라 하는가 하면, 위치가 좋은 곳을 잡아 프랑스식 호텔 하나를 지을 준비가 진행되고 있었으며, 전면에 유리를 갖춘 상점들이 속속 들어서고 있다. 쓰레기를 길거리에 내다버리는 행위를 금지하는 명령이 시행되고 있었고, 이제는 관의 청소부가 쓰레기를 교외로 수거해 간다. 서울은 동아시아의 가장 불결한 도시에서 가장 청결한 도시로 탈바꿈해 가는 도중에 있다. (하략)(「제36장 1897년의 서울」)

비숍 여사는 첫 방문 때부터 한국에 대해 많은 애정과 연민을 가지고 서울만이 아니라 지방 여행까지 하면서 한국인의 삶에 대해 인상적인 글들을 남겼지만, 서울이 불결한 것에 대해서는 시종 못마땅해 했다. 그런데 마지막 방문 때 그것이 변하고 있는 것을 보고 놀라움을 금치 못했다. 여사를 놀라게 한 변화는 어떻게 해서 일어났던 것인가?

[사진 7] 갈대와 나무로 만든 가가 상점들이 도로를 침범한 동대문 근처

[사진 8] 가가를 철거한 뒤 전차가 달리기 시작한 동대문 근처

비숍 여사는 변화의 주역으로 탁지부 고문관 겸 총세무사(總稅務士)인 영국인 맥레비 브라운(Mcleavy Brown)과 한성부 판윤 이채연(李采淵) 두 사람을 들었다. 이채연은 첫 주미공사 박정양을 따라 미국을 다녀온 인사로서 1896년(건양 1) 10월부터 1898년(광무 2) 11월 4일까지 한성부 판윤을 지냈다. 그리고 브라운은 1892년 이래 조선해관 세무사(1892. 11~1905. 11) 겸 탁지부 고문(1차 : 1893. 10~1897. 11, 2차 : 1898. 3~1905. 11)으로 오랜 기간 조선왕조 또는 대한제국의 정부를 위해 일했다. 비숍 여사는 구체적으로 두 사람의 공로를 다음과 같이 언급하였다.

이같이 비상한 변모는 겨우 4개월 동안에 이루어진 것으로, 총세무사가 정력과 능력을 바치고, 재능과 학식을 겸비한 한성판윤 이채연이 훌륭히 뒷받침한 것이다. 이판윤은 과거 워싱턴에서 市政을 익힌 바 있는데, 어쩌나 겸손한지 이 도시개조(city improvement)의 공적을 모두 맥레비 브라운 씨에게 돌렸다.

1896년 가을 서울의 모습을 달라지게 한 주역이 이채연·브라운 두 사람인 것은 틀림없다. 그러나 이들은 어디까지나 실무 책임자의 신분으로 정책을 결정한 위치는 아니었다. 도시 그것도 수도의 모습을 바꾸는 것과 같은 중대사는 국왕의 뜻이거나 아니면 최소한 그의 허락을 받지 않으면 안된다. 그런데도 지금까지의 연구는 이런 종류의 근대화 사업은 개화파나 독립협회의 업적으로 돌리면서 국왕과는 무관한 것으로 보아왔다. 국왕 고종이 그 정도로 근대 지향적 의지를 가지거나 결단성이 있는 인물로 보지 않았기 때문이다. 그러나 1896년에 취한 국왕 고종의 일련의 정치적 결단과 처사는 이 도시개조사업이 처음부터 그의 뜻에 의한 것이었음을 명확하

[사진 9] 도시개조사업 중의 서양식 건축 장면(C. 로제티, *Corea e Coreani*, 1904). 비숍 여사가 프랑스식 호텔 하나를 짓는다고 한 현장을 연상케 한다.

게 보여 준다([사진 9]).

1896년 2월 11일 국왕은 왕태자를 데리고 "대정동(大貞洞) 아국(俄國) 공사관으로 이어하여 주필(駐驛)하고" 왕태후와 왕태자비는 바로 옆 경운궁에 머물게 하였다.[14] 흔히 아관파천으로 알려지는 사건이 발생한 것이다([사진 10]). 고종에 대한 부정적 인식은 국왕의 이 거취부터 외세 의존의 망국적 처사로 간주하였다. 그러나 『고종실록』의 기록은 이런 일반적인 인식과는 거리가 먼 분위기이다. 공식 기록은 '파천'이란 말을 쓰지 않았을 뿐더러 국왕은 이후에도 공사관에 숨어있었던 것이 아니라 밖을 나와 경운궁과 경

[사진 10] 국왕 일행이 러시아공사관으로 옮겨온 직후의 광경. 2층 가운데 두루마기 차림의 고종에게서 도망자의 모습을 찾기는 어렵다. 아래는 소식을 듣고 황급히 달려온 일본군.

복궁을 자주 왕래하면서 국왕으로서 해야 할 일을 하고 있었다. 경복궁에는 수개월 전에 시해당한 왕후의 빈전(殯殿)·혼전(魂殿)이 있었기 때문에 왕태자를 대동하고 자주 왕래했다. 국왕의 러시아공사관 이주는 일본이 청일전쟁 승리를 배경으로 내각을 앞세워 왕후를 살해하고 왕을 허수아비로 만들고 있는 위기적 상황을 극적으로 타개하기 위한 건곤일척의 승부수였으며, 그것이 성공함으로써 대한제국의 출범으로 이어지는 자주국가 수립의 새로운 기틀이 마련될 수 있었던 것이다.

청일전쟁 후 일본은 이미 조선의 보호국화를 기도하면서 왕권을 무력화시키는 작업을 서둘고 있었으며, 이 목표 달성에 최대의 장애가 되는 것이 민왕후 세력이라고 보고 왕후 자체를 제거할 목적으로 1895년 8월 23일 왕후를 시해하는 만행을 저질렀다. 국왕은 이 최악의 상황을 그대로 받아들일 수 없었으며 최소한 왕후 시해에 대한 징벌을 가할 수 있는 상황부터 만들기 위해 러시아공사관 이주를 결행했던 것이다. 이 결단에는 물론 러시아공사관 측과의 내약이 있었지만, 과감한 결행은 의도한 대로 정국을 일변시킬 수 있었다. 먼저 당일에 궁내부대신(李載冕)이 국왕이 궁을 떠난 사태에 대한 책임을 지고 의원면직을 하자 내각의 모든 친일파 대신들도 사표를 내지 않을 수 없게 되었다.[15] 국왕은 총리대신(金弘集) 이하 전 대신들의 사표를 즉각 수리하고 내각 대신들을 전면 교체했다.[16] 같은 날 총리대신이던 김홍집과 농상공부대신이던 정병하 등이 민중에게 살해되는 사태가 발생하자 국왕은 조칙을 내려 두 사람이 바로 왕후 시해 흉변의 거괴(巨魁)이며, 이들이 취륙 당한 것은 천토(天討)라고 규정하였다.[17] 그리고 그들은 왕후 시해 초기에 붕서(崩逝)를 알리는 조칙을 반포하라는 국왕의 지시를 받고도 석 달이나 지체하면서 사건을 은폐했을 뿐더러 시해 당일 왕후를 폐하여 서인으로 한다는 조칙을 위조했다는 사실도 밝혔다.[18]

국왕의 러시아공사관 이주는 두 달여 전에 왕후시해사건이 공개되면서 이미 국제적으로 궁지에 몰리고 있던 일본정부를 더욱 당황하게 만들어 주한공사의 교체가 따랐다.[19] 러시아에 대해 치른 대가가 없지 않지만 위기에 몰렸던 왕정이 탈출구를 얻은 것은 국왕에게는 대단히 귀중한 소득이었다. 고종은 이렇게 달라진 상황을 자주국가의 기틀을 마련하는 기회로 활용해 나가기 시작했다.

고종이 러시아공사관을 떠나 경운궁(慶運宮)으로 '환어'한 것은 1년여 만인 1897년 2월 20일이었다. 그 사이에 국왕이 취한 여러 조치 가운데 가장 중요시되는 것은 9월 24일에 내각을 의정부로 바꾸고 그것을 대군주가 직접 통령하는 체제로 만든 사실이다.[20] 새로 제정한 「의정부관제」는 "대군주 폐하께서 만기를 통령하여 의정부를 설치한다"는 총칙 아래 대군주가 의정부회의에 친림하여 모든 국정을 주관하는 체제를 규정하였다.

국왕의 이러한 새로운 정치체제 지향은 그것에 걸맞는 왕궁과 왕도의 건설을 필요로 했다. 의정부 부활 조치가 있기 직전인 8월 23일에 국왕은 경복궁에 있던 진전(眞殿)을 경운궁 별전으로 옮기도록 했다.[21] 이것은 앞으로 경운궁을 본궁으로 삼으려는 뜻이었다. 시해당한 왕후의 빈전도 이때 함께 옮겨오도록 했다. 국왕의 러시아공사관 체류가 길어진 것은 경운궁을 본궁으로 삼기 위한 공사가 많은 시간을 소요했기 때문이기도 하였다. 경운궁 공사는 환어 후에도 계속되었다([사진 11]).[22]

경운궁 공사가 시작되기 직전인 1896년 8월 4일 지방제도 관제도 개정되었다. 갑오개혁 때 전국 23부제(府制)로 바꾼 것을 13도제(道制)로 되돌리고 나라의 수부인 한성부만 부체제를 그대로 유지하는 것으로 고쳤다.[23] 갑오개혁의 친일내각은 지방제도를 일본식으로 바꾸어 수도 한성부와 다른 지방 부들과 구별을 두지 않아 왕도의 격을 떨어트려 놓았다. 지방제도 관제 개정은 이것을 바로잡아 원상으로 돌리면서 새 왕정체제에 걸맞는 왕도 정비의 계기로 삼았다. 이 개정에 이어 경복궁에 있던 진전을 경운궁으로 옮기게 한 직후인 9월 30에 서울의 '도시개조' 준칙에 해당하는 것이 내부령 제9호로 발표되었다.[1] 그것은, 황토현에서 흥인지문까지와 대광통교에서 숭례문까지의 대도를 침범한 가옥들을 모두 철거하여 너비 50여 척 내지 70~80척이 되는 본래의 도로 공간을 다시 되찾아 도로변의 상가를 새로 정비토록 한다는 내용이었다. 비숍 여사가 놀란 서울의 대변모는 이 시행령에 근거해 일어나기 시작했던 것이다.

[사진 11] 건축 중인 경운궁. C. 로제티, *Corea e Coreani*, 1904. 중화전은 처음에는 태극전이라고 하였으며, 2층으로 지어졌다.

1896년 러시아공사관 체류 중에 국왕이 취한 위와 같은 정국 개편의 일련의 조치들은 서울의 '도시개조'가 국왕의 국사 쇄신의 차원에서 이루어졌던 것을 명확하게 말해준다. 왕도와 왕궁의 새로운 건설을 위해서는 충분한 재정적 뒷받침이 따라야 했다. 국왕은 이에 대해서도 세심한 배려를 기하고 있었다. 탁지부 고문관 겸 총세무사 맥레비 브라운은 그 임무를 왕으로부터 부여받고 있었다. 1896년 7월 12일 국왕은 탁지부의 예산 입출은 원칙적으로 탁지부 대신이 모든 것을 엄하게 관리하되 고문관 브라운(柏卓安)의 결재를 반드시 거치도록 지시하는 조칙을 내렸다.[2] 국왕은 당시 관리

들의 부정이 나라의 재정을 위태롭게 하고 있는 사실을 잘 알고 있었기 때문에 그간 세관 업무에 많은 실적을 올리고 있던 브라운을 신임하여 큰 권한을 부여하였던 것이다. 비숍 여사가 브라운과 함께 거론한 이채연은 10월 6일자로 한성부 판윤에 임명되었다.[26] 서울 도시개조의 대업은 이렇게 재정·인사 양면에서 국왕의 면밀한 배려 아래 진행되고 있었던 것이다.

그러면 국왕의 뜻으로 추진된 서울의 도시개조는 어떤 구도로 짜여졌던가? 내부령은 두 개의 대도(간선도로)를 중심으로 한 도로 정비에 관한 원칙만을 규정하고 있어 이로써는 새로운 도시계획의 전체 구도를 알기 어렵다. 앞의 비숍 여사의 글만 하더라도 서대문 방향도 몰라볼 정도로 달라지고 있었다고 하였으므로 당시의 서울 개조가 그 범위에 한정되고 있지 않았던 것은 분명하다. 이 도시개조사업의 전모에 대해서는 다행히 최근 도시공학적 관점에서 중요한 연구 고찰이 이루어졌다. 김광우(金光宇)가 1903년에 일본인들이 제작한 「경성지도」를 이용해 다음과 같은 분석 결과를 내놓았다.[27] 이때의 도시개조는 "경운궁을 핵심으로 하는 방사상 도로와 환상도로 및 그 외접 도로가 당시의 도시구조를 상징하는 중요 요소"였다고 밝혔다[그림 21]. 그리고 이 도시 구조는 1905년에서 1910년 사이에 통감부가 마련한 계획안이[28] 남산 밑에 소재한 통감부의 북쪽 정면 방향을 도심으로 계획한 것이라든가[그림 22], 1919년 6월에 공개한 총독부안이[29] 경복궁에서 남대문을 거쳐 용산 신시가지를 직결시키는 중심도로체계를 구성한 것([그림 23])과 근본적으로 다른 것이라는 것을 분명히 지적하였다.

김광우의 고찰은 1896년 러시아공사관 이주 이후 고종이 구상한 왕궁의 신건설과 이와 병행시킨 왕도 재건의 정치적 의도와 거의 그대로 일치한다. 그는 역사학자가 아니기 때문에 이 사업의 주체를 을미개혁 개화파, 독

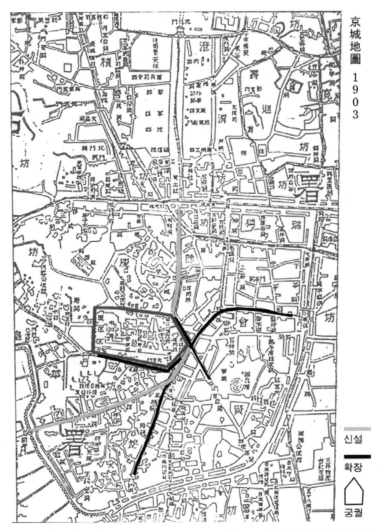

[그림 21] 도시개조사업으로 경운궁 앞에 새로 형성된 방사상도로 체계. 출처 : 金光宇, 「대한제국
시대의 도시계획 - 한성부의 도시개조사업」, 『향토서울』 50집, 1990.

18~19세기 서울의 근대적 노시말날 양상

[그림 22] 1912년에 통감부(1910년까지 존속) 안(案)으로 공개된 설계도(부분). 남산 통감부(총독부로 명기
되었음) 앞 현 을지로3~4가 지점에 방사상 도로 체계를 새로 계획하여 기존의 경운궁
방사상도로 체계를 약화시키려 하였다.
출처 : 『조선총독부 官報』 1912(大正元) 년 11월 6일자

제2부 근대화의 현장

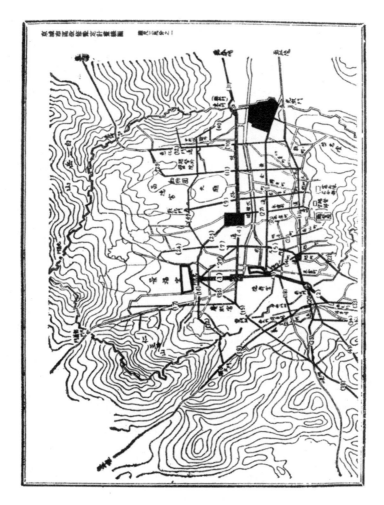

[그림 23] 3·1운동 직후에 공표된 총독부의 서울도로 체계. 경복궁 안의 총독부 신축지, 그 앞
에서 남대문으로 이어지는 큰 도로선이 표시되었다.
출처 : 『조선총독부 官報』1919(大正 8)년 6월 25일자

립협회 등으로 추정하는 오류를 범하기는 했으나 이 사업이 목표한 도시구조에 대한 파악은 정곡을 찌른 분석으로 높이 평가되어야 한다.

국왕 고종이 경운궁을 본궁으로 삼은 것에 대해서도 종래의 일반적인 평가는 부정적인 것이었다. 즉 '아관파천'에 대한 부정적 시각에 따라 경운궁 이주도 위기가 닥쳤을 때 가까운 외국공사관으로 피신하여 대처하려는 외세 의존적인 발상이었다는 것이다. 그러나 이것도 피상적인 이해로 사실과는 거리가 있다. 뜻하지 않은 위기가 닥쳤을 때 가까이 있는 외국 공사관들이 도움이 될 수도 있겠지만 국왕이 처음부터 그것만을 기대하고 경운궁을 본궁으로 삼은 것은 결코 아니었다. 국왕은 그 결정을 내리면서 왕궁을 지킬 군대의 양성에 대해서도 배려하였다. 경운궁의 후방인 경희궁에 무관학교 훈련장을 두고 동쪽 포덕문(布德門) 앞에는 숙위장졸(宿衛將卒)들의 숙소[宿營]를 세웠다.[30] 그리고 1898년 6월 29일에 대한제국 체제 아래 황제가 대원수로서 육해군의 통수권을 가지고 황태자가 원수가 되어 보좌하는 제도를 도입한 뒤에는[31] 원수부 건물을 궁내부와 나란히 경운궁 대안문(大安門) 앞 대로변에 세워[32] 위용을 더했다. 1897년 10월 대한제국으로 출범하면서 고종황제는 이 두 관부를 황제정의 중심기구로 삼았다. 제국의 상징인 원구단(圜丘壇)은 바로 그 동쪽 수백 보의 지점에 세웠다.

고종은 경운궁 확장 건설에서 처음부터 자력 방어와 위용을 갖추기 위해 제반의 조치를 강구했다. 시해 당한 왕후의 국장을 이 모든 조치들이 다 이루어진 뒤의 시점에서 왕후의 신분도 황후로 격상시켜 송별한 것도 유의할 점이다. 왕후 시해의 사실이 공표된 후(1895년 10월) 거상 기간을 2년 1개월이나 끈 다음에 국장을 치른 것은 극히 이례적인 것이었다. 국왕은 시해된 왕후의 장례를 황후급의 국장으로 높이면서 이를 국가재건의 새로운 전기로 삼으려고 했던 것이다.

고종은 1896년 2월 러시아공사관 이주를 계기로 정국 변환의 기회를 잡은 뒤 자주국가·경제자립의 실현을 위한 개혁적인 조치들을 부단하게 취했으며, 1897년 10월 대한제국을 출범시키면서 이에 더욱 박차를 가했다. 대한제국의 역할과 성격에 대해서는 지금까지 보수회귀로 규정하는 견해가 많았으나 이것 역시 재검토의 여지가 많다. 황제 스스로 중심이 된 광무(光武) 연간의 개혁은 동도서기론에 입각한 것으로, 동도는 전통에 대한 자존의식과 함께 국가의 자주성 확보란 정치적 목표를 함께 담은 것이었다. 고종황제는 독립협회·만민공동회의 진보적 요구도 자신의 황제정에 흡수할 태세를 여러 차례 분명하게 보였을 뿐더러 자주국가 건설을 우선하여 러일전쟁 발발 한 해 전인 1903년 3월 15일에는 징병제도 실시를 예정하는 조칙을 내리기까지 했다. 황제는 나라의 군사력 약화가 전통적인 병농일치제가 무너진 후 나타난 현상이라고 지적하면서 서양 국가들의 징병제는 우리 본래의 5위(衛)제도와 유사한 점이 많으니 멀지 않은 시기에 양자를 절충한 군제의 일대 갱장을 도모할 것이므로 모두 이 일을 위해 뜻과 충애(忠愛)와 흥원(興願)을 함께 모아 줄 것을 당부하였다.[33] 1903년도 대한제국의 예산이 경상세출 총 969만 7천 원 중 군대비용이 412만 3천 원에 달한 사실은[34] 이 조칙에 비친 뜻이 탁상공론이 아니었다는 것을 분명하게 입증해 준다.

1903년 현재로 대한제국은 국왕 호위군으로 12,000명의 시위대 병력을 갖추고 용산에 군부 총기제조소를 건립하였다.[35] 대한제국은 무능해서 망한 것이 아니라, 이렇게 새로운 발전 가능성을 보이자 오랫동안 한반도 지배의 꿈을 키워온 일본이 더 이상 이를 방치하는 것은 실기를 의미할 뿐이라는 판단 아래 러일전쟁을 서둘러 일으키고 무력으로 국권을 강탈하였기 때문에 나라가 강점되는 사태에 이르게 되었던 것이다.

[사진 12] 서대문 근처에 새로 개통된 대로를 달리는 전차. C. 로제티, *Corea e Coreani*, 1904. 석제육
교(홍교)가 인상적이다.

대한제국으로 출범한 수개월 후인 1898년 봄에 '개조된' 서울에는 전신
전화, 전기, 전차 등 서구의 신발명품들이 거리와 골목길을 장식하였다[사
진 12]. 국왕과 그를 지지하는 '동도서기'의 근대화론자들이 서구문명의 이
기(利器)들을 받아들여 새로운 발전의 토대로 삼았던 것이다. 1901년 서울
을 방문한 독일 쾰른시의 한 일간지 기자 겐테(Genthe)는 이 무렵의 서울의
변화상을 다음과 같이 서술하였다.[36]

　　동아시아 모든 수도 중에서 조선 황제가 있다는 서울이 가장 주목할 만한
　　곳으로, 서울이 주는 첫 인상은 무척 특이하다. 참으로 특이하고 기이하다고
　　하는 것은, 서울이 한편으로는 한 나라 왕의 거처이며 수도인데도 서양인들

이 알고 있는 동방군주국 수도로서 동화 속에나 있는 그런 환상적인 호화찬란한 왕궁들은 찾아볼 수 없다는 것이며, 또 다른 면에서는 토속적인 문화의 전통에 매달려 살면서도 새 시대의 발명품에 흥미를 갖고 새로운 것을 거리낌 없이 받아들이고 있고, 퇴보적이고 야만성을 보이는 아시아적인 원시상태와 서양의 진보적인 문명이 동시에 병행하고 있는 현상, 이 모든 대등관계가 이 사회의 혼동 속에서 각각 나름대로 위치를 잡고 버티면서 제 갈 길을 걷고 있는 것이 참으로 놀랍고 기이한 현상인데 이런 사회현상은 세계 어느 나라를 돌아보아도 두 번 다시 찾아볼 수 없는 것이다.

그는 이런 변화를 일으키고 있는 한국인에 대해 다음과 같이 논평하였다.

국왕과 개혁파는 어떻게 보면 운이 좋은 편이다. 사실 한국 사람들의 본성은 배타적이 아니다. 항상 타협적이며 순하고 친절하고 배우기를 좋아하는 부지런한 민족이다. 재치있는 지도자들만 있다면 빠른 시일에 현대 문명국가의 수준에 오를 희망이 있는 국민이다. 국왕 자신도 외국인의 조언과 도움을 거리낌 없이 받아들이려는 태도이다. 서구와 중국 사이에 통상협정이 체결된 지 많은 시간이 지난 지금에도 문명국이라고 자처하는 서양인들이 자기들과 뻔질나게 교역을 하고 있는 중국에서는 아직도 전래적인 운수방법인 인력거를 타고 관광을 해야 하는데, 아직도 잠에서 깨어나지 않은 줄로 여겼던 고요한 아침의 나라 국민은 서구 신발명품을 거침없이 받아들여 서울시내 초가집 사이를 누비며 바람을 좇는 속도로 달리는 전차를 타고 여기저기를 구경할 수 있다니 어찌 놀랍고 부끄럽지 않으랴!

1896년 10월 이후의 서울 도시 개조사업으로 마지막으로 주목해야 할 것

[사진 13] 공원이 만들어지기 전, 인구밀집으로 기와, 초가로 둘러싸인 탑골 원각사 10층 석탑

은 시민공원 또는 시민광장의 등장이다. 이미 알려진 것과 같이 탑골공원이 바로 이때 조성되었으며, 영국인 고문관 맥레비 브라운이 그 창설자란 소개도 나와 있다. 이 소개는 1896년 10월 이후의 서울의 도시개조사업의 실무 주역이 그와 이채연이었기 때문에 나온 것으로, 도시개조사업 자체가 국왕의 뜻에 따라 이루어진 국가적 차원의 사업이었다는 것이 밝혀진 이상 창설자에 대한 소개는 재조정되어야 한다.

그러면 어떤 내력으로 최초의 시민공원 자리가 탑골로 잡히게 되었던가? 1880년대에 찍은 사진 자료들에 의하면 탑골의 원각사 13층 석탑 주위는 초가집들로 둘러싸여 있다[사진 13]. 18세기 이래 도성 안 인구가 밀집된 결과였다. 1896년의 '개조' 사업은 원각사의 본래 구역을 찾아내 그 안의 초가집들을 철거하고([사진 14] 참조) 시민들이 휴식하거나 집회를 할 수 있는 공간을 마련하는 것을 목적했다고 볼 수 있다. 공원 조성의 과정은 이렇게 정리되지만 하필 이미 초가들이 들어차 있던 곳을 선택한 이유는 무엇이었을까?

도심공원 부지는 시민들의 왕래가 잦은 곳을 우선적으로 선택하는 것이 원칙이다. 탑골 부근은 본래 서울의 두 개의 간선 도로 가운데 하나인 운종가에 접하고 그 가운데서도 시전이 오래 동안 발달해 온 중심지역에 해당한다. 이 조건만으로도 최초의 공원 조성의 후보지가 되기에 충분하다. 그러나 철물교(鐵物橋) 앞이라고 불린 이 일대는 정조대에 어가의 행렬이 멈추어 쉬면서 평민들로부터 수많은 상언들을 접수하던 곳 가운데 하나였다. 이 사실은 그 선정이 결코 우연이 아니라는 느낌을 준다. 이 일대가 본래 민의 수렴장소였다는 것이 그것을 가능하게 했던 것이라는 판단을 가지게 한다.

정조대에 평민 상소로서 상언제도가 본격적으로 행해질 때 서울에는 공식적인 접수처가 세 곳 있었다.[37] 즉 어가가 창덕궁 돈화문을 나와 운종가(종로)와 마주치는 지점인 파자교(把子橋) 앞, 거기에서 서편으로 경복궁 또는 경희궁을 향해 올라가다가 탑골 부근이 되는 철물교 앞, 그리고 다시 같은 방향으로 계속 가서 육조거리와 마주치는 지점의 혜정교(惠政橋) 앞, 이렇게 세 곳이 바로 그곳이었다. 파자교 앞은 18세기 이래 난전(亂廛)으로 출발해 배오게시장이 발달한 곳이며, 철물교 일대는 시전의 중심지, 혜정교 앞은 육조거리와 종로의 시전거리가 마주치는 곳으로 도성민들이 많이 모이는 곳이었다. 그 가운데 한 곳이 최초의 근대 시민공원으로 발전했다는 것은 우연이 아닌 동시에 중요한 역사적 의미도 부여될 만하다.

앞에서 살폈듯이 순조대 이후 세도정치가 왕정을 위축시키면서 국왕의 능행은 계속되어도 상언·격쟁은 행해지지 않았다. 이 상황은 고종 때에도 크게 개선되지 않았다. 고종도 5대조 범위의 여러 선대왕들의 능들은 종종 참배했으나 그때 상언·격쟁을 접수했다는 기록은 없다. 그러나 도성 내 행차에서 시인·공인들을 찾아 형편을 묻는 일은 자주 있었다.[38] 세도정치로 한 번 흐트러진 왕정의 기반을 회복한다는 것은 쉬운 일이 아니었다. 대원군이 일차 그 일을 대행해 주었으나 그는 국왕이 아니었기 때문에 입장에 차이가 있었다. 재위 10년 만에 친정에 나선 고종은 1886년(고종 23)에 정조의 뜻을 이어 사노비 세습제의 혁파를 선언하는 등 자신의 왕정 지표를 정조대의 치적에서 구하는 경향을 강하게 보였다. 그런 그였던 만큼 '도시개조' 사업 주관자들이 탑골을 시민을 위한 공간으로 만들자는 제안을 했을 때 그는 기꺼이 수락했을 것이 틀림없다. 1897년 9월 30일 미국공사 알렌이 작성해 본국에 보낸 미국공사관 안내도에 새로 조성된 경운궁의 서측문 바로 옆에 퍼블릭 파크(public park)가 표시되어 있는 것은[그림 24] 왕도 '개조' 사업에서 국왕이 시민공원에 대한 배려가 컸다는 것을 그대로 입증해 준다.

그러면 다른 두 곳은 어떻게 되었는가? 3·1운동이나 8·15해방 때, 경운궁 대안(한)문 앞, 현 광화문 네거리의 기념비전(紀念碑殿) 앞, 그리고 탑골공원 등 세 곳이 군중들이 집결하는 대표적인 장소였던 것은 잘 알려진 사실이다. 셋 가운데 탑골공원의 내력은 밝혀졌고, 나머지 둘 가운데 광화문 네거리 기념비전 자리도 18세기 후반에 상언이 이루어지던 곳의 하나인 혜정교 앞이다. 계몽절대군주정 시대에 민의 상달의 장소이던 곳이 민족수난기에 만세시위의 거점의 하나가 되었다는 것도 결코 우연시할 수가 없다. 1880년대부터 서양인들이 와서 찍은 사진에 담긴 광화문 앞 육조거리도 사람들의 왕래가 많아 시민광장이 된 것과 같은 느낌을 강하게 준다.[39] 사람들의 왕래가 많아 최고 관부들이 즐비한 지역에 어울리지 않을 정도로

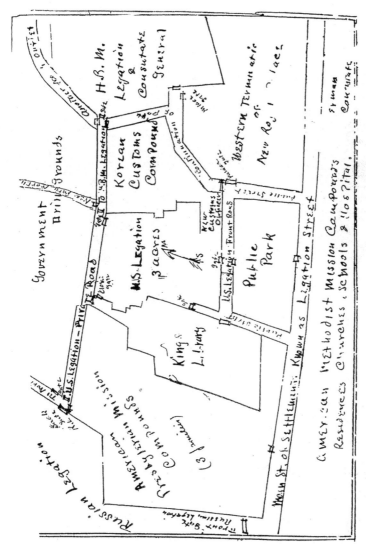

[그림 24] 알렌공사가 1897년 9월 30일 작성하여 본국 정부에 발송한 주한 미국공사관 안내도. 파클리 파크란 킹스 라이브러리 표 뒤쪽으로라피어 라 시가 나온을 쯤다.

18~19세기 서울의 근대적 도시발달 양상 349

[사진 14] 광장이란 느낌을 강하게 주는 광화문 앞 육조거리 일대

　자유로운 분위기를 느끼게 한다[사진 14]. 1893년(고종 30) 2월 동학교도들이 교조 신원을 위해 3일간 엎드려 상소를 올렸다는 "궁성 문앞 지척지지(咫尺之地)"도 바로 이 육조거리이다.[40] 이런 여러 가지 사실로 볼 때 혜정교 앞은 역사적으로 군중집회 장소로 발전할 소지가 많았던 곳이라고 할 수 있다. 1902년(광무 6)에 고종황제 즉위 40주년을 기념하는 비전이 이 자리에 세워진 것도 결코 우연이라고 할 수 없다.

　다음, 경운궁 대안문 앞은 경운궁을 본궁으로 삼은 뒤에 형성되기 시작한 새로운 집회장소였다. 본궁으로서의 경운궁 앞 민의(民意)의 광장은 당초에는 남쪽 인화문(仁化門) 앞에서 형성되고 있었다.[41] 고종이 본궁으로 삼아 이어할 때도 정남 위치에 있는 인화문을 정문으로 만들어 입궐하였다. 1898년 11월에 여러 차례 열린 만민공동회는 종로에서 민중대회를, 인화문 앞에서 상소를 하는 형태로 전개되었다. 11월 21일 황국협회가 2000여 명의 부상단(負商團)을 동원하여 만민공동회를 공격한 장소도 인화문 앞이었으며, 11월 26일 만민공동회측과 황국협회가 종로에서 대치한 긴박한 상황을 타개하기 위해 고종황제가 직접 나서 양측 대표 각 200명과 외교사절 등을 배석한 가운데 친유(親諭)를 발표한 곳도 이곳이었다. 황제가 이때 독립협회의 요구사항인 의회로서의 중추원(中樞院) 제도 실시, 독립협회의 부활 등 5개조를 받아들인 것은 황제정의 민의 수용의 대표적인 사례로 유명하다.[42]

[사진 15] 대안문 앞 군중집회. C. 로제티, *Corea e Coreani*, 1904. 휘날리는 태극기와 여성들이 쓴 장옷이 인상적이다.

[사진 16] 태극기를 가운데로 한 대안문 앞 군중집회. 신분이 낮은 사람들도 많이 보인다. 1905년 大安門이 大漢門으로 바뀌기 전임.

경운궁의 집회장소가 대안문으로 바뀌는 것은 대안문 앞이 방사상 도로의 집합점으로 모양을 갖추면서였다. 그 시기는 만민공동회 투쟁이 종결된 직후였을 것으로 짐작되나 이후로 대내적인 문제로 만민공동회처럼 후대에 알려질 정도로 큰 규모의 군중집회는 거의 없다시피하다. 그러나 민의 상달 차원에서 궁궐문 앞 집회가 끊이지는 않았다[사진 15]. 이곳에서의 집회는 러일전쟁 후 일본이 대한제국의 국권을 침탈하는 강압을 가하기 시작

[사진 17] 고종황제 대여가 떠난 뒤 만세시위를 벌이면서 광화문쪽으로 향하는 군중. 옆 건물은 「한국병합」
후 시위대 병영을 헐고 지은 일본인 경영 경성일보사. 3·1운동 후 이 자리에 경성부청(현
서울시청 건물)이 새로 지어졌다.

했을 때 민중들이 황제를 보호할 목적에서 여기에 모이기도 하였다[사진
16]. 말하자면 대안문 앞의 군중집회는 항일 저항운동으로 시작되고 있었던
것이다.

[사진 18] 해방으로 '덕수궁(경운궁)' 대한문 앞 광장에 모여든 군중

제2부 근대화의 현장

대안문 앞 항일 군중집회는 3·1운동 때가 가장 규모가 컸다. 3·1만세 시위는 다 알듯이 고종황제의 죽음에 대해 독살설이 무성한 가운데 인산 (因山 : 국장)을 치르면서 일어난 것이었던 만큼 이곳이 진원지가 될 수밖에 없었다[사진 17]. 이 시위운동 후 일제는 총독부 도시계획안으로 광화문 앞에서 남대문에 이르는 직선 도로를 넓히고 용산 신시가지로 직결시키는 도심축을 새로 만들었다. 이 기본축은 가장 효과적인 병력 이동선이란 의미를 가지고 있었다. 즉 용산에 주차군 사령부, 대안문 앞에 제60연대, 광화문 앞에 헌병대와 2개 대대 병력이 상주하여 그 선을 잇고 있었으며, 도성 안 두 지점에는 식민지 통치의 최고기구인 총독부와 경성부청이 자리잡았다. 이 새로운 도시축이 만들어지면서 광화문 앞 혜정교 일대, 대안문 앞의 민의의 광장들은 제 기능을 할 수 없었다. 총독부에 의한 새로운 도시계획은 대한제국 수도에 대한 군사점령의 성격을 분명하게 드러냈다. 8·15해방과 함께 대한 독립 만세를 외치는 군중들의 발길은 무의식중에 모두 그곳들로 향하고 있었다[사진 18].

5. 맺음말

지금까지 17세기 후반 이래 서울이 성내뿐만 아니라 성외가 발달하기 시작해 도시의 규모가 커지고 기능이 다양해진 과정을 19세기말까지 추적해 보았다. 새로운 발달의 단초가 17세기 소빙기 현상의 위기 극복에서 열린 것은 유럽의 여러 근대도시들의 경우와 비슷한 것으로 주목되었으며, 그 극복을 통해 얻어진 18세기의 번영 속에서는 새로운 사회변동을 왕정에 직접 반영하는 노력으로서 국왕이 왕성과 도성을 나와 많은 사람들을 직접 만나고 있는 것은 유교 왕정의 새로운 변신으로 주목할 만한 것이었다. 서울은 한국사의 그러한 새로운 근대지향적 변화의 중심에 있었다.

18세기에 달성된 역사적 성과는 순탄하게 흘러가지 않았다. 19세기 초중반에 대두한 세도정치는 왕권을 크게 위축시키면서 오히려 18세기의 성과에 대해 역행하는 추세를 보였다. 이에 민중들은 부패한 관료들에 대해 민란으로 거센 저항을 펼쳤다. 내적 혼란도 제대로 수습하지 못한 상태에서 왕조는 개항으로 외세의 압박에 시달리기 시작하여 정국은 혼미를 거듭하고 서울은 외국 자본의 일차 상륙지로서 날로 쇠퇴해 갔다. 고종은 내외적으로 닥치는 그 시련을 극복하기 위해 동도서기론적 근대화를 추구하였으며, 그런 가운데 왕도로서의 서울은 다시 한 차례 그 모습이 크게 달라지는 변화를 맞이한다. 1896년 10월부터 추진된 서울의 도시개조사업은 전통과 신문물을 절충하는 말 그대로 동도서기의 개조사업이었다. 이 사업은 황제의 본궁을 도심지역인 경운궁으로 새로 정하여 모든 도로가 이에 집중되는 한편, 18세기 후반 이래 민의가 모이고 수렴되던 장소들을 시민공원으로 만들거나 시민광장이 되도록 이끌고 있었다. 러일전쟁 후 황제의 주권이 일본의 무력으로 위협을 받는 상황이 전개되자 민중은 그를 보호하기 위해 본궁의 정문에 모여들어 새로운 민의의 광장을 만들기도 하였다.

민의의 광장 발달 그것은 서울 아니 한국근대사의 가장 의미있는 성과였다. 일제의 무력으로 그것은 일시 사라졌으나 8·15해방 후에 저절로 되살아났다. 그러나 우리는 그 역사의 그림자의 정체를 알지 못한 채 도로확장 설계의 도면상에서 모두 지워버리고 말았다. 서울시민, 한국민이 수도 서울에 대해 가장 애정을 느낄 수 있는 장소들이 그렇게 무참하게 없어지고 만 것에 대해 우리는 서울 600년을 맞아 크게 반성해야 할 것이다.

대한제국의 서울 황성(皇城) 만들기

─최초의 근대적 도시개조사업─

1. 머리말

서울은 조선왕조 이래 세 번 수도가 되었다. 1394년에 조선왕조의 왕도가 된 후, 1897년 10월 대한제국의 선포와 함께 제국의 황성(皇城)이 되었고, 1948년 대한민국 정부가 수립되면서 민국의 수도(首都)가 되었다. 이 가운데 두 번째는 단순한 국호 변동에 따른 변화로 알기 쉽지만, 실은 1896년부터 황성 만들기의 근대적 도시개조사업을 거쳐 이루어진 것이기 때문에 역사적 중요성은 첫 번째에 못지 않다. 그러나 이 사실은 잘 알려져 있지 않다.

일반적으로 대한제국은 조선왕조의 단순한 연장이거나 일본제국에 의해 망하기 직전에 한 차례의 몸부림으로 국체를 제국(帝國)으로 바꾸어 본 정도로 인식하는 경향이 강하다. 대한제국은 일반적으로 알려진 것과는 달리 나라의 독립을 보전하기 위해 여러 가지 근대화사업을 벌였고 그 성과도 주목할 만한 것이 많았다. 서울 개조사업도 그 가운데 하나였다. 그러나 대한제국의 그러한 치적들은 그 후에 일제에 의해 조장된 부정적인 인식으로 지금까지 제대로 평가되지 못하고 있다. 1896년 아관파천 직후에 추진되기 시작한 서울 개조사업은 대한제국 황성 만들기로서 도시사적으로나 민족사적으로 대단히 중요한 내용과 의미를 가지고 있다. 필자는 이에 대해 한 차례 그 맥락을 고찰한 적이 있지만,[1] 이번에 『독닙신문』으로부터 다수 수집한 관련기사를 활용하여 이전 원고를 추가 보완함으로써 이 사업의 주체와 지향을 밝히기 위하여 이 논고를 쓰게 되었다.

2. 개조사업의 내력과 주체

1896년 서울(한성부) 개조사업의 중요성은 김광우(金光宇)가 처음으로 주목하였듯이[2] 역사학자도 아닌 그가 이 사실을 파악해낸 것은 주목할 만하다. 그는 한국 근대 도시계획의 역사를 갑오개혁(1894)에서 조선시가지계획령 제정(1936)까지를 근대적 도시계획의 초기 즉 "시가지 경영의 시대", 그 이후를 "시가지 계획의 시대" 및 "국토계획의 시대"로 파악하면서 "시가지 경영의 시대"의 서울의 근대 도시계획의 맥락을 다음과 같이 두 단계로 짚었다.[3]

(1) 김옥균, 박영효의 治道論(1882~1883) – 독립협회期(1896~1899) 한성부 治道事業
(2) 이토(伊藤)통감(1906~1909)의 도시시설(都市施設) 정책 – 조선총독부의 京城市區 改正(1911 이후)

그는 (1)이 (2)에 앞서 있었던 사실을 주목하면서 (1)의 구체적 성과로서 1896년 9월 28일자 내부령(內部令) 제9호 「한성내(漢城內) 도로의 폭을 규정하는 건」을 중심으로 이루어진 서울의 치도사업의 내력과 실체를 규명하였다. 그가 밝힌 개조사업의 중요 내용은 다음과 같다.

첫째, 종로(황토현에서 興仁之門까지), 남대문로(大廣通橋에서 숭례문까지) 등의 한성부의 간선도로를 침범한 假家들이 모두 철거되어 노폭이 50여 척 내지 70~80척이나 되는 본래의 도로 공간을 회복하여 도로변 상가를 정비하였다.

둘째, 아관파천 후 法宮(본궁)으로 새로 건설된 慶運宮(현 덕수궁) 大安門 앞을 중심으로 방사상 도로를 새로 만들어 기존의 도로들과 연결하여 도시구조가 방사상 도로, 환상 도로 및 그 외접 도로로 새로 구성되었다.

셋째, 중요 도로선들의 주위에 경운궁과 주변의 각종 관아 및 각국 공사관·영사관, 청량리에 있는 민황후의 홍릉, 원구단 및 그 부속건물(남별궁지), 그리고 부근의 외빈용의 大觀亭, 독립문(영은문 자리) 및 독립관(모화관 자리), 용산의 典圜局 등 정치적 중요성을 가지는 구조물들을 배치 또는 연결시켜 도시계획성을 높였다.

이상과 같이 밝혀진 개조사업의 내용은 역사학 측에서 대한제국 역사의 중요 부분으로 마땅히 채택해야 할 것이다. 그러나 내용을 다듬고 의미 부여를 새로 해야 할 것도 많다.

먼저, 개조사업의 주체에 대한 파악을 정확히 할 필요가 있다. 김광우는 이 사업과 관련된 인물들로 (1)김옥균 (2)박영효 (3)박정양 (4)이채연(李采淵) 등을 거론하여 각기의 역할을 다음과 같이 들었다.

(1) 김옥균 ; 「치도론(治道論)」「치도약칙(治道略則)」(1882～1883) 등의 논설을 지음.

(2) 박영효 ; 1895년 한성판윤으로 치도국(治道局)을 설치하고, 이어 내부대신으로 각 지방수령들에게 치도에 관한 내용을 포함한 「88개조의 훈시」를 내림.

(3) 박정양 ; 1895년 8월 6일(음) 내부대신으로 「도로 수치(修治)와 가가(假家) 기지(基地)를 관허하는 건」을 통과시키고, 1896년 9월 30일 「한성내 도로의 폭을 개정하는 건」을 내부령으로 발포함.

(4) 이채연 ; 박정양의 개조안이 채택될 때 한성판윤으로 임명되어 수 년간 개조사업의 실무를 주관함.

김광우는 위 4인이 모두 치도문제에 관심을 가진 사실에 근거해 기본적으로 이 사업이 개화파에 의해 이루어진 것이라는 전제 아래, 갑신개화파의 도시개조 사상(1)이 갑오개화파(2), 그리고 독립협회 활동(3, 4)으로 이어진 것으로 파악하였다. 개항 이후의 소용돌이의 역사를 개화파·수구파로 양대별하여 파악하던 종래의 방식에서는 이런 식의 파악이 나오기 쉽다. 그러나 최근 역사학계에서는 종래의 파악방식에 많은 문제가 있다는 비판이 나오고 있다. 개조사업의 주체에 대한 위와 같은 파악도 같은 문제점을 안고 있다.

(1) (2)의 두 사람은 이른바 갑신개화파의 대표적 인물들로서 개화의 모델을 일본에서 구한 친일개화파이다. 반면에 (3) (4)는 친미 성향의 인사들로서, 박이 초대 주미공사로 부임할 때 이는 번역관으로 그를 수행하였다. 이러한 경력의 차이만으로도 두 그룹은 한 계열에 놓기 어려운 점이 있다. (1) (2)는 갑신정변을 주도하여 군주로부터 대역죄인으로 단죄되어 오래

동안 망명생활을 하였기 때문에 조정에서 일할 기회가 거의 없었다. 이에 반해 (3) (4)는 "온건" 개화파로서 군주의 개화정책을 충실히 이행한 경력의 소지자들이었다.[4] 갑신개화파인 박영효는 갑오-을미개혁 때 일시 귀국하여 위에 제시된 것과 같은 일들을 하지만 이 개혁 자체가 사실은 일본에 의해 강제적으로 이루어졌고 또 실효도 거두지 못했다. 그는 이때도 고종을 퇴위시키려는 음모에 관련되어 다시 일본으로 도망하는 신세가 되었다. (3) (4)의 양인은 청일전쟁 전후의 일본의 위세와 강압 속에서도 친일노선을 경계하여 아관파천 후 군주의 두터운 신임으로 중용되었다. 1896년 9월말부터 서울의 도시개조사업이 시작되었을 때, 김옥균은 이미 생존해 있지 않았고 박영효는 11월에 동양에는 다시 돌아오지 않겠다는 말을 남기고 일본

[사진 19] 주미 한국공사관 직원일동(앞 줄 왼측에서 이상재, 이완용, 박정양, 이하영, 이채연)

을 떠나 미국으로 향하고 있었다.[9]

그러면 1896년의 서울 도시개조사업은 전적으로 박정양·이채연 두 사람의 뜻에 의해 이루어진 것인가? 두 사람이 이 사업의 실질적인 주도자라는 것은 의심할 필요가 없다. 그러나 이에 앞서 왕도의 구조를 바꾸는 일은 국왕의 동의 없이는 이루어지기 어려운 것이라는 점을 유의할 필요가 있다. 김광우가 파악한 대로 박·이 두 사람이 1896년 7월 2일에 창립하는 독립협회에 깊이 관계한 것은 사실이다. 박은 아관파천 직후 내각총리대신 김홍집이 참변을 당하자 그 후임으로 내각 총리대신서리 겸 내부대신의 중책을 맡아 독립협회 발족을 뒷받침했고 이채연은 이 협회의 창립 위원이 되었다. 그러나 독립협회 자체가 사실은 군주가 아관파천 후 새로이 맞이한 정치적 상황을 최대로 활용하기 위해 측근 신하들을 종용해 발족시킨 것이었다. 따라서 두 사람이 이 단체에 소속하거나 깊은 관계를 가지고 있다는 것으로 도시개조사업을 이 단체가 주도한 것으로 판단하는 것은 속단이다. 그들은 이 단체와의 관계와는 별도로 정부의 상당한 직임(내부대신·한성판윤)으로 도시개조사업을 주관하고 있었다. 독립협회의 일부 인사들이 2년 뒤인 1898년 봄부터 반군주적인 활동을 벌였을 때 두 사람은 이 협회로부터 탈퇴하여 근왕적인 입장을 분명히 표시했다. 박정양은 위에 제시된 것과 같이 아관파천 전인 1895년 8월 6일(음)에도 내부대신으로 「도로 수치와 가가 기지를 관허하는 건」의 법령을 통과시킨 일이 있었다. 그러나 이 법안은 시행에 붙여지지 않았다. 두 사람에 의한 개조사업은 아관파천으로 군주정이 제대로 회복된 뒤 박정양이 내각총리대신 서리 내부대신으로 기용된 뒤 다시 시작된 것이었다. 그들의 뜻은 왕정이 회복된 뒤 국왕의 강력한 지지를 받아 실현될 수 있었던 것이다.

서울 도시개조사업의 목적과 성격을 정확히 파악하기 위해서는 고종과 그가 결행한 아관파천에 대한 종래의 부정적 인식에서 벗어날 필요가 있다. 고종은 개화주의자, 엄밀히 말하면 동도서기론(東道西器論)의 개화주의자였다. 그는 대원군의 쇄국정책을 우려하여 친정에 나서면서 개항을 단행한 뒤, 미국과의 수호통상조약 체결을 과거의 중국 중심의 국제질서를 청산하는 계기로 삼고자 하였다.[6] 그의 이러한 뜻은 미국 측으로부터 호응을 받아 일단 실현을 보았다. 그러나 이 조약에 대해 청나라가 크게 반발하여 임오군란을 기화로 군대를 조선에 주둔시킨 상태에서 조선을 속방으로 만들려는 온갖 간섭 때문에 고종의 개화정책은 큰 시련을 겪었다. 미국과의 수호통상조약은 1882년에 체결되었지만 미국에 외교관을 파견하는 일은 1887년 7월 박정양을 초대 주미공사로 파견할 때까지 청국의 압박과 방해로 이루어지지 못했다.

청나라는 청일전쟁의 패배로 조선에서 물러났다. 그러나 그 자리에 일본이 들어섰다. 조선에 대해 배타적인 지배권을 강화하려는 청국이 동학농민군 진압을 구실로 조선에 출병하자 일본은 기다렸다는 듯이 톈진조약(天津條約)에 의거해 동시 출병을 단행하였다. 그러나 일본군의 출병지는 동학농민군이 활동하고 있는 전라도 방향이 아니라 서울이었다. 농민들의 반란을 근본적으로 해결하기 위해서는 내정개혁부터 해야 한다는 것이 서울 출병의 구실이었다. 갑오개혁은 군국기무처 설립에서부터 일본의 침략주의가 강하게 작용하고 있었다. 일본은 궁중과 부중의 분리가 정치 근대화란 미명으로 조선 군주의 통치권을 크게 약화시키고 이에 저항하는 왕실의 움직임을 왕후 시해라는 만행으로 맞섰다. 아관파천은 국왕이 이러한 위기적 상황을 정면 돌파하고자 러시아와 미국의 도움을 받아 결행한 것이었다.[7] 이것이 성공함으로써 그간 보호국화를 목표로 조선에 대해 강한 내정간섭 행위를 해온 일본도 후퇴하지 않을 수 없었다. 조선의 군주는 이렇게 어렵게 얻은 기회를 최대로 활용하고자 나라의 모습을 일신하여 부강해 질 수 있는 길을 찾고 있었다. 왕도 개조사업은 그 가운데서 가장 비중이 큰 사업이었다.

요컨대 아관파천 후에 추진되는 서울 도시개조사업은 독립국으로서 새로운 출발을 염원하는 국왕의 뜻을 받들어 일찍이 초대 주미공사로 활약한 박정양과 그 휘하의 직임을 수행한 이채연 · 이상재 · 이종하 등이 그때부터 얻은 견문과 지식을 최대로 발휘하여 추진한 것이었다. 이 사실은 다음 절에서 보듯이 사업이 진행되는 과정에서 더욱 분명하게 드러난다.

3. 도시개조사업의 기본구도와 진행과정

1896년 한성부 도시개조사업은 사안의 중대성으로 보면 각종 설계도를 비롯한 직접적인 자료들이 많이 있었을 것이지만 현재 전하는 것은 거의 없다. 현재로서는 1896년 9월말의 「한성내 도로의 폭을 개정하는 건」의 내부령 등 시행령에 해당하는 것과 진행상황에 관한 『독닙신문』의 논설 및 잡보 기사 등이 구체적인 자료 구실을 한다.

도시개조처럼 많은 시간을 요하는 사업은 진행과정에 관한 기록만으로는 당초의 설계가 어떠했는지를 헤아리기 어렵다. 부분적인 진행 속에 전체의 규모가 만들어졌는지, 처음부터 하나의 설계 아래 각 부분이 순차적으로 진행되었는지를 가리기 어렵다. 1896년 가을부터 착수해 1903년 무렵까지 진행된 각종 서울 개조사업의 규모는 현재로서는 부분적인 사업들에 관한 자료들을 모아 전체의 모습을 헤아려 보는 수밖에 없는 형편이다. 현재 포착된 사업들을 정리해 보면 아래와 같다.

(가) 도로 및 하천(개천) 정비

  (1) 기존도로 정비

  (2) 개천 우물 정비

  (3) 신설 도로(경운궁 앞 방사상 도로)

(나) 새로운 중심 건축물 축조

  (1) 경운궁

  (2) 독립문

  (3) 원구단

  (4) 황제즉위 40주년 기념비전

(다) 새로운 공원 조성

  (1) 독립공원

  (2) 경운궁 퍼블릭 파크

  (3) 탑골공원

(라) 새로운 문명 시설 도입

  (1) 전기

  (2) 수도

  (3) 전차

  (4) 철도

(마) 산업시설지역 설정

  (1) 용산 관영 공장지대

(가)-(1)은 개조사업의 초반에 이루어진 기초작업에 해당하는 것이었다. 왕조 초기 정도(定都) 때 현재의 종로·남대문로 등 간선도로는 폭 50~80척으로 설계되었다. 그러나 이 규모는 18세기 이래 상업 발달과 인구 증가로 가가들이 도로를 침범하면서 무너졌다. 18세기 후반에 이미 이를 고쳐야 한다는 소리가 나왔지만 특별한 조치가 취해지지 않고 1896년 개조사업 때까지 이르렀다. 9월 28일자 내부령은 이를 대폭 정비해 원상을 회복시켰다. 『독닙신문』 보도에 의하면 한성부는 그 내부 훈령을 10월 16일에 서울 곳곳에 게시하여 철거작업을 시작, 11월 11일까지 거의 대체로 완료하고 이어 도로 수보에 들어갔으며, 이것도 11월 하순에 거의 마쳤다(사진 1 참조). 남대문에서 종로에 이르는 거리의 일본인 가가 처리에서는 판윤 이채연이 일본영사와 담판하여 좋은 성과를 거둔 것을 특기하면서 쌍방을 칭찬하기도 하였다(11월 12일 잡보). 성내 정비가 완료된 다음 12월 8일에는 남대문-용산, 새문-삼개, 염창교-삼개 간의 길도 서울 성내 길과 같은 너비로 수보하기 위해 내부 토목국이 예산을 세우고 있다고 보도하였다.

『독닙신문』은 이 사업이 조선이 이제 문명 진보의 길로 들어서는 것을 보여주는 일이라고 높이 평가하면서 주관자들을 극찬하였다(11월 7일 논설). 이 신문은 이 단계까지 사업에 직접 관련된 공로자들로 내부대신 박정양, 한성판윤 이채연, 남서 경무관 김정석, 서서 경무관 이종하, 총순 이재우, 순검 홍준표, 중부서장 장윤환, 북서서장 구범서 등을 들었다. 내부 토목국의 경우는 인명을 들지 않았으나 당시 토목국장은 이상재였다.

(가)-(2)의 사업도 대부분 (가)-(1)과 함께 이루어졌다. 1897년 3월 6일자 『독닙신문』은 한성부 소윤 리계필이 미국인 기사 다이와 함께 다니며 개천을 측량한 것을 보도했다. 이보다 앞서 1896년 11월 3일자 보도에 구리개 삼거리 아래 큰 길 가운데 개천을 내 놓았으니 한성부와 내부에서 협

의하여 개천을 옮기던지 은구(하수관)를 놓던지 하는 것이 좋을 듯하다는 제안을 하고 있는 것으로 보면 이때 개천의 흐름을 바꾸거나 은구를 설치하는 공사도 있었던 듯하다.

(가)-(3)은 도시구조 변경에 가장 뚜렷한 변화를 가져온 사업이었다. 새 법궁(본궁)이 된 경운궁의 대안문 앞을 기점으로 방사상 도로가 이때 만들어진 것은 김광우가 1903년도에 일본인들이 작성한 「경성지도」를 근거로 처음 파악해냈다[그림 25 참조]. 방사상 도로망 체계는 19세기 중엽부터 구미 각국의 대도시들이 즐겨 택하던 도시계획안의 하나이다. 당대에 서구에서 유행하던 도시구조망이 서울에 도입되었다는 것은 주목할 일이다. 『독닙신문』은 이 사업과 관련해 두 가지 보도를 하고 있다. 4월 6일자로, 판윤 이채연이 탁지부 고문관 브라운(Mcleavy Brown)과 함께 서소문 안길을 3월 29일

[사진 20] 한성부 판윤·부윤 시절 서양인들과 함께 망중한을 즐기는 모습의 이채연.
『서울 六百年史』 인물편.

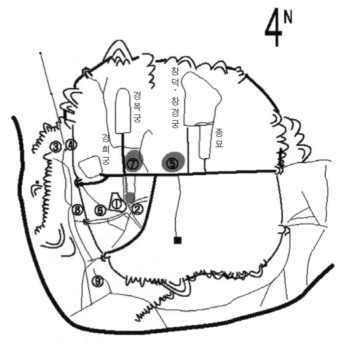

①경운궁(덕수궁)   ②원구단
③독립문   ④독립공원
⑤탑골공원   ⑥시민공원(Public Park)
⑦기념비전   ⑧경성역(철도)
⑨관영공장지대(용산일대)

[그림 25] 서울 도시개조사업의 중요시설 위치도

에 측량하였다는 것을 보도하고, 이 날 내부 기사 심의석(沈宜碩)과 한성부 주사가 서소문 안과 밖의 길을 측량하고 길 좌우에 있는 집 칸수를 다 적어 갔다고 하였다. 그리고 4월 13일자에는 정동에서 서소문으로 넘어가는 길을 넓히고 고치는데, 이 일대에 많은 땅을 소유하고 있는 미국 미미교회와 덕국 영사관측(월터씨)이 새로 나는 도로 좌우의 자기들 땅 다섯 자 너비씩을 한성부에 내주었다고 칭찬하는 기사를 실었다. 이 기사들은 이 도로사업 역시 한성부 판윤 이채연이 외국인 고문관들의 협조를 받아 진행하고 있었던 것을 확인시켜 준다.

도시개조사업의 주역이던 박정양·이채연 등이 1887년부터 수 년 간 외교관으로 근무한 워싱턴 시는 방사상 직교로의 구성을 중요 특징으로 하는 도시로 유명하다. 이 사실을 유의하면 국왕이 도심지역의 경운궁을 본궁으로 택했을 때 그들이 이 일대에 대한 도시구조 짜기의 방안으로 방사상 도로망 체계를 제시한다는 것은 극히 자연스런 일이다.[8]

서소문 일대의 측량에 참여하고 있는 내부기사 심의석의 존재도 주목할 만하다. 그는 당시 경운궁 증축의 책임자인 동시에 원구단 건축을 주관하고 독립문도 시공을 맡았다. 그가 도시개조사업의 중요한 구조물 셋에 모두 관계된 것은 그 일들이 모두 하나의 계획 아래 추진되고 있었다는 것을 방증한다. 심의석은 박정양이 내부대신으로 있던 1895년 7월 19일에 내부대신 주임(奏任)으로 내부기수(內部技手 : 주임관 6등)에 임명된 "박정양 사람"이라고 할 수 있다.[9]

이상 도로망 개조에 관한 사업은 다음과 같이 정리될 수 있다. 즉 기존의 간선도로인 종로·남대문의 가가 정리를 통해 원상을 회복한 다음, 그것과 같은 폭으로 남대문에서 용산, 새문에서 삼개, 염창교에서 삼개 등 성밖 상공업 지대로 연결시킨 다음, 경운궁 대안문 앞에서 방사상 도로를 내성안의 도로 간의 연결성을 높이는 한편, 그 외연을 의주로(남대문에서 독립문 방향의 길)에 닿게 하여 성안과 성밖의 연결성도 함께 높이는 순서를 밟았던 것이다. 이 단계에서 사업 관여자로 리계필·심의석 그리고 외국인으로 멕레비 브라운·다이 등이 더 확인된다.

(나)의 (1)은 개조사업의 핵심인 동시에 착수 시기도 가장 빨랐다. 주지하듯이 조선왕조의 왕궁들은 풍수지리설에 간접적 영향을 받으면서 군왕남면설(君王南面說)에 근거해 북쪽 산 아래에 일렬로 배치되어 있었다. 개조사업에서 도심에 자리한 경운궁을 본궁으로 삼아 이를 중심으로 도시 도로망을 새로 짠 것은 종래의 전통에 정면으로 위배되는 획기적인 변화라고 하지 않을 수 없다. 고종은 파천 닷새 만인 2월 16일에 경운궁을 수리하라는 명령을 내렸다([사진 11] 참조). 그러나 이것은 앞으로 환궁할 대상지로 경복궁과 함께 거론한 것이므로 본궁을 삼겠다는 뜻을 담은 것은 아니다.[10] 8월 10일에 다시 조칙으로 수리 업무를 궁내부와 탁지부가 맡으라는 지시가 있었다(『독닙신문』 8월 15일자). 뒤이어 8월 23일 경복궁에 있는 진전(眞殿)과 왕후의 빈전을 경운궁 별전으로 옮기라는 조칙을 내렸다.[11] 이로 보면, 경운궁을 본궁으로 삼는 것을 공식화한 것은 이해 8월이었다고 보는 것이 옳다. 이 무렵에는 도로 수보, 독립문 건설 등이 구체화되고 있었다. 경운궁 증축은 1897년 2월에 국왕이 1년 만에 이 궁으로 환어할 때 어느 정도 규모를 갖추는 선에 이르렀다고 할 수 있으나 증축은 이후에도 여러 해 계속되었다. 그리고 대한제국으로 출범하여 원수부·궁내부·시위대 숙영 등 주요 관부를 새로 두어 본궁 내외에 그 건물들을 짓는 사업도 여러 해 계속되었다.

다음 (나)-(2)는 개조사업에서 가장 큰 의미를 부여하고 있던 것의 하나이다. 독립문 축조에 건 기대에 대해서는 뒤에서 다시 언급하기로 하고 이

것이 종래 서재필 또는 독립협회가 세운 것이라는 정보는 전혀 잘못된 것이다. 후술하듯이 서재필 자신이 직접 썼거나 그의 주관 아래 실렸을 『독립신문』 논설이 이 문의 건립은 정부가 도시개조사업의 일환으로 추진하고 있는 것이라고 분명히 밝혔다[사진 21]. 그 논설에 의하면, 아관파천 후 군주가 대외적으로 제 나라 백성을 높이기 위해 독립의 권리를 잃지 않고자 애쓰던 끝에 세계 만국에 조선이 완전한 독립국이라는 표시를 보이고자 과거 중국 사신을 맞이하던 영은문(迎恩門) 자리에 이 문을 세우기로 했다는 것이다.[12] 중국뿐만 아니라 일본의 국체도 제국으로 되어 있기 때문에 우리 국민도 그들과 대등하다는 것을 표시할 필요가 있다는 것이 이 사업의 취

[사진 21] 중국사신을 맞이하던 영은문 자리에 세워진 독립문. 앞쪽 기와집은 독립관.

지라고 하였다. 이런 일은 군주나 정부가 일방적으로 추진하기보다 민 측에서 나서는 형식을 취하는 데 뜻이 있었기 때문에 사실은 군주가 측근 신하들을 종용해 독립문 건립을 일차 목표로 독립협회를 조직하게 했던 것이다. 독립문을 세우는 경비도 이 협회가 모금하는 형식을 취하게 하고, 왕실에서는 왕태자가 전체의 3분의 1에 해당하는 금액인 1,000원을 보조금으로 반하하였다.[13] 이 사업은 1896년 11월 20일에 성대한 기공식을 가지고 거의 1년을 소요하여 준공을 보았다.

(나)-(3)의 원구단(圜丘壇)도 독립문과 거의 비슷한 취지로 세워졌다. 원구단은 영은문을 거쳐 서울에 들어온 중국 사신들이 머물던 남별궁을 없애

[사진 22] 원구단. 중국사신 숙소이던 남별궁 자리에 세운 원구단. 대한제국 황제가 하늘에 서고하던 자리. 일본은 1908년 그 반을 헐고 철도호텔을 지었으며 지금도 조선호텔이 들어 서 있다.

고 그 자리에 세웠다[사진 22]. 도시개조사업은 명실상부한 독립국으로의 출발을 두 건축물로서 표시하고자 했던 것이다. 원구단은 국체를 제국으로 바꾸는 것을 결정한 단계에서 구상할 수 있는 것이었다. 제국으로 국체를 바꾸는 것을 논의하기 시작한 것은 1897년 8월이다. 그러나 이때 원구단 건립이 착수되었다면 제국을 선포하여 황제 즉위식이 이루어진 10월 12일 까지의 시간은 공사를 하기에 너무 짧다. 황제 즉위식의 일부 행사가 이곳 에서 이루어졌기 때문에 이 날짜로 이 건축물은 완성되어 있어야 한다. 이 런 관계에서 볼 때 이 건물의 건립 계획은 1897년 1월 15일을 조선 독립 서고일(誓告日)로 정해 공포한 뒤(『독닙신문』 1897년 1월 14일자) 오래지 않은 시기에 확정되었으리라 여겨진다. 앞에서 언급했듯이 이채연과 브라운·심 의석 등이 같은 해 3월 말, 4월초에 서소문 일대를 측량할 때 대안문 앞 방 사상 도로 건설과 함께 이에 가까운 지점인 남별궁에 원구단을 세울 계획 도 확정짓고 있었을 가능성이 높다. 이 추정이 틀리지 않는다면 방사상 도 로망 체계의 도입은 황성(皇城)의 중심부 구상이란 면에서 대단히 치밀하게 추구한 고도의 뜻을 담은 계획이라고 평가하지 않을 수 없다.

　(나)-(4)는 고종황제의 즉위 40년(1902)을 기념하기 위해 세운 기념비전이 다[사진 23]. 그러나 단순히 40년을 기념하기 위한 것만은 아니었다. 비문은 "대한제국황제보령망육순어극사십칭경기념송(大韓帝國皇帝寶齡望六旬御極四 十稱慶紀念頌)"이라고 하여 60을 바라보는 나이가 된 것을 축하하는 의미도 담고 있다. 고종황제는 당시 51세였다. 유교사회에서 연령은 존자(尊者) 평가 의 한 기준이다. 그래서 만민을 통어하는 군주가 연령이 높아지는 것은 중요 한 의미를 가진다. 신하들도 60세가 되면 기로소(耆老所)에 들어가는 것이 조 선왕조의 전통이었다. 그러나 군주는 60세가 되기 전에 50대에 기로소에 드 는 경우는 종종 있었다. 51세에 "망육십(望六十)"으로 기로소에 들어가는 전

[사진 23] 고종황제 즉위 40주년 기념비전. C. 로제티, *Corea e Coreani*, 1904. 현재보다 3배 정도 더 컸다.

례는 영조가 남겼다. 고종도 이 예에 따라 1902년에 기로소에 들었다. 그러나 그가 제국의 황제로서 입소한 것은 전례가 없는 것이었다. 더 중요시해야 할 것은 기념비전을 세운 위치이다. 이 자리는 기로소의 바로 남쪽 앞으로, 서울의 중심부에 해당한다. 그 자리에 대한제국 황제로서 즉위 40년에 기로소 입소를 축하하는 기념비를 세운 것은 유교국가에서는 중요한 의미를 가질 수 있다. 뿐더러 이 자리는 18세기 이래 서울 안에서 국왕이 행차 중 도성민들로부터 각종 호소(상언)를 받아 접수하던 지점이기도 하다.[14] 그리고 군중이 많이 모이는 곳이기 때문에 효수형이 집행되던 곳이기도 하다. 그런 자리에 황제의 장수를 축원하는 비각을 세웠다는 것은 여러 가지로 의미가 있다.

(다)의 사항들은 도시개조사업이 공원 조성을 중요시했다는 것을 보여준다. (다)─(1)의 독립공원 조성은 독립문 건립사업과 함께 논의, 결정된 것이었다. 독립문과 독립관(모화관을 개칭, 독립협회 사무실로 씀)의 주위를 공원지로 조성한 한성부는 사사로이 이 일대의 땅을 갈거나 나무와 돌과 풀을 함부로 건드리지 못한다는 규정을 고시하기까지 했다.[15] (다)─(2)는 1897년 9월 30일자로 미국공사 알렌이 작성해 본국 정부에 보낸 서울 '미국공사관 안내도'에 퍼블릭 파크라고 표시된 것으로, 경운궁 서쪽 출입구 바로 앞(현 정동교회 부근)이다([그림 24] 참조).[16]

(다)─(3)의 탑골공원은 도시의 번화가에 조성된 것이란 점에서 특별히 주목된다. 이 공원 조성을 위한 사업은 1899년부터 시작되었다. 『독닙신문』은 1899년 3월 29일자로 궁내부 대신 이재순(李載純)이[17] 탑동에 인민들의 집들을 헐고 공심으로 공원을 만들려고 한다는 소문이 있는데, 이에 대해 쓸데없는 일이라는 반대론도 있지만, 이것이 사실이라고 하면 "대신은 수천 명 인민을 위하여 큰 사업을 하는지라 가위 대신이라고 할 만하다더라"고 적극 지지하는 기사를 실었다.[18] 그러나 이 사업은 의정부·내부·탁지부·한성부 등 관련 관서들 간에 집값 보상문제를 놓고 혼선을 빚어 한때 사업 자체를 철회하는 쪽으로 사세가 기울었다. 당시 탑동의 원각사 일대는 인구가 집주하여 초가집과 기와집이 빽빽이 찬 상태에서 원각사 13층 석탑이 초가지붕 위에 솟아 있는 형세를 하고 있었다([사진 13, 24] 참조). 공원을 만들려면 많은 집들을 철거해야 했기 때문에 집값 보상이 문제가 되었다.[19] 이 일은 궁내부 대신 이재순과 한성부 사이에 추진되면서 내부에 미처 통보되지 않아 혼선이 일어났던 듯하나, 탁지부 고문이자 총세무사이던 영국인 고문 맥그레비 브라운이 경비를 탁지부 예산에서 조달하기로 하여 예정대로 다시 추진될 수 있었던 듯하다.[20] 6월 1일자 『독닙신문』은 탑

[사진 24] 공사 중의 탑골공원. C. 로제티, *Corea e Coreani*, 1904.

골 집들을 다시 헐기로 했다고 보도하고 있다. 이 공원 조성사업은 최소한 2년 정도는 걸렸던 것 같다.[21]

서울 개조사업이 방사상 도로와 함께 공원 조성까지 의식한 사실은 이 사업의 주관자들이 개조의 모델을 어느 도시에 두고 있었는가를 헤아리는 데 도움이 될 수 있을 것 같다. 사업의 주관자들이 초기 주미공사관 직원으로 워싱턴 시에서 근무한 경력을 가진 사람들이 많았다는 것은 앞에서 여러 차례 지적했다. 바로 그런 경력이 경운궁 앞 도로 설계에서 방사상 도로망 체계의 도입을 가능하게 했을 것이라고 추론하기도 했다. 워싱턴 시는 방사상 도로망과 함께 퍼블릭 가든과 공원을 많이 가미한 것이 다른 하나의 특징이다. 이 점은 박정양의 「미속습유(美俗拾遺)」의 화성돈기(華盛頓記)에도 언급되었지만, 근래의 도시사 연구자들도 이 도시의 특징을 "방사상 도로 체계를 활용하되 르네상스식을 적용하여 아베뉴의 길이와 규모를 크게 하면서 넓은 스트리트와 아베뉴가 기하학적으로 피아차와 스퀘어와 어우러지게 하면서 퍼블릭 가든을 접속시키고 이에 공원을 가미한 점"을 들고 있다.[22] 이 도시에 주재한 경험을 가지고 있는 개조사업의 주관자들이 시(워싱턴시)를 서울 개조의 모델로 삼았을 가능성은 대단히 높다.[23]

(라)의 여러 시설들은 도시의 구조가 새롭게 짜여진 뒤 새로운 서구문명의 도입 차원에서 이루어진 것으로 서울의 모습을 일신시켜 놓았다. (라)의 (1) (2) (3) 등은 1898년 1월부터 착수되기 시작했다. 이때 고종황제가 미국인 콜브란(Collbran)·보스트윅(Bostwick) 등과 공동출자 형식으로 한성전기회사를 세워 이 회사가 서울의 전차·전등·수도·전화 등을 시설하는 일을 맡도록 계약하였다.[24] 한성판윤 이채연이 이 회사의 사장이 된 것은 도시개조사업의 일관성을 보여주는 것이라 할 수 있다. 이 회사의 사업은 1899년 5월에 서대문-청량리 구간의 전차를 첫 개통시키고, 1900년 4월에 종로에 가로등 3개를 점등하면서 서울의 모습을 크게 바꾸어 놓았다([사진 25~29] 참조).[25] 종로에 전차가 달리는 시점에 때맞추어 탑골공원을 조성하기 시작한 것도 우연이라고 할 수 없다. 그리고 그러한 신문명의 시설들이 미국인들과 합작한 회사에 의해 이루어지고 있었다는 것도 사업 주관자들의 미국 체류 경험과 무관하지 않을 것이다.

서울의 전기와 전차 시설은 단순히 도시생활의 편리만을 생각한 것은 아니었다. 전차시설사업은 그 정거장을 곧 개통될 철도 정거장에 연결시키고 있었는데([그림 25] 참조), 이것은 서울의 교통체계를 전국 교통체계에 연결

[사진 25] 현 광화문 네거리 고종측위 기념비전 일대. C. 로제티, *Corea e Coreani*, 1904.

[사진 26] 현 종로2가에 있던 한성전기회사 주위. C. 로제티, *Corea e Coreani*, 1904.

제2부 근대화의 현장

시키려는 것이었다. 전차·철도, 그리고 이를 움직일 동력 획득을 위한 광산 개발 등의 문제에 대해서는 1880년대『한성순보』『한성주보』단계에서 이미 많은 정보를 수집하고[26] 또 이를 실현할 수 있는 길을 모색하고 있었다. 주미공사 박정양의 임무 중에 조선에서 금광과 석탄광을 개발할 수 있는 전문 광사(鑛師)를 구하여 서울에 초빙하는 일이 있었던 것도 주목할 일이다.[27]

철도건설 관계는 조선의 군주와 정부가 큰 관심을 가지고 있었는데, 서울·부산 간의 철도건설 문제는 영국과 비밀히 교섭을 벌이고 있었으나[28] 일본이 1895년 출병하면서 부설권을 강요해 가져갔다. 아관파천 후 고종은 미국인·일본 등에게 부설권이 이미 넘어간 경인선·경부선 외에 호남선·경원선·경의선 등의 새 철도를 자력으로 건설하고자 이에 대한 조사 임무를 이채연·멕그레비 브라운 등에게 부여하고 있었다.[29] 경인선 개통을 눈앞에 둔 시점에서 서울 전차의 서쪽 정거장이 철도정거장 바로 옆에 세워졌다. 콜브란과는 금곡선 및 덕소선의 지선공사 계약을 하기도 했다(1900년 4월). 용산전철공사는 1899년 12월에 완성되어 홍릉 구간에 접속되었고, 1900년 7월부터는 경인철도와도 연결되었다.[30] 철도교통 개발을 위한 이러한 노력은 곧 서울을 산업의 중심지로 삼는다는 목적의식을 가지고 있었다.

서울은 18세기 후반에 이미 성안 인구 10만, 성밖 10만의 규모를 가지고 있었다. 성밖 한강 주변의 용산·마포·서강·한강진(한남동) 등 여러 곳은 상업과 수공업이 발달하고 있었다. 개조사업은 1896년 12월 말에 이미 성내의 확장된 도로를 이 지역까지 같은 폭으로 연결시켰다. 이를 토대로 (마)-(1)의 사업 즉 용산 일대를 공장지대로 개발하는 사업이 추진되었다. 1898년에서 1903년 사이에 용산 일대에 전환국(1898), 인쇄국(1900), 평식원 도량형제작소(1902), 양잠소(1902), 한성전기회사 발전소(1903), 궁내부 소속

[사진 27] 도시개조사업으로 달라진 서대문 방향. C, 로제티, *Corea e Coreani*, 1904.

[사진 28] 도시개조사업으로 달라진 남대문 방향. C, 로제티, *Corea e Coreani*, 1904.

[사진 29] 도시개조사업으로 달라진 동대문 방향. C, 로제티, *Corea e Coreani*, 1904.

정미소(1903), 군부총기제작소(1903), 연와제조소, 초자제조소 등 주로 관영 공장들이 들어서고 있었다.[31]

4. 개조사업의 지향성과 역사적 의의

1896년에 시작된 서울 도시개조사업은 이상에서 살핀 것과 같이 한두 해로 끝난 것이 아니었다. 1897년 10월 12월에 대한제국으로 국호를 바꾸고 군주가 황제로 즉위할 무렵 기본 골격은 갖추었으나 그 후에도 추가사업이 1904년 러일전쟁이 일어나기 전까지 근대화사업의 일환으로 계속되었다. 서울 개조사업은 곧 그간 부당하게 받아온 청나라·일본으로부터의 강압에서 벗어나 명실상부한 독립국으로 새로 출범하는 마당에서 나라의 얼굴을 새로 가다듬는 의미를 가지고 있었다. 1896년 6월 20일자 『독닙신문』이 독립문 건립에 관한 논의에 부쳐 쓴 논설에 이런 취지가 강하게 표시되어 있다. 장황하나마 이를 옮기면 다음과 같다.

대군주 폐하께서 즉위하신 이후로 애국애민하시는 성의(聖意 ; 필자)가 열성조에 제일이시고 나라가 독립이 되어 남의 제왕과 동등이 되시려는 것은 곧 폐하의 직위만 높이시려는 것이 아니시라 폐하의 직위를 높히셔야 인민들이 높아지는 것을 생각하심이라. 조선인민이 되어 이러하신 성의를 아는 자는 그 임군을 위해 목숨을 버려도 한이 없을 터이요, 그 성의를 받들어 점점 나라가 튼튼하여 질 터이니 독립된 그 권리를 잃지 말고 권리가 더 늘어가고 견고하게 대군주 폐하를 도와 말씀을 하며 전국에 있는 동포 형제들을 사랑하여 일을 행하는 것이 신민의 도리요 또 나라가 보존할 터이라. 근일에 들으니 모화관에 이왕(과거 ; 필자) 연주문(영은문의 잘못 ; 필자) 있던 자리에다가 새로 문을 세우되 그 문 이름을 독립문이라 하고 새로 문을 그 자리에다 세우는 뜻은 세계 만국에 조선이 아주 독립국이란 표를 보이자는 뜻이요 이왕에 거기 섰던 연주문은 조선 사기에 제일 수치되는 일인즉 그 수치를 썻으려면 다만 그 문만 헐어버릴 뿐이 아니라 그 문 섰던 자리에 독립문을 세우는 것이 다만 이왕 수치를 썻을 뿐만 아니라 새로 독립하는 주추 세우는 것이니 우리가 듣기에 이렇게 기쁘고 경사로운 마암이 있을 때에야 하물며 조선 신민들이야 오직 즐거우리요(여기서의 "우리"는 미국 국적을 가진 서재필 자신을 가리키는 것으로 보임 ; 필자).

이 논설은 독립문을 건립하여 내외에 과시하는 것은 군주만 아니라 인민 전체의 위상을 높이는 의미를 가지는 것이며, 그러한 발상이 대군주 폐하의 애국애민의 정신에서 나왔다는 것을 강조하고 있다. 비단 독립문 하나뿐만 아니라 도시개조사업 전체가 바로 이런 취지 아래 추진되고 있었던 것이다.

『독닙신문』 1896년 7월 2일자 논설은 도시개조사업 전체가 그런 의도를 가지고 있다는 것을 좀 더 분명하게 지적하고 있다. 이 논설은 외국 신문(일본신문?)이 아관파천 후 조선정부가 즉각적으로 눈에 띄는 성과를 내지 않는 것에 대해 내각이 개화당인지 완고당인지 알 수 없다고 비꼬는 것에 대해 이를 반박하는 뜻으로 쓰여졌다. 즉 그 사이 조선의 형편은 육군도 백배로 나아졌고, 군부의 재정도 미국인 닌스테드(F. Neinstead) 씨가 잘 관리해주고, 탁지부도 영국인 브라운(Mcleavy J. Brown) 씨가 각종 전화(錢貨) 출입을 규모 있게 관리해 외국에 빚지는 일이 없으며, 곧 이루어질 경인간, 경부간 철도 외에도 의주간 철도 개설이 계획되고 있다고 한 다음, 마지막으로 서울 도시개조사업계획이 정부의 주도 아래 진행 중인 것을 소개하였다. 긴한 길들을 새로 닦고 고치고 개천을 깨끗이 하여 우마의 왕래가 편해지고 병이 적게 나게 하는 것은 "정부의 큰 사업이요 백성에게 큰 이라"고 하고, "만일 성군이 우에 아니 계시고 개화하려는 정부가 아니면 이런 일을 누가 경영을 하리요"라고 하였다. 이런 뜻있는 일, 특히 독립문과 독립공원지 조성을 위해서는 민간에서도 가만히 있을 수 없다고 하면서 독립협회가 모금운동에 나선다는 것을 알리면서 "조선 대군주 폐하께서와 왕태자 전하께서와 내각 속에 유지각한 사람들은 다 조선이 잘되기를 바라시고 문명개화하여 앞으로 나아가랴고 하는 뜻을 가지고 일들을 하시는 터인즉" "외국 사람들은 지금 조선정부를 과히 책망치들 말고 좀 기다리면 오래지 아니하여 개화한 정부로 자연이 알리라"고 하였다. 종래 독립문 건설은 정부사업이 아니라 독립협회의 서재필이 발의하여 이루어진 것처럼 알려져 왔다. 그러나 서재필 자신이 썼거나 아니면 그의 주관 아래 나온 이 논설이 정부가 하는 일이라고 밝히고 있으니, 종래의 오류는 바로 잡아져야 마땅하다.[32]

도시개조사업은 독립국으로서의 면모를 일신하려는 의도와 함께 독립국을 유지할 수 있는 힘을 키우는 자세로서 서양 도시의 구도나 시설을 적극적으로 도입하고 있었다. 이 사업의 중심은 어디까지나 군주였으며, 군주의 뜻을 받들어 이 사업을 실질적으로 추진한 사람들은 박정양 등 미국 근무경험을 가진 관료들로서, 양자는 동도서기론의 개화주의자로서의 공통점을 가지고 있다. 동도서기론적 개화주의는 대한제국 광무연간 개혁의 기본노선이었다고 해도 좋다. 종래 갑신개화파처럼 서도서기론을 추구하던 부류만을 개화파로 간주하고 나머지는 모두 수구파로 간주하던 분별 방식은 불식되어야 한다. 그러한 파악은 고종황제가 중심이 된 개화정책의 성과를 의식적으로 매장하기 위한 입장에서 만들어진 것이었다.

황성 만들기의 여러 사업 가운데 본궁을 도심 가운데로 옮긴 것이라든지, 시민공원 조성에 많은 배려를 가한 점 등은 정치사상적으로 좀더 음미해 볼 점이 있다. 두 가지는 자칫 서구 도시의 단순한 모방으로 간주되기 쉽지만, 그러한 서양 제도의 수용이 쉽게 이루어질 수 있었던 수용 측의 기반도 살필 필요가 있는 것이다. 18세기 군주들인 영조·정조 등은 왕궁을 나와 서울 안 또는 바깥을 자주 행차하면서 백성들이 민원을 올릴 수 있는 기회를 많이 만들었다. 이른바 상언(上言)·격쟁(擊錚)제도의 발달이 그것이다. 정조대의 상언·격쟁에 관한 연구는 정조 재위 24년간 70여 회의 행차에 4,000여 건의 상언·격쟁이 이루어졌던 것을 파악하고 있다.[33] 18세기 군주들은 군주 자신이 백성들에게 직접 접하는 기회를 많이 만들려고 하였다. 이것은 이전의 왕정이 사대부 관리들에게 크게 의존하던 것과는 큰 차이를 보이는 변화였다. 사회경제적 변화에 따라 계급, 계층적 갈등이 심해지는 가운데 국왕은 사대부의 편만 들거나 그들에게 일방적으로 의존하고 있을 수 없는 상황이 도래하고 있음을 알았던 것이다. 국왕은 전통적인 위민론(爲民論)에서 한 걸음 더 나가 절대다수인 민의 지지 없이는 왕조가 유지될 수 없다는 인식 아래 민과 국(왕)의 일체성을 강조하는 민국론(民國論)을 새로운 왕정론으로 정립시키고 있었다. 정조에 의해 구체화된 이 정치사상은 19세기 세도정치 아래서 일시 위협을 받았으나 고종에 의해 다시 부활되었다.[34]

영조·정조대에 국왕의 도성 안 행차 때 상언을 받던 곳은 파자교 앞(종로 4가), 철물교 앞(종로 2가), 혜정교 앞(종로 1가) 등 세 곳이었다. 셋 중 철물교 앞은 탑골공원, 혜정교 앞은 고종황제 즉위 40주년 기념비전이 각각 들어섰다. 민의 수렴의 역사를 가지고 있는 지점들이 이렇게 시민공원이나 황제의 어극을 칭경하는 기념물 건립의 장소로 택해진 것은 결코 우연이 아님을 알 수 있다. 군주가 거리로 자주 나서 민의를 수렴한 전통을 상기하면 본궁을 도심으로 옮긴 것은 군주가 민 속으로 들어간다는 의미를 가지는 것으로 볼 수도 있다. 민국 정치사상과 같은 자체의 정치의식의 발전이 서양제도의 수용을 자연스럽게 이루어질 수 있도록 만들었을 것이다.

5. 맺음말

1896년 아관파천 후에 시작된 서울 도시개조사업은 우리 나라 최초의 근대적 도시계획으로 민족사적으로도 중요한 내용을 담고 있는 것으로 확인되었다. 명실상부한 독립국으로 새로 출범할 수 있는 기회를 맞이하여 나라의 얼굴인 왕도의 모습을 일신하려는 것이 이 계획의 기본 의도로서, 전통적인 정치사상의 발전과 부국강병을 위한 서양문물 수용의 의지를 함께 담고 있었다. 이처럼 중요한 역사적 내용과 의미를 가지고 있는 사실이 최근까지 매몰되어 있었던 것은 전적으로 고종시대사에 대한 부정적인 평가와 인식의 소치였다. 1910년 한국을 강제 병합한 일본은 자신들의 한국통치를 합리화, 정당화하기 위해 고종시대사를 매도, 매장하는 작업을 서둘렀다. 그들이 편찬, 간행한 역사서에서 대군주 또는 황제로서의 고종의 존재는 찾아볼 수 없었으며, 그 대신 이 시대의 역사는 민왕후와 대원군의 싸움으로 점철되었다. 이러한 의도적인 왜곡 속에서 고종의 상은 왕비와 아버지 사이에서 우왕좌왕하는 우유부단한, 무능한 군주로 그려질 수밖에 없었다. 실제로 국왕 고종이 중심이 되어 이루어졌던 치적들은 모두 친일개화파나 독립협회가 한 것으로 왜곡되었다.

도시개조사업의 성과는 가시적인 것이었기 때문에 지우기 어려운 것이었다. 그러나 통감부나 총독부는 그 성과를 변조시키는 데 많은 노력을 기울였다. 1912년에 공개된 통감부의 「경성시구개수예정계획노선도(京城市區改修豫定計劃路線圖)」(통감부가 존속한 1910년 8월말 이전 제작)는 남산의 통감부 앞 쪽을 중심으로 방사상 도로망을 새로 계획하여 경운궁 앞의 기존의 방사상 도로체계의 비중을 약화시키려고 하였다. 이 계획은 어떤 사정 때문인지 실행에 옮겨지지 않았다. 1915년 조선물산공진회(朝鮮物産共進會)를 빌미로 한 경복궁 등 기존의 다른 왕궁들을 파괴하는 데 힘을 쏟아 여력이 모자랐던 것 같다. 경복궁에 대한 훼손을 일차 진행한 다음, 경운궁 일대의 구조를 변경시키는 작업은 3·1운동 직후인 1919년 6월 25일에 작성한 「경성시구개수예정계획선도(京城市區改修豫定計劃線圖)」에 의해 추진되었다. 경복궁-경운궁-남대문-용산 군사령부간의 도로를 대폭 확장하여 직결시키는 이 도시계획은 경복궁 앞 광장, 고종 즉위 40주년 기념비전 주위, 경운궁 대한문 앞 광장 등을 크게 훼손, 변경시켰다. 1919년 고종황제의 인산을 계기로 한 3·1 만세시위 운동은 주지하듯이 경운궁 대안문 앞 광장, 고종황제 40주년 기념비전, 탑골공원 등 세 곳을 중심으로 일어났다. 3개월 뒤에 제시된 총독부 「도시계획선도」는 이 가운데 두 곳을 크게 훼손시키는 취지를 담고 있었다. 적어도 이곳에 다시 군중들이 모인다면, 용산의 일본군은 이전보다 훨씬 빠른 속도로 이곳에 출동할 수 있는 조건이 만들어졌다. 길을 넓혀 "폭도" 진압의 효과를 높였던 것이다. 일본은 경복궁 앞과 경운궁 앞에 일본군 대대를 주둔시키는 것으로도 부족하여 수 년 안에 두 지점에 총독부청·경성부청 등 조선통치의 최고 관부의 청사를 이곳에 신축하였다. 1896년 이래 대한제국 황성 만들기로서의 서울개조사업은 일본의 이러한 파괴공작 속에 잊혀져 갔던 것이다. 그러나 이를 잊기에는 그 사업의 의욕과 의도는 역사적으로 너무나 소중한 것이다.

고종황제의 항일정보기관 익문사(益聞社) 창설과 경영

이 '익문사' 자료 『제국익문사비보장정(帝國益聞社秘報章程)』은 한국정신문화연구원 도서관 소장의 장서각도서에 들어 있는 것으로,[1] 총 23개조를 16엽(32면)에 묶은 규정집이다. 대한제국(1897~1910)이 1902년 6월 通信社를 가장한 황제 직속의 국가 정보기관으로 제국익문사(帝國益聞社)를 설립하여 운영한 사실은 지금까지 전혀 알려지지 않은 것이다. 이 사실은 대한제국이 알려진 것과는 달리 상당한 수준의 국가 운영체제를 갖추고 있었다는 것을 보여주는 사례가 될 수 있기 때문에 주목할 필요가 있다.

대한제국의 국권을 탈취한 일본제국은 자신들의 한국지배와 시정개선을 합리화, 정당화하기 위해 대한제국의 광무연간 개혁을 부정적으로 평가하거나 매몰시켰다. 오늘날까지도 일반화되어 있는 대한제국에 대한 부정적인 인식은 그 과정에서 조장된 것이었다. 그러나 대한제국은 1897년 출범이래 이른바 광무개혁을 통해 뒤늦게나마 교통·산업·군사 등의 부면에서 부국강병의 근대화정책을 추진하여 1902년 무렵에는 상당한 성과가 표면적으로 나타나기 시작했다. 1903년 5월 육해군 창설을 위한 준비를 지시하는 황제의 조칙이 발표되었다. 이즈음 대한제국 정부의 기틀이 잡혀가고 있었다는 것은 아래 표를 통해서도 단적으로 살필 수 있다.

1900년 전후의 세출 예산과 군사비 규모 증가 추세

연 도	세출예산	군사비
1895년	3,804,910元	
1896년	6,316,831元	
1897년	4,190,427元	1,000,000元 안팎
1898년	4,525,530元	
1899년	6,471,132元	
1900년	6,161,871元	1,630,000
1901년	9,078,682元	3,590,000
1902년	7,785,877元	2,780,000
1903년	10,765,491元	4,120,000
1904년	14,214,298元	5,180,000(실제 지출 ; 2,100,000)
1905년	19,113,665元	4,850,000(실제 지출 ; 700,000)

출처 : 이윤상, 「1894~1910년 재정제도와 운영의 변화」, 서울대 박사학위 논문, 1996.

위 표에 따르면, 1901년에 이르면 확실히 예산의 규모가 커지고 군사비가 급증하고 있다. 일본으로서는 이러한 대한제국의 성장·발전을 방치해둘 수가 없었다. 그대로 두면 그들의 오랜 염원인 한국지배의 꿈은 영원히사라질지도 모르기 때문이었다. 그리하여 러시아의 남하를 경계하는 미국과 영국을 꾀어, 그 지지 아래 서둘러 러시아와의 전쟁을 일으키고 그 전시군사력을 배경으로 한국의 국권을 강제적으로 침탈하기 시작했던 것이다.

제2부 근대화의 현장

1904년에 예산규모가 커진 가운데 군사비도 5백만 원 이상 잡혔으나, 이 해 2월에 러일전쟁을 일으킨 일본이 한국정부를 장악함으로써 그 반도 지출하지 못하는 상황이 벌어졌으며, 이듬해에는 일본이 한국의 군비증강을 가로막았기 때문에 상황은 더욱 악화되었다. 이런 견지에서 보면 대한제국은 결코 무능·무위로 망한 것이 아니라, 오히려 새로운 발전 가능성 때문에 일본이 이를 강제로 꺾은 결과라고 해야 옳다. 이러한 상황을 고려해 볼 때, 대한제국이 익문사(益聞社)란 정보기구를 설립 운영하였다는 것은 대한제국의 국가경영의 발전상을 보여주는 증거로서 주목할 만한 것이다.

이 장정(章程)은 고급 저지(楮紙)를 사용한 것으로 황제 어람용에 대한 존안(存案) 즉 부본이었던 것 같다. 그러나 이 기구의 설치에 관한 다른 기록은 찾아볼 수 없다. 비밀이 보장되어야 하는 기구였기 때문에 관련기록이 남지 않았을 가능성이 많다. 그런데 다행히 대한제국 황제의 이런 비밀 정보기구 운영에 대한 것으로 판단되는 비난이 일본인들의 저술에 남아 있어 이의 실재를 방증해 준다. 1907년 7월의 고종황제 강제 퇴위사건을 다룬 나라사키(楢崎桂園)의 『한국정미정변사(韓國丁未政變史)』(京城, 日韓書房, 1907년 12월)에 고종황제를 비판하면서 황제가 평소에 내각의 친일적인 대신들을 의심하여 3∼4인의 밀정을 부쳐 모든 기밀을 탐지하게 하여 많은 일들이 이 밀정에 의해 결정되었다고 지적하면서 "한제(韓帝)의 이른바 전제정치란 것은 실상은 밀정정치·잡배정치(雜輩政治)의 폐단에 빠진 것"이라고 비난한 부분이 있다(14면). 장정의 내용도 실제로 고급관료들의 움직임에 대한 파악을 익문사 요원(통신원)들의 임무로 규정하고 있다(제5조). 이것은 제국의 많은 고급관료들이 일본 측의 매수공작의 대상이 되어 조정의 중요 정보가 계속 일본 측으로 빠져나가고 있는 것을 실제로 여러 차례 경험하면서 취해진 조치로 판단된다.

그리고 일본 외교사료관 소장 「한국태황제(고종)의 외국원수에 대한 친서 원본 및 조남승(趙南升)에 내린 밀서 발견과 아울러 통감부가 청구했을 때 소실의 이유를 들어 인도를 거절한 한국제조약본서 경성 불란서 교회 감독 미텔로부터의 회수 1건」(1책)에도 익문사의 존재를 증명해 주는 기록을 찾아볼 수 있다. 이 자료는 강제병합 직전인 1910년 6월 통감 데라우치 마사다케(寺內正毅)가 본국 외무대신 고무라(小村壽太郎)에게 보낸 보고서로서, 갑호의 1, 갑호의 2, 을호 등 3부로 구성되어 있는데, 이중 갑호의 2의 25번째 조사 건명이 "미국 통신원에 관한 건, 프랑스공사관 건물 매수에 관한 건(합책)"으로 되어 있다. 통신원은 익문사 활동요원의 칭호로서 해외 주요 도시에도 파견되어 있었다(장정 제15조 참조). 두 가지 사실로 보아 『제국익문사비보장정』은 분명히 안에 그친 것이 아니라 실행에 옮겨진 것이었음을 확인할 수 있다.

제국 익문사는 황제 직속의 제실기관 형태를 취했다. 총책인 독리(督理)는 "특별히 제실의 친신(親信)하시는 1인으로" 임명한다고 하였다(제22조). 독리 아래는 사무(司務)·사기(司記)·사신(司信) 등 3개 분장직책을 두고 활동원으로 상임 통신원(16인), 보통 통신원(15인), 특별 통신원(21인), 외국 통신원(9인), 임시 통신원(부정액) 등 61명 이상을 두었다. 활동 대상 지역은 경성(5署 각 방곡, 외국공관 및 거류지), 내지(항구도시의 상대 개념, 13도 관찰부 목부 군), 항구(8항구 개시장-평양), 외국(일본 ; 東京 大阪 長崎, 중국 ; 北京 上海, 러시아 ; 해삼위, 여순) 등이었다(제15조).

요원들의 활동 영역은 제5조~제8조에 자세히 규정되어 있다. 국내에서의 비탐(秘探) 활동 대상은 정부 고관들의 동정, 경성 주재 외국 공관원들의 동정, 국사범(해외 망명자) 및 외국인들의 국내인 매수 및 간첩 행위, 학교·종교단체·사회단체 등의 반국가적 행위 유무, 외국인 특히 일본인들의 침략행위 등으로 분류된다. 아래 예시에서 보듯이 특별히 일본인 및 일본기관을 지칭한 사항이 10개에 달하는 것은 정탐의 주목적이 일본·일본인에 대한 경계에 있었던 것을 말해 준다. 다시 말하면 이 기구는 대한제국 황제정과 경제질서에 대한 일본의 침투를 저지하기 위한 역정보 획득을 위해 설립된 기구였다고 할 수 있다.

<예시> 일본 수비대장관과 경관, 일본 정당과 낭객(浪客), 일본 상인배로 사주기(私鑄機)와 폭약 등 각종 금물을 잠매하는 자, 일본인 조선협회 지회, 일본 정토종(淨土宗) 교당, 인천·부산에 있는 일본철도회사, 일본인 경영의 한성신보사, 일본 전신 수비대와 헌병, 일본인 창립학교의 학도, 일본인으로 하는 일 없이 돌아다니는 자, 일본인으로 삼포(蔘圃)를 몰래 캐고 증삼(蒸蔘)을 몰래 하는 자, 일본인으로 내지에 함부로 거주하는 자.

국사범 및 외국인이 조종하는 한국 고관 매수 및 이들을 통한 정보 수집 활동도 대부분 일본 측을 의식한 표현이었다. 서울 주재 일본공사관이 한국 고관 및 중요 관리들을 매수하여 중요한 정보를 수집하는 행위는 일찍부터 시작되고 있었는데, 이것이 표면적으로 드러남으로써 제국익문사와 같은 정보기구의 설립이 불가피하게 되었던 것이다.

『장정』제5조 제7항 "자유민권을 빙자하여 황제의 전제정치를 비방하여 정부 득실을 평론하여 인심을 선동하는 자"라는 규정은 민권 탄압으로 오해될 수 있다. 그러나 최근 1898년의 독립협회의 관민공동회·만민공동회의 '자유민권' 운동도 일본공사관의 공작에 의해 황제정의 교란을 목적으로 일으켜졌다는 연구가 나오고 있다. 독립협회는 황제를 중심으로 한 일치단결(윤치호·남궁억 등)을 주장하는 부류, 자유민권 쟁취를 우선해야 한다고 주장한 부류(安駉壽·鄭喬 등)로 나뉘었는데, 후자의 안경수는 초대 독립협회 회장이었지만 1894년 무렵부터 이미 일본공사관에 포섭되어 비밀리에 그 앞잡이 노릇을 하고 있었다. 1897년 10월 대한제국이 출범하여 한국의 내정이 순탄하게 진행되자 일본공사관은 안경수를 동원해 자유민권 운동의 미명으로 대한제국 정부를 혼란에 빠트릴 것을 기도했던 것이다.[2]

고종황제가 주도한 광무개혁은 독립협회의 해산으로 내정이 안정되면서 성과를 올리기 시작했으나 그 후에도 일본은 학교, 종교단체, 낭인들의 단체 등을 통해 한국 내정을 교란시킬 음모적 행위를 계속하고 있었기 때문에 제국익문사 활동에서 이들에 대한 경계가 강조되었던 것이다. 고종황제 측은 지금 나라가 자주독립을 유지하려면 민권보다 부국강병을 앞세워야 한다는 주장을 분명히 표시했다.[3] 제국익문사는 황제정의 이러한 노선을 뒷받침하기 위해 설립되었던 것이다. 제국익문사는 곧 일본침략의 저지가 주된 목표였다고 해도 과언이 아니다.

수집된 정보를 본사에서 정리해 황제에게 보고할 때는 묵서를 사용하지 않고 화학 비사법(秘寫法)을 쓴다던가(제9조), 봉투에 황실문장(오얏꽃)과 성총보좌(聖聰補佐)란 글자를 넣은 전용 인장을 봉투에 찍는다던가(제10조) 한 것 등은 흥미롭다.

[그림 26] 익문사 전용 인장

1904년 2월 러일전쟁을 일으킨 일본은 의정서(1904년 2월 23일), 「제1차 일한협약」(1904년 8월 22일), 「제2차 일한협약」(이른바 을사보호조약, 1905년 11월 17일), 「한일협약」(1907년 7월 24일 ; 이른바 정미조약), 「한국병합조약(1910년 8월 22일) 등을 차례로 강요해 한국의 국권을 강제로 탈취하였다. 이 과정에서 제국익문사는 해체되었을 것으로 짐작된다. 아마도 1907년 7월에 고종황제가 강제로 퇴위되기 전까지 제국익문사의 활동원들은 황제가 벌인 을사늑약의 무효화 운동을 수행하는 역할을 담당하였을 것이다. 해외에서 활동한 고종황제의 밀사들이 많았다는 얘기가 바로 이들을 두고 하는 말일 가능성이 높다.[4]

<자료>

　　『帝國益聞社秘報章程』

　　　※ 아래 규정들은 현대어로 바꾼 것임

　　　　　　　　　도서번호 ; 藏書閣圖書 2-3532(한국정신문화연구원)
　　　　　　　　　1책 16장, 23.3cm×15.1cm
　　　　　　　　　朱絲欄, 1면 10행 16자
　　　　　　　　　線裝, 楮紙

제1조 본사는 帝國益聞社라 칭하여 사무소를 漢城中央에 둘 것.

제2조 본사는 매일 秘報를 작성하여 오로지 聖聰을 補明하는 것을 主義로 할 것.

제3조 본사가 비밀히 탐지하는 사항은 4종으로 나누어 일이 아직 드러나지 않거나 이미 드러난 것을 물론하고 비밀 探探하되 이미 드러난 일은 근저를 사실을 좇아 탐득하고 드러나지 않은 일은 시작과 끝을 미리 探訪히야 秘報로 어람하심을 받들 것.

    一. 京城의 일

    一. 內地의 일

    一. 항구의 일

    一. 외국의 일

제4조 위 4종의 관할 구역을 분정하는 일

    一. 京城

        5署 각 坊曲

        외국공관 및 거류지, 철도정차장, 연로 각 나루, 각 사찰

    一. 內地

        13도 관찰부, 一牧 각 府 각 郡

    一. 8항구 開市場

    一. 외국

        통상 각국 기타 긴요지방

제5조 경성에서 비밀히 탐지할 事目을 세분하는 것(총 33개 사항, 일본 측은 직접 지칭한 사항 7개 ; 필자)

    一. 각 府 部 院 대관의 회합 이동하는 사항

    一. 각 군영 장관의 회합 이동하는 사항

    一. 陞敍 임용하는 각 관인의 족류 干連(범죄 관련)과 비밀스런 행적과

숨긴 정상의 유무 사항

一. 각 官人家의 사항

一. 국사범의 친속 동정

一. 국사범의 서신 왕래 유무

一. 자유 민권을 빙자[陰唱]하여 (황제의) 전제정치를 비방하며 정부 득실을 평론하여 인심을 선동하는 자.

一. 불평당과 閑散輩가 國是를 살피지 않고 음모 秘計하는 사항

一. 관인 혹은 군인이 大內 사정과 營中 기밀과 정부 논의를 외국인에게 潛通하는 자 유무.

一. 국사범의 秘密金과 외국인의 偵探金을 받아먹고 본국 각 항 사정을 暗通하는 細作[간첩]되는 자 유무.

一. 익명서와 訛言을 만들어 내어 인심을 선동하는 자 유무

一. 각 공사와 영사의 회합 이동하는 사항

一. 각 공관의 기밀사항

一. 각 공관에 외인 왕래하는 사항

一. 각 공관에 본국인이 내왕하는 사항

一. 각 공관과 외국인 집에 고용된 본국인의 자격 및 행위가 어떠한지의 사항

一. 일본 수비대 장관과 경관의 회합 이동하는 사항

一. 일본 정당과 낭객이 聚散하는 동정

一. 천주교당과 耶蘇 학당의 敎徒가 취산하는 사항

一. 공사립 각학교의 학도 행위의 여하한 사항

一. 각 商會社의 騙財[남의 재물을 속여 빼앗음]와 협잡하는 자 유무

一. 일본 상인배의 私鑄機와 폭발약과 각항 금물을 잠매하는 자 유무

一. 일본인의 朝鮮協會支會의 어떠한 동정

一. 淨土宗 敎堂의 입회자 동정 및 수효 증가하는 사항

一. 각 사찰에 무뢰배가 출몰하여 일을 만들어 내는 것 유무

一. 인천 부산 일본철도회사의 현지 情形

一. 輪車 승객으로 수상자 유무

一. 漢城新報社(일본인 경영 ; 필자)의 비밀 동정 유무

一. 치안에 방해되는 자 유무

一. 기타 일체 帝室에 저촉되는 사항 유무

제6조 내지에서 秘探할 事目을 세분하는 것(총 18개 사항 중 일본 지칭 7 개)

一. 각 관찰사와 각 수령의 괴상한 행위 유무

一. 각도 연로의 한산배 및 잡류가 陰圖秘計하는 사항

一. 혹은 동학이라 칭하거나, 혹은 정감록을 칭하거나, 혹은 南朝鮮을 칭하여 요언을 지어내고 秘記를 장식하여 일체 左道[좋지 않은 수단 ; 필자]로 사람을 속이고 재물을 빼앗는 자 유무.

一. 朝家의 정령과 관장의 치적을 공연히 비방하고 지방 소요를 양성 하는 자의 유무.

一. 조정의 명령을 함부로 칭하고 인장을 위조하여 평민을 속이고 우 롱하는 자 유무.

一. 地方隊 領官 尉官이 양민을 침학하는 자 유무

一. 綠林黨이 취산하는 사항.

一. 천주 耶蘇교도와 선교사가 불법행위 하는 사항

一. 일본 電信 수비대와 헌병이 이동하는 사항

一. 일본인 창립학교의 학도 취산하는 사항

一. 일본인으로 閑行 遊歷(일없이 돌아다님)하는 자의 여하한 사항

一. 일본인이 각 蔘圃를 몰래 캐고 몰래 蒸蔘하는 사항

一. 일본인이 內地에 함부로 거주하는 자의 동정

一. 경부 철도 노선과 정차장 기지에 일본 이주 노동자가 자유 闖入하
는 사항

一. 각군 연해에 日淸俄 삼국인의 고기잡이 정형 여하

一. 各郡 各鑛의 파원과 鑛夫輩의 현지 행위 및 외국인에게 許採한
금광 이익과 정형 여하

一. 邊界 및 연해의 삼림을 몰래 斫伐함과 본국인이 외인에게 잠매하
여 公有(共有)하는 사항.

一. 서북 양계에 무뢰배가 淸匪(청나라 비적)을 유도하며 청비와 부동하
여 禍患을 양출하는 자 유무.

제7조 항구에서 비밀리 탐지할 사목을 세분하는 것(총 12개 사항 중 일본
지칭 3개 ; 필자)

一. 감리와 경관과 세관의 행위 여하한 사항

一. 각국 영사의 동정

一. 각국 군함의 왕래 동정

一. 본국인이 외국 왕래하는 자의 여하한 사항

一. 외국인이 본국인을 충동하여 不通 口岸에 왕래하여 무역하는 사항

一. 금지를 위반한 물품의 수출 출항하는 사항

一. 公有地段을 외국인에게 몰래 팔고 몰래 전당 잡히는 자 유무

一. 국사범과 부동하여 몰래 (바다를) 건너며 혹 심복 간첩이 된 자 유무

一. 일본 정당 浪客 및 수상자 도착하는 사항

一. 일본 수비대와 헌병대가무상 왕래하는 사항

一. 耶蘇 천주 정토 각 교당 교도의 행위 및 취산 동정의 여하

一. 私鑄錢과 폭발약을 제조하거나 몰래 팔거나 몰래 운반하는 사항.

제8조 외국에서 비밀리 탐지할 事目을 세분하는 것.

一. 각국 派駐 公使와 隨員 등의 행위 여하

一. 각국에서 駐韓公使를 바꾸는 내정 여하

一. 각국 정부의 변개 사항

一. 각국의 협상 동맹하는 이유

一. 각국 國會의 決案 여하

一. 각국 군함의 임시 派出하는 사항

一. 각국이 전쟁을 일으키는 이유

一. 각국의 對韓 방침이 여하한 사항

一. 각국의 육해군 장관 임시 진퇴하는 사항

一. 도망가 있는 국사범의 주거지 옮기는 사항

一. 도망가 있는 국사범의 음모 秘計가 여하한 사항

一. 각국에 일없이 돌아다니는 본국인의 동정 여하

一. 기타 일체 아국에 대해 緩急간에 비밀리 탐지할 사항

제9조 본사 秘報를 (황제에게) 進呈할 때는 墨寫를 쓰지 않고 화학 秘寫
法을 정서하여 비밀히 어람하심을 편의케 할 것.

제10조 본사 비보를 진정할 때는 좌기(아래) 인장을 봉투에 찍어 표준할 것.

(별첨)

제11조 본사의 사무실 정리함을 위하여 좌개(아래) 임원을 둘 것.
　一. 司務　1인
　一. 司記　1인
　一. 司信　1인

제12조 司務는 아래의 사항을 관장할 것.
　一. 社中 事務를 주관할 것
　一. 秘報 修輯에 종사할 것

제13조 司記는 아래의 사항을 관장할 것.
　一. 社中 재정을 주관할 것.
　一. 비보 修進에 종사할 것.

제14조 司信은 아래의 사항을 관장할 것.
　一. 社中 帳簿를 관장할 것.
　一. 秘報 修寫에 종사할 것.

제15조 通信員은 5종으로 나누어 통신사무에 복종케 하여 그 排置와 정액(정원)을 아래와 같이 하되 임원은 수의 증감할 것.
　一. 상임 통신원 16인
　　각 府 部 院　2인
　　각 營隊　1인

13道　　13인

一. 보통 통신원 15인

북촌(각 궁가 및 각 대관가) 2인, 남촌(각 군대장관가 각 휴직무관가) 2인

서촌(각 대관가 및 여러 教徒家, 서양인 구락부) 2인

동촌(각 商務社 및 무뢰배 留住處) 2인, 정거장 1인

泥峴(總代役場 및 각 商務販所, 淨土宗 및 구락부, 漢城新報事, 朝鮮協
會支會) 4인

천주교 耶蘇教堂　2인

一. 특별 통신원 21인

日公館 2인, 俄公館 2인, 法公館 1인, 英公館 1인, 德公館 1인, 美
公館 1인, 淸公館 1인, 義比公館 1인, 일본 수비대 (附 헌병대) 1인,
일본 경찰서 (附 電郵 2局) 1인,

인천항 2인, 부산항 (부 창원항) 2인, 목포항 1인, 옥구항 1인, 원산
항 (부 성진항) 1인, 목포항 1인, 옥구항 1인, 원산항 (부 성진항) 1인,
평양 개시장 (부 진남항), 개성부 1인.

一. 외국 통신원 9인

일본 東京 2인, 大阪 1인, 長崎 1인

청국 북경 1인, 上海 2인

俄領　海蔘威 1인, 旅順口 1인

一. 임시 통신원

아직 정액을 정하지 못했으니 內地와 외국에 事宜를 따라 파송할 것.

제16조 본사 비보를 구성하여 稟呈하는 것 외에 외면으로 매일 社報를
발간하여 인민에게 購覽케 하고 혹 국가에 긴용하실 서적도 인쇄할 것.

제17조 본사의 사보는 외국 半官報의 예에 의해 帝室의 기관으로 칙령을 奉承하여 간포하는 요지가 아래와 같이 할 것.

一. 혹자를 칭송하여 높이는 건.

一. 혹자를 貶議하여 어떤 사건의 조치를 편케 하는 건.

一. 혹자의 陰秘한 행위를 깨서 드러나게 하는 건.

一. 혹자가 어떤 사람을 반대하는 사항은 수시 변론하여 공중에게 오해함을 없게 하는 건.

一. 혹자의 정치상 訓議함(헐뜯음)을 수시 설명하여 공중의 感心이 생기지 않게 하는 건.

一. 외국인의 불법행사는 수시 격론하여 공중이 警悟토록 할 것.

一. 외교 사항 중에 泄露하면 제절로 막을 수 있게 되는 것을 게재하는 건.

一. 훗날 당 행사의 端倪(처음과 끝)를 미리 보여서 衆議를 試探하는 건.

一. 관부 고시로는 온당하지 않고 公衆에게 廣布하는 건.

一. 帝室의 일체 德惠를 조목조목 開諭하여 一國에 광휘케 하는 건.

제18조 본사는 통신 보고를 敏速히 함을 위하여 각 派駐地의 통신은 전보로써 하되 電報總司와 支司에 계약을 의정할 것.

제19조 본사는 외국 통신 접수함을 위하여 외국 통신사와 연합 계약함을 의정할 것.

제20조 본사의 新報는 각 府 部 院 廳과 각 지방관청 칙주판임관에게 分傳하되 價金은 每月終에 관보 예를 의하여 각기 會計局으로 推尋하야

경비중에 補用할 것.

　제21조 본사의 매월 收支金額의 明細書는 每月終에 정리하여 어람하심
을 供할 것.

　제22조 특별히 帝室의 親信하시는 一人으로 본사의 督理를 명하사 社
員을 감독하며 사무를 처리케 할 것.

　제23조 본사의 세칙은 聖旨를 받들어 隨後 규정할 것.

　위 23조를 확정하야 본사를 설립하고 충애지성을 다하여 涓埃(근소)를 보
답하기로 깊이 맹세함이라.

　　　　　　　　　　　光武 6年　月　日

　　　　　　　　　　　益聞社　司務　臣　　　印
　　　　　　　　　　　　　　　司記　臣　　　印
　　　　　　　　　　　　　　　司信　臣　　　印
　　　　　　　　　　勅令　　　　官職　姓名 某
　　　　　　　　　　命
　　　　　　　　　　帝國益聞社督理
　　　　　　　　　　光武 6年　　月　　日

주

서장 : 고종시대사 흐름의 재조명

　－개항에서 광무개혁까지－

1) 여기서 지적하는 사회과학은 범칭적인 것으로 받아들여지기를 바란다. 사회과학자 들 가운데 한국사 연구에 종사하고 있는 연구자들이 있다. 사회학적 관점에서, 사회 구성체론의 시각에서, 또는 중진국 자본주의론의 시각에서 한국사를 연구, 설명하고 있는 연구자들이 있다. 이들의 학문적 기여는 충분히 인정이 되나 아직까지 한국 사 회과학의 학풍에 주류적 영향을 미치고 있다고는 생각되지 않는다. 그리고 이 중에 특정한 이론의 적용에 몰두하고 있는 경우에 대해서는 별도의 논의가 필요하므로 여 기서는 구체적으로 이를 문제 삼지 않는다.

2) 이태진, 「奎章閣 중국본 도서와 集玉齋 도서」, 『민족문화논총』, 영남대, 1996. 본서 에 수록.

3) 이태진, 「고종황제 暗弱說 비판」, 『東北亞』 5, 1997. 본서에 수록.

4) 이수룡, 「한성순보에 나타난 개화·부강론과 그 성격」, 『손보기박사 정년기념 한국 사학논총』, 736~737면, 지식산업사, 1988. 순보·주보의 논설에 관한 아래의 다른 부 면에 관한 서술에서도 이 논문을 많이 참고하였다.

5) 이태진, 「正祖」, 『한국사시민강좌』 제13집, 1993, 78~82면.

6) 조미수호통상조약에 대한 이러한 관점의 연구로는 姜相圭, 「高宗의 對外觀에 관한 研究」(서울대 대학원 외교학과 석사논문, 1995년 2월), 49~53면 참조.

7) 原田環, 「朝鮮의 開國近代化와 淸」, 『靑丘學術論集』 7, 1995년 11월, 216면.

8) 김경태, 「開港直後의 關稅權 回復問題」, 『韓國史研究』 8, 1972 ;「不平等條約 改正 交涉의 展開」, 『韓國史研究』 11, 1975 ; 原田環, 앞의 논문, 228~229면.

9) 原田環, 앞의 논문, 218면.

10) 崔鍾庫, 『韓國의 서양법 수용사』, 박영사, 1982, 44~50면 ; 高柄翊, 「穆麟德의 雇用 과 그 배경」, 『震檀學報』 25·26합병호, 1964.

11) 이태진, 「1894년 6월 淸軍 朝鮮 출병 결정과정의 진상」, 『韓國文化』 24, 1999. 본서 에 수록.

12) 趙景達,「東學에 있어서의 正統과 異端」,『아시아로부터 생각한다 5, 近代化像』, 東京大學出版會, 1994, 79면 ; 原武史,「朝鮮型 一君萬民 思想의 系譜-日本과 比較하여」,『社會科學研究』47-1, 1995년 8월, 東京大學 社會科學研究所, 90~93면.

13) 일본 측은 당시 계속된 농민반란으로 국가재정이 곤핍해 조선정부가 개혁을 스스로 수행할 수 없는 상황이었다는 판단 아래 조선 국왕의 교정청 설치를 통한 개혁 선언은 일본 측의 窘迫을 거부하려는 의도에서 취해진 일시적 대응으로 간주하고 있다.『日本外交文書』27-1, 7월 15일 ; 유영익,『甲午更張研究』, 1990, 11~13면.

14) 이른바 아관파천에 대한 이러한 새로운 해석은 이태진,「18·19세기 서울의 근대적 도시발달 양상」,『서울학연구』제4호, 1995년 2월, 19~20면 참조.『고종실록』에는 파천이란 용어를 사용하지 않고 移蹕이라고 했다.

15) '아관파천' 전후의 의병과 중앙 정계와의 관계에 대해서는 최근의 연구로 이상찬,『1896년 "復讐保形" 義兵 研究』(1996년도 서울대학교 문학박사학위 청구논문)가 있다.

16) 이하의『독립신문』창간 경위에 대해서는 신용하,『獨立協會研究』, 일조각, 1976, 7면 참조.

17) 閔泰瑗,『甲申政變과 金玉均』, 국제문화협회, 1947, 부록 : 회고 갑신정변, 91면, 신용하, 앞의 책, 9면의 주 17에서 재인용.

18) 박정양과의 교섭관계는 신용하, 앞의 책, 14면의 주 27) 참조.

19) 신용하는 특히 建陽協會와의 관계를 강조하였는데, 서재필에 대한 유길준 등의 지원은 분명한 사실이나 그렇다고『독립신문』과 같은 언론매체의 필요성은 그들만 느낀 것이 아니며, 특히 이 시대사에 대한 종래의 인식은 국왕의 존재를 거의 무시하고 있었기 때문에 정파의 동향에 대한 평가가 실제보다 높게 이루어졌다고 생각한다.

20) 영은문은 1895년 2월에 서울에 주둔해 있던 일본군에 의해 헐렸다. 일본은 당시 조선의 독립을 곧 청으로부터의 독립으로 간주하여 청일전쟁의 승자로서 이 문을 헐었다. 조선으로서는 이를 손수 헐지 못한 한계를 가지고 있었으나 이 자리에 독립의 의지를 표시하는 새로운 건축물을 세우는 것으로 그 한계를 극복하고자 했다. 독립문 건립사업이 가지는 이러한 제약 때문에 국왕이 직접 이 사업에 나서지 않고 관민협동단체로 독립협회를 만들게 했는지도 모른다. 국왕 고종이 뜻한 당시의 독립은 청나라뿐만 아니라 일본 등 모든 열강으로부터 자주국가로서의 지위를 보전하는 것이었다.

21)『고종실록』권37, 광무 2년 7월 9일조.

22)『고종실록』권38, 광무 2년 10월 4일조.

23) 1천 원은 전체 모금액 5,897원의 17%에 해당하였다. 朱鎭五,『19세기 후반 開化 改革論의 構造와 展開-獨立協會를 중심으로』, 연세대학교 대학원 박사학위 청구논문, 1995, 8, 83면.

24) 이태진, 위 「18~19세기 서울의 근대적 도시발달 양상」, 20~21면.

25) 『고종실록』 권34, 建陽 원년 11월 21일조.

26) 이태진, 「1896~1904 서울도시개조사업의 주체와 지향성」, 『한국사론』 37, 1997.

27) 『大朝鮮獨立協會會報』 제2호, 會社記, 11면.

28) 『고종실록』 권36, 광무 원년 10월 11일 領議政 沈舜澤의 발언.

29) 유길준은 1882년 여름에 이 책의 집필을 시작해 각국과 수호통상조약이 체결될 때
더욱 저술에 힘쓰고, 외유 중 원고를 들고 다니기도 하다가 1887년에 귀국하여 가을
부터 본격적 집필에 들어가 1889년 늦은 봄에 끝내고 1895년에 활자화되기에 이르렀
다고 한다. 이광린, 『韓國開化思想硏究』, 일조각, 1979, 56~57면.

30) (1)은 같은 군주제이면서도 (2)와는 달리 법률과 정령이 없이 군주 마음대로 천단하
는 정치형태를 뜻한다.

31) 『西遊見聞』, 경인문화사본, 151~152면.

32) 『日本外交文書』 27-2, 문서번호 482, 謁見의 模樣報告의 件 (1) (2).

33) 이광린, 「兪吉濬의 開化思想-「西遊見聞」을 중심으로」, 『韓國開化思想硏究』, 일조
각, 1979, 66~67면.

34) 『친목회회보』 제1호, 잡보, 18면.

35) 제1호, 제2호는 서울대학교 중앙도서관, 제3호는 연세대학교 도서관에 각각 소장되
어 있다.

36) 金根洙, 「舊韓末 雜誌槪觀」, 『韓國雜誌槪觀 및 號別目次集』(영신아카데미, 1973)에서
는 이 회보를 우리 나라 雜誌史上 최초의 것으로 평가하였다.

37) 제1호에 실린 글들에 대해서는 『진단학보』 제84호에 게재된 원 논문을 참조하기 바
람.

38) 제3호의 친목회 일기에 의하면 1896년 6월 현재 귀국 24명, 向美 8명으로 되어 있다.

39) 신용하, 앞의 책, 89~90면.

40) 그 밖의 회의원들은 민영달(내무협판) 김윤식(강화유수) 조희연(壯衛使) 이윤용(대호
군) 정경원 박준양 이원긍 김학우 권형진 (이상 내무참의) 유길준 김하영(이상 외무참
의) 이응익(공조참의) 서상집(부호군) 등이었다. 『日本外交文書』 27-1, 629면, 문서번
호 423. 柳永益, 『甲午更張硏究』, 141~142면.

41) 『日本外交文書』 27-1, 560면, 574면, 621면. 유영익, 앞의 책, 142면.

42) 본서, 「1894년 6월 청군 출병(淸軍出兵) 과정의 진상」 참조.

43) 주진오, 앞 논문 86면. 宋京垣, 「韓末 安駉壽의 政治經濟 活動 硏究」, 이화여대 석사
학위 논문.

44) 반대로 정동파가 모르고 이들과 접촉해 거사를 했다가 이들에 의해 모의가 누설되
었을 경우도 가정해 볼 수 있다. 그러나 당시는 아직 친일내각이 엄연히 힘을 발휘하

고 있었기 때문에 정동파의 능동적인 행동은 위험부담이 높아 일본 측의 의도가 먼저 작용했었을 가능성이 더 높은 것으로 판단된다.

45) 주진오, 앞의 논문, 153면. 안경수는 주한일본공사 하야시 겐조의 주선으로 1900년 1월에 귀국하여 공정한 재판을 받는다는 조건으로 자수하였으나 심한 고문을 받은 뒤 이준용 역모사건을 고하지 않은 죄, 양위 음모사건에 관련된 죄로 교수형에 처해졌다. 일본 통감이 내정권을 장악한 1907년에 신원되었다.

46) 신용하, 앞의 책, 93면.

47) 1895년 윤5월 27일에 부임한 특명주일전권공사 고영희는 부임과 동시에 유학생 141인을 모아놓고 훈시를 하였다. 『친목회회보』 제2호, 「친목회 일기」.

48) [표 3]은 신용하, 앞의 책, 94면에서 인용함.

49) 주진오, 앞의 논문, 113면, 243면.

50) 안경수를 중심으로 한 이러한 독립협회 회원 일부의 움직임에 대해서는 뒤에 주진오 교수의 연구성과를 통해 다시 살피기로 한다.

51) [표 4·5]는 신용하, 앞의 책, 98면, 100면에서 인용함.

52) 신용하, 앞의 책, 103~104면의 「독립협회의 주요주도회원」 일람표 참조.

53) 주진오, 앞 논문의 제3장 제2~3절에서 특히 이 견해를 집중적으로 밝혔다.

54) 신용하, 앞의 책, 283면.

55) 주진오, 앞의 논문, 104~105면.

56) 『尹致昊日記』, 1898년 3월 9일.

57) 주진오, 앞의 논문, 110면.

58) 주진오, 앞의 논문, 86면.

59) 주진오, 앞의 논문, 112면 이하.

60) 주진오, 앞의 논문, 114면.

61) 주진오, 앞의 논문, 151면.

62) 주진오, 앞의 논문, 116면.

63) 나머지는 윤덕영·윤길병·윤시병·이기선·이석령·임병길·전규환·조병준·최문현·홍윤조 등이다.

64) 주진오, 앞의 논문, 185면.

65) 改訂增補版 『日本史辭典』(京都大學人文學部國史研究室編, 東京 創元新社, 1970), 帝國議會 項(343면).

66) 앞의 책, 樞密院 項, 274면.

67) 앞의 책, 內閣 項, 378면.

68) 주진오 교수는 이들의 이러한 지향이 과거 세도정치시대의 비변사를 의식한 느낌을 강하게 준다는 소감을 피력하기도 하였지만(앞의 논문, 189면), 일본의 추밀원을 모형

으로 삼았다는 것이 이른바 친일개화파로서의 그들의 자태에 더 걸맞다.

69) 『고종실록』 권33, 고종 32년 3월 35일조.

70) 『고종실록』 권38, 광무 2년 11월 2일조.

71) 『고종실록』 권38, 광무 2년 11월 4일조.

72) 『고종실록』 권38, 광무 2년 11월 12일조.

73) 『고종실록』 권38, 광무 2년 해당 월일조.

74) 『고종실록』 권38, 광무 2년 11월 22일조.

75) 제2조에 명시된 처벌 대상은 다음과 같다. 1. 외국정부를 향하여 본국을 보호해줄 것을 몰래 청하여 그것이 드러나게 된 자 2. 본국의 비밀협정을 외국인에게 누설하여 드러나게 된 자 3. 외국인에게 차관하여 군사를 고용하며 배를 세내는 등의 문제를 외부와 의정부의 비준을 거치지 않고 제 마음대로 의견을 주장하거나 혹은 어간에서 통역을 해준자 4. 외국인의 소개로 인하여 관직을 얻을 것을 도모하다가 드러나게 된 자 5. 외국의 정형을 가지고 본국에 추동하여 놀래우고 그 가운데서 협잡하는 자.

76) 『고종실록』 권38, 광무 2년 11월 28일조.

77) 주진오, 앞의 논문 125면. 의관들은 고영근, 남궁억, 변하진, 손승용, 신해영, 양홍묵, 어용선, 유맹, 윤시병, 윤하영, 이승만, 정항모, 조한우, 최정덕, 현제창, 홍정욱, 홍재기 등이었다(주진오, 앞의 논문, 125면의 주 157).

78) 주진오, 앞의 논문, 126면.

79) 『고종실록』 권38, 광무 2년 12월 8일조 고영근 상소문 및 주진오, 앞의 논문, 126면.

80) 『고종실록』 권38, 광무 2년 12월 8일, 15일, 24일조의 고영근 상소.

81) 주진오, 앞의 논문, 126면.

82) 『고종실록』 권38, 광무 2년 12월 9일의 전 헌납 황보원 상소, 전 참서관 안태원 상소, 10일의 이남규 상소, 찬정 최익현 상소, 3품 이복동 상소, 11일의 유학 이문화의 상소, 13일의 전 사과 김석제 상소 등이 중요하다.

83) 『고종실록』 권38, 광무 2년 12월 23일 중추원 의관 박래의 보고문.

84) 주진오, 앞의 논문, 127면.

85) 『고종실록』 권38, 광무 2년 12월 23일조에 의정부 참정 서정순은 중추원관제를 조사해 본 결과 제1조 제5항에 중추원에서 임시로 의견을 제기한다는 사항 한 구절이 있는데 이는 어디까지나 정령과 법률상의 문제에 대한 것이지 사람을 추천하여 관리를 임명하는 것은 해당 원의 부의장 외의 다른 관직에 대해서는 원래 허용되지 않은 것이라고 황제에게 보고한 내용이 있다.

86) 『고종실록』 권38, 광무 2년 12월 23일조.

87) 『고종실록』 권38, 광무 2년 12월 9일 전 참서관 안태원 상소.

88) 『고종실록』권38, 광무 2년 10월 20일조.

89) 주진오, 앞의 논문, 178, 181면.

90) 『고종실록』권38, 광무 2년 10월 25일조.

91) 주진오, 앞의 논문, 99면, 117~118면, 166~171면, 241면.

92) 『고종실록』권38, 광무 원년 8월 24일조.

93) 주 111과 같음.

94) 『고종실록』권39, 광무 3년 17일조. 법규교정소는 1899년 6월 23일에 설치되었다(규장각자료총서, 『조칙 법률』, 182면). 명칭은 같은 해 7월 2일 교정소에서 법규교정서로 고쳤다(앞의 책, 183면).

95) 『고종실록』권34, 건양 원년 9월 24일조.

96) 규장각자료총서 금호시리즈 근대법령편, 『議案・勅令』(上)(서울대 도서관), 405면, 議政府次對規則.

97) 규장각자료총서 금호시리즈 근대법령편, 『議案・勅令』(上), 40면, 69면. 서영희, 앞의 논문, 346~347면.

98) 서영희, 앞의 논문, 374면.

99) 坂本一登,『伊藤博文과 明治國家形成』(吉川弘文館, 1991)의 제2장 제2절 伊藤의 宮內卿 就任과 華族制度 創設. 제3절 內閣制度의 創設 등 참조.

100) 坂本一登, 앞의 책, 170면.

101) 坂本一登, 앞의 책, 220면.

102) 『고종실록』권37, 광무 2년 6월 19일조.

103) 森山茂德, 『日韓併合』, 1992년, 吉川弘文館, 75~78면.

104) 일본의 대한제국 국권 탈취에 대해서는 이태진 편저, 『일본의 대한제국 강점』(1995, 까치)에 실린 「조약의 명칭을 붙이지 못한 '을사보호조약'」 등 참조.

105) 규장각자료총서, 금호시리즈 근대법령편, 『詔勅・法律』, 서울대학교 도서관, 177~181면.

106) 『日本外交文書』37-1, 事項 6 日韓協約 締結의 件, 문서번호 390. 對韓方針 및 對韓施設綱領決定의 件 중 三.「財政을 監督할 것」에 한국재정 문란의 원인이 군대양성을 위한 과당한 비용을 이유로 들고 작년도(1903) 예산을 보면 경상세출총계 969만 7천元 내 412만 3천元이 군대의 비용에 속하고 그 兵數는 16,000에 달한다고 했다(353면). 여기서 말하는 16,000명의 군사가 모두 시위대란 뜻은 아니나 당시 집중적 양성의 대상은 시위대였으므로 대부분 이를 가리키는 숫자일 것으로 짐작된다.

107) 앞의 책 『詔勅・法律』, 314~315면.

108) 같은 책, 86면.

109) 같은 책 『조칙・법률』, 182~183면.

110) 7월 2일에 의정대신 윤용선을 법규교정소 총재로 삼고, 중추원 부의장 徐正淳 궁내
　　부대신 이재순, 궁내부 특진관 趙秉鎬 윤용구, 학부대신 민병석, 의정부 찬정 권재형,
　　군부협판 朱錫冕, 전권공사 成岐運, 한성판윤 金永準 등(같은 책 『조칙·법률』, 183
　　면), 궁내부 특진관 이종건, 의정부 찬정 이윤용, 중추원 의관 이근명, 비서원경 박용
　　대 등(같은 책, 185면)이 의정관이 되었다.
111) 이하의 평가는 李丙洙, 「朝鮮의 近代化와 刑法大全의 '頒示'－家族法을 中心으로」
　　(『思想』, 1973년 1월, 岩波書店)에 의거한다.
112) 李丙洙, 앞의 논문, 122면.
113) 李丙洙, 앞의 논문, 121면.

고종황제 암약설(暗弱說) 비판

1) 손진태, 『國史大要』, 232면. 이 책은 4282년(1949)에 초판이 나온 후 10년 뒤인 4292
　년에는 8판이 나왔다.
2) 姜相圭, 「高宗의 對外觀에 관한 연구」, 서울대학교 대학원 외교학과 석사논문,
　1995년 2월, 5~6면 ; 金基爽, 「光武帝의 주권 수호 외교, 1905~1907 : 乙巳勒約 무
　효 선언을 중심으로」; 이태진 편, 『일본의 대한제국 강점』, 까치, 1996, 234, 264면.
3) Martina Deuchler, *Confucian Gentlemen and Babarian Envoys : The Openning of Korea, 1875~*
　1885, Seatle, University of Washington Press, 1977, p.107.
4) Dennett Tyler, *Roosevelt and the Russo-Japanese War : A critical study of American policy in Eastern*
　Asia in 1902~1905 based primrily upon the private papers of Theodore Roosevelt, Gloucester, Mass.
　Peter Smith, 1925, 1959 ; "American 'Good Offices' in Asia", American Journal of Inter-
　national Law Vol. 16(Jan. 1922), pp.305~306.
5) Harrington, *God, Mammon and the Japanese : Dr. Horace N. Allen and Korean-American Relations,*
　1884~1905, Madison, Wisconsin., The University of Wisconsin Press, 1943, pp.333~334.
6) 김원모, 512면. 제임스 팔레(James Palais) 교수가 개항을 주장하던 朴珪壽 등의 행동
　을 예로 들면서 고종이 외교정책 결정과정에서 우유부단하였으며 결단력이 부족했
　던 인물이라고 평한 것은 해링턴의 견해에 영향을 받은 경우라고 할 수 있다. James
　Palais, *Politics and Policy in Traditional Korea*, Harvard University Press, Cambridge, Mass.,
　1975, pp.247~251.
7) Robert R. Swartout, Jr., *Mandarins, Gunboats, and Power Politics : Owen Nickerson Denny and the*

International Rivalries in Korea, Hawaii : the University of Hawaii Press, 1980, pp.58~60.

8) Hulbert, 회고록(Echoes of the Orient : A Memoir of Life in the Far East). 이 회고록은 1886년 자신이 조선정부에 고용되어 육영공원 교사로 오게 된 시기부터 1919년 제1 차 세계대전 종료 후 베르사유 강화조약이 체결된 시기까지의 자신의 활동을 기록한 것이라고 한다. 金基爽, 앞의 논문, 218면, 주 11참조. 헐버트의 이러한 지적은 아마 도 데넷 타일러의 부정적인 평가를 의식하여 이를 반박한 것이라고 여겨진다.

9) 1892년 1월 영국인 F. 올링거가 창간한 한국최초의 영문잡지. 그해 12월에 휴간되었 다가 3년 뒤인 95년 H. G. 아펜젤러, G. H. 존스, H. B. 헐버트 등에 의해 속간되어 99년 4월 통권 59호로 폐간되었다. 외국선교사들에게 한국을 알리기 위해 발행.

10) 『光武 六年 帝國益聞社秘報章程』. 본서 제2부 「고종황제의 항일정보기관 익문사(益 聞社) 창설과 경영」에 수록.

11) 益聞社秘報章程 제5조에 大官, 각 軍營 長官들에 대한 감시 활동 임무가 규정되어 있다.

12) 喜田 박사가 쓴 본론 부분의 목차는 다음과 같다. 제1장 한국병합의 전말, 제2장 한 국병합과 조선인 境遇의 변화, 제3장 우리 武家政治의 興起와 韓國併合과의 비교, 제 4장 朝鮮 古代史의 硏究, 제5장 韓土의 史에 보이는 古代 日韓 關係, 제6장 支那의 史籍과 古代 日韓의 關係, 제7장 우리 古傳說에 보이는 古代의 日韓의 關係, 제8장 大和民族과 朝鮮人의 種族的 關係, 제9장 大和民族의 異種族에 대한 歷史와 國史의 敎育, 제10장 結論. 주로 고대사에 관한 내용으로 日鮮同調論을 답습, 주창하고 있다.

13) 1946년에 나온 최남선의 『신판 朝鮮歷史』의 경우 일본인들이 쓴 개설 책의 목차에 가장 가까운 면모를 보여준다. 참고로 제4편 최근세의 목차를 옮기면 다음과 같다. 37장 대원군의 집정(대원군의 개혁, 천주교의 탄압, 양요), 38장 일본과의 관계(강화의 수호조규, 米國과의 통상조약, 임오군변), 39장 日淸의 釁端청국의 간섭, 개화를 일본 에 본뜸, 박문국), 40장 甲申 十月의 변(개화당의 연원, 十月之變, 天津條約), 41장 세 계정국의 파동(俄國의 남하, 영국의 거문도 점령, 아국와 청국), 42장 甲午更張(동학의 난, 日淸의 교전, 更張), 43장 俄國에 갓가워짐(馬關條約과 일본의 요동환불, 乙未 八 月之變, 아관파천), 44장 독립협회의 개혁운동(독립협회, 대한과 광무, 會商의 충동), 45장 日俄의 대항(俄國의 남하, 용암포 문제, 日俄의 개전), 46장 일본과의 관계(議定 書, 협약, 일진회), 47장 민간의 신운동, 48장 隆熙의 代, 49장 간도문제, 독립운동의 경과. 이 목차는 해방 직후란 시기적 조건 때문인지 일본인들의 한국최근세사 목차 를 거의 그대로 옮긴 듯한 느낌을 많이 준다. 일본인들이 쓴 책에 의존하는 것이 불 가피한 상황이었음은 정도의 차이는 있으나, 당시의 한국사 저술가들이 당면하고 있 던 일반적인 조건으로서, 이 책은 해방 직후에 나왔다는 점에서 더욱 그렇다.

14) 『독닙신문』 1896년 7월 2일자 논설에 이러한 뜻이 좀 더 명백하게 서술되었다. 즉

독립문을 세우고 그 주위에 독립공원을 조성하고 긴한 길들을 새로 닦고 고치고 개천을 깨끗이 하여 우마의 왕래가 편해지고 병이 적게 나게 하는 것은 "정부의 큰 사업이요 백성에게 큰 일이라", "만일 성군이 우에 아니 계시고 개화하려는 정부가 아니면 이런 일을 누가 경영하리요"라고 하였다.

15) 이태진, 「서울 도시개조사업(1896~1904년)의 주체와 지향성」, 『韓國史論』 37, 1997. 본서 제2부 「대한제국의 서울 황성(皇城) 만들기」에 수록.

16) 이 자료는 서울학연구소가 모스크바 제정러시아 대외정책 문서보관소에서 발굴하여 1995년 4월 26일에 일간 신문에 발표하였다.

17) 1904년 8월의 이른바 제1차 일한협약에 따라 메가타(目賀田種太郎)가 재정고문으로 들어와 한국정부의 재정상태에 대한 조사에서 다음과 같은 사실이 확인되었다. 즉 한국정부가 외국회사와 맺은 계약건에 대한 조사에서 한국정부가 1903년 4월 1일자로 프랑스 용동상회와 탄환 100만 발과 소총 5만 정을 304,935원에 구입하기로 계약한 사실이 확인되었다(韓國財政顧問部, 「韓國財政整理報告」 第1回, 1904년말 ; 李潤相, 『1894~1910년 재정제도와 운용의 변화』, 서울대 국사학과 박사학위논문, 1996년 8월, 238면). 한국정부는 1903년에 이미 용산에 군부총기제작소를 설치하기도 했는데, 이러한 일련의 사업은 1903년 5월에 선언하는 징병제 시행에 대한 준비작업이었던 것이 확실하다. 당시 한국정부는 일본이 러시아와 전쟁을 일으킬 것을 예상하고 이에 대비하는 최선책이 중립국의 선언과 실현이라고 판단하면서 중립국이 되기 위해서는 최소한의 자국 방어력을 갖추어야 하므로 징병제 시행을 통한 국방력의 확보를 서둘렀던 것이며, 5만 정의 소총은 확보 예상 병력의 수를 짐작하는 한 준거가 될 수 있다.

근대 한국은 과연 '은둔국'이었던가?

1) 그의 약력에 대한 소개는 일본 쇼와여자대학 편, 「윌리엄 엘리엇 그리피스」, 『近代文學研究叢書』 28, 이와나미 문고, Mikado의 번역자 龜井俊介 교수의 후기 등이 자세하다.

2) 龜井俊介 譯, 「譯者後記」, 『ミカド』, 岩波文庫 青 468-1, 1995, p.340. 原著는 *Mikado-Institution and Person*(Princeton University Press, 1915).

3) 초판 서문에서 저자는 "For lack of space, the original manuscript of 'Recent and Modern History', part III., has been greatly abridged, and many topics of interest have been left

untouched"라고 하여 자신이 서술하고 싶은 것들을 많이 싣지 못한 것을 아쉬워했다.

4) 그의 이런 인식은 『한국, 그 은둔의 나라』에 붙인 다음과 같은 헌사에서도 명료하게 나타난다. "To All Corean Patriots : who seek by the aid of science, truth, and pure religion, To Enlighten themselves and their fellow-countrymen, To Rid their land of superstition, bigotry, despotism, and priestcraft—both native and foreign—and To preserve the integrity, independence, and honor, of their country ; This unworthy sketch of their past history and present condition is dedicated."

5) *Corea, Without and Within,* Philadelphia : Presbyterian Board of Publication, 1885 ; Jack and the giant in Korea, Outlook, 1894 ; *China and Japan at War in Corea,* Chantanquan, 1894 ; Korea and Koreans : In the Mirror of their Language and History, Bulletin of the American Geogrphical, 1895 ; *Korea, the Pigmy Empire,* New England Mag., 1902 ; Japan's Absorption of Korea, North Ameican Review, 1910 ; *A Modern Pioneer in Korea,* New York : Flemming H. Revell Company, 1912 ; *The Opening of Korea,* The Korea Mag., 1917 ; Women of Chosen, Missionary Review of the World, 1918 ; *Japan's Debt to Korea, Asia,* 1919. 일본 쇼와여자대학, 近代文學硏究室에서 편한 『近代文學硏究叢書』 제28권, 윌리엄 엘리엇 그리피스 편의 조사에 의함.

6) 제3부의 The Beginning of Christianity—1784~1794, persecution and Martyrdom—1801~ 1834, The Entrance of the French Missionaries—1835~1845, The Walls of Isolation Sapped, The French Expedition, American Relations with Corea, A Body-Snatching Expedition, Our Little War with the Heathen 등이 번역되었다.

7) 이하의 서술은 주로 旗田巍, 「朝鮮觀의 전통」, 『日本人의 朝鮮觀』(勁草書房, 1969) ; 朴英宰, 「근대 일본의 침략주의적 대외론과 한국론」, 『한국사시민강좌』 19(일조각, 1996. 8) ; 歷史學會 편, 『日本의 侵略政策史硏究』(일조각, 1984) 등에 의거한다.

8) 煙山專太郎, 『征韓論の實相』(早稻田大學 出版部, 1907), 3면. 1873년의 조정에서 제기된 정한론을 소정한론이라고 하였다.

9) 林泰輔의 『朝鮮史』(1892) ; 吉田東吾, 『日韓古史斷』(1893) ; 西村豊, 『朝鮮史網』(1895) 등.

10) 이 책들에 대해서는 趙東杰, 「植民史學의 성립과정과 近代史 서술」, (『歷史敎育論集』 13·14합호, 1993)이 많이 참고된다.

11) 金敬泰, 「개항직후의 關稅權 회복문제」, 『韓國史硏究』 8, 1972 ; 「不平等條約 改正 교섭의 전개」, 『韓國史硏究』 11, 1975.

12) 延甲洙, 「大院君 집권기(1863~1873) 서양세력에 대한 대응과 軍備增强」(서울대학교 박사학위 취득 논문, 1988), 2~3면.

13) 다보하시 교오시(田保橋潔), 『近代日鮮關係의 硏究』 上, 121~124면.

14) 이하의 서술은 田保橋潔의 위 책의 해당 장절에 의거한다. 이 책은 서술에서 많은 문제점이 있기는 하지만, 이 시기 국교교섭의 진행과정에 대해서는 지금까지 나온 어느 정리보다도 자세하므로 이를 활용하기로 한다. 이 책의 서술방식과 논지상의 문제점에 대해서는 논고를 달리해 별도로 검토하고자 한다.

15) 『日本外交文書』 제9권, 문서번호 36번, p.139, 「黑田辨理大臣朝鮮使行始末」 「黑田辨理大臣朝鮮使行日記」 참조. 이에 대해서는 필자가 별도의 논고를 준비중이다.

16) 김경태, 앞의 「不平等條約 改正交涉의 전개」, 『韓國史研究』 11호, 1975, 198~199면.

1884년 갑신정변의 허위성

─'日使來衛' 御書 위조의 경위─

1) 연필초본·정서본 등의 용어는 田保橋潔이 사용한 것이다. 『近代日鮮關係の研究』 (朝鮮總督府 中樞院, 1940), 1033면.

2) 이광린, 「金玉均全集 解題」, 『金玉均全集』, 아세아문화사, 1979, 9면.

3) 원문은 "余以鉛筆進呈 朴君出白紙於曜金門內路上 上親書"라고 하였다

4) 田保橋潔, 앞의 책, 1034면.

5) 주 25) 참조.

6) 「甲申政變·天津條約」, 『日韓外交史料』 3, 115면 이하, 43. 다케조에 駐韓公使로부터 井上外務卿에게(明治 17년 12월 31일) 특별기밀 제16호, 趙督辦과 담판 및 조회 왕복의 건, 明治 17년 12월 29일, 接伴官 申參判으로부터 受取한 건, 후일 철회, 別紙 亥號, 다케조에 공사로부터 趙督辦에게(12월 30일).

7) 서울대 규장각 간행본, 『日省錄』 74책, 839면, 권285, 高宗 21년 갑신 10월 17일 무자조.

8) 일본외무성과 주한일본공사관 사이에 오간 각종 지시와 연락사항들은 현재 (1) 『日本外交文書』와 『日韓外交史料』(이하 『日韓』으로 줄임) 등 두 가지로 정리, 간행되어 있다. 전자는 일본외무성이 직접 펴낸 것이고, 후자는 市村正明 씨가 전자의 기록들을 사건별로 재편집해 낸 것이다.

9) 『日韓』 3, 37면 이하, 16. 다케조에 공사로부터 吉田外務鄕代理에게(明治 17년 12월 10일) 특별기밀 제4호.

10) 앞의 책, 44면 이하, 21. 다케조에 공사로부터 井上外務卿에게, 別紙 戊호, 金(宏集) 督辦으로부터 다케조에 공사에게.

11) 앞의 책 3, 106면 이하, 40. 栗原書記官 復命書.

12) 앞의 책, 60면 이하, 22. 다케조에 공사로부터 井上外務卿에게(明治 17년 12월 20일).

13) 앞의 책, 103면 이하, 39. 井上特派大使로부터 三條太政大臣에게(明治 17년 12월 26일).

14) 『日韓』 3, 95면 이하, 36. 다케조에 공사로부터 井上外務卿에게(明治 17년 12월 25일 付, 동 18년 1월 2일 受, 別紙 甲號, 趙督辦으로부터 다케조에 공사에게 <후일 철회>).

15) 『日韓』 3, 115면 이하, 43. 다케조에 공사로부터 井上外務卿에게(明治 17년 12월 31일) (별지 イ號) 明治 17년 12월 29일 서문 밖 미동 소재 구 김보국의 저택에서 다케조에 공사, 독판 조병호, 협판 목인덕과 담판.

16) 『日韓』 3, 44면 이하, 21. 다케조에 공사로부터 井上外務卿에게(明治 17년, 12월 19일) (별지 甲號) 趙督辦으로부터 다케조에 공사에게(본서는 뒷날 철회, 참고 게재)(明治 17년, 12월 11일 접수).

17) 田保橋潔, 앞의 책 (상), 1033면.

18) 앞의 책, 1033~1034면. 이 사진 자료가 현재 어디에 소장되어 있는지는 전혀 알 수 없다.

19) 高宗의 諱는 경(㷩)이다. 田保橋潔가 잘못 읽었는지, 조판상의 오식인지 알 수 없다.

20) 그러나 친서가 실제로 발부되었다는 입장에서도 그 전달과정은 앞에서 밝혔듯이 첫 번째 환관은 구전만 전하고, 두 번째 환관이 친서를 전달한 것으로 정리되어야 마땅하다.

21) 주 15)와 같음.

22) 이태진, 「통감부의 대한제국 寶印 탈취와 순종황제 서명 위조」, 이태진 편, 『일본의 대한제국 강점』(까치, 1995), 150면 참조.

23) 『日韓』 3, 106면 이하, 17. 栗原書記官 復命書.

24) 尹孝定, 「折脚玉鷺紀念」, 『韓末秘史』(原題 : 最近六十年의 秘錄), 敎文社, 1995, 118~119면.

25) 조선정부의 「변란사실」의 해당 부분은 다음과 같다. "18일 새벽에 左營使 李祖淵, 後營使 尹泰駿, 前營使 韓圭稷이 입위하여 안에 있는데 흉당이 의심하여 생도를 사주하여 後堂으로 끌어내 차례로 살해했다. 海防總管 閔泳穆, 輔國 閔台鎬 趙寧夏가 上命으로 들어왔다가 모두 해를 당했다. 또 내시 柳在賢을 前堂에서 살해했다. 우리 대군주는 여러 번 소리질러 죽이지 말라 죽이지 말라고 했으나 명을 따르지 않고 壁上에 피를 뿌렸고 소리가 어좌에 들렸다. 이때부터 대군주 좌우에는 흉당 10수 인 뿐이었으며 (그들은 임금의) 威福(服?)을 아래로 내려 보내는 것을 挾制하는 것만 생각해 심지어 우리 대군주의 기거가 자유롭지 못해 御供도 많이 때를 놓쳤다."

26) 주진오, 「북한에서의 '갑신정변' 연구의 성과와 문제점-『김옥균』을 중심으로」(북한 사회과학원 역사연구소 편, 『김옥균』, 역사비평사 복간본, 1990), 480면.

1894년 6월 청군 출병(淸軍出兵) 과정의 진상

－자진 請兵說 비판－

1) 淸의 속방화정책과 고종과의 마찰에 대해서는 金正起, 「1876~1894년 淸의 朝鮮政策 硏究」(서울대학교 문학박사학위, 1994)가 자세하게 고찰하였다.

2) 李相燦, 「1896년 義兵運動의 政治的 性格」(서울대 문학박사학위논문, 1996), 82~85면, [표 1－1] 驪興閔氏 三房派 출생관계 복원표(奎章閣 소장의 1889년 간행 『驪興閔氏族譜』를 중심으로 작성)에 의하면 閔泳駿의 계보는 다음과 같이 파악된다. 여흥민씨는 著重 鼎重 維重 후손들을 三房派라고 불렀는데, 閔泳駿(나중에 泳徽로 개명, 『實錄』에는 광무 5년 4월부터 나옴)은 본래 著重의 6대손 斗鎬의 아들로서, 아버지 두호는 삼방파가 아닌 致重의 6대손 致友의 양자가 되었다. 치우는 대원군의 장인 致久와 형제간으로, 민영준과 고종 사이는 외 6촌간이 된다. 일반적으로 민영준은 왕비 세력으로 알려져 있으나 왕비의 아버지 致綠은 維重의 5대손이며, 왕비와 영준 사이는 14촌간이 된다. 그러므로 민영준은 친족관계상 오히려 高宗의 근친으로 閔泳煥, 閔泳瓚 등과 같은 조건에 해당한다. 민영준을 '閔妃 세도'의 주역의 하나로 간주한 종래의 인식은 재고될 필요가 있다.

3) 市村正明 編, 「日淸戰爭」, 『日韓外交史料』(原書房, 1979, 이하 『日韓』으로 줄임) 4, 3면 이하, 1. 朝鮮國 駐箚杉村臨時代理公使로부터 陸奧 外務大臣에게, 전라·충청 양도의 민란에 대한 鄙見上申의 건(明治 27, 5월 22일 ; 음력 4월 28일, 5월 28일 접수), 機密제63호 本42.

4) 다음은 『고종실록』의 색인을 이용해 민영준의 이력을 조사해 본 결과이다. 그의 이름은 1881년 9월부터 종척 신분의 직임으로 등장하기 시작하여 1885년 10월 위안스카이가 駐箚朝鮮 總理交涉通商事宜로 부임한 직후(11월)부터 이조참의에서 출발해 요직을 두루 거치는 것으로 보아 위안스카이의 권력과 깊은 관계가 있다는 인상을 강하게 준다.

1881년(고종 18) 9월 11일 健陵 등 親祭 大祝, 1882년(19) 6월 11일 副護軍으로 宗戚 집사, 1883(20) 8월 7일 성균관 대사성, 1885년(22) 11월 11일 이조참의, 1886년(23) 1월 18일 이조참의, 12월 10일 참의 內務府事, 1887년(24) 1월 13일 예방승지로 加資됨, 1월 19일 이조참판, 5월 16일 도승지에서 특파주차일본변리대신으로 임명, 6월 9일 규장각 직제학, 9월 21일 특파주차일본변리대신 임무 복명, 10월 9일 부제학으로 加資, 12월 15일 평안도관찰사, 1888년(25) 10월 14일 주차일본변리대신 改差, 1889년(26) 11월 8일 지경연사로 特擢, 9일 강화부유수, 12월 14일 協辦內務府事, 1890년(27) 1월 11일 追上尊號都監의 書寫官, 2월 16일 형조판서, 2월 19일 예조판서 겸 예문관

제학, 3월 18일 예조판서, 3월 27일 선혜청 提調, 4월 16일 빈전도감 제조, 4월 25일 국장도감 제조로 바꿈, 8월 21일 홍문각 제학, 9월 13일 국장도감 제조로 加資 받음, 10월 21일 한성부 판윤, 11월 3일 판의금부사, 11월 9일 의정부 좌참찬, 1891년(28) 2월 28일 經理使, 4월 21일 판돈녕 부사, 7월 11일 이조판서, 9월 26일 경리사 權察, 9월 30일 경리사로서 연무공원 辨理 差下, 1892년(29) 3월 12일 판의금부사, 6월 17일 예조판서, 6월 18일 上號都監 제조, 6월 29일 규장각 제학, 8월 16일 선혜청 제조, 9월 3일 경리사를 總禦使로 바꿈, 9월 7일 다시 경리사, 1893년(30) 2월 28일 左副賓客, 5월 29일 공조판서, 10월 12일 선혜청 당상(재직), 1894년(31) 2월 14일 병조판서, 2월 17일 지중추부사로서 進宴會宴儀軌堂上, 2월 29일 親軍經理使.

5) 본서 227면 참조.

6) 『日韓』4, 5면 이하, 2. 朝鮮國 駐箚 杉村臨時代理公使로부터 陸奧外務大臣에게(明治 27년 5월 23일, 5월 28일 접수) 發제61호. 朝鮮國政府 淸國에 援兵을 빌리는 논의 중지한 내용(旨) 보고의 건.

7) 동학농민군의 反淸 분위기에 대해서는 金正起, 「1876~1894년 淸의 朝鮮政策 硏究」, 서울대 박사학위 논문, 1994년 2월, 167~170면 참조.

8) 주 6)과 같음.

9) 『日韓』4, 7면 이하, 5. 朝鮮國 駐箚 杉村臨時代理公使로부터 陸奧外務大臣에게. 조선국정부 동학당 진정을 위해 청국정부에 원병 청구했다는 내용 보고의 건(明治 27년, 6월 2일) (6월 11일 접수).

10) 安駉壽는 무과 출신으로 1883년 일본에 가서 방직기술을 배우고 1885년에 귀국하여 1887년 1월에 駐箚日本辨理大臣으로 임명된 민영준의 통역관이 된 이래 그 심복노릇을 가장하고 있었다. 이태진, 「서양근대정치제도 수용의 역사적 성향」, 『진단학보』 84, 1987, 103~104면. 본서 55면 참조.

11) 『日韓』4, 6면 이하, 3. 조선국 駐箚 杉村임시대리공사로부터 무쓰 무네미쓰 외무대신에게(明治 27년, 6월 1일). 電信 6월 1일 京城發.

12) 『日本外交文書』(1953년, 일본외무성 ; 이하 『日外文』으로 줄임) 제27책 2권, 9. 朝鮮 國出兵에 관한 淸國과朝鮮國과의 交涉의 件, 502. 朝鮮國政府의 淸國政府에의 援兵 請求에 관한 報告의 件, 6월 3일.

13) 『日韓』4, 23면 이하, 15. 朝鮮國駐箚大鳥公使로부터 陸奧外務大臣에게, 日淸兩國의 군대 파견에 관한 探情報告의 건. (明治 27년, 6월 12일, 6월 21일 접수) 發제79호.

14) 『日外文』27-2, 516. 청병파견에 이른 顚末 보고의 건, 6월 6일, 스기무라 임시공사 로부터 陸奧外務大臣에게.

15) 『日韓』4, 34면 이하, 21. 朝鮮國駐箚大鳥公使로부터 陸奧外務大臣에게, 我兵 入京 에 대한 朝廷 및 京城內 模樣 探報의 건. (明治 27년, 6월 20일) 發 제82호(7월 2일

접수).

16) 『公文謄錄』甲午, 中日交涉史料 卷13(953) 光緒 20년 5월 초 1일(음력) 北洋大臣來電
의 자료 ; 田保橋潔, 앞 책에서 재인용.

17) 『日韓』4, 13면 이하, 9. 淸國公使로부터 陸奧外務大臣에게 조선국에 속방보호를 위
해 출병하는 내용 통고의 건. (明治 27년 6월 7일).

18) 『日韓』4, 18면 이하, 12. 淸國駐箚小村臨時代理公使로부터 陸奧外務大臣에게, 朝鮮
國에의 出兵에 관한 총리아문과의 왕복보고의 건. (明治 27년 6월 10일) (부속서 1).

19) 앞의 책, 23면 이하, 15. 朝鮮國駐箚大鳥公使로부터 陸奧外務大臣에게, 日淸兩國의
군대 파견에 관한 探情報告의 건. (明治 27년, 6월 12일, 6월 21일 접수) 發 제79호.

20) 앞의 책, 22면 이하, 14. 朝鮮國駐箚大鳥公使로부터 陸奧外務大臣에게, 護衛兵 帶同
入京의 顚末보고의 건. (明治 27년, 6월 11일) 機密 제86호 (6월 21일 접수).

21) 앞의 책, 23면 이하, 15. 朝鮮國駐箚大鳥公使로부터 陸奧外務大臣에게, 日淸兩國의
軍隊 派遣에 관한 探情報告의 건. (明治 27년, 6월 12일 , 6월 21일 접수) 發 제79호.

22) 이태진, 「고종황제 暗弱說 비판」, 『東北亞』제5집, 1997. 본서 제1부 「고종황제 암약
설(暗弱說)」에 수록.

23) 金弘集, 金炳始가 맡게 된다고 하였다.

고종의 국기 제정과 군민일체(君民一體)의 정치이념

1) 『한성순보』『한성주보』의 정치론에 대해서는 이수룡, 「漢城旬報에 나타난 開化·
富强論과 그 성격」, 『손보기박사정년기념 한국사학논총』, 지식산업사, 1988, 749면
참조.

2) 독립협회의 일부 회원들이 일본에 망명 중인 박영효와 연결되어 그를 대통령으로
추대하려는 움직임이 있었던 것으로 알려지지만, 이는 순수한 국내세력의 움직임이
라기보다도 대한제국의 황제정을 교란시키려는 일본 측의 사주가 있었던 것으로 보
인다. 이태진, 「서양 근대 정치제도 수용의 역사적 성찰」, 『震檀學報』84, 1997, 109~
117면 참조. 본서 59~71면 참조.

3) 필자는 이보다 좀 더 자세한 기록을 구하고자 『일성록』과 『승정원일기』의 해당 연월
일조를 찾아보았다. 그러나 『일성록』은 고종 8년 정월 부분이 失傳 상태이며, 『승정원
일기』의 해당 연월일(光緒 9年 癸未 正月 二十七日)의 기록은 실록의 그것과 꼭 같았
다. 실록이 『승정원일기』의 기록을 그대로 옮긴 것이라고 판단된다. 그래서 해당 관청

인 통리교섭통상사무아문의 日記(『統理交涉通商事務衙門日記』 규장각도서 17836)를 찾아본 결과, 이것도 초반부 3책이 失傳하여 관련 기록을 찾을 수 없었다. 국기 제정의 사실은 실록을 제외하고는 중요 관부 기록들에서 찾을 수 없는 상태이다.

4) 1948년 8월 대한민국정부 수립 후 등장한 '우리국기보양회'(회장 金一秀)가 낸 『국기해설』의 1872년 제정설은 비전문가적 견해로서 가장 조약한 것에 해당한다. 이 책 자는 1876년의 개국을 1872으로 잘못 알고 이때를 또 국기 제정의 시기로 서술하는 등 사실 파악에서 큰 오류를 범하여 설로서 취급하기 어려운 경우이다. 이의 문제점에 대해서는 리선근, 「우리 국기 제정의 유래와 그 의의」(『국사상의 제문제』, 1959)에서 자세하게 지적되었다.

국기 제정에 관한 제설에 대한 검토로는 리선근, 「우리 국기 제정의 유래와 그 의의」(『국사상의 제문제』 2, 1959, 193∼194면)에서 처음 있었고, 최근 김원모 교수가 『태극기의 연혁』(행정자치부, 1998년 5월)에서 다시 정리하기도 하였다. 양자는 모두 본고의 정리에 참고가 되었다.

5) 김원모, 앞의 글, 32면.

6) 『고종실록』, 국사편찬위원회 간행본 中卷, 559면 a.

7) 같은 책, 중권 571면, d. 九品 이종원, 任公州府觀察使, 敍勅任官四等.

8) 리선근, 「우리 국기 제정의 유래와 그 의의」, 『국사상의 제문제』, 1959, 200면.

9) 김원모, 앞의 글, 33∼35면.

10) 권석봉의 견해는 『한국민족백과사전』(한국정신문화연구원, 1991) 권23, 19∼20면. 「태극기 제정유래」에서도 피력되었다.

11) 全海宗, 「淸使問答」(자료소개)(『歷史學報』 22, 1964), 1882년 3월 27일부터 4월 11일 까지, 全權大官 申櫶, 副官 金弘集, 淸使 馬建忠, 丁汝昌 간의 문답.

12) 김원모는 마건충 창안설에 대해 이응준 창안설로서 반박하였다. 金源模, 「朝美條約 締結 硏究」, 『東洋學』 22, 1992, 63∼65면.

13) 金源模, 앞 「조미조약 체결연구」.

14) Shuffeldt Papers : Letters(The Collections in the Manuscript Division, Library of Congress), "The History of the Treaty with Korea, An Incident in the Life of Rear Admiral R. W. Shufeldt", December, 1898, 김원모, 「朝美條約 締結史」,(『史學志』 25, 1992), 197∼198, 207면.

15) 김원모는 「조미조약체결 연구」, 『東洋學』 22, 61면에서 슈펠트 문서(Shuffeldt Papers)의 「조미조약체결사」에 "조선정부는 조미조약 체결 때까지 삼각기를 사용해 왔다고 명기하고 있다"고 하여, 1880년 황준헌의 『조선책략』 후 청나라 리홍장의 강권에 의해 중국 용기를 본딴 삼각형의 청용기를 사용한 것으로 파악하였다. 그러나 슈펠트의 「조미조약체결사」에는 삼각기에 대한 표현이 전혀 없다. 슈펠트는 "small flags"

"rather large pennons"라는 표현만 사용했는데, 혹시 pennons를 삼각기로 착각한 것이 아닌가 한다. Pennon은 "a long narrow pointed flag, esp. as carried on the end of a lance(=spear) by soldiers on horseback"란 뜻으로 반드시 3각형의 국기를 의미하는 것으로 보기 어려우며, 특히 복수형으로 pennons라고 했으므로 각종 휘장기를 의미하는 것이라고 보아야 옳다.

16) 1875년 운양호사건 때 일본 측이 국기에 대한 모독을 시비한 것에 대해서는 리선근, 앞의 논문, 190~191면 참조.

17) 『高宗實錄』 권13, 고종 13년 2월 초3일, 상권 52면, d.

18) 이 자료를 활용한 연구로는 리선근의 「우리 국기 제정의 유래와 그 의의」(1959)가 가장 앞섰던 것 같다.

19) 『사화기략』에는 선장의 이름이 밝혀져 있지 않으나, 리선근 앞 논문(195면)이 『日本外交文書』 제15권, 210면의 해당 기록을 통해 明治丸 선장이 제임스였던 것을 밝혔다.

20) 이 무렵에 괘가 없는 태극도의 사례는 거의 발견하기 어렵다는 점도 유의할 필요가 있다.

21) 이 '御旗'가 지금까지 알려지지 않은 것은 아니다. 태극기선양회의 한 인사의 말에 따르면, 어기의 가운데 태극이 송나라 周敦頤의 「태극도설」의 태극과 유사하여 비주체적인 것이라고 하여 지금까지 의식적으로 무시했다고 한다. 필자는 이 발언을 듣고 놀랐다. 「태극도설」식의 태극 음양 표시와 태극기 식의 태극 음양 표시는 분석적인 것과 회화적이란 차이밖에 없는 것이다. 주돈이의 「태극도설」 이후 중국에도 태극기식의 태극 음양 표시는 수없이 많으므로, 「태극도설」식의 표현을 빌린 '어기'의 태극도를 중국식이라 하여 무시했다는 것은 난센스이다. 김원모도 『태극기의 연혁』(1998. 8. 행정자치부) 106면에서 '어기'의 그림에 대해 '중국 주돈이의 태극팔괘도'라는 제목을 달았다. 놀랍게도 이 사진은 그림의 상단에 적혀 있는 '어기'란 제목을 없애고 어기란 명칭이 붙은 것에 대해 일언반구의 언급도 없다. '어기'의 태극도 부분은 주돈이의 것과 유사한 것 같지만 태극의 가운데 동그라미까지 반분하여 태극 자체를 반으로 나누는 큰 변화를 보이고 있다. 이처럼 태극의 가운데 흰 동그라미마저 음양을 나눈 것은 중국에서는 전혀 찾아 볼 수 없는 것으로, 이 점이 바로 군민일체 사상을 담은 우리 태극기의 혁명성과 유일성이라고 할 수 있다. 본서 263면 참조.

22) 『고종실록』 권18, 고종 18년 윤 7월 27일조. "교왈, 지금부터 信使가 國書를 가지고 갈 때 '以德之寶'를 사용하지 말고, '大朝鮮國寶安寶'를 조성하라. 새로 만드는 일의 절목은 本所로 하여금 호조에 분부케 하라." 중권 19, b. 대군주란 칭호는 1882년 8월 30일 체결의 「조일수호조규속약」을 위한 전권대신 위임장에서부터 사용되었다. 日本外交史料館 소장 해당문서 참조.

23) 이 책은 6권 3책으로 두 질이 전한다.

24) 단 북방의 坎이 택해져야 할 것이 동북방의 艮이 택해졌는데 이것은 그린 사람의 착오였던 것으로 보인다.

25) 김원모는 앞에서 지적했듯이 이 보도를 신뢰하지 않으나(김원모, 1998, 112면), 당시 일본은 조선에 대한 중국의 연고를 배제하는 것이 가장 중요한 과제였기 때문에 수호조약 제1관에 "조선은 자주의 나라"라고 했듯이 조선이 어떤 독자성을 보이는 행위나 조치는 적극적으로 홍보하는 입장이었다. 따라서 나는 국가의 상징인 국기 제정문제에 대해 일본 측이 근거 없는 날조행위는 하지 않았다고 본다.

26) 위『사화기략』의 관련 자료(1-2)에서 보듯이 수신사 박영효는 국기 제정에 관한 보고를 동래부사를 통해 통리기무처(통리교섭통상사무아문)에 보냈다. 그러나『통리교섭통상사무아문일기』의 해당 연월의 기록이 失傳 상태여서 필자는 다시『東萊府啓錄』(규장각도서 15105, 9책)을 조사하였다. 그러나 불행하게도 1874년(同治 13) 2월 초 8일(제8책 끝부분)에서 1883년(光緖 9) 癸未 7월(제9책 머리부분) 사이의 기록부분이 빠진 상태였다. 이 사이의 계록을 실은 책들이 없어진 것이다.

27) 규장각의『啓蒙圖說』두 질 가운데 규장각도서 1128번의 것에는 고종의 장서인인 「集玉齋」印이 찍혀 있다.

28) 이하「自序」에 대한 서술은 李泰鎭,「正祖의『大學』탐구와 새로운 君主論」,『李晦齋의 思想과 그 世界』(대동문화연구총서 XI, 대동문화연구원, 성균관대, 1992)에 근거함.

29)『朱子語類』권94,「理性命」, 中華書局 刊行本, 제6책, 2409면. 이 구절을 확인하는 데는 일본 東京大 渡邊浩 敎授의 助言이 있었다.

30) 이태진, 앞의 논문, 1992, 231~240면.

31) 이태진, 앞의 논문, 249면.

32) 韓相權,『朝鮮後期 社會와 訴冤制度』, 일조각, 1996.

33) 국가란 용어가 이후 전혀 쓰이지 않게 된 것은 아니다. 그러나 조정의 상용어로는 민국이 더 선호되었다는 것은 중요한 변화라 하지 않을 수 없다.

34)「탕론」은 아래서 위로의 선거제적 방식을 제시하여 세습군주제와는 전혀 다른 세계를 제시했지만, "무릇 천자는 다중이 추대해서 이루어지니 또한 다중이 밀어주지 않으면 그 자리를 유지할 수 없다"고 하여(임형택,「茶山의 '民' 주체 정치사상의 이론적·현실적 근거」,『民族史의 展開와 그 文化』下(이우성 정년퇴직기념논총간행위원회, 1990, 253면), 순조의 군주관과 근사한 것을 보여준다. 그리고「원목」의 요지가 전제군주 하에서 인민이 오직 통치자를 위해 존재하는 모순을 근본적으로 해결하려면 궁극에 목이 민을 위해 존재하는 사회로 되어야 한다는 것이라던가(임형택, 256면), "천하에 지극히 천하고 의지할 데 없는 자 小民이지만 천하에 산처럼 높은 자

역시 小民이다"라는 다산의 말은(앞의 논문, 266면) 탕평군주들의 小民觀과 거의 유사한 것이다.

35) 연갑수, 「高宗 초중기(1864~1894) 정치변동과 奎章閣」, 『奎章閣』 17. 주합루 옆 書香閣 실내에는 지금도 「萬川明月主人翁自序」를 새긴 현판 하나가 걸려 있다.

36) 이태진, 「奎章閣 中國本 圖書와 集玉齋 도서」, 『民族文化論叢』 16, 영남대 민족문화연구소, 1996. 본서 제2부 「1880년대 고종의 개화를 위한 신도서 구입사업」에 수록.

37) 『高宗實錄』 권23, 23년 1월 2일, 『日省錄』 고종 23년 3월 11일.

38) 陳鎮洪, 『舊韓國時代의 郵票와 郵政』(景文閣, 1964), 73면. 이 도안에도 大朝鮮이란 국호를 사용했다.

39) 위와 같음.

40) 태극기 선양회는 광복50주년 특별전시회 『대한민국태극기 변천사전』(1995. 8. 4~20. 전시) 도록에서 당초의 우표 도안은 태극4괘기였는데 일본 인쇄국이 고의적으로 중국 태극도형으로 대체하였다고 하였다. 그러나 이것은 '어기' 태극도를 주돈이의 태극도를 모방한 것으로 간주하여 이를 배척하는 입장에서 나온 오해이다. 필자의 생각으로는, 『仁川府史』 간행시 일본인 편찬 관련자들은 미발행으로 끝난 50分짜리 우표에 대한 기록을 남기기 위해 이의 주문 관련 자료를 남긴 듯하나, 본래는 '어기'의 태극도를 넣은 5문짜리와 50분짜리를 함께 발행할 계획이었던 것으로 판단하는 것이 옳다고 생각한다.

41) 김원모, 앞 「태극기의 연혁」.

42) 『고종실록』 권36, 광무 원년(1897) 10월 11일조. 국호에 대한 논의는 이날 환구단 제사를 앞두고 국왕이 제안한 것으로, 대한이란 새 국호도 국왕이 직접 다음과 같이 제안 하였다. "임금이 말하기를, 우리 나라는 삼한의 땅으로서 나라의 초기에 하늘의 지시를 받고 한 개의 나라로 통합되었다. 지금 나라의 이름을 '대한'이라고 한다고 해서 안될 것이 없고 또한 매번 일찍이 보건대 여러 나라의 문헌에는 '조선'이라고 하지 않고 '한'이라고 한 것으로 보아 이전에 이미 '한'으로 될 징표가 있어 가지고 오늘이 있기를 기다린 것이니 세상에 공포하지 않아도 세상에서는 모두 '대한'이라는 이름을 알 것이다라고 하였다."

43) 『고종실록』 권42, 광무 6년(1902) 8월 18일조. 의정부 의정 尹容善을 旗章造成所監董大臣으로, 원수부 의장 閔泳煥, 궁내부 서리대신 尹定求를 監董堂上으로 발령하였다.

44) 『고종실록』 권38, 광무 2년 10월 20일.

1880년대 고종의 개화를 위한 신도서 구입사업

1) 그러나 그들은 공식적으로는 조선총독부도서란 명칭을 사용했다. 이때 보고된 책수는 한국본 12,980종 70,232책, 중국본 6,481종 81,927책 합계 19,461종 152,159책이다. 신용하, 「규장각도서한국본종합목록」, 解題, 1980.
2) 이 점검은 최초 구입 주체를 파악하는 데 목적을 두고 다음과 같은 구분기준을 세워 이루어졌다. (1)弘齋 외 다른 여러 기관의 印이 함께 찍혔을 때는 홍재를 우선하였다. (2)承華藏主, 萬川明月主人翁, 萬機之暇 등 정조의 아호 또는 장서문귀 등에 해당하는 것은 홍재로 모았다. (3)內閣, 外閣, 校書館, 外奎章閣, 摛文院 등은 규장각으로 모았다. (4)시강원, 春坊 등의 印이 연대가 확실한 다른 기관(예 ; 규장각, 이문원, 홍문관 등)과 함께 찍혔을 때는 연대가 확실한 쪽을 택했다.
3) 주 1 참조.
4) 이 숫자는 愼鏞廈, 「奎章總目 解除」(『奎章閣』 4, 1981), 96~97면에 部別로 제시된 것을 집계한 것이다. 그러나 이 책의 부록에 실린 총목의 종수를 필자가 직접 다시 헤아려본 결과 697종이었다.
5) 정연식, 「內閣訪書錄 解題」, 『奎章閣』 13, 1990. 정연식은 이 방서록이 정조 5년의 『奎章總目』 편찬 이전에 작성된 것으로 보았으나 방서록에 오른 책이 『규장총목』에 하나도 없는 것으로 보아 오히려 그 뒤에 작성된 것으로 보는 것이 타당하다.
6) 延甲洙, 「高宗 初中期(1864~1894) 정치변동과 奎章閣」, 『奎章閣』 17, 68면.
7) 『고종실록』 권25, 고종 25년 2월 13일, 5월 24일조.
8) 李泰鎭, 「18~19세기 서울의 近代的 도시발달 양상」, 『서울학연구』 제4집, 19~22면. 본서 332~335면 참조.
9) 『고종실록』 권34, 건양 원년 8월 31일조.
10) 연갑수, 앞의 논문, 59~63면.
11) 연갑수, 앞의 논문, 70면. 閔은 1월 19일에 직제학, 李는 2월 17일에 대교, 閔은 5월 2일에 직각으로 임명되었다.
12) 연갑수, 앞의 논문, 1994, 71면. 연갑수는 이 3개 서목에 개화 관련 서적이 보이지 않은 사실에 근거해 그 작성 시기를 1874년 8월 이후 경복궁 환어가 있은 1875년 5월 이전의 어느 시점으로 추정하였다.
13) 이 책은 본래 상·하 2책으로 만들어졌으나 현재 장서각도서에는 하책만 전한다. 연갑수, 「內閣藏書彙編 解題」, 『奎章閣』 16, 1993.
14) 연갑수, 앞의 해제, 1993, 127면.
15) 연갑수, 앞의 해제, 1993, 128면.

16) 연갑수, 앞의 논문, 1994, 72면.

17) 연갑수, 앞의 논문, 1994, 73면.

18) 이태진, 『일본의 대한제국 강점』, 까치, 1995, 119면.

19) 이태진, 앞의 책, 1995, 120면.

20) 『藏書閣圖書韓國版總目錄』에는 이를 隆熙연간(1907~1910)에 작성된 것으로 파악했으나 이것은 궁내부에 대한 잘못된 지식에 근거한 것으로 정확한 것이라고 볼 수 없다.

21) 40,376, 40,288 등의 숫자는 (1) (2)의 합수에 (3)의 합수를 합친 것보다도 더 많아 책별 대조를 해봐야 차이가 난 내역을 알 수 있을 것 같다.

22) 그러나 한국본에 대한 조사는 하지 못한 상태이다.

23) 연갑수, 앞의 해제, 127면에서는 영선사 일행이 機器局 南局으로부터 왕의 선물에 대한 답례로 받아온 도서들이 신내하서목, 춘안당서목 등에 일부 포함된 것으로 파악하였다.

24) 金敬泰, 「開港 直後의 關稅權 回復問題」, 『韓國史硏究』 8, 1972 참조.

25) 金敬泰, 「不平等條約 改正交涉의 展開―1880년 前後의 對日 '民族問題'」, 『韓國史硏究』 11, 1975.

26) 이태진, 「18~19세기 서울의 근대적 도시발달 양상」, 『서울학연구』 4, 1995, 19~21면, 26면. 본서 342~346면 참조.

27) 1897년 9월 30일자 주한 미국공사 알렌이 본국정부에 보낸 서울 미국공사관 안내도에 이 도서관의 소재가 표시되어 있다. 이태진, 앞의 논문, 1995, 30면 참조. 본서 349면 참조.

18~19세기 서울의 근대적 도시발달 양상

1) 이우성, 「18세기 서울의 도시적 양상」, 『향토서울』 17, 1963.

2) 이태진, 「조선시대 서울의 都市 발달 단계」, 『서울학연구』 창간호, 1994. 3.

3) The General Crisis of the Seventeenth Century, edited by Jeoffrey Parker & Lesley M. Smith, 1978, London, introduction, p.10.

4) 17세기 소빙기 현상의 원인은 『조선왕조실록』 자료를 이용한 본인의 연구에 의해 태양흑점활동 쇠퇴보다 1500년부터 1750년경 까지 장기적으로 계속된 유성(운석) 낙하현상으로 드러났다. 이태진, 「小氷期(1500~1750) 현상의 천체현상적 원인―『조선왕조실록』의 관련기록 분석」, 『國史館論叢』 72, 1996. "Meteor Falling and Other Natural Phenomena During 1500~1750 as Recorded in Annals of Chosun Korea", Celestial Mechanics

and Dynamical Astronomy 69-1 · 2, 1998, Klwwer Academic Publisher, Netherlands.

5) 부역제도가 雇立制로 바뀌어 간 과정에 대해서는 윤용출, 「17 · 18세기 요역제의 변동과 募立制」, 서울대 박사학위논문, 1991 참조.

6) 경강상업 발달에 대해서는 고동환, 「18 · 19세기 서울 京江地域 상업발달」, 서울대 박사학위 논문 참조, 1993.

7) 李燦 · 楊普景 著, 『서울의 옛 地圖』, 서울시립대부설 서울학 연구소, 1995 참조.

8) Jahyun Kim Haboush, A Heritage of Kings, 1988, Columbia University Press, p.113.

9) 한상권, 「조선후기 사회문제와 소원제도의 발달」, 서울대 박사학위 논문, 1993, 47~49면.

10) 양보경, 「서울의 공간확대와 시민의 삶」, 『서울학연구』 창간호, 1994.

11) 『純齋稿』 권1.

12) 이를 陵別로 파악하면 87회, 37회, 55회가 된다. 한 번의 행차에 몇 개의 능을 참배했던 것이다.

13) 이것은 『순조실록』을 통한 조사 결과이다.

14) 『고종실록』 권34, 건양 원년 2월 11일조.

15) 위와 같음.

16) 위와 같음.

17) 위와 같음.

18) 전대미문의 왕후시해사건은 1895년 8월 22일 사건 발생 이후 실제로 3개월간 은폐되었다가 10월 15일에서야 국왕이 붕서의 증거를 내세워 비로소 조칙으로 알리고 빈전[泰元殿]과 혼전[文慶殿]을 차리게 되었다. 『고종실록』 권33, 고종 32년 10월 15일조.

19) 小村壽太郎 공사가 5월 29일에 이임하고 7월 16일에 原敬가 신임으로 부임했다. 『고종실록』 권34, 해당 영월일조.

20) 같은 책, 건양元年 9월 24일조.

21) 『고종실록』 권34, 건양원년 8월 23일조. 이봉 · 이안은 이날 지시되어 9월 4일에 이루어졌다.

22) 『고종실록』에 의하면, 국왕이 결재한 경운궁 공사비 증액분만 보더라도 1896년 12월 6일 3만 원, 1897년 6월 4일 5만 원, 7월 15일 3만 원, 9월 14일 5만 원, 9월 29일 20만 원, 11월 1일 5만 원, 1898년 2월 9일 1만 원, 11월 2일 43,122원 등 전후 8차에 걸쳐 463,122원에 달했다.

23) 같은 책, 건양원년 8월 4일조. 칙령 제36호.

24) 같은 책, 건양원년 9월 28일조.

25) 『고종실록』 권34, 건양원년 7월 12일조.

26) 이채연은 7월 7일자로 농상공부 협판의 자격으로 경인철도 사무감독의 임무를 수행하도록 명을 받고 있다가(『고종실록』 권34, 건양원년 7월 7일조) 한성부 판윤으로 옮겼다(『고종실록』 권34, 건양원년 10월 6일조). 철도 사무감독 역시 당시로서는 중요한 업무로서 고종으로부터의 신임을 짐작할 수 있다.

27) 김광우, 「대한제국시대의 도시계획―한성부의 도시개조사업」, 『향토서울』 50집, 1990.

28) 「경성시구개수예정계획로선도(京城市區改修豫定計劃路線圖)」, 『朝鮮總督府官報』 1912년 11월 6일자, 김광우, 앞의 논문, 118면.

29) 「경성시구개수예정계획선도(京城市區改修豫定計劃線圖)」, 『朝鮮總督府官報』 1919년 6월 25일자, 김광우, 앞의 논문, 119면.

30) 『고종실록』에 의하면, 1897년 7월 15일에 의정부가 탁지부 청의로 국왕에게 결제를 올린 것 중 경운궁 役費 증액 3만 원과 함께 숙위장졸 처소 수리비 1,366원이 포함되어 있는 것을 보면, 숙위장졸 처소는 이때 이미 완공되어 있었다.

31) 『고종실록』 권37, 광무 2년 6월 29일조.

32) 1903년 「京城地圖」의 慶運宮 일대 표시 참조.

33) 서울대 규장각자료총서, 「금호시리즈 근대법령편」, 『詔勅·法律』, 314~315면.

34) 『日本外交文書』 제37권 제1책, 六 日韓協約締結의 件, 353면.

35) 『京城府史』, 1007~1029면에 철도가 개통되기 전에 용산을 중심으로 대한제국이 세운 신식 산업시설로 전환국(1898), 인쇄국(1900), 平式院 도량형제작소(1902), 養蠶所(1902), 漢城電氣會社 發電所(1903), 궁내부 소속 정미소(1903), 군부 총기제조소(1903), 煉瓦제조소, 硝子제조소 등이 건설, 계획되었던 사실이 정리되어 있다. 이것들은 대부분 궁내부 산하의 기구로 편입되어 황제가 직접적인 감독이 가능하도록 하였다.

36) *Genthes Reisen, Band 1 Korea,* Berlin, Allgemeiner Berlin fur Deutsche Literatur, 1905.

37) 한상권, 앞의 논문, 82~83면. 세 곳으로의 제한한 것은 정조 15년에 이루어졌다고 함. 철물교는 通雲橋, 偃虹石橋라고도 했다(『漢京識略』 권2, 橋梁).

38) 고종대의 陵行과 民意 詢問의 관행에 대해서는 별도의 조사를 가질 예정이다.

39) 서울시립대 김기호 교수는 이 일대를 광장의 개념으로 볼 필요가 있다는 견해를 표명하였다. 김기호, 「경복궁 복원의 도시계획적 의미」, 『건축가』 9311, 1993, 54면.

40) 『고종실록』 권30, 고종 30년 2월 21일조.

41) 1897년 알렌의 미국공사관 안내도에 나타나는 이 신 왕궁 근처에 조성된 시민공원이 전통적인 민의 수렴에 대한 배려와 관계가 있는지에 대해서는 좀 더 구체적인 검토가 필요하다.

42) 유영렬, 「개화기의 민주주의 정치운동」, 『韓國史上의 정치형태』, 한림과학원 총서 18, 일조각, 1993, 274~276면.

대한제국의 서울 황성(皇城) 만들기
―최초의 근대적 도시개조사업―

1) 이태진, 「18~19세기 서울의 근대적 도시발달 양상」, 『서울학연구』 IV, 1995. 2.
2) 金光宇, 「大韓帝國時代의 都市計劃―漢城府 都市改造事業」, 『鄕土서울』 50, 1990.
3) 김광우, 앞의 논문, 96~97면.
4) 박정양에 대해서는 이광린, 『朴定陽全集』 해제(아세아문화사, 1984) 참조. 이채연에
   대해서는 현재 관련 연구 논저가 하나도 없다.
5) 『독닙신문』 건양 원년 11월 7일자.
6) 김경태, 「불평등 조약 개정 교섭의 전개」, 『韓國史硏究』 11, 1975, 202~203면.
7) 『독닙신문』 1896년 11월 5일자 논설의 다음과 같은 귀절은 당시 사람들이 아관파천
   을 어떻게 인식하고 있었는가를 그대로 보여주고 있다. 이 논설은 일본 측에서 조선
   군주가 아관에 가 있는 것을 비난하는 데 대한 반론으로 나온 것이다.
   "지금 대군주께서 아관에 계신 것은 성의(聖意 : 필자)로 계신 것이요 아라사 공사
   가 계십쇼샤 하야 계신 것은 아닌즉 조선대신들이 조금치라도 아라사 공사를 미워할
   까닭이 없다. 도리어 대군주 폐하를 위태한 때에 도와드린 까닭에 아라사 공사와 아
   라사 정부를 대하야 고마워하는 마음이 잇슬 줄로 우리는 생각한다. 대군주 폐하께
   서 아관으로 가실 밖에 수가 없이 된 사정은 우리만큼 분해하고 탄식하는 사람이 세
   상에 없을 듯하나 사세가 그렇게 된 것은 일본서 잘못한 일이 있는 까닭이라. …
8) 박정양의 「美俗拾遺」의 華盛頓에 관한 보고는 단문이지만 당시 주미공사관 근무자
   들이 이 도시의 구조에 대해 큰 관심을 가지고 있었던 것을 단적으로 보여준다. 도시
   구조와 관련되는 부분의 서술을 중심으로 옮기면 다음과 같다.
   "화성돈은 미국의 京都이다. 도읍을 세운 지 88년 사이에 인민이 점차 늘고 가옥이
   점차 번성하여 지금은 인구가 거의 20여만을 넘고 집의 재료 모두 甎으로 甓하고 혹
   磚石을 쓰기도 한다. 위로 10여 층 아래로 수삼 층에 이르기까지 그 규모는 같지 않
   고 유리창・쇠울타리가 쳐져 있다. 또 영문 26자로 縱街의 호칭을 정하고 1, 2, 3, 4
   로 橫街의 호칭을 정하여 가호마다 반드시 번호를 들어서 모가 모번이라고 하여 編
   放이 편리하다. 또 그 가로는 井劃 不紊하여 이미 집을 짓기 전에 먼저 街曲을 구획
   하여 인민이 범획 위제하는 것을 불허하기 때문에 五劇 三條 十字 雙街가 곳마다
   一規이다. 通衢處에 왕왕 화원이 있고 원내에 화훼 수목을 심어 쇠의자를 설치해 인
   민이 휴게 서식하기에 편하며, 매 街曲에 조금 넓은 곳에 철마가 있어 석장군이 융
   복을 입고 올라타고 있는데 이것은 미국의 전공이 있는 사람을 상상하는 뜻이라, 비
   단 화성돈만 그런 것이 아니다. …" 『朴定陽全集』 6, 643~645면, 『美俗拾遺』, 아세

아문화사 간행. 이 중 "五劇 三條 十字 雙街가 곳마다 一規이다"라고 한 부분이 방사상 도로망 체계에 관한 것으로 판단된다.

9) 『박정양전집』 6, 34면. 金晶東 교수는 「한국근대건축의 재조명」(『건축사』, 1987. 5~1989. 2, 건축사협회)에서 심의석이 설계 또는 시공에 관여한 중요 건축물로 배제학당(1887), 독립문(1896), 정동제일교회(1895~1898), 이화학당 본관(1889), 尙洞교회(1900), 고종즉위 40주년 기념비각(1902), 석조전(1900) 등을 들었다.

10) 서울대도서관 편, 「규장각자료총서 금호시리즈 근대법령편」, 『詔勅·法律』, 60면, 건양원년 2월 16일자 조칙.

11) 『고종실록』 권34, 건양원년 8월 23일 조. 진전은 역대선왕들의 진영을 모시는 전각으로 직전에는 경복궁의 국왕 집무실이던 집옥재에 있었다. 이태진, 「奎章閣 中國本 도서와 集玉齋 도서」, 『民族文化論叢』 16, 영남대, 1996, 177~178면. 289~290면 참조.

12) 연갑수, 「고종 초중기(1864~1894) 정치변동과 규장각」, 『奎章閣』 17, 1994, 68면.

13) 독립협회의 모금 운동의 성과에 대해서는 주진오, 「19세기 후반 開化 개혁론의 구조와 전개-독립협회를 중심으로」(1995, 연세대 박사학위 청구논문), 85면 참조. 이 논문의 조사에 의하면 『독닙신문』에 게재된 모금액의 총계는 5,897원이며 왕태자가 낸 액수 1,000원은 전체의 17%에 해당한다. 왕태자의 출연 사실은 『독닙신문』 1896년 12월 5일자에 보도되었다.

14) 이태진, 「18~19세기 서울의 근대적 도시발달 양상」, 『서울학연구』 IV, 1995. 2. 본서에 수록.

15) 『독닙신문』 1897년 4월 8일자 잡보.

16) 이태진, 「18~19세기 서울의 근대적 도시발달의 양상」, 『서울학연구』 IV, 29~30면. 본서에 수록.

17) 『독닙신문』은 그의 직함을 대신이라고만 밝혔다. 이 무렵에 가장 가까운 시기의 그의 이력 관계 자료를 조사해 본 결과, 이해 5월 14일자 元帥府 副將 임명의 조칙에 그의 직함이 궁내부 대신으로 되어 있다. 서울대 도서관 편, 「규장각자료총서 금호시리즈 근대법령편」, 『詔勅·法律』, 174면. 궁내부 대신인 그가 왜 공원조성 일에 관계하게 되었는지는 알 수 없다. 1898년 봄부터 독립협회 안경수 등 일부 친일 인사들이 관민공동회·만민공동회를 여러 차례 개최하였는데 그 자리가 바로 종각에서 탑골에 미치는 곳이었다. 그 회오리는 이해 연말에 협회 해산령으로 종결되었다. 탑동에 공원을 세울 뜻은 그 회오리를 가시게 하는 의미를 담았을 가능성도 없지 않다.

18) 이재순은 일본에 의해 경복궁에 갇히다시피 한 고종을 구출하기 위해 1895년 10월 11일에 이른바 친미·친러파 인사들이 춘생문 담을 넘어 들어가다가 발각된 사건의 주역의 한 사람으로, 아관파천 후에 특방되어 궁내부 대신으로 임명된 인물이다. 그의 궁내부 대신 직은 1899년까지도 그대로 계속되었던 것 같다.

19) 『독닙신문』 1899년 4월 10일자, 21일자, 28일자 참조.

20) 『독닙신문』 4월 21일자에는 탁지부가 50,000원을 부담하기로 했다고 보도하였다.

21) 이 공원은 현재 모든 사전류, 현지 안내판 등에 모두 1897년에 영국인 맥그레비 브라운이 만든 것으로 소개하고 있다. 그러나 사업 주체뿐만 아니라 연도까지 틀렸다. 맥그레비 브라운은 어디까지나 탁지부 고문으로서 이 도시개조사업의 일원으로 활약했을 따름이다. 공원조성 사업은 어디까지나 한성부가 궁내부 대신 이재순의 지원 아래 추진한 것으로 보아야 한다.

22) Anthony Sutcliffe, "The Origins of Urban Planning 1890~1914 : Berlin, Paris, London, New York", 『서울학연구』 IV, 1995, 82면.

23) 당시 워싱턴 시는 인구 20만으로 서울의 규모와 비슷했다.

24) 노인화, 「大韓帝國 時期의 漢城電氣會社에 관한 연구」, 『梨大史苑』 17, 1980, 9면.

25) 한국전력공사, 『韓國電氣百年史』 상, 1989.

26) 『한성순보』 1883년 11월 1일자, 「論電氣」 ; 같은해 11월 10일자 「英國電氣會社」(여기서 전차가 처음 소개됨) ; 『한성주보』 1887년 5월 14일자, 「電氣行車」.

27) 박정양이 뉴욕시 거주 鑛師 皮於瑞(Pierce)과 계약을 체결하고 그가 조선에서 활동한 것에 관해서는 『朴定陽全集』 4, 209~220면에 계약서 등의 자료가 보인다.

28) 『日本外交文書』 27-1, 문서번호 442, 652~653면. 大鳥公使로부터 陸奧外務大臣에게. 철도축설에 관한 건에 "英韓의 內約"이란 등의 표현이 있다.

29) 『고종실록』 권34, 건양원년 7월 7일조.

30) 노인화, 앞의 글, 13면 참조.

31) 『京城府史』, 1007~1029면.

32) 영은문을 헌 자리에 독립을 표시하는 문을 세우자는 제안을 서재필이 했을 가능성은 있다. 종래는 이러한 가능성에 보태어 독립문 건립 공사 자체를 정부가 아니라 그가 관계한 독립협회가 한 것으로 확대 해석하는 오류를 빚은 것이다.

33) 한상권, 『朝鮮後期 사회와 訴願制度-상언·격쟁 연구』, 일조각, 1996.

34) 이에 관해 필자는 미국 Association for Asian Studies의 1995년도 연차대회(1995. 4. 12)에 「18~19세기 한국 유교정치의 새로운 흐름-民國정치사상의 발전」("A New Trend in Korean Confucian Politics during the 18th~19th Centuries-Development of an Awareness of Min-guk as a National Entity")을 발표하였다. 이를 곧 논문으로 발표할 예정이다(본서 수록 「1882~1883년 고종의 국기제정과 그 이념」 참조).

고종황제의 항일정보기관 익문사(益聞社) 창설과 경영

1) 한국문화연구소의 이윤상 박사 고종황제에 대해 관심을 가지고 있는 본인에게 이 자료를 제공해 주었다. 이 자리를 빌어 감사를 표한다.

2) 주진오, 「19세기 후반 개화 개혁론의 구조와 전개-독립협회를 중심으로」, 연세대 대학원 박사학위 청구논문, 1995 ; 이태진, 『서양 근대 정치제도 수용의 역사적 성찰-개항에서 광무개혁까지』(『진단학보』 84, 1998. 본서 서장에 수록).

3) 1898년 11월 26일 황제가 독립협회 일부 회원들의 요구에 답하기 위해 각국 공사, 영사들을 召見한 가운데 경운궁 仁化門 앞에 임어하여 발표한 勅語를 그 대표적인 예로 들 수 있다. 이때 황제는 독립협회의 과도한 요구가 계속되어 "越權 犯分하는 것"은 앞으로 용납하지 않겠다는 것을 선언하고, 그런 행위를 고집하는 것은 "독립의 기초를 공고치 못하게 하며 전제정치에 손상을 가져와 결코 忠愛의 본 뜻이 되지 못한다"고 선언하였다(『고종실록』 권38, 광무 2년 11월 26일조).

4) 고종은 1903년 12월 2일자로 당시 日貨 150,000엔으로 평가된 금덩어리들을 중국 상해에 있는 독일계 德華銀行에 예치한 사실이 있다. 이러한 해외 예치금들이 이들의 활동비로 쓰여졌을 수도 있다. 고종은 강제 퇴위 당한 후인 1909년 10월 20일에 미국인 고문관 호머 헐버트(Homer Bazaleel Hulbert)를 시켜 이 돈을 찾으려고 하였으나 이 돈이 1908년 4월 22일자로 이미 통감부 통감에게 150,000엔이 지출된 사실을 발견하였다(1994년 1월에 외교안보연구원이 공개한 외교자료 「對 독일 미청산채권의 청산요청 1951-55」 분류번호 722.1 GE, 등록번호 48). 지출된 액수는 5년 전의 예입시의 원금과 같은 액수로 이자가 계산되지 않았다. 그 이자가 바로 해외 정보원의 활동비로 사용되었을 가능성이 있다. 통감부가 1908년 현재의 궁내부대신 李允容(대표적 친일파)의 요청으로 이 돈을 인출한 것은 곧 제국익문사 통신원들의 활동을 근절시키는 목적을 가지고 있었을 가능성이 높다. 비밀리에 설치되어 이렇게 강제로 활동이 중단되었기 때문에 제국익문사의 존재는 세상 사람들에게 알려지지 않은 채 역사속으로 사라졌다고 볼 수 있다. 이에 대해서는 앞으로 자료가 좀 더 나오면 별도로 정리하고자 한다.

참고문헌

1. 자 료

『各國旗圖』(장서각 3-544)
「京城市區改修豫定計劃路線圖」,『朝鮮總督府官報』1912년 11월 6일자.
「京城地圖」, 1903.
『京城府史』
『啓蒙圖說』(규장각도서 1128, 4369)
『高宗·純宗實錄』
『公文謄錄』
『光武 六年 帝國益聞社秘報章程』(장서각도서)
『光緖中日交涉史料』
『奎章閣圖書中國本綜合目錄』, 서울대 중앙도서관.
『東萊府啓錄』(규장각도서 15105, 9책)
「美俗拾遺」,『朴定陽全文集』, 아세아문화사 간행.
『東學亂記錄』, 국사편찬위원회 간행.
『明南樓叢書』
『通商條約章程成案彙編』(1883)
『明治編年史』
「北闕圖形」(규장각도서 9978)
『使和記略』, 부산대학교 한일관계사 연구소.
兪吉濬,『西遊見聞』, 東京 交詢社, 1895.
『純齋稿』, 장서각도서.
『尹致昊日記』
『仁川府史』
『日本外交文書』, 日本 外交史料館 편.
『日韓外交史料』, 市村正明 編, 原書房.
『日省錄』, 서울대 규장각.

『藏書閣圖書韓國版總目錄』
『詔勅·法律』, 규장각자료총서, 금호시리즈 근대법령편, 서울대학교 도서관.
『朱子語類』, 中華書局 刊行本.
『統理交涉通商事務衙門日記』
「通商約章類纂」(1898)
『湖岩全集』

2. 단행본

고동환, 『18·19세기 서울 京江地域 상업발달』(서울대 박사학위 논문), 1993.
김원모, 『태극기의 연혁』, 행정자치부, 1998.
金正起, 『1876~1894년 淸의 朝鮮政策 硏究』(서울대학교 문학박사학위), 1994.
閔泰瑗, 『甲申政變과 金玉均』, 국제문화협회, 1947.
신용하, 『獨立協會硏究』, 일조각, 1976.
歷史學會 편, 『日本의 侵略政策史硏究』, 일조각, 1984.
연갑수, 『大院君 집권기(1863~1873) 서양세력에 대한 대응과 軍備增强』(서울대학교 박
　　　사학위 논문), 1988.
우리국기보양회(회장 金一秀), 『국기해설』.
柳永益, 『甲午更張硏究』, 일조각, 1990.
윤용출, 『17·18세기 요역제의 변동과 募立制』(서울대 박사학위논문), 1991.
이광린, 『韓國開化思想硏究』, 일조각, 1979.
이상찬, 『1896년 "復讎保形" 義兵 硏究』(서울대학교 문학박사학위 논문), 1996.
李相燦, 『1896년 義兵運動의 政治的 性格』(서울대학교 박사학위논문), 1996.
李潤相, 『1894~1910년 재정제도와 운용의 변화』(서울대학교박사학위논문), 1996.
李燦·楊普景 著, 『서울의 옛 地圖』, 서울시립대부설 서울학 연구소, 1995.
이태진 편, 『일본의 대한제국 강점』, 까치, 1996.
朱鎭五, 『19세기 후반 開化 改革論의 構造와 展開－獨立協會를 중심으로』(연세대학교
　　　박사학위 논문), 1995.
陳鎭洪, 『舊韓國時代의 郵票와 郵政』, 景文閣, 1964.
최남선, 『신판 朝鮮歷史』.
崔鍾庫, 『韓國의 서양법 수용사』, 박영사, 1982.

한국전력공사,『韓國電氣百年史』상, 1989.

韓相權,『朝鮮後期 社會와 訴冤制度』, 일조각, 1996.

Bishop, *Korea and her Neighbors*, St, James Gazette, London, 1898.

Denny, O. N., *China and Korea*, Kelly and Walsh, Shanghai, 1888.

Griffis, W. E., 龜井俊介 譯,『ミカド』, 岩波文庫 靑 468-1, 1995.

Kaempfer, E., 志筑忠雄 譯, *Geschichte und Beschreibung von Japan*, 1801.

Ross, J., *Corea, its History, Manners, and Custommers*, illustration and maps, Parsley, 1880.

改訂增補版『日本史辭典』, 京都大學 人文學部 國史硏究室編, 東京 : 創元新社, 1970.

菊池謙讓,『近代朝鮮』上・下, 京城 : 鷄鳴社, 1936・1939.

_____,『朝鮮王國』, 民友社, 1896.

宮武外骨,『壬午鷄林事變』, 近藤印刷所, 1932.

吉田束吾,『日韓古史斷』, 1893.

森山茂德,『日韓倂合』, 吉川弘文館, 1992.

楢崎桂園,『韓國丁未政變史』, 京城 : 日韓書房, 1907.

日本 昭和女子大學編,『近代文學硏究叢書』28, 1968.

日本歷史地理學會 編,『韓國の倂合と國史』, 1910.

林子平,『三國通覽圖說』, 1785.

林泰輔,『朝鮮通史』, 東京 : 富山書房, 1912.

小田省吾,『朝鮮小史』, 魯庵記念財團, 1931.

_____,『增訂朝鮮小史』, 京城 : 大阪屋號書店, 1937.

信夫淳平,『韓半島』, 東京堂書店, 1901.

煙山專太郎,『征韓論の實相』, 早稻田大學 出版部, 1907.

林泰輔,『朝鮮史』, 1892.

田保橋潔,『近代日鮮關係の硏究』上・下, 朝鮮總督府 中樞院, 1940.

_____,『近代日支鮮關係の硏究』, 京城帝國大學 法文學部, 1940.

『朝鮮軍記』, 1875.

『朝鮮事件』, 1876.

『朝鮮處分纂論』, 1882.

池田常太郎・秋旻 編,『日韓合邦小史』, 東京 : 讀賣新聞日就社, 1910.

靑柳綱太郎,『李朝五百年史』, 朝鮮硏究會, 1912.

坂本一登,『伊藤博文と明治國家形成』, 吉川弘文館, 1991.

恒屋盛服, 『朝鮮開化史』, 東亞同文會, 1901.

戶叶薰雄·楢崎觀一, 『朝鮮最近世史』, 1912.

吉田束吾, 『日韓古史斷』, 1893.

西村豊, 『朝鮮史綱』, 1895.

3. 논 문

姜相圭, 「高宗의 對外觀에 관한 연구」(서울대학교 대학원 외교학과 석사논문), 1995.

高柄翊, 「穆麟德의 雇用과 그 배경」, 『震檀學報』 25·26합병호, 1964.

金敬泰, 「開港 直後의 關稅權 回復問題」, 『韓國史硏究』 8, 1972.

_____, 「불평등 조약 개정 교섭의 전개」, 『韓國史硏究』 11, 1975, 202~203면.

김광우, 「대한제국시대의 도시계획—한성부의 도시개조사업」, 『향토서울』 50집, 1990.

金根洙, 「舊韓末 雜誌槪觀」, 『韓國雜誌槪觀 및 號別目次集』.

金基赫, 「光武帝의 주권 수호 외교, 1905~1907 : 乙巳勒約 무효 선언을 중심으로」, 『일본의 대한제국 강점』, 1995.

金源模, 「朝美條約締結 硏究」, 『東洋學』 22, 1992.

_____, 「朝美條約締結史」, 『史學志』 25, 1992.

金晶東, 「한국근대건축의 재조명」(『건축사』, 1987. 5~1989. 2, 건축사협회).

노인화, 「大韓帝國 時期의 漢城電氣會社에 관한 연구」, 『梨大史苑』 17, 1980.

리선근, 「우리 국기 제정의 유래와 그 의의」, 『국사상의 제문제』 2, 1959.

朴英宰, 「근대 일본의 침략주의적 대외론과 한국론」, 『한국사시민강좌』 19, 일조각, 1996. 8.

宋京垣, 「韓末 安駉壽의 政治經濟 活動 硏究」(이화여대 석사학위 논문).

신용하, 『규장각도서한국본종합목록』 解題, 1980.

_____, 「奎章總目 解題」, 『奎章閣』 4, 1981.

양보경, 「서울의 공간확대와 시민의 삶」, 『서울학연구』 창간호, 1994.

연갑수, 「高宗 초중기(1864~1894) 정치변동과 奎章閣」, 『奎章閣』 17, 1994.

_____, 「內閣藏書彙編 解題」, 『奎章閣』 16, 1993.

외교안보연구원이 공개한 외교자료, 「對 독일 미청산채권의 청산요청 1951-55」 분류번호 722.1 GE, 등록번호 48.

유영렬, 「개화기의 민주주의 정치운동」, 『韓國史上의 정치형태』, 한림과학원 총서 18,

　　　　　일조각, 1993, 274~276면.

尹孝定,「折脚玉鷺紀念」,『韓末秘史』(原題 : 最近六十年의 秘錄), 教文社, 1995.

이광린,「金玉均全集 解題」,『金玉均全集』, 아세아문화사, 1979.

_____,「兪吉濬의 開化思想-『西遊見聞』을 중심으로」,『韓國開化思想研究』, 일조각, 1979.

_____,「朴定陽全集 해제」,『朴定陽全集』, 아세아문화사, 1984.

李丙洙,「朝鮮の 近代化と 刑法大全の '頒示'-家族法を 中心にて」, 日本,『思想』1월호, 1973.

이수룡,「한성순보에 나타난 개화 · 부강론과 그 성격」,『손보기박사 정년기념 한국사학 논총』, 지식산업사, 1988.

이우성,「18세기 서울의 도시적 양상」,『향토서울』17, 1963.

이태진, "Meteor Falling and Other Natural Phenomena During 1500~1750 as Recorded in Annals of Chosun Korea", *Celestial Mechanics and Dynamical Astronomy* 69-1 · 2, 1998, Kluwer Academic Publisher, Netherlands.

_____,「1894년 6월 淸軍 朝鮮 출병 결정과정의 진상」,『韓國文化』24, 1999.

_____,「18 · 19세기 서울의 근대적 도시발달 양상」,『서울학연구』제4호, 1995.

_____,「고종황제 暗弱說 비판」,『東北亞』5, 1997.

_____,「奎章閣 中國本 圖書와 集玉齋 도서」,『民族文化論叢』16, 영남대 민족문화연구 소, 1996.

_____,「서양 근대 정치제도 수용의 역사적 성찰」,『震檀學報』84, 1997.

_____,「서울 도시개조사업(1896~1904)의 주체와 지향성」,『韓國史論』37, 1997.

_____,「小氷期(1500~1750) 현상의 천체현상적 원인-『조선왕조실록』의 관련기록 분 석」,『歷史觀論叢』72, 1996.

_____,「正祖」,『한국사시민강좌』제13집, 1993.

_____,「正祖의 大學 탐구와 새로운 君主論」,『李晦齋의 思想과 그 世界』, 대동문화 연구총서 XI, 대동문화연구원, 성균관대, 1992.

_____,「조선시대 서울의 都市 발달 단계」,『서울학연구』창간호, 1994.

임형택,「茶山의 '民' 주체 정치사상의 이론적 · 현실적 근저」,『民族史의 展開와 그 文 化』下(이우성 정년퇴직기념논총간행위원회), 1990.

全海宗,「淸使問答」(자료소개),『歷史學報』22, 1964.

정연식,「內閣訪書錄 解題」,『奎章閣』13, 1990.

趙景達,「東學에 있어서의 正統과 異端」,『아시아로부터 생각한다 5, 近代化像』, 東京大 學出版會, 1994.

趙東杰,「植民史學의 성립과정과 近代史 서술」,『歷史教育論集』13 · 14합호, 1993.

주진오, 「북한에서의 '갑신정변' 연구의 성과와 문제점-『김옥균』을 중심으로」(북한사회과학원 역사연구소 편, 『김옥균』, 역사비평사 복간본, 1990).

Anthony Sutcliffe, "The Origins of Urban Planning 1890~1914 : Berlin, Paris, London, New York", 『서울학연구』 IV, 1995.

Denett Tyler, *Roosevelt and the Russo-Japanese War* : A critical study of American policy in Eastern Asia in 1902~1905 based primrily upon the private papers of Theodore Roosevelt, Gloucester, Mass. Peter Smith, 1925, 1959.

_____, "American 'Good Offices' in Asia", *American Journal of International Law Vol. 16*, Jan. 1922.

Genthe, *Genthes Reisen*, Band 1 Korea, Berlin, Allgemeiner Berlin fur Deutsche Literatur, 1905.

Harrington, *God, Mammon and the Japanese* : *Dr. Horace N. Allen and Korean-American Relations, 1884~1905*, Madison, Wisconsin., The University of Wisconsin Press, 1943.

Hulbert H., *Echoes of the Orient* : *A Memoir of Life in the Far East, Institution and Person*, Princeton University Press, 1915.

Jahyun Kim Haboush, *A Heritage of Kings*, 1988, Columbia University Press.

Martina Deuchler, *Confucian Gentlemen and Babarian Envoys* : *The Openning of Korea, 1875~1885*, Seatle, University of Washington Press, 1977, p.107.

Robert R. Swartout, Jr., *Mandarins, Gunboats, and Power Politics* : *Owen Nickerson Denny and the International Rivalries in Korea*, Hawaii : the University of Hawaii Press, 1980.

William Griffis, *The Mikado's Empire*, New York, Harper & Brothers, 1876.

_____, Corea, *Without and Within*, Philadelphia : Presbyterian Board of Publication, 1885.

_____, Jack and the giant in Korea, *Outlook*, 1894.

_____, *China and Japan at War in Corea*, Chantanquan, 1894.

_____, *Korea and Koreans* : *In the Mirror of their Language and History*, Bulletin of the American Geogrphical, 1895.

_____, *Korea, the Pigmy Empire*, New England Mag., 1902.

_____, Japan's Absorption of Korea, North Ameican Review, 1910.

_____, *A Modern Pioneer in Korea*, New York : Flemming H. Revell Company, 1912.

_____, *The Opening of Korea*, The Korea Mag., 1917.

_____, Women of Chosen, Missionary Review of the World, 1918.

_____, Japan's Debt to Korea, Asia, 1919.

Jeoffrey Parker & Lesley M. Smith ed, *The General Crisis of the Seventeenth Century*, 1978, London.

原田環, 「朝鮮의 開國 近代化と淸」, 『靑丘學術論集』 7, 1995.
原武史, 「朝鮮型一君萬民思想の系譜—日本と比較して」, 『社會科學硏究』 47−1, 東京大
　　　學 社會科學硏究所, 1995년 8월.
龜井俊介 譯, 「譯者後記」, 『ミカド』, 岩波文庫 靑 468-1, 1995.
旗田巍, 「朝鮮觀の傳統」, 『日本人の朝鮮觀』, 勁草書房, 1969.

4. 신문 잡지 기타

『大朝鮮獨立協會會報』 제2호.
『독닙신문』.
『친목회회보』 제1, 2호.
韓國財政顧問部, 「韓國財政整理報告」 第1回, 1904년말.
『漢城旬報』, 1883년 10월~1884년 12월.
『漢城周報』, 1886년 1월~1888년 7월.

찾아보기

ㄷ

ㅇ

고종시대의 재조명

수록된 글들의 본래 제목과 게재지

서장 : 고종시대사 흐름의 재조명 - 개항에서 광무개혁까지 -

　　原題: 「西洋 近代 政治制度 受容의 歷史的 省察 - 開港에서 光武改
　　革까지」, 『震檀學報』 84, 震檀學會, 1998. 12.

제1부　편견과 오류 비판

고종황제 암약설(暗弱說) 비판, 『東北亞』 제5집, 동북아문제연구소, 1997.

근대 한국은 과연 은둔국이었던가?, 『韓國史論』, 1999. 12.

1884년 갑신정변의 허위성 - '日使來衛' 御書 위조의 경위 -

　　原題: 「甲申政變 '日使來衛' 御書 眞僞考」, 『한국근현대의 민족
　　문제와 신국가건설』, 지식산업사, 1997.

1894년 6월 청군 출병(淸軍出兵) 과정의 진상 - 자진 請兵說 비판 -

　　原題: 「1894년 6월 淸軍 出兵 결정 경위의 眞相 - 조선정부 請兵說
　　비판 -」, 『韓國文化』 24, 1999. 12.